Denn was hülfe es dem Menschen, wenn er die ganze Welt gewönne
und nähme an seiner Seele Schaden?

Markus 8, 36

Inhalt

Vorbemerkung

Dieses Buch enthält für den Kurs Evangelische Religionslehre eine übersichtliche Darstellung der abiturrelevanten Stoffgebiete zu den Themen **„Gott" und „Mensch".** Behandelt werden vor allem:

- Vielfalt und Unterschiedlichkeit des Redens von Gott,
- biblische Gotteserfahrungen,
- die Bedeutung Jesu Christi für den christlichen Glauben,
- Glaube und Vernunft,
- Wahrnehmungen des Menschen,
- biblisches und christliches Menschenverständnis,
- die Frage nach Freiheit und Gebundenheit des Menschen,
- anthropologische Problemkreise sowie
- die Gewissensproblematik.

Über die möglichst effektive Vermittlung von sicherem und abrufbarem Wissen hinaus zielen die **angebotenen Lernwege** darauf ab, das Problembewusstsein zu sensibilisieren, mit Fachbegriffen und -methoden sicher umgehen zu können und die Lerninhalte geistig so zu durchdringen, dass in der wissenschaftlichen und weltanschaulichen Auseinandersetzung ein eigenständiger, begründeter Standpunkt bezogen werden kann.

Die einzelnen Kapitel enthalten eine weitgehend **einheitliche Struktur,** die folgende **Elemente** einschließt:

- Der Absatz *„Zielsetzung"* möchte Ihnen die Perspektiven des folgenden Kapitels verdeutlichen;
- Impulse für die Auseinandersetzung mit der Thematik finden Sie im Abschnitt *„Zum Einstieg"*;
- der darstellende *Sachteil* vermittelt grundlegende Informationen;
- die *Quellentexte* erschließen die Zugänge zu Schwerpunktthemen;
- die *„Standpunkte"* enthalten persönliche Stellungnahmen und fordern zur Auseinandersetzung heraus;
- die *„Impulse"*, *„Anregungen"* sowie *„Fragen zur Ertragssicherung und Weiterführung"* streben eine intensivere Verarbeitung an;
- die *Zusammenfassung* der einzelnen Abschnitte im Merkekasten unterstützt das Einprägen der wesentlichen inhaltlichen Aussagen;
- die literarischen Texte *„Zum Weiterlesen"* schließlich bringen Aspekte der Sachproblematik in unterschiedlichen Lebenssituationen zur Sprache.

Fachbegriffe, die im Textzusammenhang ausführlich erklärt werden, sind im Stichwortverzeichnis **fett** hervorgehoben.

Die abgedruckten **Bibeltexte** folgen der revidierten Fassung des Luther-Textes von 1984.

Im Folgenden sind mit Begriffen wie Christ, Zuhörer usw. selbstverständlich immer Christinnen und Christen, Zuhörerinnen und Zuhörer usw. gemeint. Zur besseren Lesbarkeit wird die grammatisch einfachere, **inklusiv zu verstehende Form** gewählt.

Manfred Kepler

Die Frage nach Gott

1 Vielfalt und Unterschiedlichkeit des Redens von Gott

Die Menschen reden unterschiedlich von Gott, geben ihm verschiedene Namen und Prädikate. Diese zahlreichen Äußerungen über Gott werden verschieden legitimiert. Sie können abgeleitet werden aus persönlichen Erfahrungen, aus heiligen Schriften oder aus der Autorität einer religiösen Leitgestalt.

Man verwendet das vieldeutige **Wort „Gott"** häufig dann, wenn es um die Sinnfindung der menschlichen Existenz und um die Grundeinstellung zur Wirklichkeit geht. Der Mensch erfährt nicht nur die Schönheit der Welt; er erlebt das Dasein auch als unbeständig und bedrohlich. Aus dieser Situation heraus entsteht für den verunsicherten Menschen die grundsätzliche Frage nach der Sinnhaftigkeit des Menschlichen und Weltlichen insgesamt. Das Wort „Gott" dient als **religiöse Deutekategorie für das Verständnis der Gesamtwirklichkeit.**

ZIELSETZUNG

Dieses Kapitel befasst sich mit dem vielfältigen und unterschiedlichen Fragen nach dem Göttlichen in verschiedenen Lebensbereichen. Die Konfrontation eigener Gottesvorstellungen mit anderen Aussagen und Anschauungen von Gott kann zu einem vertieften Nachdenken über Gott führen. Für diese Aufgabe ist es bedeutsam,

- die Zusammenhänge zwischen Biografien bzw. geschichtlichen Situationen und der Ausprägung von Gottesbildern wahrzunehmen,
- das Gottesverständnis einer Fremdreligion, wie z. B. des Islam, kennen zu lernen und
- die Problematik zu erörtern, wie angemessen von Gott geredet werden kann.

ZUM EINSTIEG: GOTTESBILDER

Jochen Klepper: Trostlied am Abend

In jeder Nacht, die mich umfängt,
darf ich in deine Arme fallen,
und du, der nichts als Liebe denkt,
wachst über mir, wachst über allen.
Du birgst mich in der Finsternis.

Dein Wort bleibt noch im Tod gewiss.

Klepper, Jochen: Kyrie. Geistliche Lieder. Berlin [14]1965, S. 20.

Horst: Brief an den lieben Gott

Lieber Gott

Hier einiges was ich
besonders gern mag

1. Fernsehen
2. Spazierengehen
3. Gut Essen
4. Ein Kaufen
5. Fliegen
6. Schiffe
7. Tee trinken
8. Etwas Bauen
9. Weihnachten
10. Dich

Komm doch zu mir spielen.
Du musst mir aber
etwas mitbringen!

Viele Grüße von Horst

Bernhard von Issendorff: Antwort

Verehrter Horst,
du hast Gott erst an die zehnte Stelle gesetzt in der Rangfolge der Dinge, die du magst; Fernsehen, Essen, Fliegen und selbst Weihnachten kommen zuvor. Da frage ich mich, warum ich zu dir kommen soll; du wirst ja gar keine Zeit für mich haben.

Ich habe das deutliche Gefühl, du möchtest nur deshalb Gottes Besuch, weil du ein Mitbringsel haben möchtest. Entschuldige, aber das hast du schon lange – dein Leben.

Issendorff, Bernhard von: Gott kann nicht Urlaub machen. Antworten auf die Kinderbriefe an den lieben Gott. Gütersloh 1979, S. 50 f.

Maler, etwa 18 Jahre: Woran denke ich beim Wort „Gott“?

An die Dritte Welt. Die Ungerechtigkeit. An die Angst, nicht an ihn zu glauben. Erfindung der Menschheit. Alle Sorgen und Hoffnungen zu einem Gott zusammenfügen. Irgend ein Fluchtweg. Notausgang. An seine ungerechte Strafe, die er uns auferlegt hat. Sein seltsamer Weg zum Frieden.
Glauben Ohne Tödliche Thesen.
Gott statt Religion. War Gott ein Rassist?
Einmal im Traum ihn sprechen hören.
Wissen wie's wirklich war.
Trotz allem ist Gott eine schöne Einbildung, an dem [sic!] man sich hält.
Die Angst nicht an ihn zu glauben! (Letzter Satz in übergroßer Schrift).

Schülerin, 19 Jahre: Gott ist für mich mehr als ein Freund

Ich glaube an Gott. Es ist schön, beruhigend, wenn man weiß, da ist noch jemand, mit dem man sprechen kann, der Hoffnung für einen ist. Ich weiß auch, wenn ich niemanden mehr habe, keine Eltern, Geschwister, Freunde, also ganz verlassen auf der Welt wäre, da ist noch jemand, der mir nahe steht, mir beisteht, bei dem ich mich bedanken kann für alles, was mir in meinem 20-jährigen Leben an Gutem widerfahren ist. Es ist wirklich alles so eingetroffen, wie ich es erhofft habe, auch wenn manchmal wirklich alles ausweglos erschien. Ich wusste, er gibt mir die Kraft, den Willen, dies alles durchzustehen, und mich nie der Mut verlassen hat. Er ist für mich mehr als ein Freund, ihm kann ich alles anvertrauen.

Nipkow, Karl Ernst: Erwachsenwerden ohne Gott? Gotteserfahrung im Lebenslauf. München 1987, S. 69 f., 81.

IMPULSE

- Welche Erfahrungen haben Sie in Ihrer eigenen Lebensgeschichte mit Gott gemacht? Notieren Sie Ihre spontanen Gedanken in einem Prozess des Mind-Mapping![1] Sie können Ihre Einfälle auch in Form von Symbolen oder Bildern festhalten.

1 Gugel, Günther: Methoden-Manual, Bd. 1: „Neues Lernen“. Tausend Praxisvorschläge für Schule und Lehrerbildung. Weinheim und Basel 1997, S. 80 f.; vgl. S. 194 ff. (vgl. unten S. 120).

- Wer hat Ihnen von Gott erzählt; welche Inhalte wurden zuerst vermittelt? Hat sich Ihr Gottesbezug im Laufe des bisherigen Lebens verändert?
- Viele autobiografische Zeugnisse berichten über Erfahrungen mit Gott. Vielleicht interessieren Sie besonders Gotteserfahrungen, wie sie Heinrich Böll, der Dalai Lama, Gertrud von le Fort, Mahatma Gandhi, Albrecht Goes, Martin Luther King, Jochen Klepper, Helene Schweitzer beschreiben. Sie können auch Berichte heranzuziehen, in denen Nonnen Einblick in ihre Lebensgeschichte geben.[2]

1.1 Griechische Gottesvorstellungen: Gotteserkenntnis durch die Vernunft

In der **mythologischen Phase** der griechischen Geschichte vermitteln tradierte Kultriten die Erfahrung mächtiger, göttlicher Gegenüber. Das altgriechische Epos stellt die Gestalt und Persönlichkeitsstruktur der Götter menschlich dar. In ihrer Machtfülle übertreffen sie jedoch die menschlichen Fähigkeiten. Zeus, der „Vater der Götter und Menschen", hebt sich durch Einsicht und Macht besonders hervor.

Zeus, der seinen Vater Kronos entthront hat, durchschaut, dass Prometheus, ein Sprössling des alten entmachteten Göttergeschlechts und Freund der Menschen, ihn zu täuschen versucht und Zeus den größeren, aber wertlosen Teil des eingehüllten Schlachtopfers wählen lässt:

Zeus beschloss, sich an Prometheus für seinen Betrug zu rächen [...].

Also hatte Zeus unter der Gestalt eines Gutes ein blendendes Übel geschaffen; er nannte das Mägdlein Pandora, das heißt die Allbeschenkte, denn jeder der Unsterblichen hatte ihr irgendein Unheil bringendes Geschenk für die Menschen mitgegeben. Darauf führte er die Jungfrau hernieder auf die Erde, wo Sterbliche vermischt mit den Göttern lustwandelten. Alle miteinander bewunderten die unvergleichliche Gestalt. Sie aber schritt zu Epimetheus, dem argloseren Bruder des Prometheus, ihm das Geschenk des Zeus zu bringen. Vergebens hatte diesen der Bruder gewarnt, niemals ein Geschenk vom olympischen Herrscher anzunehmen, damit dem Menschen kein Leid dadurch widerführe, sondern es sofort zurückzusenden. Epimetheus, dieses Wortes uneingedenk, nahm die schöne Jungfrau mit Freuden auf und empfand das Übel erst, als er es hatte. Denn bisher lebten die Geschlechter der Menschen, von seinem Bruder beraten, frei vom Übel, ohne beschwerliche Arbeit, ohne quälende Krankheit. Das Weib

2 Boeck, Christiane: Selbstbewußt im Kloster. Nonnen sprechen über ihr Leben. München 1996.

aber trug in den Händen ihr Geschenk, ein großes Gefäß mit einem Deckel versehen. Kaum bei Epimetheus angekommen, schlug sie den Deckel zurück, und alsbald entflog dem Gefäße eine Schar von Übeln und verbreitete sich mit Blitzesschnelle über die Erde. Ein einziges Gut war zuunterst in dem Fasse verborgen, die Hoffnung; aber auf den Rat des Göttervaters warf Pandora den Deckel wieder zu, ehe sie herausflattern konnte, und verschloss sie für immer in dem Gefäß. Das Elend füllte inzwischen in allen Gestalten Erde, Luft und Meer. Die Krankheiten irrten bei Tag und bei Nacht unter den Menschen umher, heimlich und schweigend, denn Zeus hatte ihnen keine Stimme gegeben; eine Schar von Fiebern hielt die Erde belagert, und der Tod, früher nur langsam die Sterblichen beschleichend, beflügelte seinen Schritt.

Darauf wandte sich Zeus mit seiner Rache gegen Prometheus. [...] So musste nun Prometheus an der freudlosen Klippe hängen, aufrecht, schlaflos, niemals imstande, das müde Knie zu beugen. [...] Wirklich sollte auch die Qual des Gefangenen ewig oder doch dreißigtausend Jahre dauern. [...] Zeus [...] sandte dem Gefesselten einen Adler, der als täglicher Gast an seiner Leber zehren durfte, die sich, abgeweidet, immer wieder erneuerte. Diese Qual sollte nicht eher aufhören, bis ein Ersatzmann erscheinen würde, der durch freiwillige Übernahme des Todes gewissermaßen sein Stellvertreter zu werden sich erböte.

Jener Zeitpunkt erschien früher, als der Verurteilte nach dem Spruch des Göttervaters erwarten durfte.

Schwab, Gustav: Sagen des klassischen Altertums, Teil 1. Frankfurt a. M. 1975, S. 11–13.

Herkules schießt mit dem Pfeil auf den grausamen Vogel, löst Prometheus die Fesseln und befreit ihn. Der muss jedoch „fortwährend einen eisernen Ring tragen, an welchem sich ein Steinchen von jenem Kaukasusfelsen befand. So konnte sich Zeus rühmen, dass sein Feind noch immer an den Kaukasus angeschmiedet lebe.“[3]

1.1.1 Die philosophische Frage nach dem Göttlichen

Die **vorsokratischen Naturphilosophen** des 6./5. Jh.s. v. Chr. geben die mythische Vorstellung menschengestaltiger Götter (Anthropomorphismus) auf; jetzt soll die Vernunft den **Weltgrund** erforschen. Die Philosophen suchen den Urstoff, der hinter dem Werden und Vergehen in der Natur steht, den Weltgott. Das Göttliche wird als Ursprung, Grund oder Tiefe des Kosmos gedacht, das Entstehen und Untergang der weltlichen Wirklichkeit steuert. Im Gegensatz zum Vergänglichen ist das Göttliche immerseiend, unendlich, ungeworden (Parmenides). Thales bestimmt den Urstoff als Wasser, Anaximenes als Luft, Anaximander als „das Unendliche“, dem kein physischer Stoff ent-

3 Schwab, Gustav: Sagen des klassischen Altertums, Teil 1. Frankfurt a. M. 1975, S. 13.

spricht. Heraklit spitzt die philosophische Frage nach der Anwesenheit des Göttlichen im irdisch Wirklichen zu und antwortet mit der paradoxen Erklärung: Gott ist in der irdischen, endlichen Wirklichkeit anwesend und *zugleich* von ihr entrückt.

Für Heraklit (um 550–480 v. Chr.) ist das „Feuer" die Bezeichnung für den Ursprung:

Feuers Umwende: erstens Meer, vom Meere aber die eine Hälfte Erde, die andere Hälfte Gluthauch. [Das bedeutet, dass das Feuer durch den das Weltall regierenden Sinn oder Gott durch die Luft hindurch in Wasser verwandelt wird als den Keim der Weltbildung, den er Meer nennt. Daraus entsteht wiederum Erde, Himmel und das dazwischen Liegende. Wie dann die Welt wieder ins Ursein zurückkehrt und der Weltbrand entsteht, spricht er klar im Folgenden aus:] Die Erde zerfließt als Meer und dieses erhält sein Maß nach demselben Sinn (Verhältnis) wie er galt, ehe denn es Erde ward.

Diels, Hermann: Die Fragmente der Vorsokratiker. Hamburg 1957, S. 25 f. (Fragment 31).
Der in eckige Klammern gesetzte Text stammt von dem christlichen Philosophen T. Flavius Clemens von Alexandria, der die naturphilosophische Position des Heraklit überliefert und kommentiert.

Der Ursprung bleibt bei sich selber, bringt aber zugleich zu jeder Zeit die Ursprünglichkeit als „Wechslung" zum Erscheinen.

1.1.2 Der unveränderliche Gott

Platon spricht dem Göttlichen über seine Unzerstörbarkeit hinaus **Vollkommenheit und Unveränderlichkeit** zu. „Es ist für einen Gott unmöglich, dass er sich selbst ändern will. Jeder von ihnen bleibt immer, da er schön und trefflich ist, in seiner eigenen Gestalt."[4] Das Göttliche bezieht sich auf die „Idee des an sich Guten". Diese ist „Erzeugerin" von allem Seienden, Wahren und Guten. Die Seele des Menschen gehört der Welt des Göttlichen an.

In seinem Werk „Timaios" beschreibt Platon (427–347 v. Chr.) Gott als schaffenden Weltbildner, der die ungeordnete Welt ordnet:

Indem nämlich Gott wollte, dass alles gut und, so viel wie möglich, nichts schlecht sei, brachte er, da er alles Sichtbare nicht in Ruhe, sondern in ungehöriger und ordnungsloser Bewegung vorfand, dasselbe aus der Unordnung zur Ordnung, da ihm diese durchaus besser schien als jene. Aber dem Besten war es weder, noch ist es ihm gestattet, etwas anderes als das Schönste zu tun. [... Er fand], dass nichts des Denkvermögens Entbehrendes als Ganzes je schöner sein

4 Platon: Phaidon, 381 c.

werde als das mit Vernunft Begabte als Ganzes, dass aber unmöglich ohne Seele etwas der Vernunft teilhaftig werden könne. Von diesem Schlusse bewogen, verlieh er der Seele Vernunft und dem Körper die Seele und gestaltete daraus das Weltall, um so das seiner Natur nach schönste und beste Werk zu vollenden.

Platon: Timaios, 30 a, b. Aus: Ders.: Sämtliche Werke, Bd. 5. Hamburg 1959, S. 155.

Der „immerseiende Gott“ schafft die Ordnung der Welt durch die Vernunft.

1.1.3 Gott als kosmische Vernunft

Die **hellenistische Stoa** nimmt die altgriechische Vorstellung von der Anwesenheit des Göttlichen in der Welt auf. Die im gesamten Kosmos waltende Kraft, die **Vernunft (Logos)** als beseeltes Lebewesen, durchdringt alles. Im Inneren des Menschen ist Gott in der menschlichen Vernunft anwesend.

Der Ordinarius für Philosophie, Analytische Philosophie und Wissenschaftstheorie, Andreas Graeser, analysiert die Pneuma-Vorstellung:

Chrysipp versteht es als Mischung von Luft und Feuer [...], als Mischung also der beiden aktiven von den vier Elementen.

Diese Auffassung des *Pneuma* [...] erklärt die für die stoische Physik wichtigen Funktionen des aktiven Prinzips. Die feuerhafte Komponente verleiht dem aktiven Prinzip seine alles durchdringende Feinteiligkeit; sie erzeugt aber auch die expansive Kraft des *Pneuma*. Die luftartige Komponente wiederum bewirkt, dass das *Pneuma* auch über eine zusammenziehende Kraft verfügt [...], über eine Kraft also, die dem *Pneuma* zugleich auch die Fähigkeit verleiht, das von ihm Durchdrungene und Geformte zusammenzuhalten [...]. Tatsächlich scheinen die Stoiker die Auffassung vertreten zu haben, dass das *Pneuma* den gesamten Kosmos so durchdringt, dass Zentrum und Peripherie verbunden werden und so der Kosmos vom Einsturz – eine für den hellenistischen Menschen reale Angst – bewahrt wird. Jedenfalls bewirkt das Pneuma eine Haltungsspannung [...].

Graeser, Andreas: Stoa. Aus: Höffe, Otfried (Hrsg.): Klassiker der Philosophie, Bd. 1. München 1981, S. 124.

Das göttliche Wesen, d. h. die den gesamten Kosmos waltende und ihn zusammenhaltende Kraft, kann in der Stoa als feuerartiger Geist, als Logos oder als Pneuma (griech. „Atem“) gedeutet werden.

In der griechischen Philosophie sucht die Vernunft des Menschen den göttlichen Urgrund der irdischen Wirklichkeit zu erfassen. Das Göttliche wird als im Kosmos anwesend gedacht.

1.2 Islamisches Gottesverständnis: Gotteserkenntnis durch göttliche Inspiration

Der Stifter des Islam (arab. „Ergebung"), **Mohammed,** stellt aus der Sicht der Muslime als Gesandter Gottes und Letzter der Propheten (Koran: Sure 33, 40) die im Lauf der Geschichte verdunkelte Wahrheit Gottes, die Religion Abrahams, wieder her. Abraham ist bereits Muslim und baut das Heiligtum der Kaaba in Mekka neu auf. Der Mensch könnte aufgrund seiner natürlichen Verfassung Monotheist sein. Da aber der Verstand des unvollkommenen Menschen nicht immer fähig ist, die absolute Wahrheit Gottes voll zu erkennen, zeigt Gott (arab. „Allah") den Menschen durch Gesandte und Propheten wiederholt den richtigen Weg, so beispielsweise durch Mose und Jesus, dem Vorgänger Mohammeds. Sie verkünden im Kern dieselbe Botschaft: den Glauben an den einzigen Gott, die Aufforderung, seine Gebote zu halten, und die Warnung vor den Strafen Gottes bei ständigem sündigen Handeln. Die Menschen aber verdrehen und unterdrücken Teile dieser Glaubensanschauung. Mohammeds Bedeutung besteht darin, dass Gott ihn zu den Arabern sendet, um die wiederhergestellten, letztgültigen, für alle Menschen verbindlichen göttlichen Mitteilungen zu überbringen.

Mohammed (arab. „der Gepriesene") wird um das Jahr 570 in Mekka geboren. Nach dem frühen Tod von Vater und Mutter nimmt ihn sein Großvater Abd al-Muttalib liebevoll kurze Zeit auf. Mohammed hütet zunächst Schafe. Später erhält der Heranwachsende bei seinem Onkel kaufmännische Aufgaben. Er tritt schließlich in den Dienst der reichen Kaufmannswitwe Chadidja. Als sie Mohammed taktvoll ein Heiratsangebot machen lässt, heiratet er die fünfzehn Jahre ältere verständnisvolle Frau, mit der er eine glückliche Ehe führt. Von den sechs Kindern sterben die beiden Söhne in jungen Jahren. Auf seinen ausgedehnten Handelsreisen kommt der angesehene Kaufmann mit der jüdischen und christlichen Religion in nähere Berührung.

Als Vierzigjähriger beginnt Mohammed, sich in zunehmendem Maße mit religiösen Fragen zu beschäftigen. Zeitweise zieht er sich zur Meditation und zum Gebet in die Einsamkeit der Wüstenberge zurück. Er berichtet, dass Gott ihn zum Gesandten beruft (vgl. Sure 96, 1–5) und durch den Erzengel Gabriel beauftragt, die Mekkaner zu Gott zu führen. Mohammed findet in Mekka zunächst wenig Anhänger und stößt auf immer stärkeren Widerstand. Im Jahre 622, dem Beginn der islamischen Zeitrechnung, wandert er mit seinen Anhängern in die Stadt Jathrib (Medina) aus. Dort wirkt er als Gemeindegründer, Politiker und Feldherr. Raubzüge und Stammeskämpfe sichern das Überleben. In der Auseinandersetzung mit den in Jathrib lebenden Juden, die seinen Prophetenanspruch ablehnen, entwickelt Mohammed den Islam zu einer eigenständigen, neuen Religion. Er ändert die Gebetsrichtung von Jerusalem nach Mekka und führt den Fastenmonat Ramadan ein. Nach mehreren militärischen Niederlagen der Mekkaner besetzt Mohammed Mekka (630), zerstört die altarabischen Götterbilder in der Kaaba, und macht diese zum religiösen Zentralheiligtum des Islam.

Nach dem Tod Chadidjas (619) heiratet Mohammed insgesamt neun Frauen. Als Herr weiter Teile Arabiens plant er, den islamischen Religionsstaat (Theokratie) bis nach Byzanz und Persien auszudehnen. Sein Tod im Jahre 632 kommt völlig überraschend. Mohammed stirbt in Medina in den Armen seiner Lieblingsgattin Aischa.

Noch zu Lebzeiten Mohammeds werden seine Reden teilweise aufgezeichnet und später im **Koran**, dem heiligen Buch des Islam, zusammengefasst. Dieser gilt als „unübertrefflich", als göttlich inspiriert, gibt also die dem Propheten Mohammed in altarabischer Sprache von Gott offenbarten Mitteilungen wörtlich wieder. In den ältesten Überlieferungsschichten des Korans verkündet Mohammed Gott als gütigen Schöpfer und warnt vor dem Jüngsten Gericht.

Der Koran (arab. „das zu Rezitierende") wird vom dritten Kalifen, Othman ibn Affan, um 653 redigiert. Er lässt alle von diesem verbindlichen Einheitstext abweichenden früheren Sammlungen vernichten. Auf Othman geht auch das Ordnungsprinzip des Korans zurück, die Suren (Abschnitte) mit Ausnahme des Eingangsgebets der abnehmenden Länge nach aneinander zu reihen. Der Koran enthält die religiöse Verkündigung Mohammeds, Berichte über Auseinandersetzungen mit den Mekkanern, Juden und Christen, aber auch Rechtsvorschriften, z. B. strafrechtliche, familienrechtliche und kultische Anordnungen.

In der gegenwärtigen islamischen Theologie gilt Gott als Autor des Korans. Eine historisch-kritische Auslegung des Buches hat sich nicht durchgesetzt und wird von islamischen Fundamentalisten strikt abgelehnt.

Der ägyptische Diplomat Hamdy Mahmoud Azzam stellt als Muslim zur religiösen Bedeutung des Korans fest:

Der Koran, als Wort Gottes, stammt nicht nur inhaltlich direkt von Gott, sondern ist auch von seiner Form und seinem sprachlichen Aufbau her göttlichen Ursprungs. [...]

Der Moslem sieht in einer Übersetzung die Gefahr, nur die formale Seite der Botschaft zu sehen und zu begreifen, ohne die in ihr verborgenen Ebenen und Aspekte zu erfassen.

Azzam, Hamdy Mahmoud: Der Islam. Plädoyer eines Moslem. Stuttgart 1981, S. 130 f., 132.

1.2.1 Der einzige und absolut transzendente Gott

Gott wird im Islam **streng monotheistisch** verehrt: „Sag: Er ist Gott, ein Einziger. Er hat weder gezeugt, noch ist er gezeugt worden. Und keiner ist ihm ebenbürtig" (Sure 112,1.3 f.). Die größte und einzige Sünde, die Gott nicht vergibt, besteht darin, ihm „Wesen" beizugesellen. Dies richtet sich zunächst gegen die altarabische polytheistische Religiosität, später auch gegen das christliche Bekenntnis zu Jesus als dem „Sohn Gottes“. Die Trinitätslehre (gegliederter Monotheismus) verfehlt den Glauben an den einen Gott (unitarischer Monotheismus). Auch die Verkörperung Gottes in einem materiellen oder menschlichen Bild wird strikt abgelehnt. Gott ist der Allerhabene, der Allwissende, der „barmherzige Erbarmer“, der Großzügige, der dem Menschen gnädig begegnet. Diese Güte Gottes zeigt er durch seine wohl geordnete Schöpfung, durch das Senden der Propheten und durch die Heilsgabe des Korans. Am Gerichtstag erweist er sich als gerechter Richter.

Wer aus innerer Überzeugung in Gegenwart von Zeugen das Glaubensbekenntnis ausspricht, vollzieht den Übertritt zum Islam:

Es gibt keinen Gott außer Allah,
und Mohammed ist der Gesandte Gottes.

Das islamische Glaubensbekenntnis
in einer Kalligrafie
(griech. „Schönschreibkunst“)

Der Muslim betet die erste Sure, „Die Eröffnung“, als Pflichtgebet mehrmals am Tag:

1 Im Namen des barmherzigen und gnädigen Gottes.
2 Lob sei Gott, dem Herrn der Menschen in aller Welt,
3 dem Barmherzigen und Gnädigen,
4 der am Tag des Gerichts regiert!
5 Dir dienen wir, und dich bitten wir um Hilfe.
6 Führe uns den geraden Weg,
7 den Weg derer, denen du Gnade erwiesen hast, nicht (den Weg) derer, die d(ein)em Zorn verfallen sind und irregehen!

Der Koran. Übersetzung von Rudi Paret. Stuttgart, Berlin, Köln, Mainz 1979, S. 13.

Dieser Text stammt aus der Zeit der Gerichtsverkündigung des Mohammed in Mekka und fasst die Botschaft des Koran zusammen:

- *Gott ist der souveräne Herr der Welten, dem wir dienen.*
- *Den barmherzigen Erbarmer bitten wir um seine Hilfe.*
- *Gott, der gerechte, freie und barmherzige Richter, führe uns auf dem rechten Weg!*

1.2.2 Gott, der Schöpfer und Richter

Gott, **Schöpfer und Erhalter aller Dinge,** schafft die Welt, sieben Erden und sieben Himmel, durch sein Wort in sechs Tagen (vgl. Sure 36,82). Neben den Menschen schafft Gott auch Erdgeister und aus Licht die Engel. Ein von Gott verfluchter, vermutlich aus dem Feuer geschaffener Engel, der Teufel, versucht die Menschen irrezuleiten. Nach dem genau beschreibbaren Untergang der Welt schafft Gott die Menschen zum zweiten Mal. Das göttliche **Gericht** entscheidet darüber, ob sie in das Paradies oder in die Hölle kommen (z. B. Sure 78; 81; 99; 101). Beurteilt werden die jeweiligen Taten des Menschen, daneben aber auch der Glaube an die zentralen Lehrinhalte des Islam.

1.2.3 Gott, der Vorherwissende

Männer und Frauen sind gleicherweise verpflichtet, ihr Leben nach dem im Koran festgelegten Willen Gottes auszurichten. Die frühen Korantexte zeigen, dass Mohammeds Mahnungen von der Willensfreiheit des Menschen ausgehen. Spätere Aussagen im Koran betonen das **Vorherwissen Gottes.** Alle Geschehnisse lenkt Gott umfassend im Voraus. Er führt den Menschen allerdings nicht willkürlich in die Irre, sondern „verstockt“ nur die ohnehin Unbelehrbaren, die Gottes Zeichen nicht beachten wollen.

Die islamische Theologie erörtert immer wieder das Ausmaß des Vorherbestimmtseins durch Gott (Prädestination), Sure 14,4 (vgl. 9,51):

> Gott führt nun irre, wen er will, und leitet recht, wen er will. Er ist der Mächtige und Weise.

Der Islam vertritt einen strikten Monotheismus. Gott (Allah), der Schöpfer, ist der Barmherzige und gerechte Richter. Allah teilt durch den Propheten Mohammed seinen letztgültig offenbarten Willen mit, der im göttlich inspirierten Koran „unüberbietbar“ niedergeschrieben ist.

STANDPUNKT

Die Orientalistin Annemarie Schimmel erklärt die „Eigenschaften“ Allahs:

Man hat zwei Wege angewandt, um Gottes Wesen anzudeuten, das eine ist *taschbīh,* das andere *tanzīh. taschbīh* heißt „verähnlichen“ – wenn du dir also vorstellst, dass Gott ähnlich wie wir Geschöpfe ist und handelt –, *tanzīh* aber bedeutet, Ihn von jedem Vergleich mit etwas Geschaffenem freizuhalten und nur zu sagen, „Er ist, aber ohne Wie“. Wenn also der Koran davon spricht, dass Gott auf Seinem Thron sitzt oder dass Er Adam mit seinen beiden Händen geformt habe, so ist das Verähnlichung, aber man versucht, zumindest in einem großen Teil der Theologie, hier das *bilā kaifa,* „ohne wie“, einzuführen, d. h. man sagt, Gott ist so und so, Er hat Hände, mit denen Er schafft, aber „ohne Wie“, ohne dass der Mensch sich diese Hände vorstellen kann. Gott ist ein lebendiger Gott, der „jeden Tag in einer Angelegenheit ist“ (Sure 55,29), d. h. ununterbrochen wirkt und jedes Atom unter Seiner Kontrolle hat. Deshalb lehnt der Islam auch die judaeo-christliche Vorstellung ab, dass Gott am siebenten Tag der Schöpfung ruhte; der Wochen-„Feiertag“ war ursprünglich kein Ruhetag im Islam. Er ist die Quelle für alles, und „zu Ihm kehren wir zurück“ (Sure 2,119), wie der Koran sagt; denn alles Geschaffene ist vergänglich, außer dem Angesicht, d. h. dem Wesen Gottes (Sure 28,88).

Und Gott ist immer nahe: Was den modernen säkularisierten Menschen des Westens vielleicht am Islam am meisten stört oder beunruhigt, ist das Gefühl der ständigen Gegenwart Gottes, weil der Muslim weiß, dass all seine Handlungen, ja seine Gedanken unmittelbar zu Gott sind. Das führt dazu, dass der Muslim auch die kleinste, für uns profan wirkende Handlung gewissermaßen religiös überhöht, und deshalb enthält das islamische Gesetz nicht nur religiöse Regeln im engeren Sinn, sondern auch Belehrungen darüber, wie man sich bei Handel und Wandel, bei jedem Akt im Laufe des Tages und der Nacht gottgefällig zu verhalten habe. Dieses Bewusstsein der unausweichlichen Allgegenwart Gottes durchdringt die ganze Lebenshaltung. [...]

Der Koran betont immer wieder, dass Gott vergebend und liebevoll ist. Er weiß alles, sieht alles, hört alles, regelt alles, straft die Sünden, aber wenn der Mensch sich in der Hoffnung auf Vergebung an Ihn wendet, dann wird Er vergeben. Die schönsten Gebete im Islam sind die Gebete um Vergebung [...].

Schimmel, Annemarie: Im Namen Allahs, des Allbarmherzigen. Der Islam. Düsseldorf 1996, S. 28 f.

ANREGUNGEN

- Fassen Sie die im Text vertretene Position über das „Wesen“ Gottes zusammen!

- Überlegen Sie, welche weiteren Aussagen über Gott z. B. die Suren 57;34; 16 f. und 107 enthalten!
- Erkundigen Sie sich bei einem Muslim, z. B. im „Türkischen Kulturverein", anlässlich des Freitagsgebets oder in einem Ladengeschäft, wie sich die „Allgegenwart" Gottes im persönlichen Leben des muslimischen Gläubigen auswirkt!

1.3 Reden von Gott

Spätestens seit die mythischen Göttererzählungen in den Verdacht geraten, die Götterwelt anthropomorph zu beschreiben, weiß der Mensch, dass menschliche Vorstellungsweisen und Begriffe nur eingeschränkt die **göttliche Wirklichkeit** abbilden. Für die Philosophie und Religion entsteht daher das Problem, wie von Gott in angemessener Weise gesprochen werden kann.

1.3.1 Wege des Redens von Gott

Die Religionsgeschichte kennt drei **Möglichkeiten, das Göttliche auszusagen:** den Weg des Verneinens, der Steigerung und den des eingeschränkten Vergleichs.

Weg der Negation (via negativa)
Gott bzw. die göttlichen Eigenschaften werden auf dem Weg der Negation dargestellt. Das Göttliche kann **keine Merkmale der irdischen Welt** enthalten. Aus den Gott abgesprochenen Prädikaten ergeben sich daher negativ formulierte Eigenschaften Gottes: Der Mensch ist endlich, Gott dagegen un-endlich, un-vergleichlich, un-vergänglich oder un-sichtbar.

Weg der Steigerung (via eminentiae)
Um das Göttliche zur Sprache zu bringen, **überhöht** man Attribute der menschlichen Erfahrungswirklichkeit: Der Mensch ist wissend, Gott aber allwissend, all-gegenwärtig, all-wirksam, all-mächtig oder über-gütig.

Weg des eingeschränkten Vergleichs (Analogie)
Das Göttliche lässt sich dort mit der Erfahrungswelt des Menschen vergleichen, wo sich eine besondere Nähe der Entsprechung anbietet. Da die menschlichen Realitätserfahrungen in ihrer Aussagefähigkeit für die Wirklichkeit Gottes nur

eingeschränkt gelten, berücksichtigt die **analoge Rede** zugleich die seinsmäßige Verschiedenheit von Gott und Mensch: Das Verhältnis zwischen Gott und Mensch gleicht dem eines *liebenden* Vaters zu seinem Sohn.

STANDPUNKTE

Der Basler Theologe Heinrich Ott stellt den drei oben dargestellten traditionellen Wegen, von *Gott zu reden, die Rede* zu *Gott gegenüber:*

Ich möchte [...] ausgehen von dem Ausspruch Bubers[5], dass wir nicht *von* Gott, wohl aber *zu* Gott reden können. Der Mensch, der an Gott glaubende Mensch (und nur er will ja von Gott reden – der nichtglaubende wird höchstens vom Begriff eines Gottes reden wollen, den es nach seiner Meinung gar nicht gibt!), steht zu Gott in einem *dialogischen Verhältnis,* in einem Verhältnis von Ich und Du. Er kann von Gott gar nicht „Er" sagen, geschweige denn „Es", sondern nur „Du". Er kann also nicht gar *von* Gott bzw. *über* Gott reden. [...]

Warum aber können wir *zu Gott* reden? Warum soll denn, wenn Gott schon so ganz anders ist als alles Geschaffene, menschliche Sprache fähig sein, sich in der 2. Person, in der Form der Anrede, auf den Schöpfer der Welt beziehen? Warum ist, nach Bubers Spruch, Gott, wenn man schon nicht *über* Ihn reden kann, doch ein Gott, *„zu* dem man reden kann"? – Die Antwort lautet: weil von Gott her das Verhältnis zum Menschen besteht, weil Gott uns anredet und uns „meint". Das Verhältnis der Partnerschaft ist von Gott her gesetzt. Christlicher Glaube weiß um dieses Verhältnis der Partnerschaft, indem er sich als von Gott in Christus angeredet versteht. Solches Angeredetsein *ist* ja schon Partnerschaft. Und dass diese Partnerschaft zwischen Gott und Menschen besteht, dass sie sich ereignet, dass Gott wirklich „unser Vater" ist, bildet den Inhalt des Christus-Ereignisses. So meint der Glaubende zwar nicht, von Gott etwas zu wissen und andere über Gott orientieren zu können, aber aus der Tiefe und Weite seines Daseins heraus redet er Gott an. Und somit ist wirklich das Gebet die einzige adäquate Form für menschliches Reden, das sich auf Gott bezieht.

Und wenn es dann doch unter Glaubenden oder zwischen Glaubenden und Nichtglaubenden zum Gespräch über Gott kommt, so muss auch dort, wie in den Psalmen, das im Blick auf Gott gesprochene „Er" ein verkapptes „Du" bleiben, und alles Reden des Glaubenden muss sein Fundament behalten im Gebet. [...]

Und wenn schließlich ein gläubiger Mensch dem andern sagt: „Gott ist allwissend", so meint er nicht: „Ich gestatte mir, dich darüber zu informieren, dass Gott allwissend ist", sondern er will, aus seiner Lebenserfahrung und Lebenserwartung, sagen: „Dies ist auch für dich eine Möglichkeit! Du magst selbst

5 Martin Buber (1978–1965), Religionsphilosoph und Integrationsfigur des europäischen Judentums, wandert 1938 nach Jerusalem aus und wirkt dort bis zu seinem Tod als Professor für Soziologie.

versuchen (und du hast Anlass dazu), dein eigenes Dasein in diesem Sinne zu verstehen und zu erhellen!“ Und zugleich spricht er unhörbar bei sich selber. „Herr, gewähre es dem, der mir zuhört, wie mir selber, dass wir unser Dasein wirklich in deinem Lichte erkennen, der du alle unsere Wege und Gedanken weißt!“

Ich behaupte, wie schon gesagt, nicht, dass die bisherigen Lösungen der schwer wiegenden Frage, wie wir überhaupt als Menschen von Gott reden können, die Lösungen [...] durch den Analogiebegriff usw., Falsches sagen. Ich meine nur, dass alles einfacher und einleuchtender wird, wenn man das ganze Problem auf den Kern der Sache, auf das Gebet, zurückführt.

Ott, Heinrich: Gott. Stuttgart 1971, S. 143, 145–147.

Béla Weissmahr, Professor für Metaphysik und Philosophische Gotteslehre, weist auf die Bedeutung der symbolischen Redeweise von Gott hin, wie sie sich vor allem im Gebet und in der religiösen Dichtung ausspricht:

So verfährt z. B. Psalm 18:

Ich will dich rühmen Herr, meine Stärke,
Herr, du mein Fels, meine Burg, mein Retter,
mein Gott, meine Feste, in der ich mich berge [...].

In diesen Texten ist keine Spur von Angst davor, man könnte Gott durch die menschliche Sprache zu sehr auf unser Niveau herabsetzen und ihn anthropomorph darstellen. Warum ist das so? Weil dem, der solche und ähnliche Aus drücke gebraucht, es niemals in den Sinn kommen wird, sie als exakte Beschreibungen des gemeinten Sachverhaltes zu deuten. Wenn freilich jemand die Sprache nicht versteht, die sich der Symbole und Bilder bedient, und solche Aussagen für begrifflich exakte Definitionen hält, dann ist das Missverständnis unausweichlich. [...]

Das Symbol ist jedoch etwas viel Ursprünglicheres als der abstrakte Begriff. [...]

Das Symbol, der bildhafte Ausdruck einer nicht direkt wahrnehmbaren Wirklichkeit, steht streng genommen nicht anstelle von etwas anderem, vielmehr ist in der für uns aus irgendeinem Grund emotional bedeutenden bildhaft-konkreten Wirklichkeit die bezeichnete nicht-sinnliche „Sache“ selbst anwesend, wobei es zugleich selbstverständlich ist, dass sie das sinnlich Wahrnehmbare, von dem ausdrücklich geredet wird, übersteigt.

Weissmahr, Béla: Philosophische Gotteslehre. Grundkurs Philosophie, Bd. 5. Stuttgart, Berlin, Köln, Mainz 1983, S. 109 f.

ANREGUNGEN

- Sprechen Sie einen Psalm (z. B. Ps 23, 67, 103, vielleicht in der Übersetzung Martin Bubers)! Bilder, die Sie besonders ansprechen, können Sie auch gestalterisch umsetzen.
- Welche Gründe bewegen Heinrich Ott, die Frage nach dem rechten Reden von Gott auf das Gebet zurückzuführen?
- Welche religiöse Symbolsprache erscheint Ihnen für die Rede von Gott am angemessensten zu sein?

1.3.2 Das Schweigen

Wenn der religiöse Mensch zur Einsicht gelangt, dass es der Sprache nicht gelingt, die Wirklichkeit Gottes abzubilden, und das göttliche Geheimnis den intellektuellen Zugriff verwehrt, muss der Glaubende **verstummen** und eventuell versuchen, auf mystischem Weg wortlos mit Gott zu verschmelzen. Dies bedeutet angesichts der subjektiven Gottesfahrungen den Verzicht auf sprachliche Vermittlung und verantwortliches kommunikatives Reden von Gott.

Die Akten des Heiligsprechungsprozesses des Thomas von Aquin (um 1225–1274) überliefern, dass Thomas plötzlich aufhört, sein theologisches Werk „Summa Theologica" weiterzuschreiben:

Als Thomas am Nikolaustage des Jahres 1273 von der heiligen Messe zu seiner Arbeit zurückkehrte, war er seltsam verändert. Er schwieg beharrlich; er schieb nicht; er diktierte nicht. Die *Summa Theologica,* an der er arbeitete, legte er beiseite; mitten im Traktat über das Bußsakrament brach er ab. Reginald, der Freund, fragt ihn bestürzt: „Vater, wie magst du ein so großes Werk abbrechen?" Thomas hat nur die Antwort: „Ich kann nicht." Reginald von Piperno glaubt im Ernst, sein Meister und Freund könne geisteskrank geworden sein durch das Allzuviel der Arbeiten. Nach längerer Zeit fragt und drängt er noch einmal [...]: er möge ihm doch sagen, warum er aufgehört habe zu schreiben und was ihn so tief habe verstören können. Thomas antwortet lange Zeit gar nichts. Dann wiederholt er: „Alles, was ich geschrieben habe, erscheint mir wie Spreu, verglichen mit dem, was ich geschaut habe und was mir offenbart worden ist."

Einen ganzen Winter lang dauert dieses Schweigen. Der große Lehrer des Abendlandes ist stumm geworden. Was ihn selbst wie ein tiefes Glück, ja fast wie der Anfang des Ewigen Lebens durchdrungen haben mag, das muss die Menschen seiner Umgebung mit dem Schauer des Unheimlichen angerührt haben. „Omnia que scripsi videntur michi palee respectu eorum que vidi et revelata sunt michi.“

Pieper, Josef: Über Thomas von Aquin. Leipzig 1940, S. 61–63 (dt. Text).
Ferrua, Angelico (Hrsg.): S. Thomae Aquinatis Vitae Fontes Praecipuae. Alba 1968, S. 319 (lat. Zitat).

1.3.3 Objektivierende und existenzielle Redeform

Bei allen drei religionsgeschichtlich möglichen Wegen können die Aussagen über Gott objektivierenden oder existenziellen Charakter haben.

Objektivierende Aussagen behandeln Gott und seine Wirklichkeit neutral gegenüber dem Subjekt und beschreiben in allgemein gültiger und objektiver Sprache das göttliche Gegenüber. Diese **Erkenntnisaussagen** müssen keinen Bezug zum existenziellen Lebensbezug des Redenden haben: Es gibt Gott als ein allmächtiges, transzendentes Wesen.

Der kritische Einwand gegenüber der objektivierenden Rede von Gott bezieht sich darauf, dass von Gott nur subjektiv, bekenntnishaft, d. h. unter Einbeziehung der eigenen Lebenswirklichkeit und **Glaubensentscheidung,** gesprochen werden kann: Ich *erfahre* in meinem Leben, dass Gott mich in vielen Situationen liebevoll begleitet. Bei der Anrufung Gottes im Gebet wird häufig die existenzielle Redeform benutzt.

Für die christliche Rede von Gott sind der Weg der Analogie und die existenzielle Redeform von besonderer Bedeutung.

LEITFRAGEN ZUR ERTRAGSSICHERUNG UND WEITERFÜHRUNG

- Welche menschlichen Erfahrungen, welche Zeitumstände beeinflussen die Gottesvorstellungen und deren Wandel?
- Gibt es heute noch anthropomorphe Anschauungen vom Göttlichen?
- Vergleichen Sie Gottesvorstellungen, wie sie heute in verschiedenen Religionen anzutreffen sind!
- Welche Möglichkeiten des Redens von Gott erscheinen Ihnen am angemessensten?

Literaturhinweise:

SCHIMMEL, ANNEMARIE: Die Zeichen Gottes. Die religiöse Welt des Islam. München 1995.

WEISSMAHR, BÉLA: Philosophische Gotteslehre. Grundkurs Philosophie, Bd. 5. Stuttgart, Berlin, Köln, Mainz 1983.

ZUM WEITERLESEN

Alfred Döblin: „Ich bin nicht imstande, ‚Stellung' zur Religion zu nehmen."

Ich bin nicht imstande, „Stellung" zur Religion zu nehmen. Denn dazu müsste ich in irgend einer Weise außerhalb der Religion stehen. Es ist mir aber nicht ein einziger Abschnitt meines Lebens bewusst, in dem nicht Dinge, die ich als „religiös" empfand, mich zentral beherrscht haben. Immer wieder wurde ich zum Aufwerfen von Grundfragen gedrängt, – und es gab verschiedene Fragen, verschiedene Antworten, verschiedene Intensität des Sondierens, wechselnde Radikalität der Forderungen, aber – und das möchte ich gleich sagen – dahinter stand immer ein einziges, gleich bleibendes Grundgefühl, eine Grundsicherheit, eine bald mehr, bald weniger helle Grundeinsicht, die sich „religiös" nannte und die mir so sicher war wie meine eigene Existenz.

Ja, sie war und ist mir sicherer als meine eigene, vereinzelte, schwächliche Existenz, und das elementare Ruhen in dieser Grundsicherheit hat sich mir schon als Student in dem Satz formuliert: „Mir kann nichts passieren." Er war kein tröstender, beruhigender Satz, den eine Furcht sich zuspricht, sondern eben das sichere Gefühl von der überindividuellen Realität, in der ich mich vorfinde, die Sicherheit in der Wahrheit.

Ich habe mich von keiner der mir bekannten Religionsformen abgewandt, aber ich vermochte mich auch nicht ihnen, oder einer von ihnen, wirklich zuzuwenden. Ich habe das oft und intensiv bedauert. Denn so oft ich in Kirchen, katholischen und evangelischen, oder in einer Synagoge war, empfand ich die Freude und das Glück und die tiefe menschliche Wahrheit, die in der realen „Gemeinde" liegt. Es war wie ein Mantel, den man dunkel und warm über sich zieht. Die unbestimmte Vielheit, das war ein menschliches Pendant zu dem Überindividuellen, das ich als religiös empfand, – es passte gut zu diesem großen Allgemeingefühl. Dabei nahm es dem Individuum nichts von seinem besonderen Vermögen, seinem Zusammenhang mit diesem religiösen Grund. Aber ich konnte doch nicht „Ja" zu diesen oft ergreifenden und tiefsinnigen, wahrheitstrotzenden Religionsformen sagen.

Warum nicht? Ich konnte nicht annehmen, was sie mit den Worten „Gott" und anderen umschrieben, aber auch bezeichneten. Was ich da hörte, war wunderbar, hatte viele Dimensionen, – aber wenn ich den Gottesdienst verließ, so war das Leben um mich herum davon nicht ausreichend berührt und gewürdigt, – dieses Leben, diese Welt, diese Natur ist wahr, und die Lehren, die ich in den Gottesdienst und aus den Schriften mitnahm, waren tröstlich, halfen, hatten Suggestivkraft, aber sie erreichten nicht die Wahrheit dieser Welt, in der ich lebte und als deren Teil ich mich vorfand. Ja, diese Welt hat ihre eigene Geistigkeit. Zu dem Grundgefühl in mir sagte ich nicht „Vater". Blühend, vergehend, massiv, gewaltig und zerbrechlich stand und floss um mich herum diese Welt, ich verstand sie gut, wie Siegfried, als er Drachenblut geleckt hatte,[6] – mein Grundgefühl und dies hier passten so gut zusammen, wir sahen Aug in Aug einander, – ich konnte auch jene religiösen Wendungen verstehen, – aber ich musste feststellen, dass meine eigene Einsicht, mein eigenes, festes und sicheres Gefühl durch diese Wendungen nicht ausgesprochen wurden.

Ich war schon früh den Weg der Naturwissenschaften gegangen. Obwohl ich schon als Gymnasiast mich „literarisch" betätigte und meinen ersten Roman schrieb, bin ich nicht den Weg zu irgend einer Geisteswissenschaft gegangen, sondern – unmittelbar – zur Natur und ihrer Lehre. Damals sagte ich: Ich will erkennen, und darum gehe ich zur Naturwissenschaft. Der Tatsachenregen hat mich dann viele Jahre halb blind gemacht. Ich fühlte mich wohl und zu Hause, dem geisteswissenschaftlichen Denken ging ich weiter aus dem Wege, und es sind erst zehn Jahre her, seit ich wieder die Augen aufmache. Die Religionsformeln betrachtete ich jetzt wieder, und ich – sehe unverändert: Mein Grundgefühl und das drüben gehen nicht zusammen.

Ich sehe nicht, – sehe noch nicht, wenn man mich nach dem Christentum fragt, – die beherrschende, fordernde Seelengewalt des heutigen Christentums. Die produzierende, expansive, ausgreifende, sich ausgliedernde Seelengewalt. Ich sehe Kirchen, fromme und unfromme Christen, ringende, höchst ernste, oft überernste Menschen christlichen Bekenntnisses. Aber wo ich sie gesprochen habe – ich rede von Protestanten, – fand ich nichts, worin sie sich von andern ernsten und vertieften Menschen unterschieden. Das heißt:

Ihr Glaube hat keine spezifische und keine besonders und eigenartig produzierende Seelengewalt.

Die Dogmen waren symbolisch verblasst, verdünnt bei ihnen. Ich sah aufgeklärte freigeistige Menschen, die ein unbestimmtes Gottesgefühl hatten und ein sittliches Empfinden, das jeder billigen muss. Aber dies – sah ich – waren nicht die Bezwinger und Führer dieser Periode.

Es kommt mir vor, als ob das heutige Christentum – ich meine das protestantische – das ungeheure fabelhafte Faktum des Jesus von Nazareth nicht genügend ausmünzt, und dass das Ungeheure und Beseligende dieser Erscheinung nicht lebendig genug erlebt wird. Es müsste eigentlich ein Sturm von Gefühl und Tatkraft aus dieser Gestalt hertosen. Ich muss es aussprechen: Was ich, der

6 Die Anspielung bezieht sich auf eine Teilüberlieferung in der Siegfried-/Sigurd-Sage, dass dieser die Sprache der Vögel verstanden habe, nachdem er seine Zunge mit der Drachenbrühe bestrichen hatte.

freilich nicht viel davon sieht und hört, erfahre, lässt mich vermuten, dass da vieles vergessen, verschlafen ist, in Alltagsreden abgeschliffen, so, dass die Propagatoren der ganz unaussprechbar wegreißenden Erscheinung weniger seine Propagatoren als Staub auf ihm sind. – Aber vielleicht weiß ich da zu wenig.

Woran soll ich anknüpfen? Jesus hat die Geldwechsler aus dem Tempel gejagt, denn dies sei ein heiliger Ort. Aber ich – empfinde die ganze Welt, diese Erde, den Himmel, die Sterne, die Naturgesetze, das Leben, das Geborenwerden, Wachsen und Sterben so, als heiligen „Ort". Es ist mein unerschütterliches Wissen, dass hier „Schicksal" und das Wahrste und Heiligste abläuft, dicht bei uns und mit uns und an uns, und ich weiß nicht, wie man da irgendetwas abtrennen kann.

Was fange ich an mit „Glauben", im Unterschied zu einem „Wissen", zu dem Wissen etwa, das die Physik, Chemie und Biologie gibt? Hier ist Wahrheit, Realität – und das Geheimnis zugleich und in eins. Ich kann keine Mythologie (ich will keinen mit diesem Ausdruck kränken) anneh men, aus Frömmigkeit. Jede Mythologie entstammt einem anderen Sehen, Erleben und Fühlen, es sind andere Menschen als ich, die das gefühlt haben. Dabei bin ich durchaus kein „Diesseitiger" im Sinne eines Materialismus, – die Realität muss aber ohne jene mythologischen Zwischenglieder mit dem fühlenden, denkenden, wollenden Ich zusammenklingen, und sie kann es und tut es, weil die Welt selbst im Großen, Überindividuellen ichhaft, geistig ist. Dies Wissen muss man erst haben und ihm zustimmen, um zu verstehen, wenn ich sage: Alles, was man dazwischen legt, trübt die Wahrheit, und trübt die Reinheit des Zusammenklangs.

In tödlicher Weise hat unsere Epoche „Wissen" und „Religion" auseinander gerissen. Es ist eine Hilflosigkeit, wenn einer da lernt und an einer anderen Stelle betet.

Es ist mir etwas Ungeheuerliches und beinahe Frivoles, wenn man so existiert. Wo doch unmittelbar um uns, mit uns und in uns Schicksal abläuft und das Geheimnis der Welt zum Greifen nah ist. Davor aber darf man nicht flüchten, man muss es ansehen, sich einfühlen und seinen Ort finden. Das heiß ich beten, – zugleich wissen und glauben und sich erhalten und handeln.

Wie, nebenbei bemerkt, steht solche Religiosität zur Natur selbst? Religion bildet die Natur, religio format naturam, – aber die Religion fällt nicht aus der Natur heraus, es ist ja diese Natur selbst, der wir angehören und die geistig und geheimnisvoll, voller Formen und neuen Ansätze ist, welche auch „Religion" erzeugt. Die Natur hat diesen Bewegungsantrieb und fabelhaften Stachel in sich, sie treibt über sich hinaus, natura parit religionem – und religio format naturam. (Ich bitte, mein Küchenlatein zu entschuldigen.)

Dies ist die Erde und ihr Gesetz. Aber darüber lässt sich noch viel sagen.

Döblin, Alfred: Zwei Seelen in einer Brust. Schriften zu Leben und Werk. München 1993, S. 207–211.

Alfred Döblin (geboren 1878 in Stettin, gestorben 1957 in Emmendingen bei Freiburg), Sohn eines jüdischen Kaufmanns, wirkt seit 1911 als Facharzt für Nervenkrankheiten in Berlin. 1933 flüchtet er nach Zürich, dann nach Paris. Er wird französischer Staatsbürger. 1940 emigriert er nach Kalifornien. Dort tritt er zum Katholizismus über. Nach dem Krieg kommt er mit einer französischen Kulturbehörde nach Deutschland zurück. Er ist Mitbegründer der Mainzer Akademie.

Döblin versteht **Religion** als existenzielles Grundvertrauen in das Leben. Diese lässt sich weder auf geschichtliche Religionsformen beschränken, noch auf dogmatische Glaubensaussagen reduzieren. Naturwissenschaftliches und geisteswissenschaftliches Denken, Wissen und Glaube müssen miteinander verbunden werden. Das an Jesus von Nazareth orientierte Christentum müsste einen „Sturm von Gefühl und Tatkraft" auslösen.

2 Gotteserfahrungen auf dem Weg des Volkes Israel

Das Volk Israel berichtet im Laufe seiner Geschichte von recht verschiedenartigen Erfahrungen mit Gott. Umso erstaunlicher ist es, dass der Jahweglaube mehrere Grundelemente über Jahrhunderte hinweg kontinuierlich durchhält, die ihn zugleich von den Religionen des alten Orients unterscheiden. **Hauptmerkmale der alttestamentlichen Lebensgeschichten mit Gott** sind

- die Geschichtsbezogenheit des Jahweglaubens,
- die Ausschließlichkeit der Verehrung Gottes,
- die Bildlosigkeit des Jahwekultes und
- die Solidaritätsforderung, die in Jahwes Willen gründet.

In Auseinandersetzung mit zeitgenössischer Religiosität greift der Gottesglaube Israels die Schöpfungsvorstellung der kanaanäischen und babylonischen Naturreligionen auf, formt sie aber zugleich tief greifend um.

ZIELSETZUNG

Die Bibel zeigt, dass Menschen Gott immer wieder neu suchen, erfahren und die Lebensbedeutung des Gottesglaubens entdecken. Der neutestamentliche Glaube an Gott steht in einem engen Zusammenhang mit den verschiedenen Gotteserfahrungen, die das Volk Israel auf seinem geschichtlichen Weg macht. Deshalb ist es nötig, den Wahrnehmungen Gottes in der hebräischen Bibel nachzugehen und sie als Lernweg im Zusammenhang mit geschichtlichen Herausforderungen zu verstehen. Dabei wird vor allem auf die Überlieferung der Mosetradition, Zeugnisse aus der Zeit des Babylonischen Exils sowie die prophetische Verkündigung Bezug genommen.

2.1 Geschichtsbezogenheit der Jahweoffenbarung

Die hebräische Bibel berichtet von verschiedenen Erfahrungen, die Menschen während eines Zeitraums von über tausend Jahren mit Gott gemacht haben. Sie führen diese Wahrnehmungen Gottes auf eine Grundbeziehung zurück, die Jahwe, ihr Gott, mit dem Volk Israel eingeht. Jahwe wendet sich seinem Volk verlässlich zu. In einer **gemeinsamen Geschichte** erfährt Israel den göttlichen Willen und begegnet dem Handeln Jahwes. Hinter geschichtlichen

Ereignissen sieht der Glaube Israels das rettende und bewahrende Handeln Gottes. Dieser hofft und erwartet, dass sein Volk sich der göttlichen Zuwendung öffnet und sich ihr entsprechend verhält. Geschichtlich erfahrenes Unheil verstehen die Israeliten als strafendes Wirken Gottes, weil sie sich seinem Willen widersetzten.

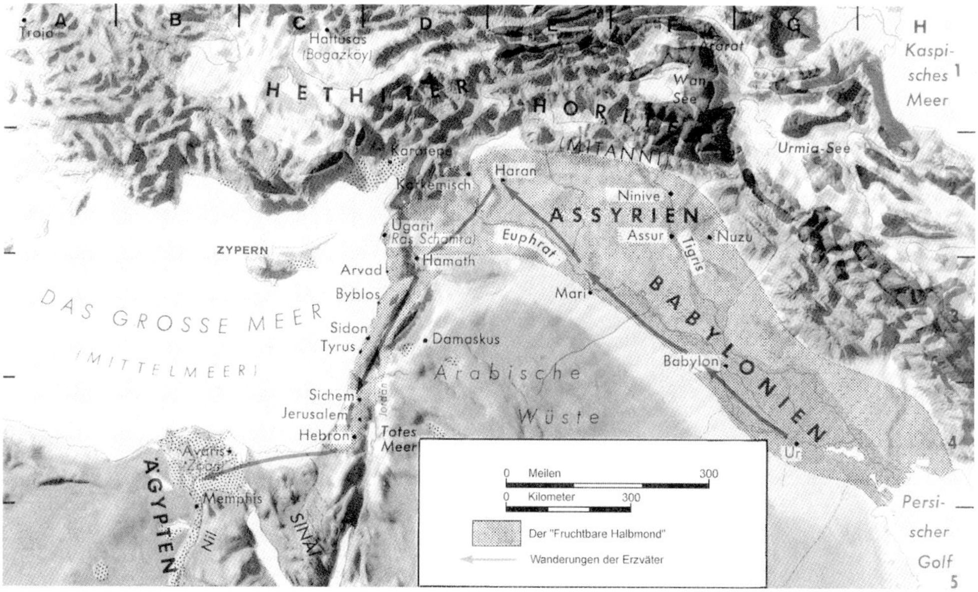

Der alte Orient

Eine der israelitischen Gruppen erfährt Jahwe als Retter aus ägyptischer Gefangenschaft (2. Mose 20,2). Da Jahwes Wirken nicht an bestimmte Orte gebunden, sondern auf menschliche Gemeinschaften bezogen ist, kann später ganz Israel die **Rettung am Schilfmeer** als zentrales Glaubensbekenntnis übernehmen.

Der alttestamentliche Gottesglaube bezieht in seiner geschichtlichen Entwicklung immer weitere Räume in den Herrschaftsbereich Jahwes ein. Aus Jahwe, dem Gott vom Berg Sinai und Retter der Flüchtlinge aus Ägypten, wird schließlich der einzige Gott, der Herr der gesamten politischen Welt.

Gott begleitet die „Väter" der semitischen Stämme auf ihrem Weg, 1. Mose 15,1 ff.:

1 [... Es begab sich], dass zu Abram das Wort des HERRN kam in einer Offenbarung: Fürchte dich nicht, Abram! Ich bin dein Schild und dein sehr großer Lohn.
5 [...] Sieh gen Himmel und zähle die Sterne; kannst du sie zählen? [...] So zahlreich sollen deine Nachkommen sein!
7 [...] Ich bin der HERR, der dich aus Ur in Chaldäa geführt hat, auf dass ich dir dies Land zu besitzen gebe.

Abram (Abraham) zieht vermutlich im Rahmen der aramäischen Wanderungsbewegung mit seinem halbnomadischen Familienverband aus der Stadt Ur (im südlichen Babylonien) nach Kanaan. Die Einwanderung und Landnahme der späteren Stämme Israels dürfte sich während des 18.–11. Jh.s v. Chr. vollzogen haben (vgl. Abb. auf S. 23). Gott verheißt Abram Nachkommenschaft und verspricht den semitischen Stämmen das Land Kanaan.

Der israelitische Gottesglaube bezieht sich bis zur Gegenwart auf den Auszug aus Ägypten und deutet ihn als die zentrale Befreiungstat Gottes, 2. Mose 20,2:

Ich bin der HERR [JAHWE], dein Gott, der ich dich aus Ägyptenland, aus der Knechtschaft, geführt habe.

Es widerspricht dem geschichtlichen Wahrnehmen Gottes nicht, wenn im Alten Testament auch von „Eigenschaften" Gottes die Rede ist, 2. Mose 34,6 f.:

6 [... Mose] rief aus: HERR, HERR, Gott, barmherzig und gnädig und geduldig und von großer Gnade und Treue,
7 der da Tausenden Gnade bewahrt und vergibt Missetat, Übertretung und Sünde, aber ungestraft lässt er niemand, sondern sucht die Missetat der Väter heim an Kindern und Kindeskindern bis ins dritte und vierte Glied!

Die – relativ selten gebrauchten – Prädikate (eifernd, heilig, lebendig, barmherzig, gnädig, langmütig) meinen primär das Verhalten Gottes, weniger sein „Wesen".

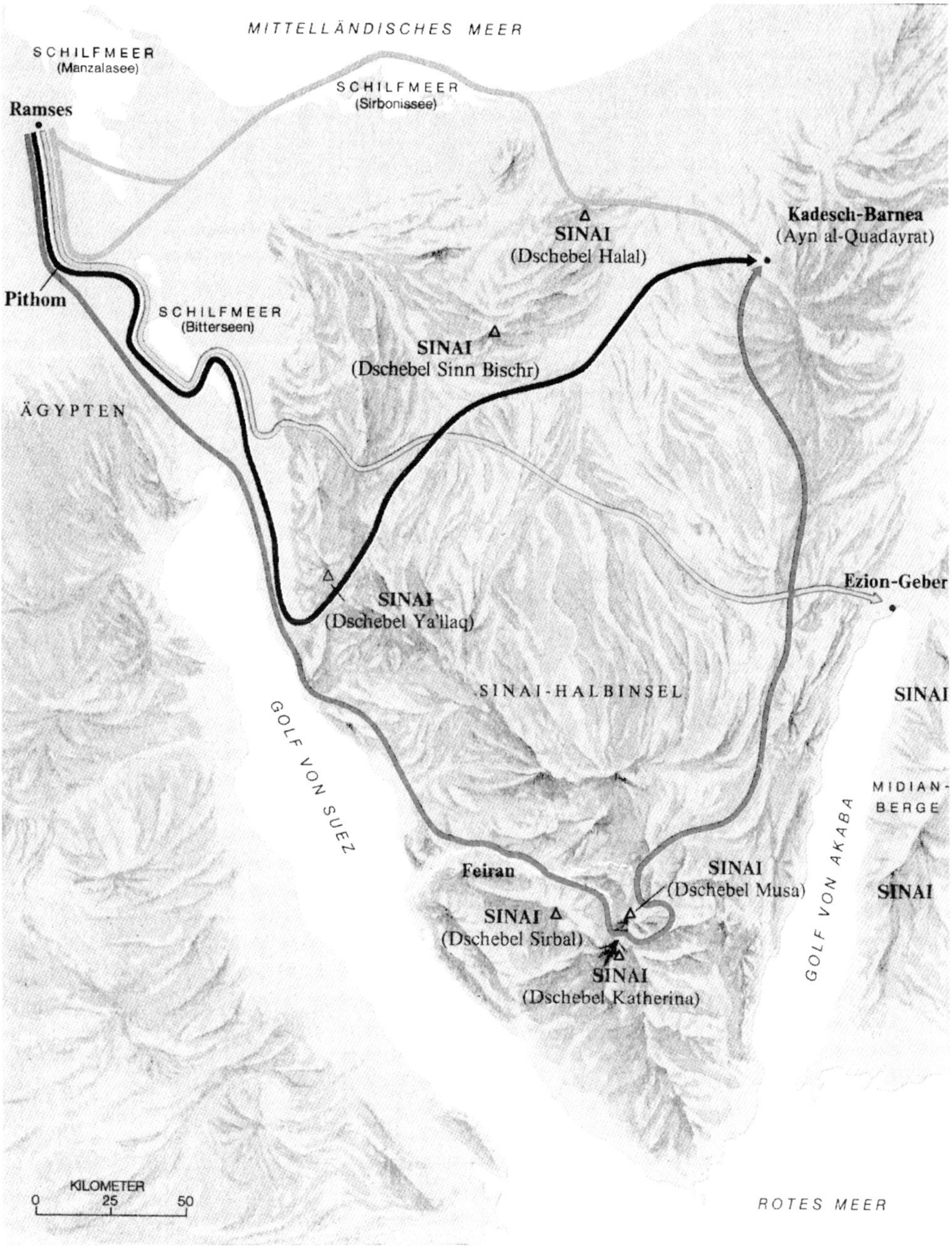

Rekonstruktion der möglichen Fluchtwege der Israeliten aus Ägypten
Die genaue Lage des Berges Sinai, an dem die Gottesoffenbarung stattfindet, ist nicht bekannt.

Mit der **Offenbarung seines Namens** an Mose gibt sich Gott seinem Volk Israel als Jahwe zu erkennen: „Ich werde sein, der ich sein werde." (2. Mose 3,14). Die hebräischen Konsonanten für JAHWE sind: יהוה

Der Name Jahwe unterscheidet ihn von anderen Göttern und stellt eine persönliche Verbindung Gottes zum Menschen her. Der Mensch kann Jahwe beispielsweise im Gebet anrufen, darf aber durch den kultischen Gebrauch des Namens über Gott und sein freies Handeln nicht verfügen. Damit lehnt der Glaube Israels Gottesvorstellungen ab, die sich im alten Orient finden. Die wesensmäßige Beziehung, die zwischen dem Namen Gottes und seinem Träger (z. B. dem Götterbild) besteht, macht dort eine Beeinflussung der Gottheit mittels des Namens möglich. Zum anderen kann das Wissen um den Namen Gottes auf den kleinen Kreis von Eingeweihten in das göttliche Geheimnis beschränkt sein.

Der Berg Sinai (auch Horeb genannt), an dem die Selbstoffenbarung Jahwes (Theophanie) stattfindet, ist wohl ursprünglich im edomitisch-medianitischen Grenzgebiet zu suchen. Er wird von der späten priesterschaftlichen Überlieferung auf die Sinai-Halbinsel verlegt (Dschebel Musa, 2244 m), 2. Mose 3,1 ff.:

1 Mose aber [...] trieb die Schafe über die Steppe hinaus und kam an den Berg Gottes, den Horeb.

2 Und der Engel des HERRN erschien ihm in einer feurigen Flamme aus dem Dornbusch. Und er sah, dass der Busch im Feuer brannte und doch nicht verzehrt wurde.

4 Als aber der HERR sah, dass er hinging, um zu sehen, rief Gott ihn aus dem Busch und sprach: Mose, Mose! Er antwortete: Hier bin ich.

5 Gott sprach: Tritt nicht herzu, zieh deine Schuhe von deinen Füßen; denn der Ort, darauf du stehst, ist heiliges Land!

6 Und er sprach weiter: Ich bin der Gott deines Vaters, der Gott Abrahams, der Gott Isaaks und der Gott Jakobs. Und Mose verhüllte sein Angesicht; denn er fürchtete sich, Gott anzuschauen.

7 Und der HERR sprach: Ich habe das Elend meines Volks in Ägypten gesehen [...].

8 Und ich bin herniedergefahren, dass ich sie errette aus der Ägypter Hand und sie herausführe aus diesem Lande in ein gutes und weites Land, in ein Land, darin Milch und Honig fließt [...].

10 [So] geh nun hin, ich will dich zum Pharao senden, damit du mein Volk, die Israeliten, aus Ägypten führst.

11 Mose sprach zu Gott: Wer bin ich, dass ich zum Pharao gehe und führe die Israeliten aus Ägypten?

12 Er sprach: Ich will mit dir sein. [...]

13 Mose sprach zu Gott: Siehe, wenn ich zu den Israeliten komme und spreche zu ihnen: Der Gott eurer Väter hat mich zu euch gesandt! und sie mir sagen werden: Wie ist sein Name?, was soll ich ihnen sagen?
14 Gott sprach zu Mose: Ich werde sein, der ich sein werde. Und sprach: So sollst du zu den Israeliten sagen: „Ich werde sein“, der hat mich zu euch gesandt.
15 Und Gott sprach weiter zu Mose: So sollst du den Israeliten sagen: Der HERR, der Gott eurer Väter, der Gott Abrahams, der Gott Isaaks, der Gott Jakobs, hat mich zu euch gesandt. Das ist mein Name auf ewig, mit dem man mich anrufen soll von Geschlecht zu Geschlecht.

Die hebräische Schrift schreibt ursprünglich nur die Konsonanten. Da die richtige Aussprache des Gottesnamens im Alten Testament nicht überliefert ist, lässt sie sich nur philologisch erschließen und lautet vermutlich: Jahwe. In den deutschen Bibelübersetzungen steht meist „der Herr“. Als der heilige Gottesname nicht mehr ausgesprochen werden durfte, las man an seiner Stelle adonaj *(„der Herr“; oder* ha-schem: *„der Name“).*

Die verschiedenen alttestamentlichen Gotteserfahrungen beinhalten eine gemeinsame Geschichte zwischen Jahwe und Israel als dem Volk Jahwes. Israels Glaube gründet also auf geschichtsbezogenen Ereignissen, die als Lebensgeschichten mit Gott zur Sprache gebracht werden. Gott gibt sich als Jahwe zu erkennen. Er erweist seine Macht in seiner bewahrenden, rettenden, verborgenen, aber auch strafenden Gegenwart.

2.2 Ausschließlichkeit der Verehrung Gottes

Der alte Orient kennt wohl verschiedene monotheistische Tendenzen, nicht aber die **Ausschließlichkeitsforderung**, nur einen einzigen Gott verehren zu dürfen.

Otto Kaiser, Professor für Altes Testament, schildert die Welt der kanaanäischen Götter:

Steil ragt der Dschebel 'Aqra^c, der Berg Zafon mit seinen 1735 m etliche Meilen nördlich von Ugarit an der syrischen Küste empor. Man macht ihn bei klarer Sicht ebenso von der Ostküste Zyperns wie von den Vorbergen des kleinasiatischen Taurus aus. Wenn die Wolkentürme über ihm in den Himmel aufsteigen und in nächtlichen Wettern aufleuchten, versteht man sofort, warum die Kanaanäer in ihnen den aus goldenen Wolken erbauten Palast ihres nach dem Berge benannten Baal Zafon erkannten. Schleuderte er von dort nach den schweren

Winterstürmen seine Blitze, glätteten sich die wild gegen die Küste anbranden-den Wogen, so hatte Baal seinen die Herrschaft über die Erde beanspruchenden Rivalen Jam samt dessen Akoluthen[1] *Lītān/Leviatan*, der siebenköpfigen geringelten Schlange, mit den mit magischer Sicherheit ihr Ziel erreichenden Keulen zusammengeschlagen, die ihm der ugaritische Hephaistos, der Schmiedegott *Kōṯaru-wa-Ḫasīsu, Geschickt-und-Schlau,* verfertigt hatte. Aber Baal konnte sich seines Königtums in seinem ihm endlich bewilligten Wolkenpalast nicht lange freuen; denn Bäche versiegen und die Blumen verwelken, wenn der heiße Ostwind seine Wölkchen gegen den Zafon drückt: Dann überbringen die Boten des Gottes Mot, des Todes, ihm die Aufforderung ihres Herrn, in die Unterwelt hinabzusteigen. Dann reift das Korn. Dann liegt der Zafon monatelang wolkenlos und erstarrt unter einer gnadenlosen Sonne. Doch wenn die Sonne im Herbst über dem Meer Wasser zieht, lädt die jungfräuliche Gefährtin des Gottes Anat den toten Baal mit Hilfe der Sonnengöttin Schapschu auf ihre Schultern, um ihn auf der Erde zu begraben. Und dann lässt El in seiner Güte im Traume die Himmel Öl regnen und die Bäche von Honig fließen, sodass der Träumer weiß, dass der mächtige Baal lebt.

Kaiser, Otto: Der Gott des Alten Testaments. Theologie des Alten Testaments, Teil 1: Grundlegung. Göttingen 1993, S. 109.

Die ugaritischen Epen erzählen hauptsächlich die Kämpfe des Wettergottes Baal, eingebunden in den Jahreslauf. Über Baal steht der über die Erde herrschende König El, Vater der Götter und Schöpfer der Menschen. In seinem Palast versammeln sich die Götter zum Festmahl und zur Beratung.

Jahwe, der sein Volk befreit und bewahrt, beansprucht demgegenüber: „Du sollst keine anderen Götter haben neben mir" (2. Mose 20,3). Diese Forderung bedeutet in der Frühgeschichte Israels noch nicht, dass die Existenz anderer Götter geleugnet wird (Monolatrie). Jahwe, der „eifernde Gott" (2. Mose 20,5), will jedoch für sein Volk Israel der Einzige sein. Die Folge ist eine ablehnende Haltung Israels gegenüber mythischen und magischen Kulten. Hier wurzelt auch die Fähigkeit des israelitischen Glaubens, die Vorstellungen der Nachbarreligionen an der freiheitsstiftenden Beziehung Jahwes zu messen und sich mit ihnen kritisch auseinander zu setzen. Erst in der Exilszeit setzt sich der Monotheismus durch: Die Existenz fremder Götter wird grundsätzlich geleugnet.

1 Hier: Begleiter.

Polytheismus:	Verehrung vieler Götter
Henotheismus, Monolatrie:	Verehrung eines Gottes, ohne die Existenz anderer Götter zu leugnen
Monotheismus:	Verehrung des einzig existierenden Gottes

Das erste Gebot wird auf den „Eifer" Jahwes zurückgeführt, seinen Anspruch auf Verehrung mit keiner anderen göttlichen Macht zu teilen: 5. Mose 18,9ff. (vgl. 2. Mose 22,19):

9 Wenn du in das Land kommst, das dir der HERR, dein Gott, geben wird, so sollst du nicht lernen, die Gräuel dieser Völker zu tun,
10 dass nicht jemand unter dir gefunden werde, der seinen Sohn oder seine Tochter durchs Feuer gehen lässt oder Wahrsagerei, Hellseherei, geheime Künste oder Zauberei treibt
11 oder Bannungen oder Geisterbeschwörungen oder Zeichendeuterei vornimmt oder die Toten befragt.
13 Du aber sollst untadelig sein vor dem HERRN, deinem Gott.

Jahwe, der einzige Gott, nimmt den Glaubenden voll in Anspruch, löst ihn aus der Bindung an fremde Mächte und ermöglicht ihm dadurch ein befreites Leben.

2.3 Bildlosigkeit des Jahwekultes

Die Religionen im alten Orient verehren die Gottheiten in Bildern. Gott wird zwar nicht mit dem Bild identifiziert; er ist aber im Bild gegenwärtig und mächtig. Dementsprechend kann sich der Glaubende mit Hilfe des Bildes die Gottheit verfügbar machen. Das **Bilderverbot** (2. Mose 20,4) lehnt das Bild als Offenbarungsträger ab und zeigt darin ein zur religiösen Umwelt grundverschiedenes Weltverständnis. Gott steht (als Schöpfer) der Welt gegenüber. Die Natur stellt keine Erscheinungsform Jahwes dar, mit der er verglichen werden könnte. Die souveräne Freiheit Jahwes entzieht dem Menschen die Verfügbarkeit über Jahwes Handeln.

Das Gebot, den **Jahwenamen** nicht zu trügerischem Zweck auszusprechen (2. Mose 20,7), verbietet jeden denkbaren Missbrauch des Gottesnamens. Es bewahrt somit ebenfalls wie das Bilderverbot die Freiheit Jahwes.

Der Prophet Elia verlässt die Höhle am Berg Horeb, in der er übernachtet hatte, 1. Kön 19,11 f.:

11 [...] Und ein großer, starker Wind, der die Berge zerriss und die Felsen zerbrach, kam vor dem HERRN her; der HERR aber war nicht im Winde. Nach dem Wind aber kam ein Erdbeben; aber der HERR war nicht im Erdbeben.
12 Und nach dem Erdbeben kam ein Feuer; aber der HERR war nicht im Feuer. Und nach dem Feuer kam ein stilles, sanftes Sausen.

Gott zeigt sich nicht in den geläufigen, zeitbedingten Medien der Gotteserscheinungen, sondern – völlig ungewohnt – im Flüstern eines leisen Wehens.

Der freie, der Welt gegenüberstehende Gott entzieht dem Menschen die Möglichkeit, sich ein selbst geschaffenes Bild von Gott zu machen.

2.4 In Jahwes Willen gegründete Solidaritätsforderung

Während das Privilegrecht Jahwes (Ausschließlichkeit und Bildlosigkeit der Gottesverehrung) von Anfang an mit dem Jahweglauben verbunden ist und im Gegensatz zur religiösen Umwelt steht, sind die sittlichen Verhaltensweisen dem nomadischen und dem kanaanäischen Lebensbereich entnommen. Diese Normen des sozial gerechten Verhaltens werden sekundär theologisiert, d.h. als Forderungen Gottes verstanden und teilweise inhaltlich verändert. Der Dekalog (Zehn Gebote) verbindet die grundlegenden sozialen Gerechtigkeitsforderungen mit dem Privatrecht Jahwes. Aufgrund der Liebe Gottes zu seinem Volk soll das menschliche Zusammenleben dem **Solidaritätsgebot Gottes** entsprechen. Darüber wacht Jahwe als Beschützer des Rechts. Der Schwache steht unter dem besonderen Schutz Gottes. Durch Propheten droht Jahwe Unheil an, wenn die Israeliten seine Gebote übertreten. Den Umkehrwilligen und Bedrückten dagegen verheißen die Propheten neues Heil.

Der Dekalog zeigt den Willen Gottes zur Gemeinschaft mit seinem Volk Israel. Dem soll das Bekenntnis zu Jahwe und ein gemeinschaftliches Handeln entsprechen, das Israel leicht erfüllen könnte, 2. Mose 20,1 ff. (vgl. 5. Mose 5,6 ff.):

1 Und Gott redete alle diese Worte:
2 Ich bin der HERR, dein Gott, der ich dich aus Ägyptenland, aus der Knechtschaft, geführt habe.
3 Du sollst keine anderen Götter haben neben mir.
4 Du sollst dir kein Bildnis noch irgendein Gleichnis [hier: Abbild] machen, weder

von dem, was oben im Himmel, noch von dem, was unten auf Erden, noch von
dem, was im Wasser unter der Erde ist:
5 Bete sie nicht an und diene ihnen nicht! Denn ich, der HERR, dein Gott, bin ein
eifernder Gott, der die Missetat der Väter heimsucht bis ins dritte und vierte
Glied an den Kindern derer, die mich hassen,
6 aber Barmherzigkeit erweist an vielen Tausenden, die mich lieben und meine
Gebote halten.
7 Du sollst den Namen des HERRN, deines Gottes, nicht missbrauchen; denn der
HERR wird den nicht ungestraft lassen, der seinen Namen missbraucht.
12 Du sollst deinen Vater und deine Mutter ehren, auf dass du lange lebest in dem
Lande, das dir der HERR, dein Gott, geben wird.
13 Du sollst nicht töten.
14 Du sollst nicht ehebrechen.
15 Du sollst nicht stehlen.
16 Du sollst nicht falsch Zeugnis reden wider deinen Nächsten.
17 Du sollst nicht begehren deines Nächsten Haus.
Du sollst nicht begehren deines Nächsten Weib, Knecht, Magd, Rind, Esel noch
alles, was dein Nächster hat.

Die Sozialgebote (V. 12–17) schützen die grundlegenden Lebensrechte des freien Israeliten: physisches Leben, Recht, Ehe und Eigentum. Das (als einziges positiv formulierte) Elterngebot bezieht sich auf die Achtung und Versorgung der Eltern im höheren Alter. Die anschließenden sozialrechtlichen Bestimmungen verbieten Mord und Blutrache, Ehebruch, Freiheitsberaubung, falsche gerichtliche Zeugenaussage, die ehebrecherische Tat, das Begehren der Frau des Nachbarn und seines Besitzes. Das Sabbatgebot (V. 8–11) stellt eine jüngere Formulierung dar.

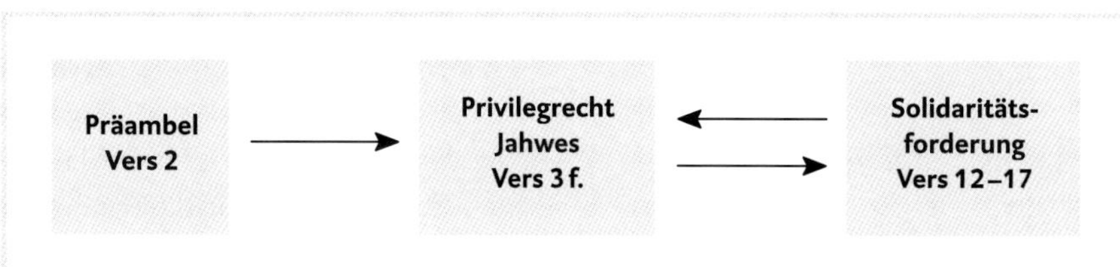

Bezug der drei Dekalogteile aufeinander

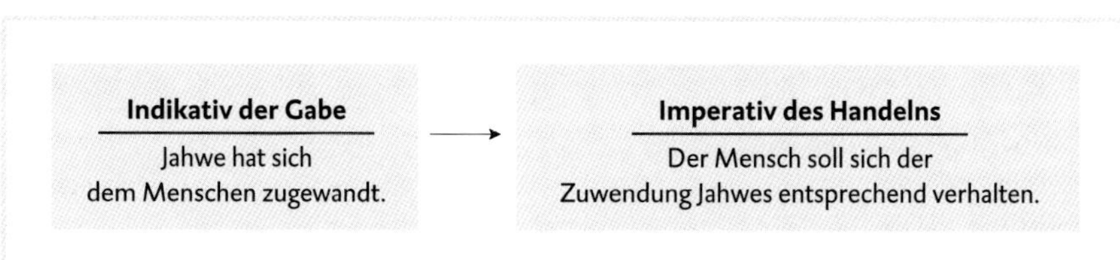

Der Vorrang des Handelns Jahwes gegenüber den göttlichen Forderungen

Der Prophet Amos verkündet um 760 v. Chr. das Gericht Gottes über sein eigenes Volk und nennt die Verfehlungen insbesondere der Herrschaftsschicht, Amos 7, 15–17:

15 Aber der HERR nahm mich von der Herde und sprach zu mir: Geh hin und weissage meinem Volk Israel!
16 So höre nun des HERRN Wort! Du sprichst: Weissage nicht wider Israel und eifere nicht wider das Haus Isaak!
17 Darum spricht der HERR: Deine Frau wird in der Stadt zur Hure werden und deine Söhne und Töchter sollen durchs Schwert fallen und dein Acker soll mit der Messschnur ausgeteilt werden. Du aber sollst in einem unreinen Lande sterben und Israel soll aus seinem Lande vertrieben werden.

Mit dem Botenauftrag und der Botenformel beanspruchen die Propheten, **im Namen Gottes** aufzutreten.

Struktur der prophetischen Gerichtsworte am Beispiel von Amos 7,15–17

Botenauftrag:	V. 15	Gott beauftragt den Propheten.
Aufforderung zum Hören:	V. 16 a	„So höre nun des Herrn Wort!“
Anklage:	V. 16 b	Der Priester Amazja hindert Amos, seinen Auftrag auszuführen. Amazja glaubt, dass Israel der Zuwendung Gottes sicher sein kann und bezieht das Gericht Gottes auf die Nachbarvölker.
Botenformel:	V. 17 a	„So spricht der Herr!“
Unheilsankündigung:	V. 17 b	Amazja und seine Familie werden alles verlieren.

Neben den Gerichtsdrohungen wie beispielsweise Amos 5,11 ff. verheißt Amos künftiges Heil, Amos 9,11:

5,11 Darum, weil ihr die Armen unterdrückt und nehmt von ihnen hohe Abgaben an Korn, so sollt ihr in den Häusern nicht wohnen, die ihr von Quadersteinen gebaut habt, und den Wein nicht trinken, den ihr in den feinen Weinbergen gepflanzt habt.
12 Denn ich kenne eure Freveltaten, die so viel sind, und eure Sünden, die so groß sind, wie ihr die Gerechten bedrängt und Bestechungsgeld nehmt und die Armen im Tor unterdrückt.

15 Hasset das Böse und liebet das Gute, richtet das Recht auf im Tor, vielleicht wird der HERR, der Gott Zebaoth, doch gnädig sein denen, die von Josef übrig bleiben.
9,11 Zur selben Zeit will ich die zerfallene Hütte Davids wieder aufrichten und ihre Risse vermauern und, was abgebrochen ist, wieder aufrichten und will sie bauen, wie sie vorzeiten gewesen ist.

Die im Rettungshandeln Jahwes verankerten Sozialgebote des Dekalogs sollen grundlegende Lebensrechte des freien Israeliten sichern. Der Schwache steht unter dem besonderen Schutz Gottes.
Wenn in Israel das Gottesrecht massiv verletzt wird, treten Propheten auf. Sie weisen auf die Verfehlungen hin und verkündigen das Gericht Gottes, zugleich aber auch künftiges Heil.

2.5 Der Schöpferwille Jahwes

In der Begegnung und in Auseinandersetzung mit der kanaanäischen Baalsreligion und der babylonischen Göttervorstellung entwickelt der Jahweglaube das **Bekenntnis zu Gott, dem Schöpfer.** Es steht im inneren Zusammenhang mit der Selbstkundgabe des Gottes Israels. Deshalb ist die Erschaffung und Erhaltung der Welt durch Jahwe Anlass, Gott für die Herrlichkeit der Schöpfung zu preisen.

Der Psalmist lobt den Schöpfer und sein Werk, Ps 104,1 ff. (vgl. 1. Mose 1 f.):

1 Lobe den HERRN, meine Seele!
HERR, mein Gott, du bist sehr herrlich;
du bist schön und prächtig geschmückt.
24 HERR, wie sind deine Werke so groß und viel!
Du hast sie alle weise geordnet,
und die Erde ist voll deiner Güter.
25 Da ist das Meer, das so groß und weit ist,
da wimmelt's ohne Zahl, große und kleine Tiere.
26 Dort ziehen Schiffe dahin;
da sind große Fische, die du gemacht hast, damit zu spielen.
27 Es warten alle auf dich,
dass du ihnen Speise gebest zur rechten Zeit.
28 Wenn du ihnen gibst, so sammeln sie;
wenn du deine Hand auftust, so werden sie mit Gutem gesättigt.
35 [...] Lobe den HERRN, meine Seele! Halleluja!

Hinter der Welt und ihren vielfältigen Lebensformen steht der Schöpferwille Gottes.

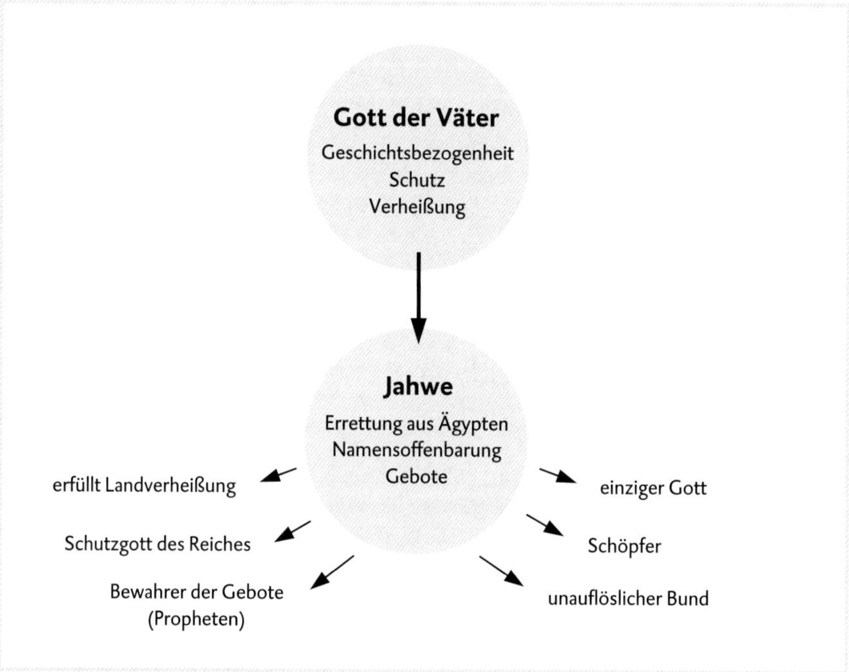

Die Entwicklung des alttestamentlichen Gottesverständnisses im schematischen Überblick

LEITFRAGEN ZUR ERTRAGSSICHERUNG UND WEITERFÜHRUNG

- Betrachten Sie in Ruhe die Lithografie Marc Chagalls. Mose legt die rechte Hand auf das Herz. Vielleicht finden Sie Zeit, über einige der folgenden Bibeltexte nachzudenken: 1. Kön 3,9; Ps 4; 19; 104; Jer 4,16–22; Eph 3,17.
- Prüfen Sie, ob 2. Mose 3,1–15 die Merkmale alttestamentlicher Gotteswahrnehmungen bestätigt!
- Überlegen Sie, welche Konsequenzen das Grundbekenntnis Israels für die jüdische Tradition und für die Lebensführung hat: „Ich bin der HERR, dein Gott, der ich dich aus Ägyptenland, aus der Knechtschaft, geführt habe.“ (2. Mose 20,2).

Marc Chagall:
Der brennende
Dornbusch
(2. Mose 3,1–15)

Marc Chagall stellt Mose mit zwei Hörnern bzw. einem Lichtglanz, der Aureole, dar. Nach 2. Mose 34,29 ff. soll Mose, als er auf den Berg steigt, mit dem Lichtglanz Gottes konfrontiert worden sein. Das Gesicht des Mose strahlt dieses Licht so intensiv wieder, dass ihn später das Volk bittet, ein Tuch vor das Gesicht zu halten, weil es den Widerschein des Glanzes nicht ertragen kann. In der bildenden Kunst zwischen dem 12. und 16. Jahrhundert wird Mose statt mit dem Nimbus mit zwei Hörnern abgebildet. Diese Form der Darstellung geht möglicherweise auf einen Lesefehler der Vokale im hebräischen Text zurück (karan: „Strahlen“, kärän: „Horn“).

Literaturhinweise:

HIRSCH, LEO: Jüdische Glaubenswelt. Basel [5]1982.

KITTEL, GISELA: Der Name über alle Namen, Bd. 1: Biblische Theologie/AT. Göttingen 1989.

SCHMIDT, WERNER H.: Alttestamentlicher Glaube in seiner Geschichte. Neukirchen-Vluyn 1990.

2.6 Religionsgeschichtlicher Überblick: die Entwicklung des alttestamentlichen Gottesverständnisses

Vorgeschichte (um 1800–1600 v. Chr.):	– Gott der Väter
Frühgeschichte (Auszug aus Ägypten um 1270 v. Chr.):	– Jahwe, der eine Gott
Zeit der Landnahme (1200–1050 v. Chr.):	– Schutz- und Kriegsgott des Stämmeverbandes
Königszeit (nach 1050–723/2 v. Chr.):	– Reichsgott – Schöpfer und König von Himmel und Erde – Bewahrer des Ausschließlichkeits- und Solidaritätsgebots
Reichsteilung (926 v. Chr.: Nordreich Israel und Südreich Juda), **Babylonisches Exil des Südreichs** (587– ca. 536 v. Chr.):	– Jahwe, der einzige Gott überhaupt, und die Unauflöslichkeit der Erwählung Israels – Tora als göttliche Lebensordnung Israels – Nomismus (Gesetzlichkeit)

2.6.1 Vorgeschichte (um 1800–1600 v. Chr.):

- Gott der Väter

Aufgrund der schwierigen Quellenlage lässt sich die Entwicklung des Gottesverständnisses in der Vor- und Frühgeschichte Israels religionsgeschichtlich nur begrenzt darstellen.

Die wohl hauptsächlich nomadisch lebenden Stämme verehren ursprünglich **Vatergottheiten.** Der Gott der Väter offenbart sich dem Oberhaupt einer wandernden Sippe und verheißt Führung, Schutz, Nachkommenschaft und Hoffnung für die Zukunft. Möglicherweise bildet sich bereits früh die Vorstellung heraus, dass Gott den Stämmen ein Leben auf fruchtbarem Land verheißt.

2.6.2 Frühgeschichte (Auszug aus Ägypten um 1270 v. Chr.):

- Jahwe, der eine Gott

Die Vatergottheiten verschmelzen schließlich mit **Jahwe**, den vorisraelitische Stämme am Sinai (auch Horeb genannt) als Berggott verehren. Auf ihn werden die mit den Vatergottheiten verbundenen Hoffnungen übertragen. Eine der israelitischen Gruppen erfährt ihn als **Retter aus ägyptischer Unterdrückung** (2. Mose 20,2).

Die israelitischen Stämme verehren Jahwe bildlos (2. Mose 20,4) als den einen Gott, ohne das Vorhandensein anderer Götter zu leugnen (Monolatrie).

2.6.3 Zeit der Landnahme (1200–1050 v. Chr.):

- Schutz- und Kriegsgott des Stämmeverbandes

Die einzelnen Stämme schließen sich zu einem Stammesverband (Amphiktyonie) zusammen. Die Einwanderung und Sesshaftwerdung in Kanaan wird als **Erfüllung der Landverheißung** Gottes verstanden. Die kriegerischen Auseinandersetzungen mit Philistern und Kanaanäern gelten als im göttlichen Auftrag geführte „**Jahwekriege**“. Dies sind heilige Kriege, in die Gott selbst in den Kampf zieht, um die Feinde Israels zu besiegen.

2.6.4 Königszeit (nach 1050–723/22 v. Chr.):

- Reichsgott
- Schöpfer und König von Himmel und Erde
- Bewahrer des Ausschließlichkeits- und Solidaritätsgebots

In der Königszeit wandelt sich Jahwe zum **Schutzherrn des Reiches** und wird nach Überführung der Bundeslade in den salomonischen Tempel zum allmächtigen Jahwe Zebaoth, dem Herrn der himmlischen und irdischen Heere. Er verdrängt in Auseinandersetzung mit der kanaanäischen Religion den Wettergott Baal aus seiner Stellung als **König und Schöpfer.** Der jahwistische Schöpfungsbericht beschreibt die Geschöpflichkeit des Menschen in der besonderen Beziehung zu Jahwe. Wo Jahwes Volk treulos wird, das Hauptgebot der ausschließlichen Verehrung Jahwes und das Solidaritätsgebot, den Schwachen Recht zu gewähren, bricht, erscheint Gott als **Bewahrer der Gebote.** Es treten (vorexilische) Propheten mit der Ankündigung zukünftigen Unheils und neuen Heilserwartungen auf.

2.6.5 Zeit des Babylonischen Exils (587–ca. 536 v. Chr.):

- Jahwe, der einzige Gott überhaupt, und die Unauflöslichkeit der Erwählung Israels
- Tora als göttliche Lebensordnung Israels
- Nomismus (Gesetzlichkeit)

Der Verlust des Landes und die Zerstörung des Tempels durch die babylonische Eroberung (Deportation 587 v. Chr.) führen zu einer beträchtlichen religiösen Verunsicherung. Der Glaube Israels muss sich in dieser neuen Situation der Verborgenheit Gottes und der Gefahr des Abfalls bewähren. Die Forscher nehmen mehrheitlich an, dass in der babylonischen Diaspora die Priesterschrift (P) entsteht, eine bedeutsame Quellenschicht der fünf Bücher Mose (Pentateuch). Priester sammeln, ergänzen, überarbeiten und interpretieren die überlieferten religiösen Traditionen: Die Theologie der Exilszeit deutet – in Anlehnung an die vorexilischen Propheten – die politische Katastrophe als Folge des gerechten Zorns Jahwes über den Ungehorsam seines Volkes. Zugleich wird die Gemeinschaft zwischen Jahwe und Israel als **unauflösliche Erwählung,** als immer verpflichtendes Bundesverhältnis auf der Grundlage der im Dekalog zusammengefassten **Tora** verstanden. Israel soll dem Hauptgebot der ausschließlichen Verehrung Jahwes nachkommen und das Handeln an der Solidaritätsforderung nach sozialer Gerechtigkeit orientieren.

Die Schriftpropheten der Exilszeit gründen ihre Heilsworte (u.a. Jahwe als König der Heilszeit, messianische Erwartung) in der Ausschließlichkeit der Gottheit Jahwes. Aus dem von Israel allein verehrten wird der **einzig existierende Gott** überhaupt, der Herr über die gesamte politische Welt, der schließlich als Richter im Völker- und Weltgericht verstanden wird. Die Verzögerung der Heilserwartungen führt zur Hoffnung auf eine zukünftige universale Friedensherrschaft Gottes, aber auch in die Einsicht der Unerforschlichkeit des göttlichen Willens.

Sabbatruhe und Beschneidung verstehen die Deportierten als zentrale Zeichen der Jahwezugehörigkeit.

Die im Exil verfassten Geschichtswerke überliefern – immer wieder neu deutend – die gemeinsame Geschichte Jahwes mit seinem Volk. Die Tora als Lebensordnung Israels, in der sich die Liebe Jahwes ausdrückt, und der ihr entsprechende Gehorsam werden zum Kriterium der Gottesbeziehung. Die weitere Entwicklung führt allerdings zum **Nomismus**, zu einer gesetzlich-kultisch geprägten Frömmigkeit.

ZUM WEITERLESEN

Bella Chagall: Der Seder[2]

Der Wein beginnt zu schäumen. Mir schwindelt der Kopf von dem starken Duft, der den Bechern entsteigt.

Plötzlich scheinen unter den gesenkten Köpfen, aus den Seiten der Haggada[3] hervor, wie ein leichter Wind die ersten Segenssprüche emporzuwehen.

Ich sitze, wie immer, in meinem Winkel zwischen Vater und Mutter [...]: nach den ersten Gebeten wird Vater sich zu mir beugen, als müsste nicht ich ihm die vier Fragen stellen, sondern er mir.

Schon gibt er mir ein Zeichen.

„Nun, also ... die Fragen?“

Plötzlich herrscht Stille. Alle schauen mich an. Ich verstecke mein Gesicht in der Haggada. Vor meinen Augen und in meinem Kopf dreht sich alles. Ich folge mit dem Finger den Zeilen, möchte die tanzenden Buchstaben in Reih und Glied stellen. Ich schlucke leer, zittere vor meiner eigenen Stimme:

„Was ist diese Nacht unter allen anderen ...“ Vater bläst mir leise ein. Ich

2 Häusliche Passahfeier.
3 Buch biblischer Erzählungen.

glaube vom anderen Ende des Tisches her ersticktes Lachen zu hören. Das verwirrt mich noch mehr. Mühselig komme ich Zeile um Zeile vorwärts, aber die Fragen geraten durcheinander. Ich hatte sie doch so gut gelernt und ich hätte soviel zu fragen!

Kaum habe ich das letzte Wort ausgesprochen, ertönt ein Schrei der Erleichterung. Alle fühlen sich befreit und stürzen sich auf ihre Haggada.

Der lange Tisch scheint sich zu bewegen, als hätte er Räder. Jeder psalmodiert für sich, will den anderen überholen, jagt dem nächsten nach. [. . .]

Die leeren Wände hören zu, die Decke senkt sich, um die Haggada zu hören und jedes Wort wieder in die Höhe zu tragen.

Eine Seite nach der anderen. Worte rinnen dahin, wie Sand in der Wüste. Allein vom Anschauen derer, die um mich sind, bin ich schon müde.

An welcher Stelle der Haggada sind sie jetzt?

Wie eingespannte Pferde eilen meine Brüder voran.

Plötzlich hört man – nicht auf hebräisch – die Worte: „Du Nichtsnutz! Wo bist du denn schon? Du hast ein paar Seiten übersprungen." Es ist Mendel, der Abrascha anschreit.

Wen will er anschwindeln? Wohin eilen sie alle? Berge von Buchstaben und Zeilen türmen sich, laufen Stufen hinauf und hinunter. Ich verirre mich in der Haggada, betaste ihre vergilbten Seiten. Unter einem Weinfleck klebt ein Stückchen vorjährige Mazza[4]. Auf einmal gelange ich zu einer Zeichnung: ein Sedertisch, an dem Gestalten mit abgehärmten Gesichtern sitzen.

Es tut mir in der Seele weh. Da sind sie, unsere verehrten Großväter und Großmütter. Wie gequält, wie mager sie sind! Ich streichle sie, blättere weiter, eine Seite nach der anderen, suche überall nach ihnen.

Das Stückchen Mazza zerbröckelt auf der Haggada, als knirsche der Sand Ägyptens unter meinen Füßen.

Ich flüstere: „Wir waren Knechte."

Die Seiten beginnen zu seufzen. In den Ohren bläst der Wüstenwind. Die bleichen Schatten der Zeichnung kommen näher, atmen mich an: Sobald ich sie mit einem Wort berühre, schütten sie mir ihr Herz aus, erzählen mir von ihren Leiden: wie sie durch die Wüste gewandert sind, Tage, Nächte, Jahre, ohne Wasser, ohne Brot.

Ihr Leid greift mir ans Herz. Ich höre sie gehen, keuchend, Schritt um Schritt, mit gebeugtem Rücken.

Meine eigenen Schultern werden schlaff, als schleppte auch ich mich durch den tiefen Sand. Mein Mund wird ganz trocken, ich bringe kaum noch ein Wort heraus, meine Lippen kleben zusammen. Ich flüstere, neige mich über die Haggada, möchte in sie eindringen, den langen Weg beginnen, mit allen zusammen wandern, ihnen ein Wort sagen, ihnen etwas tragen helfen.

4 Ungesäuertes Brot.

Plötzlich blitzt ein Gedanke auf: Ist es möglich, dass Kinder bei ihnen waren? Oh, wie müssen sie geweint und geklagt haben!

Wie weit sind die anderen im Haggada-Lesen? Mir scheint, sie haben sich alle im Text verirrt. Nie werde ich sie einholen!

Wie weit ist Vater? Besser ihm zuhören! Seine Stimme ist ruhig, jedes Wort ertönt wie ein Schritt nach dem anderen. Er geht einen geraden Weg. Ich möchte bei ihm bleiben.

Gott sei Dank, er hat einen Augenblick Halt gemacht, Atem geschöpft.

„Nun die Plagen!" Er gibt ein Zeichen, damit man ihm etwas bringe, um die Plagen fortzugießen.

„Wasser ... Blut ..."

Es klingt wie ein Glockenton, wenn Vater es sagt. Jede Plage weicht zurück, wird in einem Tropfen Wein ertränkt, als wolle Vater jede Plage so weit wie möglich von sich stoßen. Er hat seinen ganzen Becher ausgegossen.

Mutter nimmt nun den Krug und gießt langsam eine Plage nach der anderen hinein. Sie wagt nicht, die Plagen laut auszusprechen, und sie hat auch Angst, das Tischtuch zu bespritzen.

Jeder hält seinen Becher fest, wie um Schläge damit auszuteilen, ergreift den Krug und gießt Wein hinein, als wolle er einem Feind ins Gesicht spucken.

Jeder zielt, um seine Verwünschungen in die Mitte des Kruges zu werfen. Ich bekomme den Krug als letzte. Es sind schon so viele Plagen darin versenkt, dass der Inhalt ganz dickflüssig erscheint.

„Blut ... Frösche ... Ungeziefer ... Da hast du, und da, und da!" Ich werfe sie wie Steine, gieße Wein aus, verschütte ihn, kann meiner Hand nicht Einhalt gebieten. Der irdene Krug verwandelt sich in den Kopf des bösen Pharao. Ich möchte alle Plagen auf einmal auf ihn schleudern, meinen Becher an ihm zerbrechen, dass er von rotem Wein trieft wie von Blut.

„Da hast du für meine gepeinigten Großväter, Großmütter, da hast du für die totgequälten Kinder!"

Ich erschrecke selbst vor den Verwünschungen, vor den roten Flecken auf dem Tischtuch.

Schnell gieße ich all meinen Wein aus.

Chagall, Bella: Brennende Lichter. Mit 39 Zeichnungen von Marc Chagall. Reinbek bei Hamburg 1969, S. 198–203.

Bella Chagall, geb. Rosenfeld (1895–1944), jüngstes von sieben Kindern eines wohlhabenden jüdischen Juweliers, studiert in Moskau Literaturwissenschaften und ist jahrelang am Theater tätig. 1915 heiratet sie ihren Jugendfreund, den Maler Marc Chagall. Sie leben ab 1922 in Frankreich und emigrieren 1941 nach Amerika. Im Alter von 48 Jahren stirbt Bella vermutlich an einer verschleppten Virusinfektion. Ein Freund erinnert sich: „Marc weinte unaufhörlich. Es war herzzerreißend. Ich fürchtete, er würde nie darüber hinwegkommen."

Bella Chagall schildert in „Der Seder" ihre Kindheitserinnerung an eine **Passah-Feier** in Witebsk (Weißrussland). Höhepunkt der Feier ist das Lesen der biblischen Erzählung vom Auszug aus Ägypten. Da wegen des eiligen Aufbruchs kein Sauerteig mitgenommen werden konnte, werden zum Sedermahl ungesäuerte Brote gegessen und Bitterkraut zur Erinnerung an die ägyptische Fronarbeit gereicht. Die Gläubigen erfahren das geschichtliche Handeln Jahwes als existenzielles Ereignis. Sie identifizieren sich mit den flüchtenden Menschen und danken Gott für sein rettendes Handeln.

3 Jesus von Nazareth und seine Botschaft

Der christliche Glaube bezieht sich unablösbar auf die geschichtliche Gestalt Jesu von Nazareth. Sein Leben und seine Botschaft bilden die Grundlage des Christentums, prägen die abendländische Kultur und regen dazu an, über die Grundfragen des menschlichen Lebens nachzudenken. Es soll zunächst untersucht werden, inwieweit über Jesus und seine Verkündigung **historisch zuverlässig Auskunft** gegeben werden kann.

ZIELSETZUNG

Das Neue Testament überliefert Gotteserfahrungen, die Menschen in der Begegnung mit dem gekreuzigten und auferstandenen Jesus Christus gemacht haben. Daraus entsteht das Problem, in welcher Beziehung der Glaube an Jesus Christus zur Verkündigung und zum Handeln des historischen Jesus steht. Dieses Kapitel konzentriert sich darauf, zunächst die Lebensgeschichte, die Verkündigung und das Handeln Jesu von Nazareth darzustellen. Es ergeben sich die Fragen,

- ob und wie die Verkündigung Jesu erschlossen werden kann,
- in welcher Weise Jesus dem Menschen das Reich Gottes nahe bringt,
- wie Jesus sich selbst und seine Beziehung zu Gott versteht,
- wie auf ihrem Weg mit Jesus die Jünger die Nähe Gottes wahrnehmen.

ZUM EINSTIEG: WER IST JESUS VON NAZARETH?

Arno Schmidt, Schriftsteller: Jesus von vornherein indiskutabel!

Die Persönlichkeit des Mannes, nach dem sich immerhin dreißig Prozent der Menschheit nennen, genügt mir nicht! –

Was würden wir heute sagen, wenn ein junger Mann aus irgendeinem unbedeutenden Zwergstaat käme; einem der immer wieder vorhandenen und nicht nur „wirtschaftlich unterentwickelten" Ostgebiete; keiner der großen Kultursprachen mächtig; völlig unbekannt mit dem, was in Jahrtausenden Wissenschaft, Kunst, Technik, auch frühere Religionen, geleistet haben – und ein solcher stellte sich vor uns hin mit den dicken Worten: „*Ich* bin der Weg; *und* die Wahrheit; *und* das Leben"?

Schmidt, Arno: Atheist? Allerdings! Aus: Deschner, Karlheinz (Hrsg.): Was halten Sie vom Christentum? München 1957, S. 67.

Erich Kästner, Schriftsteller: Alles bleibt beim Alten

Dem Revolutionär Jesus zum Geburtstag

Zweitausend Jahre sind es fast,
seit du die Welt verlassen hast,
du Opferlamm des Lebens!
Du gabst den Armen ihren Gott.
Du littest durch der Reichen Spott.
Du tatest es vergebens!

Du sahst Gewalt und Polizei.
Du wolltest alle Menschen frei
und Frieden auf der Erde.
Du wusstest, wie das Elend tut
und wolltest alle Menschen gut,
damit es schöner werde!

Du warst ein Revolutionär
und machtest dir das Leben schwer
mit Schiebern und Gelehrten.
Du hast die Freiheit stets beschützt
und doch den Menschen nichts genützt.
Du kamst an die Verkehrten!

Du kämpftest tapfer gegen sie
und gegen Staat und Industrie
und die gesamte Meute.
Bis man an dir, weil nichts verfing,
Justizmord, kurzerhand, beging.
Es war genau wie heute.

Die Menschen wurden nicht gescheit.
Am wenigsten die Christenheit,
trotz allem Händefalten.
Du hattest sie vergeblich lieb.
Du starbst umsonst. Und alles blieb
beim Alten.

Kästner, Erich: Dem Revolutionär Jesus zum Geburtstag.
Aus: Ders.: Gedichte. Gesammelte Werke, Bd. 1. Köln 1959, S. 207 f.

Dorothee Sölle, Literaturwissenschaftlerin und evang. Theologin: Von Christus lernen

Ich halte Jesus von Nazareth für den glücklichsten Menschen, der je gelebt hat. [...] Jesus erscheint in der Schilderung der Evangelien als ein Mensch, der seine Umgebung mit Glück ansteckte, der seine Kraft weitergab, der verschenkte, was er hatte. [...]

Von Christus ist zu lernen: Je glücklicher einer ist, umso leichter kann er loslassen. Seine Hände krampfen sich nicht um das ihm zugefallene Stück Leben. Da er die ganze Seligkeit sein nennt, ist er nicht aufs Festhalten erpicht. Seine Hände können sich öffnen. [...]

Das Leben, das er selber ist, ist nicht abgeschlossen und abgetrennt von dem großen Leben, das er Gott nennt. [...] Es besteht ein Sachzusammenhang zwischen dem Glück, dem Ich und seiner Fantasie, ein Zusammenhang, der an Jesu Leben deutlich wird, aber für alle Menschen gilt.

Sölle, Dorothee: Fantasie und Gehorsam. Überlegungen zu einer künftigen christlichen Ethik. Stuttgart 1968, S. 63, 65 f.

Aus dem 14. Jahrhundert

Christus hat keine Hände,
nur unsere Hände,
um seine Arbeit heute zu tun.

Er hat keine Füße,
nur unsere Füße,
um Menschen
auf seinen Weg zu führen.

Christus hat keine Lippen,
nur unsere Lippen,
um Menschen
von ihm zu erzählen.

Er hat keine Hilfe,
nur unsere Hilfe,
um Menschen an seine Seite zu bringen.

Wir sind die einzige Bibel,
die die Öffentlichkeit noch liest.
Wir sind Gottes letzte Botschaft
in Taten und Worten geschrieben.

Aus dem 14. Jh.

IMPULSE

- Vergleichen Sie die verschiedenen Jesusdeutungen, die sich in den Texten widerspiegeln!
- Notieren Sie auf einem Blatt Ihre Gedanken und Einfälle, indem Sie den Satz ergänzen: „Jesus ist für mich …“!
- Suchen Sie bildliche Darstellungen Jesu[1] aus verschiedenen Jahrhunderten oder der Kunst der Gegenwart heraus, die Sie besonders ansprechen! Gibt es Jesus-Bilder, die Ihnen unangemessen erscheinen? Welche Beweggründe führten zu Ihren Entscheidungen?

Oskar Kokoschka: Der gekreuzigte Christus hilft den Kindern.

Das lithografierte Plakat lässt Kokoschka auf eigene Kosten zum Tag des Friedensschlusses 1945 in den Untergrundbahnhöfen Londons anbringen.

1 Winnekes, Katharina (Hrsg.): Christus in der bildenden Kunst. Von den Anfängen bis zur Gegenwart. Eine Einführung. München 1989.

3.1 Die Frage nach dem historischen Jesus

Alle Versuche, eine ausführliche Lebensgeschichte Jesu zu schreiben und seine Persönlichkeitsentwicklung psychologisch zu deuten, scheitern am Quellenmaterial. Die neutestamentlichen Evangelien als bedeutsamste Dokumente, die Auskunft über Jesus geben könnten, sind kerygmatische Texte. Ihnen geht es nicht um historische Tatsachenbeschreibung, sondern um die Verkündigung Jesu und dessen Bedeutung für den Glauben. Es „hat nie ein ‚rein' geschichtliches Zeugnis von Jesus gegeben; was von Jesus an Worten und Taten berichtet wurde, war immer schon ein für Predigt und Mahnung bestimmtes Zeugnis des Glaubens"[2]. Das bedeutet jedoch nicht, dass die Rückfrage nach dem **historischen Jesus** und die Suche nach historisch zuverlässigen Aussagen über ihn aufgegeben werden müsste.

Jesus von Nazareth und der Christus des Glaubens

verkündigter (kerygmatischer) Christus: (Kerygma: griech. „Verkündigung")	Die neutestamentliche Verkündigung geht vom Glauben an den auferstandenen Christus aus und interpretiert das Wirken des irdischen Jesus aus dieser Glaubensperspektive.
historischer Jesus:	Die Darstellung Jesu Christi aus der Sicht des nachösterlichen Glaubens muss unterschieden werden vom historisch erhebbaren Wirken des irdischen Jesus von Nazareth.
Die Frage nach dem historischen Jesus:	Sie entsteht erst in der Zeit der Aufklärung und bezieht sich auf die historische Vergewisserung der Gestalt und Botschaft Jesu.

Mit den Mitteln der Geschichtswissenschaft können trotz des Bekenntnischarakters der Evangelien relativ gesicherte Umrisse des Lebens Jesu, vor allem aber die Grundzüge seiner Botschaft rekonstruiert werden.

Aus den neutestamentlichen Evangelien lassen sich die Grundzüge der Botschaft des historischen Jesus herausarbeiten.

2 Dibelius, Martin: Die Formgeschichte des Evangeliums. Tübingen ^{4}1961, S. 295.

3.1.1 Hauptquellen für die Rekonstruktion der Verkündigung Jesu

Die wichtigsten Quellen für den Versuch, historisch zuverlässige Aussagen über Person und Botschaft Jesu von Nazareth zu gewinnen, sind die **neutestamentlichen synoptischen Evangelien:** Markus, Matthäus und Lukas.

Die verhältnismäßig spärlichen historischen Nachrichten über Jesus im Johannes-Evangelium, in den außerbiblischen Evangelien und den nichtchristlichen römischen bzw. jüdischen Überlieferungen belegen, dass Jesus tatsächlich gelebt hat, bringen aber gegenüber den synoptischen Evangelien keine weiterführenden Erkenntnisse. Der älteste nichtchristliche Hinweis auf Jesus findet sich bei dem jüdischen Geschichtsschreiber Flavius Josephus (37/38 – um 100):

> Der Hohe Priester Ananos (Hannas II.) ließ Jakobus, den Bruder Jesu, des so genannten Christus, und noch einige andere zur Steinigung verurteilen.
>
> *Josephus: Jüdische Altertümer (Antiquitates judaicae), XX, 200.*

Josephus berichtet, dass im Jahre 62 ein Bruder Jesu, Jakobus der Jüngere, der erste Leiter der Jerusalemer Gemeinde, hingerichtet wird.

Beim Vergleich der synoptischen Evangelien fallen zahlreiche Übereinstimmungen und Ähnlichkeiten auf: die identische Gliederung, der ihnen eigene Stil der Darstellung und die große Zahl übereinstimmender, fast wörtlich gleich lautender Geschichten. Trotz zahlreicher inhaltlicher Verschiedenheiten, ja Widersprüche deutet dies auf eine enge Verwandtschaft dieser Evangelien hin. Sie lässt sich nur durch eine gegenseitige literarische Abhängigkeit erklären. Seit dem Ende des 18. Jahrhunderts bemüht sich die theologische Wissenschaft intensiv darum, die **„synoptische Frage“** zu klären, wie sich Niederschrift und Überlieferung der Evangelien vollzogen haben könnten.

Synopse: (griech. „Zusammenschau“)	Die vergleichbaren (parallelen) Texte der Evangelien werden in Spalten nebeneinander gestellt.
synoptische Evangelien:	Markus, Matthäus und Lukas
synoptische Frage:	Hier geht es um das literarkritische Problem, wie sich die gegenseitige Abhängigkeit der synoptischen Evangelien im Hinblick auf ihre Unterschiede aufklären lässt.

Die meisten Forscher vertreten die **„Zwei-Quellentheorie"**, um die literarische Abhängigkeit der synoptischen Evangelien zu erklären. Das älteste und kürzeste ist das Markus-Evangelium (verfasst kurz vor 70). Markus verknüpft, überarbeitet und interpretiert mündlich tradierte Stoffe: Reden Jesu, Erzählungen über seine Taten und die Passionsgeschichte. Matthäus und Lukas benutzen die Gliederung und die Stoffe des Markus-Evangeliums als Grundlage für ihre Werke (entstanden zwischen 80 und 90). Außerdem verwenden Matthäus und Lukas eine zweite gemeinsame Quelle, die Spruch- oder Logienquelle (abgekürzt: Q; Logos: griech. „Wort"). Als selbstständige Tradition liegt sie uns heute zwar nicht mehr vor, lässt sich jedoch erschließen. Sie enthält die über Markus hinausgehenden, Matthäus und Lukas gemeinsamen und teilweise wörtlich übereinstimmenden Stoffe. Außerdem nehmen Matthäus und Lukas jeweils eigenständiges Sondergut auf.

Diese traditionsgeschichtliche Ausgangssituation der Quellenlage bildet eine brauchbare Basis für die Aufgabe, Konturen des historischen Jesus herauszuarbeiten. Es stehen **mehrere, voneinander unabhängige Traditionen** zur Verfügung: die Logienquelle, Markus, das jeweilige Sondergut, daneben auch das Johannes-Evangelium.

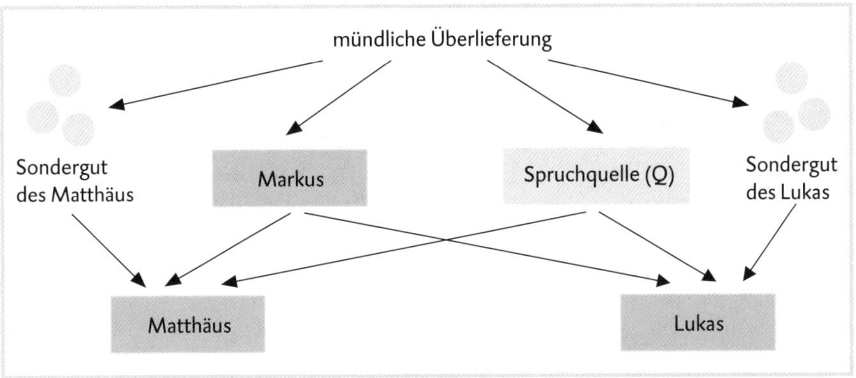

Literarische Abhängigkeit der synoptischen Evangelien

Die wichtigsten, voneinander unabhängigen, ältesten Überlieferungstraditionen, aus denen sich die Verkündigung Jesu erschließen lässt, sind die Logienquelle und das Markus-Evangelium.

3.1.2 Kennzeichen der Worte des historischen Jesus

Um die Grundzüge der Verkündigung Jesu aus dem Kerygma der nachösterlichen Gemeinde herauszuarbeiten, übernimmt die Theologie zahlreiche Forschungsmethoden verschiedener Wissenschaften und wendet sie auf die Evangelien an. Wenn mehrere **Echtheitskriterien** bei einer Überlieferung zusammentreffen, darf angenommen werden, dass diese auf Jesus selbst zurückgeht (ipsissima vox Jesu).

Inhaltliche Besonderheiten

Die christliche Urgemeinde kann kein Interesse daran haben, dem historischen Jesus Worte zuzusprechen, die sie vor beträchtliche Deutungsschwierigkeiten stellt. Jene Aussprüche oder Handlungen Jesu, auch vorwurfsvolle Bemerkungen über ihn, die wegen ihrer Anstößigkeit der Gemeinde **sachliche Schwierigkeiten** verursachten, dürften daher historisch sein.

In diesen Zusammenhang gehören neben der erklärungsbedürftigen Taufe Jesu durch Johannes (Mt 3,13–17) auch schroffe Aussagen Jesu, wie solche über die Nachfolge, Mt 10,34 (vgl. Lk 16,1–8):

> Ihr sollt nicht meinen, dass ich gekommen bin, Frieden zu bringen auf die Erde. Ich bin nicht gekommen, Frieden zu bringen, sondern das Schwert.

Gleiches gilt für Vorwürfe, die Jesus gemacht werden, Mt 11,19b (vgl. Mk 3,21)

> [So] sagen sie: Siehe, was ist dieser Mensch für ein Fresser und Weinsäufer, ein Freund der Zöllner und Sünder!

Wenn Aussagen weder aus der religionsgeschichtlichen Umwelt, noch aus den Interessen der Urgemeinde abgeleitet werden können, dürften sie nach dem **Originalitätskriterium** auf den historischen Jesus zurückgehen. Sein Gesamtverständnis von der Nähe des Reiches Gottes hat keine direkten Parallelen im kulturellen oder religiösen Umfeld und lässt sich auch nicht aus den Anschauungen der späteren christlichen Gemeinde erklären. Das Originalitäts- oder Unähnlichkeitskriterium führt im Ergebnis zu einem historisch gesicherten Minimum der ursprünglichen Jesustradition. Auf dieses lässt sich die Verkündigung Jesu jedoch nicht beschränken, da Jesus natürlich auch Aussagen der jüdischen Glaubenstradition zustimmend aufgreift (z.B. das Verständnis Gottes als Schöpfer).

Feste Sprachformen
Neben den Sachkriterien treten als zusätzliche Argumente stärker formal orientierte Anhaltspunkte.

Jesus verwendet relativ **fest geprägte Sprachformen**. Dazu gehören vor allem die von Jesus literarisch einzigartig gestalteten Gleichnisse. Im Unterschied zu den Gleichnissen der Rabbiner illustriert Jesus nicht eine lehrhafte Aussage oder eine ethische Forderung. Jesus erzählt vielmehr in Metaphern vom Reich Gottes, das im Handeln Jesu erlebbar wird. An das ursprüngliche Gleichnis, das wegen seiner festgeprägten und einfachen Form im Überlieferungsprozess relativ unverändert bleibt, können sich später Erweiterungen und Deutungen anlagern.

Am Gleichnis vom unehrlichen Verwalter lässt sich der mehrfache Wachstumsprozess besonders deutlich aufzeigen, Lk 16,1–9:

1 Er sprach aber auch zu den Jüngern: Es war ein reicher Mann, der hatte einen Verwalter; der wurde bei ihm beschuldigt, er verschleudere ihm seinen Besitz.
2 Und er ließ ihn rufen und sprach zu ihm: Was höre ich da von dir? Gib Rechenschaft über deine Verwaltung; denn du kannst hinfort nicht Verwalter sein.
3 Der Verwalter sprach bei sich selbst: Was soll ich tun? Mein Herr nimmt mir das Amt; graben kann ich nicht, auch schäme ich mich zu betteln.
4 Ich weiß, was ich tun will, damit sie mich in ihre Häuser aufnehmen, wenn ich von dem Amt abgesetzt werde.
5 Und er rief zu sich die Schuldner seines Herrn, einen jeden für sich, und fragte den ersten: Wieviel bist du meinem Herrn schuldig?
6 Er sprach: Hundert Eimer Öl. Und er sprach zu ihm: Nimm deinen Schuldschein, setz dich hin und schreib flugs fünfzig.
7 Danach fragte er den zweiten: Du aber, wie viel bist du schuldig? Er sprach: Hundert Sack Weizen. Und er sprach zu ihm: Nimm deinen Schuldschein und schreib achtzig.
8 Und der Herr lobte den ungetreuen Verwalter, weil er klug gehandelt hatte; denn die Kinder dieser Welt sind unter ihresgleichen klüger als die Kinder des Lichts.
9 Und ich sage euch: Macht euch Freunde mit dem ungerechten Mammon, damit, wenn er zu Ende geht, sie euch aufnehmen in die ewigen Hütten.

Das ursprüngliche Gleichnis Jesu endet mit V. 7. Formale Charakteristika sind die geradlinige Erzählung, Verwendung der direkten Rede und des Selbstgesprächs sowie fiktive Einzelzüge. Das Gleichnis schildert einen verbrecherischen Menschen, der in einer bedrohlichen Situation entschlossen handelt. Mit dem „Herrn“ (V. 8) ist ursprünglich Jesus gemeint. Er lobt den Haushalter, weil er angesichts seiner Notlage klug, nämlich konsequent, gehandelt hat, um sich eine neue Existenz aufzubauen. Jesus dürfte dieses Gleichnis Menschen erzählt haben, die auf seine Verkündigung von der Nähe des Reiches Gottes unentschlossen reagierten.

V. 8 b schränkt das befremdliche Lob des Haushalters ein. V. 9 enthält ein isoliert überliefertes Wort Jesu, das er möglicherweise an Zöllner richtet. Durch Stichwortzusammenhang fügt es Lukas an das Gleichnis an.

Der weitere Text enthält – thematisch aneinander gereiht – teilweise Einzelsprüche Jesu, V. 10–13:

10 Wer im Geringsten treu ist, der ist auch im Großen treu; und wer im Geringsten ungerecht ist, der ist auch im Großen ungerecht.
11 Wenn ihr nun mit dem ungerechten Mammon nicht treu seid, wer wird euch das wahre Gut anvertrauen?
12 Und wenn ihr mit dem fremden Gut nicht treu seid, wer wird euch geben, was euer ist?
13 Kein Knecht kann zwei Herren dienen; entweder er wird den einen hassen und den andern lieben, oder er wird an dem einen hängen und den andern verachten. Ihr könnt nicht Gott dienen und dem Mammon.

Der Haushalter wird wegen seiner Untreue zum abschreckenden Beispiel. Für die christliche Gemeinde geht es jetzt nicht mehr um das Problem der Unentschlossenheit, sondern um die ethische Frage, wie der Christ mit Besitz umgehen soll.

Sprachlich-stilistische Ausdrucksformen

Vergleicht man den Sprachgebrauch Jesu mit dem seiner Umwelt, so fällt auf, dass Jesus ungewöhnlich häufig **bestimmte sprachlich-stilistische Ausdrucksformen** gebraucht. In allen Schichten der Überlieferung findet sich beispielsweise wiederholt der antithetische Parallelismus. Es ist allerdings zu bedenken, dass die spätere Tradition diesen Sprachgebrauch Jesu nachahmt und Neubildungen vornimmt.

Die Redeform des antithetischen Parallelismus wirkt einprägsam, Mt 9, 37 b:

Die Ernte ist groß,
aber wenige sind der Arbeiter.

Der Schwerpunkt der Aussage liegt meistens auf dem zweiten Teil (vgl. Mk 6, 10//11; Mt 7,18 a//18 b; 10,32//33). Eine Neubildung aus liturgischen Gründen liegt vor in Mt 6,13.

Aus der Jesus-Tradition lässt sich durch verschiedene Echtheitskriterien, wie fest geprägte Sprach- und Ausdrucksformen, Material erheben, das quantitativ und qualitativ ausreicht, Botschaft und Wirken des historischen Jesus darzustellen.

3.1.3 Historische Daten des Lebens Jesu

„Jesus“ ist die griechische Fassung des damals verbreiteten hebräischen Namens „Jeschua“ und bedeutet „Jahwe ist Heil“.

Zur Biografie Jesu gibt es verhältnismäßig **wenig gesicherte Erkenntnisse.** Die Ermittlung der Zeitangaben geschieht durch relative Chronologie. Jesus wird zwischen dem Jahr 7 und 4 v. Chr. als Sohn Marias vermutlich in Nazareth geboren. Er hat leibliche Geschwister. Von Joseph erlernt er wohl das Zimmermannshandwerk. Nach seiner Taufe durch den Buß- und Gerichtsprediger Johannes tritt Jesus mit ungefähr dreißig Jahren als Wanderprediger auf, hauptsächlich in Galiläa. Er sammelt Jünger um sich und wirkt öffentlich relativ kurz, ein bis höchstens drei Jahre. Nach Konflikten mit jüdischen Gruppen lässt ihn der römische Statthalter Pontius Pilatus vor einem Passafest um das Jahr 30 in Jerusalem kreuzigen.

Der römische Geschichtsschreiber Tacitus (um 55–nach 116) schreibt im Zusammenhang mit dem Brand Roms unter Nero:

Der Urheber dieses Namens [der „Christianer“], ein „Christus“, war unter der Herrschaft des Kaisers Tiberius durch den Prokurator Pontius Pilatus hingerichtet worden.

Auctor nominis eius Christus Tiberio imperitante per procuratorem Pontium Pilatum supplicio affectus erat.

Tacitus: Annalen, XV, 44.

Die Hinrichtung Jesu unter Pontius Pilatus wird auch durch die wichigste nichtchristliche Quelle, die Annalen (entstanden um 111), bestätigt. Offenbar hält Tacitus „Christus“ für einen Eigennamen.

Nur wenige Lebensdaten Jesu sind zuverlässig überliefert. Nach seiner Taufe durch Johannes tritt Jesus verhältnismäßig kurze Zeit als Wanderprediger auf. Pontius Pilatus lässt ihn um das Jahr 30 in Jerusalem kreuzigen.

3.2 Jesu Verkündigung vom Reich Gottes

Die synoptische Überlieferung zeigt, dass in der Mitte der Verkündigung des historischen Jesus die Vorstellung vom **Kommen des Reiches Gottes** steht. Er „predigte das Evangelium von dem Reich" (Mt 4,23; vgl. Mk 1,14 f.; Lk 4, 43). Mit dem Reden vom Reich Gottes knüpft Jesus an eine lange jüdische Tradition an und nimmt jüdische Erwartungen seiner Zeit auf.

3.2.1 Die jüdische Apokalyptik

Die um die Zeitenwende verbreiteten apokalytischen Strömungen sehen die düstere religiöse und politische Lage der Gegenwart auf dem Hintergrund des nahe bevorstehenden **kosmischen Umbruchs.** Diese Welt mitsamt dem übermächtig werdenden Bösen bricht zusammen. Durch ein Gericht hindurch gewinnen die Menschen, die unerschütterlich an Gott geglaubt und sich handelnd bewährt haben, in der völlig neuen Welt, dem Reich Gottes, Anteil am ewigen Heil.

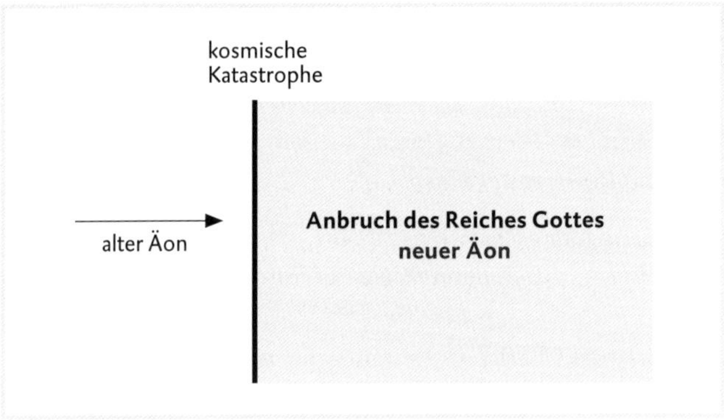

Das dualistische Zeitschema der Apokalyptik

3.2.2 Die Nähe des Reiches Gottes

Jesus greift aus der Vielfalt und Unterschiedlichkeit der Gottesreichs-Vorstellungen überlieferte Bilder auf. Dadurch entsteht die Frage, ob sich die Botschaft Jesu von der Herrschaft Gottes mit einer bestimmten Vorstellung im Judentum deckt, ob sie vielleicht im Rahmen der apokalyptischen Zukunftshoffnung interpretiert werden kann oder ob Jesus in seiner Verkündigung und seinem Handeln die **Gottesreichs-Tradition** völlig neu zur Sprache bringt.

Sicher wird Jesus auch mit der Erwartung des Reiches Gottes, wie sie die zelotischen Widerstandskämpfer vertreten, konfrontiert. Gerd Theißen gibt die Vorstellung der Zeloten anschaulich wieder:

„Dieser Jesus ist ein Spinner! Ich habe noch nie jemanden getroffen, der so verrückte Ideen hatte.“

„Aber sagt er nicht genauso wie ihr, dass eine große Wende kommt? Dass Gott das Unrecht nicht länger mit ansehen wird? Dass seine Herrschaft endlich kommt?“

„Aber da ist ein großer Unterschied: Auch wir wollen, dass Gott alleine herrscht und nicht die Römer, die unser Land unterdrücken. Aber wir sind überzeugt, dass Gott nur denen hilft, die ihr Schicksal selbst in die Hand nehmen.“

Theißen, Gerd: Der Schatten des Galiläers. Historische Jesusforschung in erzählender Form. München und Gütersloh ^{13}1993, S. 125 f.

Aussagen Jesu über das Reich Gottes

Jesus erwartet Gottes Herrschaft und Gericht nicht nur als zukünftiges Geschehen. Das Reich Gottes ist für ihn bereits unberechenbar nahe, ja gegenwärtig.

Über das zukünftige und gegenwärtige Kommen des Reiches Gottes finden sich in der Verkündigung Jesu drei zueinander in Spannung stehende Aussagereihen. Sehr häufig und traditionsgeschichtlich alt sind die präsentischen Bestimmungen: Das Reich Gottes ist gegenwärtig, Lk 17,20 f. (vgl. Lk 7,22 f.; 11,20.23):

20 Als er aber von den Pharisäern gefragt wurde: Wann kommt das Reich Gottes?, antwortete er ihnen und sprach: Das Reich Gottes kommt nicht so, dass man’s beobachten kann;
21 man wird auch nicht sagen: Siehe, hier ist es! oder: Da ist es! Denn siehe, das Reich Gottes ist mitten unter euch.

Das Reich Gottes ist sehr nahe, Mt 10,7 (vgl. Mk 13,30):

Geht aber und predigt und sprecht: Das Himmelreich ist nahe herbeigekommen.

Das zukünftige Reich Gottes steht noch aus, Lk 17,24 (vgl. Mk 10,23–27; Mt 6,10):

Denn wie der Blitz aufblitzt und leuchtet von einem Ende des Himmels bis zum andern, so wird der Menschensohn an seinem Tage sein.

Jesus gibt keinen Termin an, wann das Reich Gottes kommt, da die Vollendung der Gottesherrschaft allein bei Gott liegt (Mk 13,32; Mt 24,44.50).

Die Problematik der Eschatologie, wie sich die **präsentischen und futurischen Aussagen Jesu über das Reich Gottes** zueinander verhalten, wie Gegenwart und Zukunft der Gottesherrschaft ineinander greifen, beschäftigt die theologische Forschung immer wieder neu.

Eschatologie: (zu griech. éschaton „letzte Dinge")	Seit dem 17. Jh. wird das Wort als dogmatischer Begriff für die Lehre von den „Letzten Dingen" (Tod, Auferstehung, Gericht, Vollendung) verwandt.

Verschiedene Erklärungen, wie die Zeitaspekte aufeinander zu beziehen sind, wie **Verheißung und Erfüllung** sich zueinander verhalten, stehen in der theologischen Forschung neben- und gegeneinander.

Formen der Eschatologie

präsentische oder realisierte Eschatologie:	Das Reich Gottes ist als eine Realität im Wirken Jesu bereits vorhanden.
sich realisierende Eschatologie:	Das Reich Gottes befindet sich mit Jesu Verkündigung im Prozess der Verwirklichung.
futurische Eschatologie:	Jesus erwartet das Reich Gottes als zukünftiges, das mehr oder weniger nahe steht.

Das Reich Gottes als gegenwärtige und zugleich zukünftige Größe

Mit Jesu Wirken bricht das kommende Reich Gottes in die Gegenwart herein: „Dass wir die Zukunfts- und Gegenwartsaussagen nicht auseinander reißen dürfen, wird schon darin deutlich, dass beide in der Verkündigung Jesu engstens aufeinander bezogen sind. [...] So heißt von der Gegenwart reden in Jesu Verkündigung von der Zukunft reden und von der Zukunft reden von der Gegenwart reden.

Die Zukunft Gottes ist *Heil* dem, der das Jetzt als Gegenwart Gottes und als die Stunde des Heils ergreift. Die Zukunft Gottes ist *Gericht* dem, der das Heute Gottes nicht annimmt und an seine eigene Gegenwart, an seine eigene Vergangenheit und auch an die eigenen Träume der Zukunft sich klammert."[3]

3 Bornkamm, Günther: Jesus von Nazareth. Stuttgart [15]1995, S. 84 f.

Jesus selbst definiert und systematisiert sein Verständnis der Gottesherrschaft nicht, sondern redet von ihr anschaulich in teilweise dem alltäglichen Leben entnommenen Bildern. Das Reich Gottes setzt sich aus eigener Kraft durch. In dem unscheinbaren Anbruch der Gottesherrschaft in dieser Welt ist Gottes Macht lebendig am Werk.

Das Gleichnis vom Senfkorn beschreibt keine natürlich zu begreifende und handelnd herbeiführbare Entwicklung des Reiches Gottes, Mk 4,30–32 (vgl. die Gleichnisse: Vom Sauerteig Mt 13,33; Vom Wachsen der Saat: Mk 4,26–29):

30 Und er sprach: Womit wollen wir das Reich Gottes vergleichen, und durch welches Gleichnis wollen wir es abbilden?
31 Es ist wie ein Senfkorn: Wenn das gesät wird aufs Land, so ist's das kleinste unter allen Samenkörnern auf Erden;
32 und wenn es gesät ist, so geht es auf und wird größer als alle Kräuter und treibt große Zweige, sodass die Vögel unter dem Himmel unter seinem Schatten wohnen können.

Das Gleichnis stellt zwei Zustände gegenüber, den unscheinbaren Anfang und die Verheißung der vollendeten kommenden Gottesherrschaft. Es schildert den Kontrast zwischen dem winzigen Saatkorn und der riesigen Senfstaude, die am See Genezareth bis zu zwei, drei Meter Höhe erreichen kann. So verhält es sich mit dem Reich Gottes, dem Anfang der von Jesus verkündeten Heilszeit und der vollendeten Herrschaft Gottes.

Die Botschaft Jesu sprengt die traditionellen jüdischen Vorstellungen vom Reich Gottes. Jesus greift in seinen Erzählungen Geschehnisse aus dem Alltag auf und macht diese transparent für das Hereinbrechen des kommenden Reiches Gottes in die Gegenwart.

3.3 Die Nähe Gottes

Alle **weiteren Grundzüge der Verkündigung Jesu** hängen mit der Botschaft von der Gegenwart des kommenden Gottesreiches zusammen. Jesus spricht in der Vollmacht Gottes dem Menschen das Heil zu und fordert sie zur Umkehr auf. Er öffnet dem Menschen eine unmittelbare Vertrauensbeziehung zu Gott und verweist den Menschen in seinem ethischen Handeln auf den Liebeswillen Gottes.

3.3.1 Zuspruch des Heils

Jesus verspricht den Menschen, die an die Grenzen ihrer Möglichkeiten gelangt sind und Gott brauchen, dass Gott in ihrer Nähe ist und ihnen Zukunft erschließt. Den **Verlorenen und** auch **gesellschaftlich Deklassierten sagt Jesus das Heil zu** (vgl. Zachäus: Lk 19,1–10). Jesu Eintreten für die Schwachen zeigt die Nähe des Reiches Gottes, in dem Krankheit und Not überwunden sind.

Die Seligpreisungen:

Mt 5,1–12:

1 Als er aber das Volk sah, ging er auf einen Berg und setzte sich; und seine Jünger traten zu ihm.
2 Und er tat seinen Mund auf, lehrte sie und sprach:
3 Selig sind, die da geistlich arm sind; denn ihrer ist das Himmelreich.
4 Selig sind, die da Leid tragen; denn sie sollen getröstet werden.
5 Selig sind die Sanftmütigen; denn sie werden das Erdreich besitzen.
6 Selig sind, die da hungert und dürstet nach der Gerechtigkeit; denn sie sollen satt werden.
7 Selig sind die Barmherzigen; denn sie werden Barmherzigkeit erlangen.
8 Selig sind, die reinen Herzens sind; denn sie werden Gott schauen.
9 Selig sind die Friedfertigen [andere Übersetzung: die Frieden stiften]; denn sie werden Gottes Kinder heißen.
10 Selig sind, die um der Gerechtigkeit willen verfolgt werden; denn ihrer ist das Himmelreich.

Lk 6,17.20–23:

17 Und er ging mit ihnen hinab und trat auf ein ebenes Feld. Und um ihn war eine große Schar seiner Jünger und eine große Menge des Volkes aus ganz Judäa und Jerusalem und aus dem Küstenland von Tyrus und Sidon [...].
20 Und er hob seine Augen auf über seine Jünger und sprach:
Selig seid ihr Armen; denn das Reich Gottes ist euer.
21 Selig seid ihr, die ihr jetzt hungert; denn ihr sollt satt werden.
Selig seid ihr, die ihr jetzt weint; denn ihr werdet lachen.

11 Selig seid ihr, wenn euch die Menschen um meinetwillen schmähen und verfolgen und reden allerlei Übles gegen euch, wenn sie damit lügen.
12 Seid fröhlich und getrost; es wird euch im Himmel reichlich belohnt werden. Denn ebenso haben sie verfolgt die Propheten, die vor euch gewesen sind.

22 Selig seid ihr, wenn euch die Menschen hassen und euch ausstoßen und schmähen und verwerfen euren Namen als böse um des Menschensohnes willen.
23 Freut euch an jenem Tage und springt vor Freude; denn siehe, euer Lohn ist groß im Himmel. Denn das Gleiche haben ihre Väter den Propheten getan.

In der Logienquelle, aus der Matthäus und Lukas ihr Material übernehmen, sind die Jünger und das Volk die Zuhörer Jesu. Matthäus verbindet die Worte Jesu mit der Bergsituation. Der Vergleich der Matthäus- mit der Lukas-Fassung zeigt, dass Lukas der ältesten erschließbaren Quelle näher steht. Sie enthält drei gleichförmige Seligpreisungen der Armen, Hungernden und Weinenden. Hinzu kommt der Zuspruch an die Verfolgten. Den Leidenden gilt die Verheißung des Reiches Gottes.

Matthäus verändert redaktionell den überlieferten Sinn und versteht die materielle Armut der Besitzlosen im übertragenen Sinn. Der Zuspruch gilt den „geistlich" Armen, denen, die keine hohe Selbsteinschätzung haben. Außerdem verfolgt Matthäus eine ethische Absicht. Nicht Passivität, sondern aktives Verhalten, Werke der Barmherzigkeit und des Friedens sind nötig.

Rembrandt Harmensz van Rijn: Jesus predigt (Radierung um 1652)

In den einzelnen Verheißungen der Seligpreisungen ergreift Jesus Partei für die Menschen, die kein Glück im Leben haben: Arme, Hungernde, Leidtragende, Verfolgte. Ihnen ruft Jesus zu, dass Gott für sie da sein und ihnen in ihrem Leben neue Hoffnung schenken will.

3.3.2 Befreiung und Heilung

In der Tischgemeinschaft, der **befreienden Vergebung** von Schuld und in der **Heilung** seelisch-körperlich Kranker verwirklicht sich der Heilszuspruch Jesu. Dieser schenkt ihnen eine neue, endgültige Sinngebung ihrer Existenz.

In der Tischgemeinschaft Jesu mit Zöllnern und Sündern wird die Gegenwart zur Heilszeit, Mk 2,15–17 (vgl. Mk 2,7):

15 Und es begab sich, dass er zu Tisch saß in seinem Hause, da setzten sich viele Zöllner und Sünder zu Tisch mit Jesus und seinen Jüngern; denn es waren viele, die ihm nachfolgten.
16 Und als die Schriftgelehrten unter den Pharisäern sahen, dass er mit den Sündern und Zöllnern aß, sprachen sie zu seinen Jüngern: Isst er mit den Zöllnern und Sündern?
17 Als das Jesus hörte, sprach er zu ihnen: Die Starken bedürfen keines Arztes, sondern die Kranken. Ich bin gekommen, die Sünder zu rufen und nicht die Gerechten.

Menschen, die das göttliche Gebot übertraten, begegnen der liebevollen Zuwendung Gottes zum Menschen.

Die Krankenheilungen versteht Jesus als Zeichen für den Anbruch des Reiches Gottes, Mk 2,1–12 (vgl. Lk 11,20):

1 Und nach einigen Tagen ging er wieder nach Kapernaum; und es wurde bekannt, dass er im Hause war.
2 Und es versammelten sich viele, sodass sie nicht Raum hatten, auch nicht draußen vor der Tür; und er sagte ihnen das Wort.
3 Und es kamen einige zu ihm, die brachten einen Gelähmten, von vieren getragen.
4 Und da sie ihn nicht zu ihm bringen konnten wegen der Menge, deckten sie das Dach auf, wo er war, machten ein Loch und ließen das Bett herunter, auf dem der Gelähmte lag.
5 Als nun Jesus ihren Glauben sah, sprach er zu dem Gelähmten: Mein Sohn, deine Sünden sind dir vergeben.
6 Es saßen da aber einige Schriftgelehrte und dachten in ihren Herzen:
7 Wie redet der so? Er lästert Gott! Wer kann Sünden vergeben als Gott allein?

8 Und Jesus erkannte sogleich in seinem Geist, dass sie so bei sich selbst dachten, und sprach zu ihnen: Was denkt ihr solches in euren Herzen?
9 Was ist leichter, zu dem Gelähmten zu sagen: Dir sind deine Sünden vergeben, oder zu sagen: Steh auf, nimm dein Bett und geh umher?
10 Damit ihr aber wisst, dass der Menschensohn Vollmacht hat, Sünden zu vergeben auf Erden – sprach er zu dem Gelähmten:
11 Ich sage dir, steh auf, nimm dein Bett und geh heim!
12 Und er stand auf, nahm sein Bett und ging alsbald hinaus vor aller Augen, sodass sie sich alle entsetzten und Gott priesen und sprachen: Wir haben so etwas noch nie gesehen.

Zwei ursprünglich selbstständige Erzählungen über die Sündenvergebung bzw. die Heilung könnten bei Markus miteinander verschmolzen sein. Jesus spricht dem Gelähmten in der Vollmacht Gottes die Vergebung der Sünden zu. Die körperliche Heilung wird transparent für eine tiefergehende Errettung.

3.3.3 Umkehr und Nachfolge

Jesus lädt alle dazu ein, sich in die Gottesherrschaft einbeziehen zu lassen, weil die Gemeinschaft mit Gott so wertvoll ist (Vom Schatz im Acker und der kostbaren Perle: Mt 13,44–46). Er ruft deshalb auf zur Umkehr, d. h. zu einer **Neuorientierung des Lebens** Gott gegenüber, und zur Nachfolge, was auch ein neues Verhältnis zu den Menschen und ein der Gottesherrschaft entsprechendes Handeln einschließt.

Jesus beruft zwölf Jünger, die ihn ständig begleiten, Mk 1,16–20 (vgl. Mk 2,14):

16 Als er aber am Galiläischen Meer entlangging, sah er Simon und Andreas, Simons Bruder, wie sie ihre Netze ins Meer warfen; denn sie waren Fischer.
17 Und Jesus sprach zu ihnen: Folgt mir nach; ich will euch zu Menschenfischern machen!
18 Sogleich verließen sie ihre Netze und folgten ihm nach.
19 Und als er ein wenig weiterging, sah er Jakobus, den Sohn des Zebedäus, und Johannes, seinen Bruder, wie sie im Boot die Netze flickten.
20 Und alsbald rief er sie, und sie ließen ihren Vater Zebedäus im Boot mit den Tagelöhnern und folgten ihm nach.

Die Jünger kommen aus verschiedenen Berufen. Es sind Fischer, Zöllner, vermutlich auch Bauern und Handwerker. Die Zwölfzahl der Jünger entspricht den zwölf Stämmen Israels und symbolisiert die vollendete Gemeinschaft Gottes. Zu ihr werden auch Nicht-Juden gehören. Zur Zeit Jesu gibt es nur noch den Stamm Juda, Benjamin und einen Teil von Levi.

Die Jünger versagen in entscheidenden Situationen (Mt 26,40.43). Judas verrät Jesus (Mk 14,43–45) und Petrus verleugnet ihn nach der Gefangennahme (Mk 14,66–72).

Unter den Anhängern Jesu finden sich auch zahlreiche Frauen (Lk 10,38–42).

3.3.4 Ernst der Situation

Jesus warnt davor, die Entscheidung für das Reich Gottes aufzuschieben, die Einladung auszuschlagen oder religiöse Vorleistungen gegenseitig aufzurechnen.

Im Gleichnis vom großen Abendmahl lädt der Gastgeber zu einem großen Fest ein, Lk 14,15ff.:

15 Als aber einer das hörte, der mit zu Tisch saß, sprach er zu Jesus: Selig ist, der das Brot isst im Reich Gottes!
16 Er aber sprach zu ihm: Es war ein Mensch, der machte ein großes Abendmahl und lud viele dazu ein.
17 Und er sandte seinen Knecht aus zur Stunde des Abendmahls, den Geladenen zu sagen: Kommt, denn es ist alles bereit!
18 Und sie fingen an alle nacheinander, sich zu entschuldigen. Der Erste sprach zu ihm: Ich habe einen Acker gekauft und muss hinausgehen und ihn besehen; ich bitte dich, entschuldige mich.
19 Und der Zweite sprach: Ich habe fünf Gespanne Ochsen gekauft und ich gehe jetzt hin, sie zu besehen; ich bitte dich, entschuldige mich.
20 Und der Dritte sprach: Ich habe eine Frau genommen; darum kann ich nicht kommen.
21 Und der Knecht kam zurück und sagte das seinem Herrn. Da wurde der Hausherr zornig und sprach zu seinem Knecht: Geh schnell hinaus auf die Straßen und Gassen der Stadt und führe die Armen, Verkrüppelten, Blinden und Lahmen herein.
24 Denn ich sage euch, dass keiner der Männer, die eingeladen waren, mein Abendmahl schmecken wird.

Alle geladenen Gäste sagen dem Gastgeber unter teilweise fadenscheinigen Gründen ab. Wer Gottes Einladung zum Reich Gottes ausschlägt, wird erleben, dass die Verachteten und Gottesfernen an ihre Stelle treten und die Tür zum Gastraum verschlossen wird. Für den Menschen, der sich nicht auf Gott verlässt, gibt es ein Zuspät. Will diese „Drohung" die Annahme des Menschen, bereits im Besitz des Heils zu sein, in Frage stellen und den Menschen für Gott und den Mitmenschen öffnen? Wesentlich bleibt die Einladung: „Kommt, denn es ist alles bereit!"

Die missionierende Kirche bzw. Lukas beziehen später die Einladungen des Gastgebers auf die Juden, auf die Sünder in Israel und die Erweiterung V. 22f. (Verdoppelung der Einladung) auf die „Heiden".

Im Wirken Jesu erfahren Frauen, Männer und Kinder, dass ihnen Gott nahe ist und Hoffnungsperspektiven eröffnet. Jesus ruft zur Umkehr und Nachfolge auf. Er warnt davor, den Ernst der Stunde zu verkennen.

3.4 Gottesbeziehung Jesu

Jesus trägt keine Lehre über Gott vor, sondern stellt die Menschen in eine persönliche Begegnung mit Gott. Weil Jesus aus einem unmittelbaren Glauben an Gott heraus lebt, **redet er Gott vertrauensvoll mit Vater an** und ermächtigt auch die Menschen dazu. Mit der Übertragung des Vaternamens auf Gott weist Jesus indirekt auf seine Vollmacht hin.

Jesus verwendet zwar auch traditionelle jüdische Gottesnamen. Die alten Traditionsschichten überliefern jedoch gemeinsam, dass er in seinen Gebeten bevorzugt die aramäische Bezeichnung „Abba" gebraucht. Dies ist für jüdisches Denken ungewöhnlich, da der Begriff „Abba" zur Zeit Jesu familiäre Züge („Papa") trägt, Mt 6,9–13 (z.B. Mk 14,36; Lk 23,34):

9 Darum sollt ihr so beten:
Unser Vater im Himmel!
Dein Name werde geheiligt.
10 Dein Reich komme.
Dein Wille geschehe wie im Himmel so auf Erden.
11 Unser tägliches Brot gib uns heute.
12 Und vergib uns unsere Schuld,
wie auch wir vergeben unsern Schuldigern.
13 Und führe uns nicht in Versuchung,
sondern erlöse uns von dem Bösen.
[Denn dein ist das Reich und die Kraft und die Herrlichkeit in Ewigkeit. Amen.][4]

4 V. 13 b findet sich schon in einer Gemeindeordnung vom Anfang des 2. Jahrhunderts, wird aber in den neutestamentlichen Handschriften erst später bezeugt.

Die Anrede Gottes als „Vater" ist ein Bild für die enge Gottesbeziehung Jesu, die dem freundschaftlichen Verhalten eines Sohnes zu seinem Vater gleicht. Die Vateranrede drückt zugleich das Vertrauensverhältnis des Menschen zu Gott aus. Die ersten drei Bitten beziehen sich auf das Offenbarwerden der Herrschaft Gottes, die folgenden auf die Befreiung aus den gegenwärtigen Bedrängnissen: leibliche Nöte, Schuld, Versuchung und Macht des Bösen.

Jesus verkündet Jahwe als einen dem Menschen nahen und gegenwärtigen Gott, der aber auch als der endzeitliche Herrscher kommen wird. Er geht den Verlorenen nach, erlässt Schulden im Übermaß und schenkt den Menschen das für ihre Existenz Notwendige. Jesus spricht von der Fürsorge, die Gott auch der nichtmenschlichen Kreatur zuwendet (Mt 6,26–30). Die Schöpfung Gottes weist über sich hinaus auf den **Schöpfer** (Mt 10,29 f.).

Sich selbst macht Jesus nicht zum Gegenstand religiöser Verehrung; aber durch seine eigene Glaubensgewissheit lebt und vermittelt er den **Glauben an Gott.** Jesu Umgang mit der Tora, mit religiösen Vorurteilen, mit materiellen Zwängen und gesellschaftlichen Machtzentren zeigt die Freiheit des gelebten Glaubens. Glauben bedeutet nicht, religiöse Lehren für wahr halten zu müssen, sondern bezieht sich auf das rechte Verhalten zu Gott. Aus dem Vertrauen zu Gott, das Umkehr und Buße ermöglicht, erwächst Abkehr von der Sünde und helfende Zuwendung zum Nächsten.

STANDPUNKT

Elisabeth Schüssler Fiorenza, Professorin für Neues Testament an der Harvard Universität, setzt sich mit dem Gottesverständnis Jesu auseinander:

Die Anrede „Vater", die Jesus und seine JüngerInnen verwenden, hat vielen christlichen Feministinnen großes Ärgernis bereitet, weil die Kirche dem Gebot Jesu „Nennt niemand Vater, denn ihr habt nur einen Vater" nicht gehorcht hat und dies zur Legitimierung des kirchlichen und gesellschaftlichen Patriarchats mithilfe des Gottesnamens „Vater" geführt hat, wobei der Name Gottes verunehrt wurde. [...] Das Jesuswort verwendet den Gottesnamen „Vater" nicht zur Legitimierung bestehender patriarchalen Machtstrukturen in Gesellschaft und Kirche, sondern als kritische Subversion aller Herrschaftsstrukturen. Der „Vater"gott Jesu macht die „Schwesternschaft der Menschen" [...] möglich, indem er jedem Vater und jeglichem Patriarchat die Existenzberechtigung abspricht. Weder die „Brüder" noch die „Schwestern" in der christlichen Gemeinde können sich auf die Vaterautorität berufen, weil das bedeuten würde, dass sie sich auf eine Autorität und Macht beriefen, die Gott allein vorbehalten ist. [...]

Die monotheistische Vaterschaft Gottes, die die Jesustradition als wohlschaffendes Gut-sein auslegt – eine Haltung, die gewöhnlich mit einer Mutter in Verbindung gebracht wird –, muss die Befreiung von allen patriarchalen Strukturen und aller patriarchalen Herrschaft bewirken, wenn sie nicht eine Männerprojektion des Patriarchats in den Himmel bleiben soll. Befreiung aus patriarchalen Strukturen wird daher von Jesus und seiner Bewegung nicht nur ausdrücklich artikuliert, sondern ist tatsächlich das Herzstück der Verkündigung des Reiches Gottes. [...]

Das alle Menschen einbeziehende wohl-schaffende Gut-sein Gottes ist immer wieder in den Gleichnissen angesprochen. [...]

Die ältesten Jesustraditionen erfassen „diesen" Gott der Gnade und Güte in einer Frauengestalt als göttliche Sophia (Weisheit). [...]

Die Jesusbewegung in Palästina versteht Dienst und Mission Jesu als Dienst und Mission des Propheten und Kindes der Sophia, ausgesandt zu verkündigen, dass Gott „der" Sophiagott der Armen und Beladenen, der Ausgestoßenen und Unrecht Leidenden ist. Als Kind der Sophia steht er in einer langen Sukzessionskette von ProphetInnen, die ausgesandt wurden, die Kinder Israels zu ihrer gnadenreichen göttlichen Sophia zu versammeln.

Schüssler Fiorenza, Elisabeth: Zu ihrem Gedächtnis ... Eine feministisch-theologische Rekonstruktion der christlichen Ursprünge. München und Mainz 1988, S. 201 f., 177, 179, 182.

ANREGUNGEN

- Arbeiten Sie heraus, wie Elisabeth Schüssler Fiorenza die Gotteserfahrung Jesu und deren Auswirkungen in der Jesus-Bewegung und in der Gesellschaft sieht!
- Prüfen Sie Schüssler Fiorenzas Position, indem Sie beispielsweise folgende Schriftstellen in Ihre Argumentation einbeziehen: 2. Mose 32,18; Jes 49,15; Ps 123,2; Mt 13,33!

3.5 Der Wille Gottes

Die Verkündigung vom Hereinbrechen der Gottesherrschaft ist verbunden mit einer neuen Freiheit gegenüber den kultischen und ethischen Forderungen der jüdischen Tradition. Jesus überbietet das traditionelle Gebot der Nächstenliebe und macht das **Liebesgebot** zum Auslegungsprinzip der Tora, universalisiert und radikalisiert es, d. h. bezieht es auf jeden Menschen und grenzt auch den Feind nicht aus (Lk 6,27 f.).

Die Beispielsgeschichte vom barmherzigen Samariter verdeutlicht Jesu Einstellung zur Tora, Lk 10,25–37:

25 Und siehe, da stand ein Schriftlehrter auf, versuchte ihn und sprach: Meister, was muss ich tun, dass ich das ewige Leben ererbe?
26 Er aber sprach zu ihm: Was steht im Gesetz geschrieben? Was liest du?
27 Er antwortete und sprach: „Du sollst den Herrn, deinen Gott, lieben von ganzem Herzen, von ganzer Seele, von allen Kräften und von ganzem Gemüt, und deinen Nächsten wie dich selbst“ (5. Mose 6,5; 3. Mose 19,18).
28 Er aber sprach zu ihm: Du hast recht geantwortet; tu das, so wirst du leben.
29 Er aber wollte sich selbst rechtfertigen und sprach zu Jesus: Wer ist denn mein Nächster?
30 Da antwortete Jesus und sprach: Es war ein Mensch, der ging von Jerusalem hinab nach Jericho und fiel unter die Räuber; die zogen ihn aus und schlugen ihn und machten sich davon und ließen ihn halbtot liegen.
31 Es traf sich aber, dass ein Priester dieselbe Straße hinabzog; und als er ihn sah, ging er vorüber.
32 Desgleichen auch ein Levit: Als er zu der Stelle kam und ihn sah, ging er vorüber.
33 Ein Samariter aber, der auf der Reise war, kam dahin; und als er ihn sah, jammerte er ihn;
34 und er ging zu ihm, goss Öl und Wein auf seine Wunden und verband sie ihm, hob ihn auf sein Tier und brachte ihn in eine Herberge und pflegte ihn.
35 Am nächsten Tag zog er zwei Silbergroschen heraus, gab sie dem Wirt und sprach: Pflege ihn; und wenn du mehr ausgibst, will ich dir's bezahlen, wenn ich wiederkomme.
36 Wer von diesen dreien, meinst du, ist der Nächste gewesen dem, der unter die Räuber gefallen war?
37 Er sprach: Der die Barmherzigkeit an ihm tat. Da sprach Jesus zu ihm: So geh hin und tu desgleichen!

Jesus sprengt die Bindung des alttestamentlichen Liebesgebotes an die Volks- und Religionszugehörigkeit und universalisiert das Liebesgebot.

Aus der Situation des Schriftgelehrten heraus verweist Jesus auf das Doppelgebot der Liebe. Wer ihm entsprechend handelt, geht den Weg zum Leben (V. 25–28). Theologische Kenntnisse helfen nicht, wenn nicht die Liebe zu Gott und zum Menschen die Lebensführung bestimmt.

Der Sinn der Gegenfrage (V. 29) ist nicht die allgemeine Definition des „Nächsten“, da Einigkeit darüber besteht, dass sich das Liebesgebot auf den Volksgenossen bezieht. Die Frage zielt vielmehr auf die Reichweite des Gebotes ab, auf die strittige Bestimmung der Ausnahmen, d. h. wo innerhalb der Volksgemeinschaft die Grenze des Liebesgebotes zu ziehen ist und die Verpflichtung zur Hilfe endet (z. B. beim persönlichen Gegner).

Die Beispielgeschichte (V. 30–35) zeigt den Gegensatz der lieblosen Juden und des liebevollen Samariters. Priester und Levit gehen vorüber, während unerwarteterweise der verachtete, religiös-soziale Außenseiter hilft. Er nimmt die Liebebedürftigkeit des vom Tod Bedrohten wahr und orientiert das barmherzige Tun an der Not des Nächsten.

Während der Schriftgelehrte nach dem Objekt der Liebe fragt (V. 29: „Wer ist denn mein Nächster?", d. h.: „Wo ist die Grenze meiner Liebespflicht?"), denkt Jesus vom Subjekt der Liebe her (V. 36: „Wer ... ist der Nächste gewesen?" – „Wem werde ich Nächster?"). Nicht nur der Volksgenosse, jeder der Hilfe bedarf, soll der Nächste sein. Jesus verschafft dem Liebesgebot universale Geltung.

Jesus knüpft zwar an den Verdienstgedanken des Frühjudentums an und spricht vor allem in Auseinandersetzungen mit Gegnern auch vom Lohn und Verdienst des Tuns (z. B. Lk 14,12–14). In der Gottesherrschaft aber gilt ein neues Motiv des Handelns, der Indikativ der Dankbarkeit, der Freude über die Güte Gottes.

Jesus führt die kultischen und ethischen Forderungen der jüdischen Tradition auf den ursprünglichen Willen Gottes zurück.

3.6 Vollmachtsanspruch und Selbstverständnis Jesu

Wenn Jesus von der Nähe des Reiches Gottes spricht und den Willen Gottes in Vollmacht auslegt, erhebt er den Anspruch, dass Menschen in seinem Verkündigen und Verhalten die unmittelbare Nähe Gottes erfahren. Besonders deutlich zeigt sich das **Selbstverständnis Jesu** in seinem sprachlich hervorgehobenen Gebrauch des **„Ich"**, das Jesus beispielsweise häufig im Zusammenhang mit seiner Interpretation der Tora verwendet.

Das hervorgehobene „Ich" kennzeichnet die Worte Jesu, Lk 6,27 (vgl. Mt 5,43 f.; Mk 10,15):

> Aber ich sage euch, die ihr zuhört: Liebt eure Feinde; tut wohl denen, die euch hassen [...].

Diese „Ich"-Worte drücken indirekt Jesu Vollmachtsanspruch und sein Sendungsbewusstsein aus.

Jesu Selbstverständnis lässt sich kaum aus den **christologischen Titeln** (z. B. Messias, Sohn Gottes) erschließen. In der Forschung bleibt unklar, ob und inwieweit Jesus selbst tradierte jüdische Würdetitel auf sich anwendet, um seine Autorität auszulegen. Die heilsgeschichtliche Bedeutung Jesu drückt später die urchristliche Gemeinde in zahlreichen Hoheitsbegriffen aus, die der historische Jesus für sich selbst nicht in Anspruch nimmt. Sicher redet er vom Kommen des Menschensohnes, allerdings in der dritten Person (Mk 13,26). Jesus könnte in Jersualem seinen bevorstehenden Tod erwartet und im Sinne des leidenden Gottesknechtes (Jes 53) verstanden haben.

Die Worte vom „kommenden Menschensohn" gehören der ältesten Traditionsschicht an, Mk 8,38 (vgl. Mt 24,27):

> Wer sich aber meiner und meiner Worte schämt unter diesem abtrünnigen und sündigen Geschlecht, dessen wird sich auch der Menschensohn schämen, wenn er kommen wird in der Herrlichkeit seines Vaters mit den heiligen Engeln.

Die Frage, ob Jesus im Menschensohn eine von ihm unterschiedene künftige Heilsgestalt erwartet, oder sich mit ihm identifiziert, weil er zum Menschensohn erhöht wird, lässt sich nicht mehr sicher entscheiden.

Aus der Sicht mancher neutestamentlicher Forscher belegen die Abendmahlsworte Jesu, dass er seinen bevorstehenden Tod als stellvertretendes Sterben in der Tradition des Gottesknechtes deutet, Lk 22,19f. (vgl. Lk 22,15–20; 1. Kor 11, 23–25):

> 19 Und er nahm das Brot, dankte und brach's und gab's ihnen und sprach: Das ist mein Leib, der für euch gegeben wird; das tut zu meinem Gedächtnis.
> 20 Desgleichen auch den Kelch nach dem Mahl und sprach: Dieser Kelch ist der neue Bund in meinem Blut, das für euch vergossen wird!

Die Deutehandlungen von Brot und Wein rahmen das Mahl ein, das Jesus mit seinen Jüngern hält. Es steht im engen Zusammenhang mit den Tischgemeinschaften Jesu, die sich auf das Heil beziehen, das Jesus allen Menschen verheißt.

Christologie:	Auf der biblischen Überlieferung gründende Lehre von der Person Jesu Christi
implizite Christologie:	Jesus gründet seinen Autoritätsanspruch in seiner Lebensform, nicht dadurch, dass er Hoheitstitel für sich in Anspruch nimmt.
explizite Christologie:	Die urchristliche Verkündigung entfaltet den Vollmachtsanspruch des historischen Jesus und beschreibt seine heilsgeschichtliche Bedeutung in zahlreichen Heilsprädikationen (z. B. Christus, Herr, Gottessohn).

Hinter der Verkündigung und dem Handeln Jesu steht sein Autoritätsanspruch, die Nähe Gottes zu vermitteln.

3.7 Leiden und Tod Jesu

Auch die biblischen Passionsberichte sind keine historischen Protokolle, sondern deuten das Geschehen aus dem Auferstehungsglauben heraus. Daher lassen sich der historische Ablauf des Prozesses Jesu und die Hinrichtungsgründe historisch schwer fassen. Die Kreuzigungsstrafe wird im römischen Palästina als Hinrichtungsart für Zeloten, für politische Aufrührer, angewandt. Aus der Kreuzigung Jesu kann jedoch kaum auf ein sozialrevolutionäres Auftreten Jesu geschlossen werden. Die jüdischen Ankläger wandeln wohl die **religiösen Anschuldigungen** vor dem Statthalter Pontius Pilatus in **politische Vorwürfe** um, damit sie die Hinrichtung Jesu durch die Römer (vgl. Lk 23,2) erreichen. Jedenfalls liegt die juristische Verantwortung für die Hinrichtung Jesu bei den römischen Behörden. Eine Deutung Jesu als Sozialrevolutionär lässt sich biblisch schwer belegen. Auch die Tempelreinigung (Mk 11,15–17) kann nicht als Beleg für politisch aufrührerisches Wirken Jesu gelten, da sie sich als prophetische Zeichenhandlung verstehen lässt.

Markus übernimmt eine zusammenhängende ältere Passionsüberlieferung und berichtet über Jesu Kreuzigung und Tod, Mk 15,25ff. (vgl. Mk 15,20b–41):

25 Und es war die dritte Stunde, als sie ihn kreuzigten.
26 Und es stand über ihm geschrieben, welche Schuld man ihm gab, nämlich: Der König der Juden.

27 Und sie kreuzigten mit ihm zwei Räuber, einen zu seiner Rechten und einen zu seiner Linken.
29 Und die vorübergingen, lästerten ihn und schüttelten ihre Köpfe und sprachen: Ha, der du den Tempel abbrichst und baust ihn auf in drei Tagen,
30 hilf dir nun selber und steig herab vom Kreuz!
31 Desgleichen verspotteten ihn auch die Hohen Priester untereinander samt den Schriftgelehrten und sprachen: Er hat andern geholfen und kann sich selber nicht helfen.
32 Ist er der Christus, der König von Israel, so steige er nun vom Kreuz, damit wir sehen und glauben. Und die mit ihm gekreuzigt waren, schmähten ihn auch.
34 Und zu der neunten Stunde rief Jesus laut: Eli, Eli, lama asabtani? Das heißt übersetzt: Mein Gott, mein Gott, warum hast du mich verlassen?
35 Und einige, die dabeistanden, als sie das hörten, sprachen sie: Siehe, er ruft den Elia.
36 Da lief einer und füllte einen Schwamm mit Essig, steckte ihn auf ein Rohr, gab ihm zu trinken und sprach: Halt, lasst sehen, ob Elia komme und ihn herabnehme!
37 Aber Jesus schrie laut und verschied.
40 Und es waren auch Frauen da, die von ferne zuschauten, unter ihnen Maria von Magdala und Maria, die Mutter Jakobus' des Kleinen und des Joses, und Salome,
41 die ihm nachgefolgt waren, als er in Galiläa war, und ihm gedient hatten, und viele andere Frauen, die mit ihm hinauf nach Jerusalem gegangen waren.

Jesus betet (V. 34) den 22. Psalm, der vom Leiden des Gerechten handelt und Gott preist, weil er sein Reich errichtet: „Die Elenden sollen essen, dass sie satt werden; und die nach dem HERRN fragen, werden ihn preisen" (V. 27).

Wohl auf Drängen einiger jüdischer Gruppen, die das Auftreten Jesu als gotteslästerlich verstehen, lässt der römische Prokurator Pontius Pilatus aus Staatsräson Jesus hinichten.

STANDPUNKTE

Der Verleger Rudolf Augstein äußert sich zur Bedeutung und kirchlichen „Inanspruchnahme" Jesu:

1 Demonstriert werden soll, mit welchem Recht die christlichen Kirchen sich auf einen Jesus berufen, den es nicht gab, auf Lehren, die er nicht gelehrt, auf eine Vollmacht, die er nicht erteilt, und auf eine Gottessohnschaft, die er selbst nicht für möglich gehalten und nicht beansprucht hat. [...]

Was geht uns das an? Es geht uns an, solange die Kirchen erfolgreich beanspruchen, unsere sozialen Verhältnisse mit Maßstäben zu beeinflussen, deren übermenschliche Autorität sie ungebrochen behaupten. Ob Abtreibung oder nicht, wann und wie Ehescheidung, ob Pille und Sterilisation, künstliche Geburt, Verunstaltung der Tier- und Pflanzenwelt, ob Todesstrafe, Euthanasie oder Atomkrieg, über all das mag es verschiedene Ansichten geben, verschieden auch nach Ethik, Moral und Sittlichkeit; nur gibt es darüber keine absolute göttliche Ansicht, von einem göttlichen Meister den Kirchen zur Anwendung, Auslegung und Fortentwicklung überantwortet. Der Schlüssel des Himmels liegt in dem Schloss auf dem Mond. [...]

Was Jesus gesprochen haben könnte, hat niemand mitstenografiert. Die mit ihm kurze Zeit umherzogen, wenn welche mit ihm umherzogen, waren einfache, der Schrift unkundige Leute, die wohl nur aramäisch sprachen; nach dem Tode ihres Meisters ging es ihnen nicht darum, seine Worte festzuhalten, sondern sich einen Reim auf das Geschehen zu machen. Gutes Gedächtnis sollten wir von ihnen am wenigsten erwarten. Was ihnen jeweils richtig schien, machten sie zu seinem Wort, Lehre über ihn zu seiner Lehre. [...]

Es ist vielleicht kein Zufall, dass kein Anhänger, der zu Lebzeiten Jesu an ihn geglaubt hatte, nach seinem Tod irgendeine Charakterkontur an den Tag gelegt hat, keiner hat uns eine Zeile hinterlassen. Mit Ausnahme des ganz undefinierbaren Petrus, der als Galionsfigur der Tradition wohl unerlässlich war, bleiben sie blasse Schatten eines melancholischen Bankerotts. Wer an den Lebenden geglaubt hatte, musste einen Schock fürs Leben empfangen haben, wurde allenfalls von den Neuankömmlingen, die den Jesus im Fleisch gar nicht gekannt hatten, mühevoll justiert. Nichts von den kühnen Fantasien des lebenden Jesus hatte sich erfüllt, er selbst war hingerichtet oder sonst wie getötet worden; das Leben ging weiter.

Augstein, Rudolf: Jesus Menschensohn. München, Gütersloh, Wien 1972, S. 7 f., 130, 99.

Der marxistische Sozialist Milan Machovec, der mit dem Scheitern des „Prager Frühlings" seine Professur für Philospohie an der Karls-Universität in Prag aufgeben muss, später rehabilitiert wird, beschäftigt sich als Atheist mit Jesus und seiner Botschaft:

Erst später, als Jesus für Tausende bereits das in der Erinnerung Teuerste, Geliebteste geworden war, als er nicht mehr durch die unmittelbare Kraft seiner Persönlichkeit, seiner Vision und seiner Erzählungen mitreißend wirkte [...], erschien es seinen Anhängern selbstverständlich, dass solch ein Mensch schließlich auch in der Kindheit geliebt worden sein musste. So wie Mütter ihre Kinder lieben – ach, nicht alle! –, aber fast immer die Mütter jener, die nicht mit Verbitterung, Zynismus, Negativismus ins Leben treten, sondern mit Vertrauen auf Liebe und mit offenem Herzen, so musste auch seine Mutter ihn geliebt haben, darüber waren seine Verehrer der zweiten und dritten Generation sich einig. [...]

Freilich, mit historischer Wissenschaft, die sich auf niedergeschriebene und überprüfbare Fakten stützt, hat *das* nichts zu tun. Doch kann der Mensch auf dokumentarische Daten reduziert werden? Halten Mütter ihre Gefühle an der Wiege auf dem Papier fest? Beschreiben sie sie nach der Hinrichtung ihres Kindes für Buchautoren? Was der Großteil der Mütter empfindet – das ließen sich die späteren Verehrer Jesu nicht nehmen –, das empfand sicher auch seine Mutter. Und wie stark gerade sie, wenn sie einen solchen Sohn der Welt geschenkt hatte! [...]

Es ist also anders als die Christen heute oft meinen: Nicht je *weniger* einer „Marxist" ist, desto mehr neigt er zum Christentum. Umgekehrt, je tiefer und anspruchsvoller der Marxist sich selbst und die riesige Tragweite seiner Aufgaben versteht, je *mehr* er Marxist ist, desto tiefer kann er auch aus der jüdisch-christlichen Überlieferung lernen und den Christen als potenziellen Verbündeten und Bruder begrüßen. Nicht also Überläufer und Verräter, sondern Menschen, die dem Wohl der Arbeiterklasse und der lebendigen Zukunft des Marxismus treu geblieben sind, die bereit sind, eventuell dafür auch zu leiden, sind fähig, dem Christentum und den Christen echte Dienste zu leisten, echte, neue, lebendige Perspektiven zu eröffnen.

Machoveč, Milan: Jesus für Atheisten. Stuttgart 1972, S. 83–85, 19 f.

Eduard Schweizer, Professor für Neues Testament, setzt sich mit der Bedeutung Jesu und ihrer Vergegenwärtigung auseinander:

Zusammenfassend lässt sich also sagen, dass Jesus höchstwahrscheinlich sich selbst nie als Christus, Gottessohn oder Gottesknecht bezeichnet hat. Aber er lehrte in Gleichnissen, die unglaubliche Märchen geblieben wären, wenn sie nicht in der Vollmacht Gottes selbst gesprochen worden und im gesamten Wirken Jesu wahr geworden wären. Er heilte Menschen und behauptete, dass darin schon Gottes Reich nach denen greife, die Zeugen seines Handelns waren. Endgültige Sündenvergebung wurde denen zuteil, die seine Tischgemeinschaften teilten, und die Schriftgelehrten hatten vollkommen Recht, wenn sie fragten: „Wer kann Sünden vergeben außer der *eine* Gott?" (Mk 2,7). Jesus rief Menschen in seine Nachfolge, weil nichts auf Erden wichtiger war als eben dies. Er erklärte, dass in seiner in Wort und Tat erfolgenden Botschaft Gottes Reich Gegenwart wurde, so wie es das in allen Königen und Propheten, ja in Johannes dem Täufer noch nicht geworden war. Er sprach zu Gott als seinem „Abba", wie es noch kein sterbliches Wesen vor ihm gewagt hatte, so viel wir sehen können. [Er erklärte: „Siehe, hier ist mehr als Salomo ... Und siehe, hier ist mehr als Jona" (Lk 11,31 f.) und „Hier ist Größeres als der Tempel" (Mt 12,6). Gerade weil nur von „mehr" oder „etwas Größerem" gesprochen wird, nicht von Jesus als dem „Größeren", dürften beide Sätze auf Jesus selbst zurückgehen.][5]

5 Ergänzung des Verfassers (Eduard Schweizer).

Wer war er denn, wenn nicht ein König oder Prophet oder Gottesbote? *Entweder* das Opfer religiösen Wahninns *oder* der, in dem Gott einzigartig und endgültig zur Welt kam. So wird die historische Frage, wer Jesus *war*, zur direkten und entscheidenden Frage an uns, wer Jesus *ist*. Wir mögen Schwierigkeiten haben mit allen möglichen traditionellen Formulierungen; wir können vielleicht die alten Glaubensformeln nur in einer neuen Sprache wieder aufnehmen, wenn wir zu Zeitgenossen und vor allem zu uns selbst als heute lebenden Menschen von Jesus reden. Wir können vielleicht zurzeit überhaupt keine Sprache finden, um das, was er für uns ist, wirklich auszudrücken. Aber wenn wir unser Leben, sein Ziel und seinen Sinn, nicht verlieren wollen, sollten wir diesen *lebenden* Jesus Christus in dieses Leben einlassen, ihn reden, in uns handeln, uns führen lassen, bis wir (nach einem Vers in 1. Joh 3,2, der für mich in den letzten zehn Jahren immer wichtiger wurde) „ihn sehen werden, wie er ist."

Schweizer, Eduard: Jesus, das Gleichnis Gottes. Was wissen wir wirklich vom Leben Jesu? Göttingen 1995, S. 57.

ANREGUNGEN

- Welche Bedeutung hat Jesus für die Lebenseinstellung der drei Autoren?
- Worin unterscheidet sich ihre Argumentationsweise voneinander?
- Diskutieren Sie die Ursachen, die zu den verschiedenen Positionen führen!
- Entwerfen Sie eine Diskussion zwischen Augstein, Machoveč und Schweizer, in der jeder seinen Standpunkt prägnant vertritt!
- Wie bewerten Sie die vertretenen Stellungnahmen?

LEITFRAGEN ZUR ERTRAGSSICHERUNG UND WEITERFÜHRUNG

- Miriam sucht ihrer Familie verständlich zu machen, warum sie drei Tage lang mit dem Wanderprediger Jesus am See Genezareth herumzog. Gestalten Sie eine Sprechszene! Die Texte Lk 7,36–50; 8,1–3; 10,38–42; 13, 10–17 geben Ihnen Anregungen.
- „Auf historische Tatsachen und Forschungsergebnisse hin kann kein Mensch leben und sterben. Historische Sicherheit vermag niemals jene Gewissheit zu verleihen, die die Lebensangst überwindet. ‚Die historischen Zeugnisse sind echt' – das tröstet keinen Menschen im Leben und im Sterben. Nicht das Historische macht selig, sondern der Glaube – aber auch der Glaube ist stets etwas Historisches!"[6]

6 Zahrnt, Heinz: Mutmaßungen über Gott. Die theologische Summe meines Lebens. München 1994, S. 56.

Prüfen Sie Heinz Zahrnts Auffassung am Beispiel der Erzählung vom Pharisäer und Zöllner (Lk 18,9–14) oder eines anderen Gleichnisses Jesu!

- Welche Bedeutung kommt Ihrer Ansicht nach dem Leben und der Verkündigung Jesu für die christliche Glaubenseinstellung zu?

Literaturhinweise:

SCHWEIZER, EDUARD: Jesus, das Gleichnis Gottes. Was wissen wir wirklich vom Leben Jesu? Göttingen 1995.

THEISSEN, GERD und MERZ, ANNETTE: Der historische Jesus. Ein Lehrbuch. Göttingen 1996.

ZUM WEITERLESEN

Gerd Theißen: Wer war schuld?

Der jüdische Händler Andreas wurde im Zusammenhang mit einer antirömischen Demonstration in Jerusalem festgenommen, verhört und vom römischen Statthalter Pontius Pilatus erpresst. Monatelang musste Andreas dem römischen Verbindungsoffizier Metilius Berichte über die politischen und religiösen Strömungen im Lande liefern. Als Andreas in Jerusalem einen Gottesdienst besuchte, traf er dort unerwartet Metilius.

Mir war unheimlich, dass der Leiter der römischen Spionage in einer jüdischen Synagoge am Gottesdienst teilnahm.

Nach dem Gottesdienst begrüßte er mich freundlich. Er lud mich in sein Haus ein – privat, wie er sagte. Er habe vor kurzem erfahren, dass er zur Legio VI Ferrata, der „eisernen Legion", nach Antiochien versetzt worden sei und freue sich, von mir Abschied nehmen zu können.

Ich war noch immer misstrauisch: All das konnte ein Trick sein, um Vertrauen zu wecken. Natürlich würde jeder geneigt sein, einem Offizier, der bald nicht mehr im Land war, mehr zu erzählen als anderen. Ich nahm mir vor, vorsichtig zu sein, folgte aber gern seiner Einladung, nicht zuletzt in der Hoffnung, Genaueres über die Gründe für die Verurteilung Jesu zu hören.

Das Haus des Metilius lag nicht weit vom Hafen Cäsareas entfernt, den Herodes hatte ausbauen lassen. Wir hatten einen wunderbaren Blick auf Stadt und Meer. [...]

Metilius ließ durch seinen Sklaven Früchte bringen. Wir aßen und unterhielten uns. Ich fragte:

„Du besuchst unsere Synagogengottesdienste?"

„Warum nicht? Ich versteh inzwischen etwas Hebräisch und Aramäisch."

„Machst du es, um unsere Religion kennen zu lernen – gewissermaßen studienhalber?"

Ich nahm eine Dattel. Sie schmeckte angenehm süß. Metilius nickte.

„So hat es begonnen. Ich musste mich beruflich mit eurem Glauben beschäftigen. Ich habe die heiligen Schriften gelesen. Manches hat mich stark angesprochen. Vor allem der Glaube an den einen Gott. Er ist uns nicht unbekannt. Einer unserer Philosophen wies mich auf einen Griechen Xenophanes hin, der etwa zur Zeit der etruskischen Königsherrschaft über Rom gelebt hat; schon der soll gesagt haben: ‚Es ist nur ein Gott, unter Göttern und Menschen der Größte, weder an Gestalt den Sterblichen gleich noch an Gedanken.‘[7] Eure Schriften sind da noch radikaler. So las ich in der letzten Hälfte des Jesajabuches ein Orakel eures Gottes, das sagt: Ich bin der Herr, und keiner sonst, außer mir ist kein Gott.[8] Xenophanes sprach immerhin von Göttern."

„Willst du Jude werden?", fragte ich ihn provozierend.

„Das nicht gerade", antwortete er. „Ich könnte ja kaum noch meinen Soldatenberuf ausüben. Wie soll ich den Sabbat halten, wenn die Truppe am Sabbat Dienst hat? Wie soll ich mich den Opfern entziehen?[9] Ich werde hin und wieder eure Synagogen besuchen und werde nur das von euch übernehmen, was mir einleuchtet: den Glauben an den einen Gott. Aber auch da habe ich Schwierigkeiten!" Er zögerte und fuhr dann fort: „Darf ich dich etwas fragen? Vielleicht habe ich bald niemanden, mit dem ich mich über eure Religion unterhalten kann!"

„Natürlich", sagte ich und fügte lächelnd hinzu: „Aber ich bin nicht der beste Gesprächspartner. Ohne theologische Ausbildung [...]!"

„Macht nichts!", beruhigte Metilius. „Vielleicht verstehst du umso besser mein Problem. Aus der stoischen Philosophie habe ich gelernt, dass alle Dinge von göttlicher Vernunft durchdrungen sind. Sie ist überall zu spüren: in der Ordnung der Natur, in der Wiederkehr von Tag und Nacht, im Kreisen der Gestirne. Wir Stoiker nennen diese Vernunft Gott. Das ist ein Gott, den man erfahren kann. Aber ihr sprecht davon, dass Gott die Welt einmal aus dem Nichts geschaffen hat! Wie soll man das glauben können? Niemand konnte bei der Schöpfung anwesend sein! Niemand kann ihr Zeuge sein! Niemand kann für sie so zeugen wie für die allgegenwärtige Vernunft."

„Jeden Augenblick bist du Zeuge für die Schöpfung: So allgegenwärtig erfahrbar wie die Vernunft in den Dingen ist auch ihre Schöpfung aus Nichts!"

„Das verstehe ich nicht."

„Es ist deshalb so schwer zu beschreiben, weil es so nahe liegt – so nahe, dass man es nicht mehr wahrnehmen kann. Denn es umfasst einen selbst. Das eigene

7 Xenophanes, Fragment Nr. 23. Xenophanes lebte ca. 570–475/70 v. Chr. Er gehört zu den sog. „Vorsokratikern".

8 Jes 45,5. Die Kapitel 40–55 des Jesajabuches stammen nicht von Jesaja, sondern einem unbekannten Propheten aus dem Babylonischen Exil (Deuterojesaja = der zweite Jesaja). Erst dieser Prophet formuliert unmissverständlich den Glauben, dass es nur einen einzigen Gott gibt.

9 Die Juden waren vom Kriegsdienst aus diesen Gründen befreit.

Sehen, Wahrnehmen, Denken, die eigene Existenz."

„Ich verstehe noch immer nichts!"

„Jeden Augenblick geschieht ein Übergang vom Sein ins Nichts. Jeder Augenblick verstreicht, noch ehe wir ihn ganz registriert haben. Jetzt ist er. Aber sobald ich es festgestellt habe, ist er nicht mehr."

„Aber er war einmal."

„Was war, ist nicht mehr. Es ist endgültig vorbei. Alles versinkt ins Nichts. Unsere Vorfahren, die einmal waren, sind nicht mehr! Wir werden vergehen. Selbst die Berge werden einmal nicht mehr sein."

„Aber Schöpfung wäre der umgekehrte Vorgang: Ein Übergang vom Nicht-Sein ins Sein!"

„Auch dafür bist du jeden Augenblick Zeuge: Der zukünftige Augenblick ist noch nicht. Wir selbst sind noch nicht das, was wir sein werden! Jeden Augenblick geschieht ein Übergang vom Nichtsein zum Sein. Das meinen wir, wenn wir sagen: Gott schafft jeden Augenblick aus dem Nichts! Und er erhält es, bis es wieder ins Nichts zurücksinkt!"

„Das klingt, als könnten die Dinge jederzeit anders werden. Aber sie bleiben doch dieselben! Und gerade darin zeigt sich nach stoischer Philosophie die göttliche Vernunft: in allem Regelmäßigen, Geordneten, Gesetzmäßigen, Bleibenden!"

„Nach unserem Glauben hat Gott auch die Ordnung der Welt geschaffen. Und er schafft sie jeden Augenblick neu. Er lässt sie nicht in Chaos versinken."

„Aber er könnte jeden Augenblick etwas ändern?"

„Er könnte! Wir glauben nicht, dass die Ordnung der Welt schon endgültig ist. Es ist Gottes Vernunft, die sich in ihr zeigt. Aber sie muss sich in der ganzen Welt stets neu realisieren. Sie weist über den gegenwärtigen Zustand hinaus!"

Metilius seufzte tief. Er beugte sich zu dem Tisch vor, neben dem wir lagen, und angelte sich eine Hand voll roter Trauben. Nach einer Weile sagte er: „Bei diesen Fragen überkommt mich oft ein schrecklicher Schwindel. Ich kann die Leute gut verstehen, die sagen: Das ist abstrakte Grübelei – ohne Bedeutung für das Leben."

Ich widersprach: „Es bedeutet viel für unser Leben. Ein Stoiker wird sagen: Ich habe in dieser Welt den Auftrag, in Übereinstimmung mit der Natur zu leben. Das heißt: In Übereinstimmung mit der ewigen göttlichen Ordnung, die sich in ihr zeigt. Er akzeptiert die Welt, wie sie ist. Wir aber glauben nicht an eine ewige Ordnung. Jeden Augenblick wird sie neu geschaffen. Jeden Augenblick dem Chaos und Nichts entrissen. Wir glauben an den Auftrag, in Übereinstimmung mit dem wahren Gott zu leben, dessen Schöpfung auf eine neue Ordnung hinzielt."

10 Aus dem sog. „Magnificat" der Maria (Lk 1, 52 f.).

„Deswegen seid ihr so rebellisch: Der Gott, der aus Nichts alles schafft – der kann auch aus Verlierern Gewinner machen, aus Vertriebenen Eroberer!"

„Ja, so ist es. In einem Lied singen wir:

Er hat Mächtige von den Thronen gestoßen
und Niedrige erhöht.
Hungrige hat er mit Gütern erfüllt
und Reiche leer hinweggeschickt."[10]

„Verstehst du, dass ein römischer Offizier mit diesem Gott seine Schwierigkeiten hat? Und trotzdem zieht mich etwas an. Ich weiß nicht was. Ich möchte ihm nachgehen, auch in einem anderen Land."

Schließlich kamen Metilius und Andreas auf die Hinrichtung Jesu von Nazareth zu sprechen.

Metilius sagte:

„Ich habe inzwischen mehr über jenen merkwürdigen Vorfall im Tempel erfahren. Jesus hat ein Orakel über den Tempel geäußert: ‚Dies mit Händen gemachte Haus wird zerstört werden und ein anderes, nicht mit Händen gebautes errichtet werden.'[11] Die Vertreibung einiger Geldwechsler und Opfertierverkäufer aus dem Tempel sollte eine Illustration dieser Weissagung sein. Aber mit solchen Orakeln und Provokationen hat er sich keine Freunde in Jerusalem geschaffen. Von der Heiligkeit des Tempels lebt fast die ganze Stadt. Alle Priester und Hohen Priester, die von den Abgaben an den Tempel profitieren. Alle Tempelhandwerker, die an ihm bauen. Alle Gastwirte, die die vielen Besucher beherbergen. Alle Händler mit Opfertieren bis hin zu den Gerbern, welche die Häute der geopferten Tiere weiterverarbeiten. Wer die Heiligkeit des Tempels angreift, tastet die wirtschaftliche Grundlage dieser Handwerker und ihrer Familien in Jerusalem an. Pilatus hat es bitter erfahren müssen, als er Kaiserbilder in Jerusalem einführen und Geld aus der Tempelkasse zu profanen Zwecken verwenden wollte."

Mir fiel ein, dass auch Jesu Lehre von rein und unrein viele verunsichern konnte: Wenn es keine reinen Speisen mehr gab, keine reinen Geräte, keine reine Ware, keine reinen Menschen – dann konnte alles genauso gut von Heiden wie von Juden gekauft werden. Ich dachte an unser einträgliches Geschäft mit reinem Olivenöl in den Diasporagemeinden der syrischen Städte. Aber ich lenkte das Gespräch auf einen anderen Punkt: [...]

Ich fragte Metilius: „Hältst du diesen Jesus für schuldig? Hat er zu Recht den Tod erlitten?"

Metilius zögerte: „Ich glaube, er war unschuldig! Er hätte vielleicht Schwierigkeiten bereitet. Aber das ist kein Verbrechen!"

„Und wer ist dann deiner Meinung nach schuld am Tod Jesu?"

11 Mk 14,58.

Wieder dachte Metilius lange nach: „Es ist falsch, nach Schuldigen zu suchen. Vielleicht ist es überhaupt falsch, nach einer Schuld zu fragen. Sein Tod hat viele Ursachen. Eine Ursache sind die Spannungen zwischen Syrern und Juden. Ohne den Antisemitismus in den römischen Kohorten bis hin zum Präfekten wäre alles anders verlaufen. Ursache sind die Spannungen zwischen Juden und Römern. Ohne die Angst der Römer vor messianischen Unruhen wäre Jesus nicht inhaftiert worden. Ursache sind ferner Spannungen zwischen Stadt- und Landbevölkerung: Vielleicht hätte das Jerusalemer Volk den andern freigebeten, wenn es nicht gegenüber allen Propheten vom Lande misstrauisch wäre, die ihren heiligen Tempel angreifen. Ursache sind aber auch die Spannungen zwischen Aristokratie und einfachem Volk: Die Aristokratie will ihre Macht aufrechterhalten. Deswegen liefert sie verdächtige Unruhestifter an die Römer aus. Und sie will die Juden beherrschen. Deshalb wacht sie argwöhnisch über dem Gesetz, das ihre Einkünfte und Macht begründet. Alles kommt hier zusammen: Dieser Jesus ist zwischen die Räder geraten. Er wurde von den Spannungen zerrieben, unter denen das ganze Volk leidet."

„Aber hat nicht Pilatus die Hauptverantwortung? Ist er nicht schuld?"

„Wenn man nach einem bestimmten Verantwortlichen sucht, dann ist es Pilatus. Er hat das Urteil gefällt. Er ist im juristischen Sinne verantwortlich."

„Warum hat er ihn verurteilt? Warum hat er ihn nicht als einen Wirrkopf laufen lassen?"

„Ich glaube, Pilatus hatte Angst, dass ihn all diese Spannungen und Konflikte erdrücken würden. Er zog es vor, Jesus sterben zu lassen, um selbst zu überleben."

„Meinst du, dass er erfolgreich sein wird? Dass er jetzt unbesorgt weiterregieren kann?"

Metilius zuckte mit den Achseln: „In diesem Land ist noch viel möglich. Wie oft habe ich meine Einschätzung der Situation ändern müssen! Wie viel musste ich hinzulernen! Ich wage keine Voraussagen mehr. Ich bin noch nicht einmal sicher, dass die Sache mit Jesus jetzt ausgestanden ist."

„Was soll denn noch kommen, wo er doch tot ist?"

„Er hat Anhänger. Auch nach dem Tod Johannes des Täufers dachte man zuerst: Jetzt ist die Sache erledigt. Aber dann trat Jesus auf."

„Weißt du irgendetwas über seine Anhänger?"

„Sie haben sich in Jerusalem versammelt. Sie glauben, Jesus sei nicht tot. Sie wollen ihn in Visionen lebendig gesehen haben!"

„Nach dem Tod des Täufers sagten auch einige: Jesus sei der von den Toten erstandene Täufer."

„Dann würde das traurige Spiel wieder von vorne beginnen! Aber diese Anhänger glauben nicht, dass er ins Leben zurückgekehrt ist, sondern zu Gott. Gott habe ihn von den Toten erweckt!"

„Aber das ist doch absurd!"

„Warum? Es ist nicht absurder als der Glaube an Gott, der die Welt in jedem Augenblick aus dem Nichts erschafft. Ich muss dir gestehen: Als ich dich nach der Schöpfung aus Nichts fragte, hatte ich schon im Hinterkopf diese Frage nach Jesus. Kann es so etwas geben: Die Neuschaffung eines Menschen aus dem Tod? Gibt es eine Schöpfung in der Gegenwart? Aber vielleicht gehen all diese Gedanken viel zu weit. Vielleicht handelt es sich nur um eine Trotzreaktion der Jünger, die den Tod ihres Meisters nicht akzeptieren können! Oder sonst irgendetwas."

Das Gespräch mit Metilius brachte ein positives Ergebnis für mich: Ich hoffte, mit der Versetzung des Metilius keine Aufträge mehr von den Römern zu bekommen. Irgendwann würde auch Pilatus abberufen werden. Vielleicht schon bald, wenn er sich in all den kleinen und großen Konflikten nicht behauptete. Dann würde ich endgültig frei sein.

Theißen, Gerd: Der Schatten des Galiläers. Historische Jesusforschung in erzählender Form. München und Gütersloh ^{13}1993, S. 230–236, 238–240.

Gerd Theißen, Professor für Neues Testament an der Universität Heidelberg, rekonstruiert – innerhalb einer fiktiven Rahmenhandlung – Motive, die zur Hinrichtung Jesu geführt haben können, und deutet den Osterglauben aus der Vorstellung einer **„Schöpfung aus dem Nichts"**. Im Judentum ist der Gedanke einer Schöpfung aus dem Nichts seit dem 2. Jh. v. Chr. belegt (2. Makk 7,28; vgl. Röm 4,17).

4 Gotteserfahrungen in der Begegnung mit Jesus Christus

Der grundlegende Wandel des neutestamentlichen Gottesverständnisses gegenüber dem alttestamentlichen bezieht sich auf den Glauben, dass Gott in Jesus Christus sein dem Menschen zugewandtes Handeln zum Ziel führt. Die frühchristlichen Gemeinden müssen daher klären, welche **Bedeutung Jesus Christus für den Glauben an Gott** zukommt und ihr Gottesverständnis gegenüber dem Judentum und der griechischen Welt entfalten. Daneben entsteht bald in der Praxis des Glaubens die Frage, in welcher Beziehung der Glaube an Jesus zum Glauben an Gott steht.

ZIELSETZUNG

In Auseinandersetzung mit der biblischen Überlieferung soll die Kontinuität und der Wandel alt- und neutestamentlicher Gotteserfahrungen und -vorstellungen erkannt werden. Die christliche Tradition versucht, die Lebensbedeutung des biblischen Gottesglaubens zu verdeutlichen, zu artikulieren und theologisch zu reflekieren. Das Kapitel beschäftigt sich u. a. mit

- der Bedeutung des Glaubens an Jesus Christus für das Gottesverständnis,
- dem Apostolischen Glaubensbekenntnis,
- dem Bekenntnis zum dreieinigen Gott und der Trinitätslehre,
- Luthers Reden von Gott und Glaube.

4.1 Kontinuität und Wandel des biblischen Gottesverständnisses

Die biblischen Schriften reden nicht von einem Gott, den der Mensch aus eigenem Vermögen durch die Vernunft erkennen könnte. Der biblische Gott offenbart sich auch nicht in Erscheinungen der Natur. Der Gott, der in den **Glaubensgestalten der Bibel** begegnet, erschließt sich immer wieder neu in geschichtlichen Begegnungen mit Menschen. Diese sagen Gottes Willen weiter und deuten sein geschichtsbezogenes Handeln. Die Wahrnehmungen Gottes sind daher vielfältig. Die sprachliche Mitteilung der Gotteserfahrungen vollzieht sich nicht unabhängig von der jeweiligen Person oder der politischen Lage. Ängste und Hoffnungen der Menschen werden einbezogen in den Glauben an Gott.

Das Neue Testament enthält ebenso wie das Alte Testament keine ausformulierte, in sich geschlossene Gotteslehre, sondern erzählt von vielfältigen Gotteserfahrungen.

Im neutestamentlichen Gottesverständnis werden **wesentliche Grundzüge der alttestamentlichen Gottesbezeugungen übernommen,** beispielsweise der Ausschließlichkeitsanspruch Gottes (Mt 12,29 f.; 1. Kor 8,4.6), das Verständnis Gottes als Schöpfer „von Himmel und Erde" (Apg 4,24; vgl. 14,15.17; Offb 10,6). Jesus spricht von der Fürsorge, die Gott der nichtmenschlichen Kreatur zuwendet (Mt 6,26–30). Die Schöpfung Gottes weist über sich hinaus auf den Schöpfer (Mt 10,29 f.). Auch in der Aussage, dass Gott menschlicher Selbst- und Welterfahrung unerfassbar bleibt, sich selbst offenbart und mit dem Menschen eine gemeinsame Geschichte eingeht, berührt sich der alttestamentliche mit dem christlichen Gottesglauben.

Die neutestamentliche Gemeinde sieht aber die alttestamentliche Messiaserwartungen (z. B. Jes 11,1 ff.; Sach 9,9) **in Jesus Christus erfüllt.** Alle neutestamentlichen Gotteserfahrungen orientieren sich gemeinsam an der Begegnung mit Jesus Christus. Sie gründen in der Botschaft Jesu von der Nähe des kommenden Reiches Gottes und im gemeinschaftsstiftenden Verhalten Jesu zu den Menschen. Jesus lebt aus einer vertrauensvollen Verbindung mit Gott und hilft dadurch anderen, ein neues Glaubensverhältnis zu Gott zu finden.

In Jesus Christus begibt sich der dem Menschen liebevoll zugewandte Gott in die menschliche Welt des Leidens und führt sein Handeln endgültig zum Ziel.

4.2 Auferweckung Jesu Christi durch Gott

Die Hinrichtung Jesu am Kreuz stürzt die Anhänger Jesu in eine tiefe Sinnkrise. Die mit Jesus verbundenen Hoffnungen haben sich zerschlagen; auch seine Verkündigung vom barmherzigen Vater und der Nähe des Reiches Gottes scheint widerlegt. Erst die Botschaft von der Auferstehung Jesu Christi führt die Jünger und Anhänger Jesu wieder zusammen. Zahlreiche Zeugen berichten von „Erscheinungen", in denen ihnen der auferstandene Gekreuzigte begegnet sei. Die **Verkündigung der Auferweckung Jesu Christi durch Gott** bildet die Grundlage und das Zentrum der urchristlichen Botschaft.

Das älteste und wichtigste Zeugnis von der Auferstehung Christi überliefert Paulus, 1. Kor 15,1–11 (vgl. V. 20–28):

1 Ich erinnere euch aber, liebe Brüder, an das Evangelium, das ich euch verkündigt habe, das ihr auch angenommen habt, in dem ihr auch fest steht,
2 durch das ihr auch selig werdet, wenn ihr's festhaltet in der Gestalt, in der ich es euch verkündigt habe; es sei denn, dass ihr umsonst gläubig geworden wärt.
3 Denn als Erstes habe ich euch weitergegeben, was ich auch empfangen habe: Dass Christus gestorben ist für unsre Sünden nach der Schrift;
4 und dass er begraben worden ist; und dass er auferstanden ist am dritten Tage nach der Schrift;
5 und dass er gesehen worden ist von Kephas, danach von den Zwölfen.
6 Danach ist er gesehen worden von mehr als fünfhundert Brüdern auf einmal, von denen die meisten noch heute leben, einige aber sind entschlafen.
7 Danach ist er gesehen worden von Jakobus, danach von allen Aposteln.
8 Zuletzt von allen ist er auch von mir als einer unzeitigen Geburt gesehen worden.
9 Denn ich bin der Geringste unter den Aposteln, der ich nicht wert bin, dass ich ein Apostel heiße, weil ich die Gemeinde Gottes verfolgt habe.
10 Aber durch die Gnade Gottes bin ich, was ich bin. Und seine Gnade an mir ist nicht vergeblich gewesen, sondern ich habe viel mehr gearbeitet als sie alle; nicht aber ich, sondern Gottes Gnade, die mit mir ist.
11 Es sei nun ich oder jene: So predigen wir, und so habt ihr geglaubt.

Das Markus-Evangelium überliefert den Gang der Frauen zum Grab Jesu, die dort mit der Verkündigung des Engels konfrontiert werden, Mk 16,1–8:

1 Und als der Sabbat vergangen war, kauften Maria von Magdala und Maria, die Mutter des Jakobus, und Salome wohlriechende Öle, um hinzugehen und ihn zu salben.
2 Und sie kamen zum Grab am ersten Tag der Woche, sehr früh, als die Sonne aufging.
3 Und sie sprachen untereinander: Wer wälzt uns den Stein von des Grabes Tür?
4 Und sie sahen hin und wurden gewahr, dass der Stein weggewälzt war; denn er war sehr groß.
5 Und sie gingen hinein in das Grab und sahen einen Jüngling zur rechten Hand sitzen, der hatte ein langes weißes Gewand an, und sie entsetzten sich.
6 Er aber sprach zu ihnen: Entsetzt euch nicht! Ihr sucht Jesus von Nazareth, den Gekreuzigten. Er ist auferstanden; er ist nicht hier. Siehe da die Stätte, wo sie ihn hinlegten.
7 Geht aber hin und sagt seinen Jüngern und Petrus, dass er vor euch hingehen wird nach Galiläa; dort werdet ihr ihn sehen, wie er euch gesagt hat.
8 Und sie gingen hinaus und flohen von dem Grab; denn Zittern und Entsetzen hatte sie ergriffen. Und sie sagten niemandem etwas; denn sie fürchteten sich.

Historisch feststellbar bleibt, dass sich die Lebenseinstellung der Jünger, des Paulus sowie der Frauen um Jesus entscheidend wandelt und eine historisch einzigartige Missionsbewegung auslöst. Die urchristliche Gemeinde sieht in Kreuz und Auferweckung Jesu von Anfang an ihren Ursprung.

Der psychologische Versuch, die Erscheinungen als Ergebnis einer Trauerarbeit oder als Massenhalluzinationen zu deuten, wird den biblischen Berichten nicht gerecht. Sie wollen nicht psychische Erlebnisse mitteilen, sondern zeigen, dass die Begegnung mit dem Auferstandenen für Menschen ein Erwachen bedeutet und sie zum Glauben bewegt (vgl. Die Emmausjünger: Lk 24,25ff.).

Die Emmausjünger: Lk 24,25ff.
(vgl. V. 13–35):

25 Und er sprach zu ihnen: [...]
26 Musste nicht Christus dies erleiden und in seine Herrlichkeit eingehen?
27 Und er fing an bei Mose und allen Propheten und legte ihnen aus, was in der ganzen Schrift von ihm gesagt war.
33 Und sie [...] kehrten zurück nach Jerusalem und fanden die Elf versammelt und die bei ihnen waren;
34 die sprachen: Der Herr ist wahrhaftig auferstanden und Simon erschienen.
35 Und sie erzählten ihnen, was auf dem Wege geschehen war und wie er von ihnen erkannt wurde, als er das Brot brach.

Walter Habdank: Emmaus

Die Verkündigung der Auferweckung Jesu durch Gott ist Kern der urchristlichen Verkündigung und löst eine beispiellose Missionstätigkeit im gesamten Römischen Reich aus.

STANDPUNKTE

Der Theologe und Publizist Heinz Zahrnt fasst die Besonderheit der Gottesbotschaft Jesu zusammen:

An Jesus aus Nazareth wird für mich offenbar, was Glaube an Gott heißt. „Aus Glauben – zum Glauben“ kann ich daher als Überschrift über seine Person und Botschaft stellen.

Aus Glauben: Die Gesamtverfassung der Existenz Jesu gründet in seiner Gottesbeziehung, in der Erfahrung der unmittelbaren Nähe Gottes in seinem Leben. Diese Gottesgewissheit ist die Quelle, aus der er lebt, lehrt und leidet. Er ist kein Mächtiger, sondern ein Angewiesener. Er hat nichts aus sich selbst – darum spielt das Gebet eine so große Rolle für ihn. Die Zwiesprache mit Gott ist der Ort der Offenbarung Gottes in Jesu Leben.

Zum Glauben: Was er selbst von Gott erkannt hat, das gibt Jesus weiter, damit seine Lebensbeziehung zu ihm auch anderen zur Quelle des Lebens werde und sie gleichfalls zur Gottesgewissheit gelangen. Seine Offenbarung Gottes besteht in nichts anderem, als dass er sein persönliches Gottesverhältnis öffentlich auslebt. Indem er Menschen – ohne Zwischeninstanz, ohne Titel, Amt und großen Namen – allein durch sein Wort zum Glauben ruft, versetzt er sie in die Gegenwart Gottes, wie er sie selbst erfahren hat. Und schon die Geste der Hilflosigkeit und das Innewerden des Angewiesenseins bezeichnet er als Glauben. Ich bin immer neu erstaunt, was für Leuten Jesus auf den Kopf zusagt, dass sie glaubten. Wo immer ein Mensch sich von ihm zum Glauben ermutigen lässt, dort ist seine Verkündigung ans Ziel gelangt; denn der Glaube an Gott ist ihr einziger Inhalt.

Zahrnt, Heinz: Mutmaßungen über Gott. Die theologische Summe meines Lebens. München 1994, S. 76 f.

Als Neutestamentler sucht Professor Gerd Theißen das Verhältnis der Verkündigung Jesu zur jüdischen Tradition zu klären:

Die Aristokratie, die ihn inhaftierte, schritt gegen ihn wegen seiner Tempelkritik ein, klagte ihn aber vor Pilatus wegen des politischen Verbrechens an, als Königsprätendent nach der Macht gegriffen zu haben. In der Tat erwarteten viele im Volk und unter seinen Anhängern, dass er der königliche Messias sein werde, der Israel zu neuer Macht führen werde. Jesus hat sich vor Pilatus von dieser Erwartung nicht distanziert. Er konnte es auch nicht. Denn er war überzeugt, dass Gott durch ihn die große Wende zugunsten Israels und der Welt durchführen werde. Als politischer Unruhestifter wurde er verurteilt und zusammen mit zwei Banditen (sehr wahrscheinlich im April 30 n. Chr.) gekreuzigt. Seine Jünger waren geflohen. Einige Jüngerinnen aber waren mutiger und erlebten die Kreuzigung von fern.

Nach seinem Tod erschien er zunächst entweder Petrus oder Maria Magdalena, dann mehreren Jüngern zusammen. Sie kamen zu der Überzeugung, dass er lebendig war. Ihre Erwartung, dass Gott endgültig zugunsten des Heils eingreifen werde, war anders in Erfüllung gegangen, als sie erhofft hatten. Sie mussten das ganze Geschick Jesu und seine Person neu deuten. Sie erkannten: Er war der Messias, aber er war, womit sie nicht gerechnet hatten, ein leidender Messias. Sie erinnerten sich: Jesus hatte von sich als „dem Menschen" gesprochen – gerade dann, wenn er mit allzu hohen Erwartungen an sich konfrontiert war. Er hatte dem allgemeinen Begriff des „Menschen" eine messianische Würde gegeben und gehofft, in die Rolle dieses „Menschen" hineinzuwachsen und sie in naher Zukunft auszufüllen. Jetzt sahen sie: Er war „der Mensch", dem Gott nach einer Weissagung in Dan 7 alle Macht im Himmel und auf Erden geben wird. Für sie rückte Jesus an die Seite Gottes. Der christliche Glaube war als eine Variante des Judentums geboren: ein messianisches Judentum, das sich erst im Laufe des 1. Jh. nach und nach von seiner Mutterreligion trennte.

So weit unser Versuch einer kurzen Erzählung von Jesus. Erzählungen begründen Identität. Die Erzählung von Jesus ist die Grundlage christlicher Identität. Wenn unsere Erzählung zutrifft, dann muss sich das Selbstverständnis des Christentums in einem Punkte verändern. Jesus gehört geschichtlich und theologisch ins Judentum. Durch Juden, die an ihn glaubten, wurde er gleichzeitig zum Grund des Christentums. Er gehört somit heute zwei Religionen an, die sich erst nach seinem Tode auseinander entwickelten. Ihr gemeinsames Thema ist das Leben im Dialog mit dem einen und einzigen Gott und die ethische Verantwortung für Welt und Gesellschaft. Ein Christentum, das sich in der Nachfolge Jesu um beides bemüht, kann sich selbst nur treu bleiben, wenn es seinen jüdischen Wurzeln treu bleibt, wenn es seine soziale Verantwortung wahrnimmt und wenn es die Jesusüberlieferung als Chance begreift, den Dialog mit Gott immer wieder neu zu beginnen.

Theißen, Gerd, und Merz, Annette: Der historische Jesus. Ein Lehrbuch. Göttingen 1996, S. 495 f.

ANREGUNGEN

- Was verbindet, was unterscheidet jüdischen und christlichen Gottesglauben?
- Arbeiten Sie die Problematik heraus, die Gerd Theißen anspricht! Welche Antwort können Sie begründet vertreten bzw. ablehnen?

4.3 Sinngebung des Todes Jesu

Möglicherweise versteht bereits **Jesus** seinen bevorstehenden Tod aus der jüdischen Tradition des **leidenden Gottesknechtes** heraus als stellvertretenden Tod für alle Menschen (Jes 53). Der Gottesknecht trägt das Leiden freiwillig, geduldig und schuldlos, stellvertretend für die gesamte Menschheit.

Erst vom Glauben an die Auferstehung her erschließt sich der **urchristlichen Gemeinde** der Sinn des Todes Jesu.

Urgemeinde

Das von Paulus zitierte Bekenntnis der Urgemeinde: Christus ist „gestorben für unsre Sünden nach der Schrift" (1. Kor 15,3) versteht Jesus als **leidenden Gottesknecht**, der stellvertretend für alle Menschen stirbt. Jesu „Sterben für andere" versöhnt den Menschen mit Gott, zeigt die Solidarität Gottes mit den Leidenden dieser Welt und eröffnet dem Menschen neue Lebensmöglichkeiten.

Paulus

Die Briefe des Paulus spiegeln das Ringen um die Sinngebung des Todes Jesu in der Auseinandersetzung mit jüdischen und hellenistischen Einwänden. Immer wieder neu setzt Paulus in **verschiedenen, nicht miteinander verbundenen Gedankenreihen** zu einer religiösen Deutung an. Er greift die Vorstellung des stellvertretenden, gehorsamen Todes auf, vergleicht den Tod Jesu mit „Lösegeld", mit dem ein Sklave losgekauft wird, oder versteht ihn im kultischen Bild als „Opfer" (Röm 8,32). In all diesen Interpretationsvarianten geht es Paulus um die gleiche Feststellung: Der Tod Jesu am Kreuz macht die Liebe Gottes zum Menschen sichtbar.

Paulus argumentiert mit dem strafrechtlichen, aus dem Sklavenwesen übernommenen Vergleich: Christus kauft den Menschen aus der Sklaverei los, 1. Kor 7,23:

> Ihr seid teuer erkauft; werdet nicht der Menschen Knechte.

Der Tod Jesu bedeutet für den Menschen einen Herrschaftswechsel, Röm 14,8 f.:

> 8 Leben wir, so leben wir dem Herrn; sterben wir, so sterben wir dem Herrn. Darum: Wir leben oder sterben, so sind wir des Herrn.
> 9 Denn dazu ist Christus gestorben und wieder lebendig geworden, dass er über Tote und Lebende Herr sei.

Pastoralbriefe

Die **reflektierte Sinngebungen** des Todes Jesu in den späten Schriften des Neuen Testaments verstehen die „sühnende“ Kraft des Todes Jesu als ewig gültig und grenzenlos.

Der Hebräerbrief (entstanden 80/90) gebraucht ein kultisches Bild, um Jesu Tod zu deuten, Hebr 9,11–15 (vgl. 3. Mose 16,20–24):

11 Christus aber ist gekommen als ein Hoher Priester der zukünftigen Güter [...].
12 Er ist auch nicht durch das Blut von Böcken oder Kälbern, sondern durch sein eigenes Blut ein für alle Mal in das Heiligtum eingegangen und hat eine ewige Erlösung erworben.
13 Denn wenn schon das Blut von Böcken und Stieren und die Asche von der Kuh durch Besprengung die Unreinen heiligt, sodass sie äußerlich rein sind,
14 um wie viel mehr wird dann das Blut Christi, der sich selbst als Opfer ohne Fehl durch den ewigen Geist Gott dargebracht hat, unser Gewissen reinigen von den toten Werken, zu dienen dem lebendigen Gott!
15 Und darum ist er auch der Mittler des neuen Bundes [...].

Im frühen Israel vergibt Gott durch das jährliche Tieropfer des Hohen Priesters seinem Volk die Schuld. Jetzt bringt Jesus, der Hohe Priester, im himmlischen Heiligtum sein eigenes Blut dar.

Der Petrusbrief (entstanden 90/95) verwendet ein mythisches Bild, das die grenzenlose Bedeutung des Todes Jesu ausdrückt, 1. Petr 3,18–20:

18 Denn auch Christus hat *einmal* für die Sünden gelitten, der Gerechte für die Ungerechten, damit er euch zu Gott führte, und ist getötet nach dem Fleisch, aber lebendig gemacht nach dem Geist.
19 In ihm ist er auch hingegangen und hat gepredigt den Geistern im Gefängnis,
20 die einst ungehorsam waren [...].

Jesus, der Gottesbote, fährt hinab zur Unterwelt, um den Verdammten die frohe Botschaft zu bringen.

Die neutestamentlichen Schriften deuten den Tod Jesu in verschiedenen Bildern. Alle Traditionschichten verstehen ihn gemeinsam als ein stellvertretendes Sterben „für uns“, für alle Menschen, das die Liebe Gottes zum Menschen sichtbar macht.

STANDPUNKTE

Die Autorin Irene Nickel glaubt nicht, dass Kinder einen Gott lieben können, der seinen eigenen Sohn geopfert hat. Sie hat zwei Söhne im Alter von zwei und fünf Jahren. Bis zu ihrem 18. Lebensjahr war sie gläubige Christin.

Eines Tages werden mich meine Kinder nach Christus fragen. Dann möchte ich ihnen ausführlich und zutreffend antworten können.

Das Christentum ist eine der Wurzeln unserer Kultur. Um uns herum gibt es genug Christen, die zu verstehen der Mühe wert ist. Und die Fairness gebietet, den Kindern ehrliche Auskunft zu geben.

Mit Weihnachten habe ich keine Probleme. Dass Gottes Kind zu den Menschen kommt, weil Gott die Menschen liebt, ist einleuchtend und schön. Auch Kinder werden es leicht begreifen.

Bei der Leidensgeschichte helfen solche Erklärungen nicht weiter. Hätte Jesus nur das Leben der Menschen teilen wollen, er hätte sich etwas weniger Ausgefallenes aussuchen können als das Schicksal eines Wanderpredigers, Wunderheilers und Märtyrers.

Einen Weg weist uns ein solches Leben nicht. Unsere Wege, unseren Nächsten zu nützen, sind andere.

Auch kann ich mich damit nicht um eine der wichtigsten Aussagen des Christentums herummogeln: dass Jesus leiden und sterben musste, um die Vergebung der Sünden zu ermöglichen. Ob es uns gefällt oder nicht, ohne diese Aussagen gibt es kein zutreffendes Bild vom Christentum.

Gott hat mit voller Absicht seinen Sohn Folterknechten und Henkern ausgeliefert. Eine entsetzliche Geschichte. Meinen Kindern müsste ich klarmachen, dass ihre Eltern niemals Derartiges mit ihnen tun werden. Mit einem älteren, empfindsamen Kind müsste ich wohl lange Gespräche führen, wenn ihm jemand sagt, mit seinen kleinen Missetaten sei es mitschuldig am entsetzlichen Leiden und Sterben Jesu.

Warum eigentlich sollte Jesus leiden? Ist Gott nicht allmächtig, sodass ein Wort genügt hätte, um alles zu vergeben?

Sollte durch die Strafe der Gerechtigkeit genüge getan werden?

Die Bestrafung eines Unschuldigen ist für mich nur neues Unrecht.

Oder musste ein rachsüchtiger Gott erst mal seinen Zorn kühlen, und sei es am eigenen unschuldigen Sohn? Wie sollte ich einen solchen Gott verehren?

Wollte Gott mit Jesu Leiden den Menschen seine große Liebe zeigen? Bei dieser Art von Liebesbeweis ist mir nicht wohl.

Viele Erklärungen für Jesu Leiden werden gegeben. Vielleicht sind es deshalb so viele, weil jede ihren Haken hat. Keine leuchtet mir wirklich ein. Ich kriege Jesu Leiden und einen „lieben“ Gott nicht auf einen Nenner.

Der christliche Glaube gibt vielen Menschen Kraft, Halt und Geborgenheit. Wie verantworte ist es, meine Kinder nicht dazu zu erziehen?

Ich antworte: Christ sein und sich im Glauben geborgen fühlen kann man nur, wenn man den Gott der Christen lieben kann. Das kann ich nicht, und ich kann es meine Kinder nicht lehren. Wie sollten sie wahre Christen werden?

Nickel, Irene: Was sage ich meinem Kind zur Leidensgeschichte Jesu?
Veröffentlicht unter: Mein Kind soll Gott nicht fürchten.
Aus: Spielen und Lernen. Das Monatsheft für Eltern und Kinder. Seelze 4/1985, S. 16.

Pinchas Lapide (1922–1997), Professor für Judaistik und Religionsphilosophie in Frankfurt a.M., äußert sich als Jude zur Bedeutung des Todes Jesu:

Als gläubiger Jude bleibt der Rabbi von Nazareth für mich in der Tat ein wahrer Mensch – wobei ich die andere Hälfte des christlichen Credos zwar nicht nachvollziehen kann, wohl aber als Glaubensgut anderer zu respektieren weiß.

Der Schwerpunkt des Karfreitags liegt für mich in der selbstlosen Hingabe Jesu sowie in seiner grenzenlosen Gottes- und Nächstenliebe.

Was ist also neu hier und heute? Karfreitag war jahrhundertelang geprägt von der folgenreichen christlichen Frage nach der Schuld: Wer war schuld an Jesu Tod?

Die Frage nach seiner grenzenlosen Liebe wäre das Novum, eine Neubelebung des Kernstückes jesuanischer Verkündigung, über die Schrecken und das Grauen der Vergangenheit hinweg, um den Todestag des Nazareners, den Tag seines *freiwillig* auf sich genommenen Todes, zum Geburtstag einer neuen, echten Ethik der Mitmenschlichkeit zu gestalten.

Diese neue Ethik sollte tiefstapelnd sein, ihre Ideale fest im Boden verankern und allen zugänglich bleiben – den Leichtgläubigen, den Fanatikern und den Schwergläubigen auch. Die Messlatte des Neubeginns muss erdnah bleiben – für hochfahrende Ideologien drängt die Zeit zu sehr. Wer nach den Sternen greift, fällt häufig aus allen Wolken und meistens auf die Nase.

Denn in unserer vernetzten Mediengesellschaft macht sich Vereinsamung breit, gepaart mit Abstumpfung. Früher zogen die jungen Männer aus, um das Gruseln zu lernen. Heute wird es uns frei Haus Abend für Abend ins Wohnzimmer geliefert.

Die Betroffenheit reicht sozusagen bis zum dritten Gang – beim Nachtisch ist sie bereits im Verschweben. Sind wir dem Elend anderer gegenüber immun geworden? Wo bleibt unsere brennende Sorge, wo bleibt eine freiwillige Teil-Askese den Behinderten und Pflegebedürftigen zuliebe? [...] Liebe, die bereit ist, zu entfeinden, tut Not, um die grassierende Gefühlsverkalkung aufzurauen.

So aktuell empfinde ich heute Jesu Tod, als Zeichen und absichtsvolles Fanal. Es geht um den Mut der Friedfertigen wider die Selbstgerechten, der Wahrheitssucher wider den Wahrheitspächtern. Den Mut der Tapferen, die, ihrer Zeit voraus, das Fenster aufstoßen und sich hinauslehnen.

Lapide, Pinchas: Der Mut des Tapferen. Gedanken eines Juden zu Jesu Tod.
Aus: Lutherische Monatshefte. Hannover 5/1996, S. 35.

Heinz Zahrnt deutet den Tod Jesu im Gesamtzusammenhang seines Wirkens als stellvertretenden Einsatz für das Leben der Menschen. Im Unterschied zur Zeit Luthers gerät die den heutigen Menschen bedrängende Frage nach dem verlässlichen Grund des Daseins in die Nähe der Gottesfrage.

Von allen Deutungen des Todes Jesu im Neuen Testament erscheint mir der Gedanke der Stellvertretung noch als der plausibelste. „Stellvertretung" ist ein Lebensgesetz des menschlichen Daseins. Dass ein Menschenleben das andere nicht nur begrenzt und verdrängt, sondern auch für es eintreten und einstehen kann, davon ist eine Ahnung und Erfahrung unter den Menschen vorhanden. Indem ein anderer an unser Statt etwas tut, stellt er uns davon frei – sein Tun kommt uns zugute.

Im Falle Jesu aber darf die Stellvertretung nicht nur auf sein Leiden und Sterben bezogen sein, sondern muss sein ganzes Wirken – sein Glauben, Verkündigen und Verhalten – umgreifen. Leben und Sterben Jesu bedingen sich gegenseitig. Ohne sein Leben und Lehren wäre sein Tod nicht verständlich, ohne seinen Tod aber auch sein Leben und Lehren kaum zu solcher Bedeutung gelangt. [...]

Der heutige Mensch leidet nicht zuerst unter seiner Sünde, sondern unter der Sinnlosigkeit des Daseins; ihn schreckt nicht der Zorn, sondern die Abwesenheit Gottes; er verlangt nicht nach Vergebung, sondern nach Vergewisserung; er fragt darum, wenn er überhaupt noch nach Gott fragt, nicht nach dem gnädigen, sondern nach dem gegenwärtigen Gott: Wo bist du, Gott – wohin bist du? [...]

Die Gnade des Seindürfens ist die Ursache dafür, dass der Grund der Welt verlässlich ist und darum „guter Grund" zum Vertrauen besteht. Mit der Erkenntnis der Schöpfung als Abglanz der Gnade Gottes beginnt für mich die Erlösung der Welt.

Zahrnt, Heinz: Mutmaßungen über Gott. Die theologische Summe meines Lebens. München 1994, S. 86, 102, 104.

Pastor Gerhard Isermann, Verbandsdirektor des Verbandes Evangelischer Publizistik Niedersachsen-Bremen, nimmt Stellung zum „Lernen unter dem Kreuz":

In meinem Arbeitszimmer hängt ein Kruzifix, ein Kreuz mit einer Christusgestalt daran. Bisher hat das keinen meiner Besucher gestört. Vielleicht haben die alle gedacht, das gehöre bei einem Pfarrer zum Mobiliar.

Wenn mich jemand gefragt hätte, wäre ich nicht in Verlegenheit gekommen. Ich hatte mir dieses Kruzifix von einem Künstler arbeiten lassen. Es zeigt Christus in einer souveränen Haltung, nicht nur als Opfer, sondern als einen, der mit seinem Opfer etwas ansagt. Ich möchte durch dieses Kruzifix immer wieder daran erinnert werden, was dieser Mann am Kreuz gesagt hat, z. B.: „Vater vergib ihnen, denn sie wissen nicht, was sie tun."

Für mich ist das Kruzifix ein Symbol für die höchste Stufe der Toleranz. Ich erreiche diese wohl nicht, aber mich fasziniert die Haltung dieses Sterbenden. Er leidet, er „toleriert“, sogar seine Mörder. Wer mich besucht, muss akzeptieren, dass dies zu mir gehört. Das lasse ich mir nicht nehmen. Das ist mein positives Recht auf meine Religion. Mein Staat muss mir dieses Recht der positiven Religionsfreiheit einräumen.

Und was für mich persönlich gilt, das will ich auch mit meinen Glaubensgenossen ausdrücken können. Darum will ich öffentliche Gottesdienste besuchen können in Gebäuden, die an diesen Mann am Kreuz erinnern.

Nun weiß ich wohl, dass andere Menschen anderes glauben oder auch gar nichts. Und darum ist es richtig, dass der Staat auch die negative Religionsfreiheit garantiert. Keiner soll zu irgendeinen Glauben gezwungen werden. Und schon gar nicht zum Glauben an den Mann am Kreuz.

Was ist zu tun, wenn die positive und die negative Religionsfreiheit in Konflikt geraten? Ich sehe nicht, dass es dafür eine glatte Handlungsanweisung gäbe, dass etwa immer die Mehrheit oder immer die Minderheit nachgeben müsste. Auch das Urteil des Bundesverfassungsgerichts lässt ja das meiste offen.

Ich sehe nur die eine Möglichkeit: Lasst uns darüber reden. Lasst es uns tun im Geiste des Mannes am Kreuz. [...]

Die Schule ist ja nirgendwo – auch nicht in Karlsruhe – ein keimfreier Raum. Durch das Fehlverhalten von Lehrern, die sich allmächtig vorkommen, und durch das Fehlverhalten von Klassen, die manche Mitschüler unterdrücken, gibt es in unseren „wunderbaren“ Schulen richtige Tragödien. Da könnte es doch etwas bedeuten, wenn eine Gemeinschaft aus Schülerinnen und Schülern und Lehrerinnen und Lehrern gemeinsam bekennt, was auch das Grundgesetz tut: Wir leben unter Gott und in der Verantwortung vor ihm. Und was uns miteinander misslungen ist, das arbeiten wir auf im Geist des Mannes am Kreuz. Hier lernen wir Toleranz. Hier gibt es Mut, neu anzufangen.

Bisher war in der Geschichte der Deutschen diese Botschaft von höchster Wichtigkeit. Wer das ein Kulturgut nennen will, proklamiert damit einen sehr steilen Kulturbegriff. Er muss die Leidensbereitschaft Jesu mit unseren anderen Traditionen zusammendenken. Aber dann kann man sich nicht die negative oder die positive Religionsfreiheit kreuzweise um die Ohren schlagen.

Merke: Es könnte sein, dass der Mann von Golgatha mithört, was wir sagen.

Isermann, Gerhard: Lernen unter dem Kreuz. Aus: Lutherische Monatshefte. Hannover 9/1995, S. 39.

ANREGUNGEN

- In den Texten kommen sehr verschiedene Erfahrungen zur Sprache, die Menschen mit dem Tod Jesu verbinden. Vergleichen Sie die Stellungnahmen der Autoren und überlegen Sie, wie die einzelnen Entscheidungen jeweils begründet werden!

- Auch bildnerische Darstellungen zum Tod Jesu und Passionslieder können Sie dazu anregen, sich eigene Gedanken über die Bedeutung des Todes Jesu zu machen.

4.4 Neutestamentliche Christusbekenntnisse

Um die heilsgeschichtliche Bedeutung Jesu auszudrücken, übernimmt die urchristliche Gemeinde Begriffe aus dem Erfahrungsbereich jüdischer und hellenistischer Heilserwartungen und überträgt sie auf Jesus. Dadurch gewinnen die Heilsnamen einen neuen Inhalt. Sie versuchen, für palästinische Judenchristen und Menschen im hellenistischen Lebensbereich zu vermitteln, wer der gekreuzigte Jesus wirklich ist. Der Verkündiger wird jetzt zum Verkündigten: „Wir aber predigen den gekreuzigten Christus, den Juden ein Ärgernis und den Griechen eine Torheit" (1. Kor 1,23). Die auf Jesus angewandten Würdeprädikate tragen deshalb Bekenntnischarakter, die sprachliche und inhaltliche Verstehenshilfen geben wollen. Da im Neuen Testament die verschiedenen Heilsaussagen über Jesus nebeneinander stehen und nicht systematisch verbunden sind, enthält es dementsprechend mehrere Vorstellungskreise über die Bedeutung Jesu (Christologien).

Die wichtigsten **christologischen Hoheitstitel** sind Christus (Messias), Herr (Kyrios), Gottessohn und Menschensohn. Sie verdrängen im Lauf der Zeit die ebenfalls auf Jesus angewandten Bezeichnungen wie Gottesknecht, Prophet, Davidssohn, König, Heiland oder Wort (Logos).

4.4.1 Messias, Christus – der erwartete endzeitliche Herrscher

Der Titel **Messias** (hebr. Maschiach: „der Gesalbte") und **Christus** (griech. Christos) macht bereits in der jüdischen Tradition einen Bedeutungswandel durch. In nachexilischer Zeit bezieht sich der Messiasgedanke auf die endzeitliche Erwartung eines kommenden idealen Herrschers, von dem das Frühjudentum politische Befreiung erhofft. Das Neue Testament verwendet den Messiastitel (Mk 8,29; Joh 1,41) als Schlüsselbegriff, um zu zeigen, dass sich in Jesus die alttestamentlich-jüdische Erwartung einer endzeitlichen Heilsgestalt erfüllt hat.

Bereits das Neue Testament gebraucht „Christus" wie einen zweiten Eigennamen Jesu, der die religiöse Bedeutung Jesu zusammenfasst.

Jüdischer und christlicher Glaube beziehen sich gemeinsam auf die Prophezeiung Jesajas, Jes 9,5f.:

5 Denn uns ist ein Kind geboren, ein Sohn ist uns gegeben, und die Herrschaft ruht auf seiner Schulter; und er heißt Wunder-Rat, Gott-Held, Ewig-Vater, Friede-Fürst;
6 auf dass seine Herrschaft groß werde und des Friedens kein Ende auf dem Thron Davids und in seinem Königreich, dass er's stärke und stütze durch Recht und Gerechtigkeit von nun an bis in Ewigkeit. Solches wird tun der Eifer des HERRN Zebaoth.

4.4.2 Herr, Kyrios – der göttliche Weltherrscher

Der gottesdienstliche Ruf „Jesus ist der Herr!" (Röm 10,9a; Phil 2,11) ist wohl das älteste christliche Glaubensbekenntnis. Die Bezeichnung Jesu als **Herr** (griech. Kyriós) entsteht vermutlich in christlichen Gemeinden des griechischen Lebensraums. Im orientalischen Bereich wird der weltliche Herrscher religiös als Kyrios verehrt, ein Begriff, der in früherer Zeit den Göttern zukam. Auch der römische Kaiser Caligula ließ sich mit diesem Titel anreden, der ihm göttliche Ehren zuspricht. Das auf Jesus bezogene Prädikat „Herr" bestreitet den religiösen Anspruch der weltlichen Herrscher und besagt, dass allein durch Christus alle Mächte unterworfen sind und ihm dienen müssen. Die Gemeinde unterstellt sich ihrem Herrn und gerät dadurch mit dem Selbstverständnis derjenigen römischen Kaiser in Konflikt, die sich als „Herr und Gott" (Domitian) verstehen.

Der Gebetsruf der aramäisch sprechenden Urgemeinde „Maranata" („Unser Herr kommt!" oder „Unser Herr, komm!", 1. Kor 16,22) erwartet Christus als kommenden Retter und Richter. Hier geht die Bezeichnung „Herr" auf die jüdische Tradition zurück, die als Höflichkeitsformel die respektvolle Anrede eines Menschen oder auch seine Überordnung ausdrückt.

4.4.3 Sohn Gottes – der von Gott Bevollmächtigte

Das Bekenntnis zu Jesus als **Sohn Gottes** entwickelt sich immer deutlicher zur zentralen Kurzformel der Heilsbedeutung Jesu Christi. Sie drückt die Legitimation Jesu als den von Gott Gesandten aus und führt Jesu Berufung und Vollmacht direkt auf Gott zurück. Bereits das Neue Testament artikuliert diesen Grundgedanken durch **zwei verschiedene Vorstellungskreise** vom Sohnesverständnis.

Das **adoptianische Sohnesprädikat** geht auf die jüdische Tradition zurück. Wenn Gott den jüdischen König als Sohn annimmt, setzt Gott ihn in eine besondere Funktion ein. Im Gegensatz zum hellenistischen Sohnes-Verständnis, das den Sohn als eine Manifestation Gottes versteht, meint das jüdische die göttliche Berufung Jesu zu seinem geschichtlichen Auftreten. Gott nimmt Jesus als Sohn an, im Unterschied zur traditionellen jüdischen Anschauung aber im exklusiven Sinn, nicht als einen, sondern als *den* Sohn.

Die Urgemeinde deutet die Taufe Jesu durch Johannes, Mk 1,9–11:

9 Und es begab sich zu der Zeit, dass Jesus aus Nazareth in Galiläa kam und ließ sich taufen von Johannes im Jordan.
10 Und alsbald, als er aus dem Wasser stieg, sah er, dass sich der Himmel auftat und der Geist wie eine Taube herabkam auf ihn.
11 Und da geschah eine Stimme vom Himmel: Du bist mein lieber Sohn, an dir habe ich Wohlgefallen.

Hier liegt die Form einer Christologie „von unten" vor. Gott erwählt Jesus, beruft ihn und beauftragt ihn mit einer bestimmten Aufgabe. Jesus soll als der „geliebte", d. h. einzige Sohn wirken.

Das Sohnesprädikat kann auch im Rahmen einer Christologie „von oben" verwandt werden: Jesus überbringt den göttlichen Willen, weil er bereits **als der Sohn Gottes in das irdische Dasein hineingeboren** wird. Diese Denkweise kommt dem hellenistischen, auf den gesamten Kosmos bezogenen Weltverständnis entgegen.

Aus der Tradition der Urgemeinde übernimmt Paulus ein Christuslied, Phil 2, 6–11:

6 Er, der in göttlicher Gestalt war, hielt es nicht für einen Raub, Gott gleich zu sein,
7 sondern entäußerte sich selbst und nahm Knechtsgestalt an, ward den Menschen gleich und der Erscheinung nach als Mensch erkannt.
8 Er erniedrigte sich selbst und ward gehorsam bis zum Tode, ja zum Tode am Kreuz.
9 Darum hat ihn auch Gott erhöht und hat ihm den Namen gegeben, der über alle Namen ist,
10 dass in dem Namen Jesu sich beugen sollen aller derer Knie, die im Himmel und auf Erden und unter der Erde sind,
11 und alle Zungen bekennen sollen, dass Jesus Christus der Herr ist, zur Ehre Gottes, des Vaters.

Der Text versteht das Kommen Christi als Entäußerung des „Präexistenten". Paulus führt die göttliche Präexistenz spekulativ nicht näher aus. Jesus begibt sich – nicht als Halbgott, sondern als Mensch – unter die im Kosmos waltenden Zwänge und stellt sich der Sendung Gottes zur Verfügung. Die spätere Erhöhung Jesu bestätigt seine Herkunft.

Christologie „von unten":	Sie spricht – jüdisches Denken aufgreifend – aus, dass der geschichtliche Jesus von Gott als *der* Sohn eingesetzt und gesandt wird.
Christologie „von oben":	Sie bezieht das hellenistische Weltverständnis ein: Von Gott gesandt begibt sich der „präexistente" (d. h. aus der Sphäre Gottes kommende) Christus als Mensch unter die Bedingungen der Welt und wird schließlich von Gott erhöht.

4.4.4 Menschensohn – der endzeitliche Heilsmittler

Die synoptischen Evangelien überliefern zahlreiche Selbstaussagen Jesu, in denen er vom **„Menschensohn"** spricht. Dieser Begriff kann die alltägliche Bedeutung „ein Mensch" haben oder als messianischer Titel den endzeitlichen Heilsmittler meinen.

Jesus selbst redet in der dritten Person vom **„kommenden Menschensohn"** als Richter und Retter. Ob Jesus sich selbst mit dem Menschensohn identifiziert hat, bleibt unklar. Die Gemeinde jedenfalls erwartet sein Kommen in königlicher Vollmacht.

Neben der Rede vom kommenden Menschensohn finden sich Aussagen vom **Wirken des Menschensohnes** auf Erden und vom **bevorstehenden Leiden des Menschensohnes.** Auch hier bleibt die Forschungslage uneinheitlich. Einige Neutestamentler führen manche dieser Worte auf Jesus zurück und gehen vom alltäglichen Sinn des Wortes aus.

„Menschensohn" könnte dann übersetzt werden mit: „ein Mensch wie ich", Mt 8,20:

> Jesus sagt zu ihm: Die Füchse haben Gruben, und die Vögel unter dem Himmel haben Nester; aber der Menschensohn hat nichts, wo er sein Haupt hinlege.

Andere Forscher halten es für wahrscheinlicher, dass die Gemeinde in historische Jesusworte den messianischen Menschensohn-Titel nachträglich einfügt.

So könnte ein „Ich“ durch den Hoheitsnamen „Menschensohn“ ersetzt worden sein, Mk 2,28 (vgl. Mk 2,10 f.):

> So ist der Menschensohn ein Herr auch über den Sabbat.

Nicht auszuschließen ist auch, dass die palästinische Urgemeinde manche Worte, die vom bevorstehenden Leiden, Sterben und Auferstehen des Menschensohnes sprechen, formuliert hat.

4.4.5 Gottesknecht – der Gott Gehorsame

Die Bezeichnung Jesu als **Gottesknecht** erscheint im Neuen Testament an wenigen Stellen (z. B. Mt 12,18). Diese christologische Formel kann im Sinne von Knecht, Kind Gottes, der Gott Gehorsame verstanden werden. Einige Stellen dürften aber mit dem Bild des leidenden, Gott gehorsamen Gottesknechtes aus Jesaja 53 im Zusammenhang stehen. Manche Neutestamentler nehmen an, dass Jesus selbst seinen bevorstehenden Tod von dieser jüdischen Tradition her als stellvertretendes Sterben für alle Menschen versteht (vgl. Abendmahl: Lk 22,19 f.).

4.4.6 Sohn Davids – der David verheißene Friedensherrscher

Das Bekenntnis zu Jesus als dem **Sohn Davids** (z. B. Röm 1,3) geht auf die alttestamentliche Nathansweisungung (2. Sam 7,12–16) zurück. Gott verheißt David einen Nachfolger aus seinem Stamm. Einige Propheten verstehen dies messianisch: Der neue Herrscher wird Frieden, Recht und Gerechtigkeit bringen.

4.4.7 Wort – die Gegenwart Gottes in Jesu Person

Das Johannesevangelium versteht Jesus als **Logos** (griech. „Wort“), der die göttliche Offenbarung bringt. Es kann nicht sicher beantwortet werden, an welche religions- oder philosophiegeschichtliche Tradition Johannes anknüpft. Seine Logos-Vorstellung berührt sich stark mit der des hellenistischen Judentums, das dem Logos göttliche Prädikate zuschreibt, weil er zwischen Gott und der Schöpfung vermittelt. Im Johannesprolog bekennt die Gemeinde, dass in Jesus von Nazareth der Logos gegenwärtig wird und Gemeinschaft mit dem Menschen eingehen möchte. Der Hymnus stellt die Alternative zu den Weihnachtserzählungen des Matthäus und Lukas dar und preist die Menschwerdung (Inkarnation) Gottes.

Der Evangelist Johannes versieht einen möglicherweise im Gemeindegottesdienst gesungenen Christushymnus mit erläuternden Bemerkungen, Joh 1,1 ff.:

1 Im Anfang war das Wort, und das Wort war bei Gott, und Gott war das Wort.
2 Dasselbe war im Anfang bei Gott.
3 Alle Dinge sind durch dasselbe gemacht, und ohne dasselbe ist nichts gemacht, was gemacht ist.
4 In ihm war das Leben, und das Leben war das Licht der Menschen.
5 Und das Licht scheint in der Finsternis, und die Finsternis hat's nicht ergriffen.
9 Das war das wahre Licht, das alle Menschen erleuchtet, die in diese Welt kommen.
10 Er war in der Welt, und die Welt ist durch ihn gemacht; aber die Welt erkannte ihn nicht.
11 Er kam in sein Eigentum; und die Seinen nahmen ihn nicht auf.
12 Wie viele ihn aber aufnahmen, denen gab er Macht, Gottes Kinder zu werden, denen, die an seinen Namen glauben,
13 die nicht aus dem Blut noch aus dem Willen des Fleisches noch aus dem Willen eines Mannes, sondern von Gott geboren sind.
14 Und das Wort ward Fleisch und wohnte unter uns, und wir sahen seine Herrlichkeit, eine Herrlichkeit als des eingeborenen Sohnes vom Vater, voller Gnade und Wahrheit.
18 Niemand hat Gott je gesehen; der Eingeborene, der Gott ist und in des Vaters Schoß ist, der hat ihn uns verkündigt.

Der Logos kommt aus der Sphäre Gottes (V. 1) und stellt die Menschen in das Licht der Wirklichkeit Gottes (V. 4). Alle Menschen stehen unter dem Herrschaftsanspruch des Logos (V. 3), der aber nicht von allen anerkannt wird. Der Glaube an den Logos führt zur „Wiedergeburt", zur Gotteskindschaft. Die berichtende Offenbarungsrede endet im persönlichen Bekenntnis (V. 14 b). Hinter der Ohnmacht und dem Sterben des Logos Jesu wird die Barmherzigkeit Gottes sichtbar, die die Glaubenden empfangen.

Die christologischen Würdetitel sollen der palästinisch-jüdisch und der hellenistisch geprägten Bevölkerung die heilsgeschichtliche Bedeutung Jesu vermitteln. Im Neuen Testament stehen verschiedene Christologien nebeneinander, z. B. Jesus als Anwalt der religiös und sozial Entwurzelten, als Heiland der Welt, als Weltenherrscher und als Offenbarer des Vaters.

4.5 Christliche Glaubensbekenntnisse

4.5.1 Das Apostolische Glaubensbekenntnis

Bereits im Neuen Testament finden sich dreigliedrige Bekenntnisaussagen: „Taufet sie auf den Namen des Vaters und des Sohnes und des heiligen Geistes“ (Mt 28,19; vgl. 1. Kor 12,4–6; 2. Kor 13,13). In der Mitte des 2. Jh.s entsteht das dreimal dreigliedrige **römische Taufbekenntnis** (Symbolum Romanum): „Ich glaube an Gott, den Vater, den Allmächtigen, und an Jesus Christus, seinen eingeborenen Sohn, den Herrn, den Heiligen Geist, die Kirche und die Auferstehung.“ Aus diesem anlässlich der Taufe abgelegten persönlichen Bekenntnis entwickelt sich schrittweise das **Apostolische Glaubensbekenntnis** (Apostolikum), das Anfang des 5. Jh.s in seiner heutigen Form schriftlich belegt ist. Es will den christlichen Glauben zusammenfassen und gegen Irrlehren abgrenzen. Relativ spät erscheint es als Bekenntnis der Gemeinde in der Liturgie des sonntäglichen Gottesdienstes.

Die Bezeichnung „Apostolikum“ wurzelt in einer Legende. Die zwölf Apostel sollen zu Beginn ihrer Missionstätigkeit dieses Bekenntnis zur gemeinsamen Glaubensgrundlage gemacht haben.

Ich glaube an Gott,
den Vater, den Allmächtigen,
den Schöpfer des Himmels und der Erde.

Und an Jesus Christus,
seinen eingeborenen Sohn, unsern Herrn,
empfangen durch den Heiligen Geist,
geboren von der Jungfrau Maria,
gelitten unter Pontius Pilatus,
gekreuzigt, gestorben und begraben,
hinabgestiegen in das Reich des Todes,
am dritten Tage auferstanden von den Toten,
aufgefahren in den Himmel;
er sitzt zur Rechten Gottes,
des allmächtigen Vaters;
von dort wird er kommen,
zu richten die Lebenden und die Toten.

Ich glaube an den Heiligen Geist,
die heilige christliche/katholische Kirche,
Gemeinschaft der Heiligen,

Vergebung der Sünden,
Auferstehung der Toten
und das ewige Leben.
Amen.

Das aus dem Griechischen stammende Wort „katholisch“ im dritten Abschnitt des Urtextes bezeichnet keine Konfession, sondern meint: „auf das Ganze bezogen“. Die Botschaft der Kirche gilt den Menschen überall in der Welt.

Von der Form her ist das Apostolikum dreigliedrig und trinitarisch. Der theologische Hauptakzent liegt auf den Aussagen zu Jesus Christus. Es akzentuiert den Ursprung Jesu in Gott. Damit soll die Selbsterniedrigung Gottes, sein Herabsteigen zum Menschen festgehalten werden (Deszendenz). Die Sendung Jesu drückt das Glaubensbekenntnis durch die präexistente Gottessohnschaft und die Vorstellung der Jungfrauengeburt aus.

Das Apostolikum verbindet heute weltweit viele Kirchen, beispielsweise die anglikanische, altkatholische, evangelische und römisch-katholische. Während der Zeit des Kirchenkampfes im Nationalsozialismus legt der Theologe Karl Barth 1935 das Apostolikum aus, um das Zentrum des christlichen Glaubens aufzuzeigen.

Der Weg zum Apostolikum:

1. Jh.	eingliedrige Bekenntnisse: „Jesus ist der Herr“ (1. Kor 12,3) zweigliedrige Bekenntnisse (1. Kor 8,6) dreigliedrige Bekenntnisse (Mt 28,19)
2. Jh.	Taufbekenntnis: → Symbolum Romanum
3. Jh.	Abgrenzung von Irrlehren → Erweiterungen des Symbolum Romanum
ab 4. Jh.	Abgrenzung von Irrlehren, gottesdienstliches Bekenntnis der Gemeinde → Apostolikum

Das im 4./5. Jahrhundert entstandene, dreigliedrige apostolische Glaubensbekenntnis verbindet heute weltweit viele christliche Kirchen.

STANDPUNKTE

Die Theologie-Professorin Dorothee Sölle versucht, das Glaubensbekenntnis für die Gegenwart neu zu formulieren:

Ich glaube an Jesus Christus,
Sohn des Lebens, Bruder der Menschen,
Erstgeborener aller Schöpfung,
der uns an unsere Geschwister erinnert,
die Bäume und die Vögel des Himmels,
Schwester Wasser und Bruder Feuer.
Er verbindet uns mit allem, was lebt
auf unserem kleinen Planeten Erde.

Ich glaube an Jesus,
den Sohn des Lebens,
das uns geschenkt wird,
damit wir es weiter verschenken.
Er hat die Kranken geheilt und die Traurigen,
er hat die Hungrigen gespeist und die Verzweifelten,
ein Mitarbeiter der Schöpfung,
die weitergeht an jedem Tag
in unserer Arbeit,
wenn wir unsere Heimat vor der Plünderung schützen,
unseren kleinen Planeten Erde.
Ich glaube an Jesus,
Sohn des Lebens und einer armen Mutter,
arbeitsloser Zimmermann, dem heute das Menschenrecht
auf Arbeit genommen wird,
durch die Profitgier der Mächtigen,
die wir noch immer dulden
auf unserem kleinen Planeten Erde.
Ich glaube an Jesus,
den Erstgeborenen aus dem Tode.
Sie konnten ihn nicht fertig machen,
er ist von den Toten auferstanden,
er verbindet uns mit den Toten vor uns,
um die wir trauern,
und den Toten neben uns,
die wir nicht gerettet haben.
Sie sind alle unsere Schwestern und Brüder
auf dem kleinen Planeten Erde.
Ich glaube an Jesus Christus,
Kind des Lebens,

eine Schwester für alle Menschen,
die Wahrheit, die uns frei machen wird,
von dem Zwang auszubeuten
und aus dem Tode Profit zu schlagen.

In Christus spüren wir den Geist des Lebens
in einer todessüchtigen Welt.
Wir stehen auf, mit ihm zu kämpfen,
zu leiden und unser Leben zu geben,
bis Gott sei alles in allem
auf unserm kleinen Planeten Erde.
Amen.

Sölle, Dorothee, und Schottroff, Luise: Die Erde gehört Gott. Ein Kapitel feministischer Befreiungstheologie. Wuppertal 1995, S. 158.

Eine andere Aktualisierung des christlichen Bekenntnisses legt beispielsweise der Theologe und Publizist Jörg Zink vor:

Wir glauben an Gott.
Wir sind nicht allein.
Wir sind geborgen.
Wir sind frei.
Wir glauben an den göttlichen Geist,
den Geist der Freiheit,
der uns verbindet
zu der einen umfassenden Kirche.

Wir glauben an Jesus Christus,
der Gott zeigt und vertritt,
der das Reich des Friedens verkündete
und aus Liebe zu uns starb.
Wir glauben, dass Jesus lebt.
Er befreit uns von Schuld,
von Angst und Tod.
Er hilft uns leben.

Wir glauben an den Gott,
der die Welt schafft und erhält,
der will, dass wir mit ihm wirken,
der Welt und den Menschen zugute.
Wir glauben an den lebendigen Gott,
der die Welt vollendet und erneuert,
der auch uns bewahrt und neu schafft
zu unvergänglichem Leben.

Zink, Jörg, und Röhricht, Rainer: Was Christen glauben. Gütersloh [11]1987, S. 8.

Ein Schüler schreibt:

Gott, du großes Geheimnis,
ich kann dich nicht fassen,
ich vertraue aber darauf,
dass du mein kleines Leben behütest.
Du hast diese Welt geschaffen
und auch mich,
ich bin ein kleines aber wichtiges Teil
deiner Schöpfung.
Und darauf bin ich stolz.

Ich glaube auch an Jesus Christus,
den du erwählt hast,
um uns Menschen deine Liebe näherzubringen.
Er hat so gelebt,
wie wir leben sollten.
Er hat so geliebt,
wie wir lieben sollten.
Wir achten auf ihn.
Er ist geboren von Maria
und ist als Kind seiner Zeit,
als jüdischer Mensch seiner Zeit groß geworden.
Er hat andere begeistert,
in seinem Sinne zu leben und zu handeln.
Er hat auch viele Neider gefunden,
Menschen, die seine Wahrheit nicht vertragen konnten.
Deshalb brachten sie ihn ans Kreuz,
um ihn auszuschalten.
Aber Gottes Liebe lässt sich nicht ausschalten,
seine Liebe ist stärker als die Macht des Todes.
Jesus ist zum Christus auferstanden von den Toten
und er ist jetzt nahe bei Gott.
dort, wo wir auch einmal sein werden.

Gott und Christus sind uns heute nahe
in ihrem Geist, den wir deshalb heilig nennen.
In der Kirche Christi kommen wir zusammen
als die, die seinen Weg weiter nachfolgen wollen.
Wir glauben, dass Gott selbst aus Bösestem
wieder Gutes erstehen lassen will,
dass Gott unsere Schuld uns vergibt
und uns zum wahren Leben aufhilft.
Ich glaube daran, dass nach meinem Tode
ich ganz nahe bei Gott sein werde.

Das übersteigt mein Denken,
aber es ist meine Hoffnung,
auf die ich vertraue,
mein Leben lang.

Aus: Schulgottesdienste. Hrsg. von Erhard Domay. Gütersloh 1997, S. 153 f.

ANREGUNGEN

- Vergleichen Sie die drei Fassungen des Glaubensbekenntnisses miteinander und mit dem Apostolikum!
  Von welchen Glaubenserfahrungen gehen die Christen jeweils aus?
  Auf welche Lebensbedeutung des Glaubens zielen die verschiedenen Bekenntnisse ab?
- Martin Luther legt im Kleinen Katechismus[1] das Glaubensbekenntnis aus. Welche Rückschlüsse lässt diese Erklärung auf sein Gottesverständnis zu?
- Versuchen Sie – möglicherweise in Gruppenarbeit – selbst ein Bekenntnis des Glaubens zu formulieren und dies eventuell als eine „Glaubensgeschichte“ zu erzählen!

4.5.2 Bekenntnis und Schriftverständnis

Da bereits im Neuen Testament mehrere **Christologien** nebeneinander stehen, die Bedeutung Jesu immer wieder neu ausgelegt und auch gegen Missverständnisse abgegrenzt sein will, ringt bereits die alte Kirche um das rechte Christusverständnis. Mit dieser Aufgabe verbindet sich das Problem, wie die **biblischen Schriften ausgelegt** werden sollen und in ihren unterschiedlichen Akzentuierungen die Mitte der Schrift „Jesus Christus“ knapp formuliert werden kann. Die kirchlichen Bekenntnisse leiten zum rechten Verstehen der biblischen Botschaft an.

Hinsichtlich der **Verbindlichkeit der kirchlichen Bekenntnisse und Lehrsätze** (Dogmen) gibt es zwischen evangelischer und römisch-katholischer Kirche Unterschiede. Im Anspruch, dass die Bekenntnisse und Lehraussagen sachlich verbindlich sind, weil sie mit dem biblischen Zeugnis übereinstimmen, besteht zwischen den beiden Kirchen kein Unterschied. Das Kriterium aber, was als schriftgemäß gelten darf, wird unterschiedlich bestimmt.

1 Evangelisches Gesangbuch. Ausgabe für die Evangelisch-Lutherischen Kirchen in Bayern und Thüringen. München 1994, S. 1556 f.

Nach **katholischem Verständnis** sind kirchliche Erklärungen über den Glauben an das bischöfliche Lehramt gebunden. Die vom Papst autorisierten Dogmen gelten hinsichtlich ihrer inhaltlichen Substanz unbedingt und unwiderruflich.

Nach **evangelischem Verständnis** dagegen verstehen sich die kirchlichen Bekenntnisse nicht in erster Linie als verbindliche Lehre, sondern als Antworten der Glaubensgemeinschaft auf die Christusbotschaft angesichts konkreter geschichtlicher Herausforderungen. Die Grundentscheidungen der Bekenntnisse sind daher immer wieder an der biblischen Tradition kritisch auf ihre Schriftgemäßheit hin zu überprüfen. Bei dieser Aufgabe will das Schriftverständnis der Bekenntnisse als Leitfaden zum Verständnis der Bibel gelten. Die lutherische Kirche fasst ihre Bekenntnisse im Konkordienbuch zusammen, das u. a. auch die Confessio Augustana enthält.

Die Bibel wird als „norma normans" verstanden; die Bekenntnisse haben als „norma normata" abgeleitete Verbindlichkeit. Wilfried Joest (1914–1995), Professor für Systematische Theologie, beschreibt die Pendelbewegung zwischen Bibel und Bekenntnis:

Einem uferlosen und subjektiven Pluralismus [...] treten die Bekenntnisse der Kirche gegenüber mit dem Anspruch, Wegweisung zum rechten Schriftverständnis zu geben. Wir haben sie verstanden als den Ausdruck von Erfahrungen und Entscheidungen, zu denen die Kirche in ihrer bisherigen Geschichte durch das aus der Schrift gehörte Wort Gottes geführt wurde. [...]

Aber auch die Bekenntnisse sind, jedenfalls nach ihrem evangelischen Verständnis, keine Norm, die unhinterfragbar *festlegt,* was schriftgemäße Lehre ist. Ihre Grundentscheidungen wollen in eigener Auseinandersetzung mit dem biblischen Zeugnis als diesem entsprechend erkannt und nur insofern nachvollzogen, ihre theologische Begriffssprache will „übersetzt" werden. Die Frage nach der Schriftgemäßheit kann auch zur Kritik von Elementen kirchlichen Bekenntnisses führen.

Joest, Wilfried: Dogmatik, Bd. 1: Die Wirklichkeit Gottes. Göttingen 1984, S. 87 f.

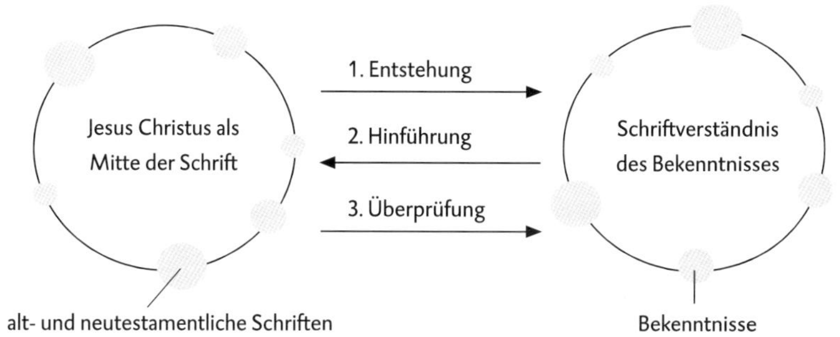

Wechselbeziehung zwischen Bibel und kirchlichem Bekenntnis nach evangelischem Verständnis

Die kirchlichen Bekenntnisse versuchen, den Kern des biblischen Glaubens knapp zusammenzufassen. Sie grenzen sich dabei zugleich gegenüber Irrlehren ab.

4.6 Altkirchliche Lehraussagen: Trinität

Die geschichtsbezogene **Selbstvergegenwärtigung Gottes in drei Namen** ist Ausgangspunkt der Lehre von der Trinität (lat. „Dreieinigkeit“, „Dreifaltigkeit“).

4.6.1 Gottes Selbstmitteilung als trinitarisches Geschehen: ökonomische Trinität

Die neutestamentlichen Schriften sprechen davon, dass Gott, der Vater, in seiner geschichtlichen Selbsterschließung in der Sendung des Sohnes Jesus Christus und im Wirken des Geistes gegenwärtig ist. Jesus bezeugt **Gott als Vater,** dessen Schöpferwille hinter der Welt steht und dem der Mensch das Leben verdankt. Mit der durch Jesus eröffneten Erkenntnis Gottes als Vater verbindet sich der Glaube, dass **Jesus der Sohn Gottes** ist. In der Sendung des Sohnes setzt Gott seinen Willen zur Gemeinschaft mit den Menschen gegen die menschliche Gottesferne durch. Das Bekenntnis zu **Gott, dem Heiligen Geist,** bezieht sich auf die lebenserneuernde Kraft Gottes im Menschen, die Glauben schafft und es dem Menschen ermöglicht, Gott zu antworten.

Die drei Namen Gottes stehen auch in dem „Missionsbefehl" des Auferstandenen zusammen, Mt 28,19:

> Darum gehet hin und machet zu Jüngern alle Völker: Taufet sie auf den Namen des Vaters und des Sohnes und des heiligen Geistes [...].

Die Taufe wird schon in früher Zeit im „Namen des Vaters und des Sohnes und des Heiligen Geistes" vollzogen. Das Taufbekenntnis zeigt bereits in den ältesten bezeugten Formen die dreigliedrige Gestalt des späteren Credo.

Die Dreierformel findet sich ebenfalls im Segenswunsch, 2. Kor 13,13 (vgl. auch: 1. Kor 12,4–6; Eph 4,4–6):

> Die Gnade unseres Herrn Jesus Christus und die Liebe Gottes und die Gemeinschaft des heiligen Geistes sei mit euch allen!

Die Formulierungen, in denen die drei Namen: „Gott, der Vater", „Jesus, der Sohn Gottes" und „Gottes Geist" in hervorgehobener Weise zusammenstehen, haben fast liturgischen Charakter. Sie preisen die Fülle der Selbstzuwendung Gottes oder sprechen sie segnend zu.

In geschichtsbezogener Selbstmitteilung offenbart der eine Gott seine drei Namen: Vater, Sohn und Geist (ökonomische Trinität).

4.6.2 Das Problem der inneren Trinität Gottes: Wesenstrinität

Durch die Glaubenspraxis der christlichen Gemeinden entsteht das denkerische Problem, wie die drei **Namen Gottes zusammengehören.** Die Glaubenden beten in der gottesdienstlichen Liturgie zu Gott; sie rufen ihn aber auch im Namen Christi an und erbitten in der Abendmahlsfeier die Gegenwart des Geistes Gottes. Auch die Auseinandersetzung mit polytheistischen Anschauungen und dem philosophischen Monotheismus nötigt zur theologischen Reflexion.

Da das Neue Testament selbst keine Trinitätslehre, d. h. geschlossene Aussagen über das dreieinige Sein Gottes, enthält, muss die altkirchliche Theologie **Erklärungsversuche** erarbeiten, wobei die Dreiheit der Gottgestalten die Einheit Gottes nicht gefährden darf. Die Theologen entwickeln zwei unterschiedliche Denkmodelle, den Subordinatianismus und Modalismus, die zu innerkirchlichen Auseinandersetzungen führen und die Christologie einbeziehen, da sich die Frage ergibt, inwiefern Jesus Mensch und „Gott" zugleich sein kann.

Subordinatianismus

Christus und der Geist sind Gott **untergeordnet.** Als übergeschöpfliche oder ersterschaffene Wesen haben sie nur in nachgeordneter Weise am einzigartigen, transzendenten göttlichen Wesen teil. Diese Auffassung vertritt im 4. Jh. der Presbyter Arius in Alexandrien, der sich auf eine zahlreiche Anhängerschaft stützt.

Die Schwierigkeit dieser Lehre besteht darin, dass Jesus nicht im Vollsinn Gott und wesensgleich mit dem Vater ist, sondern ein göttlich inspirierter Mensch.

Modalismus

Vater, Sohn und Geist werden als **verschiedene Erscheinungsformen** (modi) verstanden, die der eine, unteilbare Gott im Lauf der Geschichte annimmt. Gott erscheint zunächst in der Gestalt des Vaters, dann in der des Sohnes und des Geistes.

Der Modalismus wahrt zwar die Einheit Gottes; im Sohn und Geist ist Gott ganz gegenwärtig. Das theologische Problem besteht darin, dass Vater, Sohn und Geist als nacheinander ablösende Erscheinungsformen verstanden werden, während die biblische Tradition ihre dreifache Gegenwart bezeugt.

Der Alten Kirche stellt sich die theologische Aufgabe, zu erklären, wie sich die drei „Namen" Gottes zu dem einen Gott verhalten (Wesenstrinität oder innere Trinität).

4.6.3 Trinitarische und christologische Lehrentscheidungen der Alten Kirche

Auf dem von Kaiser Konstantin d. Gr. nach Nizäa einberufenen ersten ökumenischen Konzil (325) setzt der Kaiser diplomatisch durch, dass die Reichssynode die christologische Aussage der **vollen Gottheit des Sohnes** annimmt: Der Sohn ist *eines Wesens* mit dem Vater. Auf dem Konzil von Konstantinopel (381) wird vor allem der dritte Teil des auf der Synode in Nizäa beschlossenen Glaubensbekenntnisses erweitert.

Das Glaubensbekenntnis von Nizäa-Konstantinopel (381) verbindet als ökumenisches Bekenntnis die gesamte Christenheit:

Wir glauben an den einen Gott,
den Vater, den Allmächtigen,
der alles geschaffen hat,
Himmel und Erde,
die sichtbare und die unsichtbare Welt.

Und an den einen Herrn Jesus Christus,
Gottes eingeborenen Sohn,
aus dem Vater geboren vor aller Zeit:
Gott von Gott, Licht vom Licht,
wahrer Gott vom wahren Gott,
gezeugt, nicht geschaffen,
eines Wesens mit dem Vater;
durch ihn ist alles geschaffen.
Für uns Menschen und zu unserm Heil
ist er vom Himmel gekommen,
hat Fleisch angenommen
durch den Heiligen Geist
von der Jungfrau Maria
und ist Mensch geworden.
Er wurde für uns gekreuzigt unter Pontius Pilatus,
hat gelitten und ist begraben worden,
ist am dritten Tage auferstanden nach der Schrift
und aufgefahren in den Himmel.
Er sitzt zur Rechten des Vaters
und wird wiederkommen in Herrlichkeit,
zu richten die Lebenden und die Toten;
seiner Herrschaft wird kein Ende sein.

Wir glauben an den Heiligen Geist,
der Herr ist und lebendig macht,
der aus dem Vater (und dem Sohn) hervorgeht,
der mit dem Vater und dem Sohn
angebetet und verherrlicht wird,
der gesprochen hat durch die Propheten,
und die eine, heilige, allgemeine/katholische und apostolische Kirche.
Wir bekennen die eine Taufe zur Vergebung der Sünden.
Wir erwarten die Auferstehung der Toten
und das Leben der kommenden Welt.
Amen.

Der Begriff „eines Wesens“ (griech. homooúsios) schillert in seiner Bedeutung zwischen „wesenseins“ und „wesensgleich“ und kann deshalb verschiedene theologische Richtungen auf der Reichssynode vereinen. Das Konzil verurteilt die Lehren des Subordinatianismus und Modalismus. Als Arius und seine Anhänger sich weigern, das Bekenntnis zu unterschreiben, werden die Arianer verbannt.

In der griechischen Theologie des Ostens einigt man sich auf die trinitarische Formel: Gott ist ein Wesen in drei Einheiten (mia ousía in treis hypostáseis); die westliche Theologie spricht dagegen von einer „Einheit in drei Gestalten“ (una substantia, tres personae). Die Trinitätslehre verwendet die umgeformte Begrifflichkeit der antiken Philosophie. Der griechische philosophische Begriff (ousía) meint eine Wesensart, die verschiedenen Einzelpersonen gemeinsam ist. Die trinitarische Formulierung versteht darunter das gemeinsame Gottsein. Gott nimmt jeweils eine besondere Form als Vater, Sohn und Geist an. Die lateinische philosophische Bezeichnung (substantia) bezeichnet ein konkretes Einzelwesen. Nach trinitarischer Lehre tritt also der eine Gott gleichzeitig in verschiedenen Gestalten auf. Durch nähere Bestimmungen will man sich gegen modalistische und subordinatianische Missverständnisse der Trinitätslehre absichern. Es besteht in Gott ein Gegenüber der Personen. Jede der drei Personen ist gleichwertig (aequalitas).

Das christologische Problem, wie Jesus Christus in gleicher Weise als Mensch und Gott zu denken sei, beantwortet das Konzil von Calcedon (451) mit der so genannten **Zwei-Naturenlehre.** Christus wird als eine Person in zwei Naturen verstanden; Gottheit und Menschheit sind in der Person Christi weder miteinander vermischt, noch voneinander getrennt. Sie wirken jedoch in der Gemeinschaft mit der je anderen zusammen.

Die auf dem Konzil von Konstantinopel (381) dogmatisierte Trinitätslehre hält daran fest, dass Christus eines Wesens mit Gott ist. Die innere Trinität Gottes wird unter Benutzung umgeprägter philosophischer Begriffe beschrieben: Gott ist ein Wesen in drei Einheiten bzw. eine Einheit in drei Gestalten.

4.6.4 Das Bekenntnis zu dem Dreieinigen Gott und die Trinitätslehre

Die Trinitätslehre bleibt in ihrer altkirchlichen Gestalt eine im Wesentlichen **anerkannte, grundlegende Lehraussage** der Kirche. Protestantische Theologen des 19. und 20. Jahrhunderts interpretieren den Sinngehalt der „Wesenstrinität“ neu.

Die Trinitätslehre hält fest, dass Gott ein geschichtlich handelnder ist, der dem Menschen in vielfältiger Weise begegnet, als Vater, Sohn und Geist. In dieser **dreifachen Selbsterweisung** zeigt sich Gott als der, der er in Wahrheit, seinem „Wesen“ nach ist.

Die Wurzel der Trinitätslehre liegt in der biblisch bezeugten Selbsterschließung Gottes als Vater, in der Sendung des Sohnes und dem Wirken des Geistes. Die dreieinige Erweisung Gottes und das trinitarische Bekenntnis zu Gott gehen der Trinitätslehre voraus. Diese ist also kein unmittelbarer Inhalt der Offenbarung. Die Lehre versucht, das Bekenntnis in Begriffe zu fassen.

STANDPUNKT

In der Theologie Karl Barths (1886–1968) nimmt die Trinitätslehre eine zentrale Stellung ein. Der biblische Begriff Offenbarung besagt, „dass Gott selbst in unzerstörter Einheit, aber auch in unzerstörter Verschiedenheit der Offenbarer, die Offenbarung und das Offenbarsein ist“[2]. Die Lehre von der immanenten Trinität Gottes ist für Karl Barth die Vorbedingung dafür, dass überhaupt von seiner Offenbarung gesprochen werden kann. In seiner Selbstoffenbarung für uns in der Zeit „entspricht“ Gott seinem ewig dreifachen Gegenüber in sich selbst.

Die Trinitätslehre bedeutet einerseits als *Abweisung des Subordinatianismus* die ausdrückliche Erklärung: *Jene drei Momente bedeuten kein Mehr oder Weniger im Gottsein Gottes.* Der Vater ist nicht im Unterschied vom Sohn und vom Geist als der eigentliche Gott zu verstehen, und Sohn und Geist sind nicht im Unterschied zum Vater begnadete und verherrlichte Kreaturen, von Gott erweckte und in Bewegung gesetzte Lebensmächte und als solche und in diesem Sinn Offenbarer. Sondern *Gott* ist es, der sich offenbart, in gleicher Weise als der Vater in seiner Selbstverhüllung und Heiligkeit wie als Sohn in seiner Selbstenthüllung und Barmherzigkeit, wie als Geist in seiner Selbstmitteilung und Liebe. Vater, Sohn und Geist sind der eine, einzige und gleiche Gott. Das von der Bibel bezeugte Subjekt der Offenbarung ist, welcher Art sein Sein, Reden und Handeln auch sein möge, der eine Herr, kein Halbgott, weder ein herabgestiegener, noch ein heraufgestiegener. Gemeinschaft mit dem, der sich da offenbart, bedeutet für den Menschen auf alle Fälle und unter allen Umständen, dass jener ihm gegenübertritt wie ein Du einem Ich gegenübertritt und sich mit ihm verbindet, wie sich ein Du mit einem Ich verbindet. Nicht anders! Abgeschnit-

2 Barth, Karl: Die kirchliche Dogmatik, Bd. I/1: Die Lehre vom Wort Gottes. Prolegomena zur kirchlichen Dogmatik. Zollikon-Zürich ^{8}1964, S. 311 © Theologischer Verlag Zürich.

ten ist alle Gemeinschaft mit diesem Gott, die von der Art wäre, wie wir mit Kreaturen Gemeinschaft haben können, von der Art nämlich, dass das Du durch ein Ich in ein Es oder Er verwandelt werden kann, über das oder über den das Ich eben damit Verfügung bekommt. Auch und gerade als Sohn und als Geist wird der, der sich nach dem Zeugnis der Schrift offenbart, kein Es oder Er, er bleibt Du. Und indem er Du bleibt, bleibt er der Herr. [...]

Die Trinitätslehre bedeutet aber andererseits als *Abweisung des Modalismus,* die ausdrückliche Erklärung: *Jene drei Momente sind dem Gottsein Gottes nicht etwa fremd.* Es verhält sich nicht etwa so, dass wir den eigentlichen Gott jenseits dieser drei Momente, in einem höheren Sein, in welchem er nicht der Vater, der Sohn und der Geist wäre, zu suchen hätten. Die Offenbarung Gottes und also sein Sein als Vater, Sohn und Geist ist nicht eine seinem Wesen fremde Ökonomie, die nach oben oder innen sozusagen begrenzt wäre, sodass wir nach dem verborgenen Vierten fragen müssen, um eigentlich nach Gott zu fragen. Sondern wenn wir nach Gott fragen, können wir nur nach dem fragen, der sich *offenbart.* Eben der, der nach dem Zeugnis der Schrift ist, redet und handelt als Vater, Sohn und Geist, in Selbstverhüllung und Selbstmitteilung, in Heiligkeit, Barmherzigkeit und Liebe, eben dieser und kein Anderer ist Gott. Gemeinschaft mit Gott bedeutet für den Menschen streng und exklusiv: Gemeinschaft mit dem, der sich offenbart, der in seiner Offenbarung Subjekt ist, und zwar unauflöslich Subjekt ist. Gerade die Unauflöslichkeit des Subjektseins wird garantiert durch die Erkenntnis der Letztwirklichkeit der drei Seinsweisen im Wesen Gottes, über oder hinter der es kein Höheres gibt. Abgeschnitten ist hier alle Gemeinschaft mit Gott, die ein Entrinnen vor seiner Offenbarung, ein Übersteigen der Wirklichkeit, in der er sich selber zeigt und gibt, bedeuten würde. Gott ist genau der, als der er sich uns zeigt und gibt. Wer an dem vorbeieilt, der uns nach dem biblischen Zeugnis in dreifacher Wendung als Du anredet, der kann nur ins Leere eilen. Modalismus bedeutet letztlich Leugnung Gottes. [...]

Die Trinitätslehre sagt – und das ist das Positive, das sie auf ihren polemischen Fronten verteidigt –, dass und inwiefern der, der sich nach dem Zeugnis der Schrift Menschen offenbart, unser *Gott,* dass und inwiefern er *unser* Gott sein kann. Er kann unser *Gott* sein, weil er in allen seinen Seinsweisen sich selbst gleich, ein und derselbe Herr ist. Erkenntnis der Offenbarung, wie sie am Zeugnis der Schrift aufgehen kann, heißt im Sinn der Trinitätslehre in allen Momenten des Ereignisses, auf das uns dieses Zeugnis hinweist: Erkenntnis des Herrn als dessen, der uns begegnet und sich uns verbindet. Und dieser Herr kann *unser* Gott sein, er kann uns begegnen und sich uns verbinden, weil er Gott ist in diesen drei Seinsweisen als Vater, Sohn und Geist, weil die Schöpfung, die Versöhnung, die Erlösung, das ganze Sein, Reden und Handeln, in dem er unser Gott sein will, begründet und vorgebildet ist in seinem eigenen Wesen, in seinem Gottsein selber. Als Vater, Sohn und Geist ist Gott sozusagen im Voraus der unsrige. [...]

Die Schrift, in der das Problem der Trinitätslehre gestellt ist, ist und bleibt das Maß und der Richter der Lösung dieses Problems. Sie steht über dem Dogma der Kirche und also über der kritischen Besinnung, zu der wir uns durch das Dogma der Kirche anleiten lassen. Aber Alles wohl erwogen wagen wir es, diese Anleitung bis auf bessere Belehrung für eine angemessene zu halten.

Barth, Karl: Die kirchliche Dogmatik, Bd. I/1: Die Lehre vom Wort Gottes. Prolegomena zur kirchlichen Dogmatik. Zollikon-Zürich ^{8}1964, S. 401–404. © Theologischer Verlag Zürich.

ANREGUNGEN

- Fassen Sie in eigenen Worten zusammen, wie Karl Barth die Notwendigkeit einer Trinitätslehre begründet. Wie bestimmt er deren Grenze?
- Gegen welche Missverständnisse des Gottesverständnisses grenzt Barth sich mit der Trinitätslehre ab; was will er positiv mit ihr ausdrücken?
- Worin liegt Ihrer Überzeugung nach die Bedeutung der Trinitätslehre für die christliche Glaubensgemeinschaft?

4.7 Luthers Reden von Gott

Lukas Cranach d. Ä., Werkstatt (um 1526/29): Luther im Gelehrtentalar

Martin Luther wird 1483 als Sohn eines Bergmanns in Eisleben geboren. 1505 bricht er nach dem glänzend bestandenen Magisterexamen das Studium der Jurisprudenz ab und tritt – gegen den Willen des Vaters – in das Augustiner-Eremiten-Kloster in Erfurt ein. Bestimmt von der Frage „Wie bekomme ich einen gnädigen Gott?“ versucht der gewissenhafte Mönch, den Forderungen Gottes zu genügen, und erfährt, dass der Mensch nicht aus eigener Kraft vor Gott bestehen kann.

Zum Schlüsselerlebnis wird für ihn die aus der Bibel (Röm 1,17) gewonnene Erkenntnis, dass nicht Leistungen des Menschen die Gerechtigkeit Gottes bewirken können, sondern dass Gott den Menschen allein aus Gnade durch den Glauben rechtfertigt. Diese Entdeckung bestimmt das weitere Denken und Handeln Luthers. Aus seiner Kritik an der Ablasspraxis entwickelt sich ein Konflikt mit dem Papsttum, der schließlich dazu führt, dass über

Luther der Kirchenbann und die Reichsacht verhängt werden. Auf der Wartburg von seinem Landesherrn Friedrich dem Weisen in Sicherheit gebracht, übersetzt Luther das Neue Testament ins Deutsche. Er orientiert seine bildhafte und kraftvolle Sprache an der Lebenswirklichkeit des einfachen Volkes. Durch seine Flugschriften, Bibelübersetzung, Bibelauslegungen, den Katechismus und die Liederdichtungen wird Luther bald zum meistgelesenen deutschen Autor.

1525 heiratet er die ehemalige Nonne Katharina von Bora. In der Rückschau sagt er (1532): „Es gibt keine süßere Verbindung als die einer guten Ehe, und es gibt keine herbere Trennung als die einer guten Ehe. Dem kommt nur das Sterben von Kindern gleich; wie weh das tut, habe ich selbst erfahren."[3]

Die reformatorische Neugestaltung führt im Bund mit den evangelischen Obrigkeiten zur Gründung einer eigenen Kirche, was Luther ursprünglich nicht beabsichtigt hat. Im Zusammenhang mit dem gewaltsamen Versuch Thomas Müntzers, das Reich Gottes aufzurichten, sowie mit Lehrstreitigkeiten (Abendmahl, Kindertaufe, freier Wille) kommt es zu innerevangelischen Auseinandersetzungen. In den Spätschriften polemisiert Luther gegen das Judentum.

1546 reist Luther – gesundheitlich schwer angeschlagen – nach Eisleben, um einen Streit in der gräflichen Familie von Mansfeld zu schlichten. Er stirbt dort in der Nacht vom 17. zum 18. Februar im Beisein seines alten Studienfreundes Justus Jonas und des Ortspfarrers. Seine letzte Aufzeichnung auf einem Zettel schließt: „Wir sind Bettler, das ist wahr."

Persönliche Zweifel, ob der Mensch mit seiner Schuld vor Gott bestehen könne, führen Luther von der mittelalterlichen theologischen Denkweise, die von einer natürlichen Gotteserkenntnis ausgeht und religiöse Leistungen (gute Werke wie Wallfahrten, Stiftungen) zur Voraussetzung für die göttliche Zuwendung macht, zum biblischen Gottesverständnis zurück.

4.7.1 Grenzen der natürlichen Gotteserkenntnis

Luther bestreitet nicht, dass es dem Menschen möglich ist, Gott mittels der Vernunft aus seinen Schöpfungswerken andeutungsweise zu erfassen. Allerdings kann diese zwar die Existenz Gottes, nicht aber sein eigentliches Wesen und Wirken erkennen. Die natürliche Vernunft weiß nicht, wer Gott in Wahrheit ist: In seiner Weisheit und Allmacht **steht Gott dem Menschen fern.** Die Gerechtigkeit Gottes fordert den Gehorsam des Menschen und klagt seine Verfehlungen an.

4.7.2 Gott und das Vertrauen

Für Luther stellt sich die Frage nach Gott aus einer existenziellen Bedrängnis heraus. Wie kann er mit seiner Schuld vor Gott bestehen? Worauf kann der Mensch sich letztlich verlassen und sein Vertrauen gründen? Aus dieser Grundsituation ergibt sich für Luther die **Frage nach Gott.** Immer verlässt sich der

3 Tischreden, 1, 250 (1532). Am 3.8.1528 stirbt Luthers Töchterchen Elisabeth im Alter von acht Monaten, am 20.9.1542 die dreizehnjährige Magdalene in den Armen des Vaters.

Mensch auf etwas **für sein Leben Letztgültiges**, hängt also sein Herz an einen „Gott“, sei es materielle Absicherung, Ansehen oder ein transzendenter Bezug. Der Glaube an den wahren Gott steht immer in der Auseinandersetzung mit dem Widergöttlichen, dem Aberglauben.

Im „Großen Katechismus“ (1529) geht Luther bei seiner Erklärung des ersten Gebotes davon aus, dass die Lebensausrichtung jedes Menschen vom Vertrauen auf etwas für ihn besonders Wesentliches geprägt wird:

Was heißt „einen Gott haben“, bzw. was ist „Gott“? Antwort: Ein „Gott“ heißt etwas, von dem man alles Gute erhoffen und zu dem man in allen Nöten seine Zuflucht nehmen soll. „Einen Gott haben“ heißt also nichts anderes, als ihm von Herzen vertrauen und glauben; in diesem Sinn habe ich schon oft gesagt, dass allein das Vertrauen und Glauben des Herzens einem etwas sowohl zu Gott als zu einem Abgott macht. Ist der Glaube und das Vertrauen recht, so ist auch dein Gott der rechte Gott, und umgekehrt, wo das Vertrauen falsch und unrecht ist, da ist auch der rechte Gott nicht. Denn die zwei gehören zusammen, Glaube und Gott. Das nun, sage ich, woran du dein Herz hängst und worauf du dich verlässest, das ist eigentlich dein Gott.

(Jam in quacunque re animi tui fiduciam et cor fixum habueris, haec haud dubie Deus tuus est.)

Darum ist nun der Sinn dieses Gebotes der, dass es rechten Glauben und Zuversicht des Herzens fordert, welche sich auf den rechten, alleinigen Gott richtet und ihm allein anhängt. Und zwar will es so viel gesagt haben: „Sieh zu und lasse mich allein deinen Gott sein und suche ja keinen andern. Das heißt: Was dir mangelt an Gutem, das erhoffe von mir und suche bei mir, und wenn du Unglück und Not zu leiden hast, so kriech und halt dich zu mir. *Ich,* ich will dir genug geben und aus aller Not helfen; lass nur dein Herz an keinem andern hangen noch bei ihm ruhen.“

Das muss ich noch ein wenig deutlicher ausführen, dass man’s aus alltäglichen Beispielen von gegenteiligem Verhalten verstehe und erkenne. Es ist mancher, der meint, er habe Gott und alles zur Genüge, wenn er nur Geld und Gut hat; er verlässt sich darauf und brüstet sich damit so unentwegt und zuversichtlich, dass er auf niemand etwas gibt. Sieh, ein solcher hat auch einen Gott: Der heißt Mammon, d. h. Geld und Gut; darauf setzt er sein ganzes Herz. Das ist ja auch der allergewöhnlichste Abgott auf Erden. Wer Geld und Gut hat, der weiß sich in Sicherheit und ist fröhlich und unerschrocken, als sitze er mitten im Paradies; und umgekehrt, wer keins hat, der zweifelt und verzagt, als wisse er von keinem Gott. Man wird ja ganz wenig Leute finden, die guten Muts sind und weder trauern noch klagen, wenn sie den Mammon nicht haben; das klebt und hängt der [menschlichen] Natur an bis ins Grab.

Ebenso ist’s auch mit einem, der derauf vertraut und trotzt, dass er großes Wissen, Klugheit, Macht, Beliebtheit, Freundschaft und Ehre hat. Der hat auch einen Gott, aber nicht diesen rechten, alleinigen Gott. Das siehst du wiederum daran, wie vermessen, sicher und stolz man auf Grund solcher Güter ist, und wie verzagt, wenn sie nicht vorhanden sind oder einem entzogen werden. [...]

So verstehst du nun leicht, was und wie viel dieses Gebot fordert: nämlich das ganze Herz des Menschen und alle Zuversicht allein für Gott und sonst niemand.

Luther, Martin: Der große Katechismus. Aus: Calwer Luther-Ausgabe, Bd. 1. Neuhausen-Stuttgart 1996, S. 22–24 (WA, 30/1, 132 ff.).

Luther spricht von der Zuflucht in den Nöten, nicht von einer Flucht aus der Bedrängnis. Recht zu glauben heißt, sich vertrauend in die Hand Gottes begeben.

4.7.3 Der offenbare Gott der Liebe

Bei der Auslegung des Römerbriefes überwindet Luther seine religiösen Anfechtungen. Hinter der Ohnmacht und dem Leiden Jesu **wirkt Gott verborgen** und **offenbart** zugleich sein eigentliches Wesen, seine Liebe. Im Kreuz Christi zeigt Gott seine äußerste Hinwendung zu den Menschen, rechtfertigt den Sünder allein durch den Glauben und nimmt ihn an.[4] Luther unterscheidet also zwischen dem allmächtigen Gott und dem gekreuzigten Gott, dem verborgenen (Deus absconditus) und dem offenbaren Gott (Deus relevatus). Der Glaube sieht hier keine Alternative, sondern ein spannungsvolles Aufeinanderbezogensein. Nur er allerdings vermag zu erkennen, dass Gott sich schöpferisch wirkend in Jesus Christus offenbart als „ein glühender Backofen voller Liebe“[5]. Recht glauben hießt, sich angesichts der Anfechtungen und Zweifel immer wieder neu vertrauend in die Hand Gottes zu begeben.

Im „Sermon von der Betrachtung des heiligen Leidens Christi“ (1519) fragt Luther, in welcher Weise das Leiden Christi in das Leben des Glaubenden hineinwirkt:

Bisher sind wir in der Marterwoche gewesen und haben den Karfreitag recht begangen; nun kommen wir zum Ostertag und zur Auferstehung Christi. Wenn der Mensch so seiner Sünden gewahr worden und bei sich selber ganz erschreckt worden ist, muss man Acht geben, dass die Sünden nicht dergestalt im Gewissen bleiben; es würde gewiss lauter Verzweiflung daraus. Sondern wie sie aus Christus geflossen und erkannt worden sind, so muss man sie wieder auf ihn schütten und das Gewissen davon entledigen. [...]

4 Vgl. Rechtfertigung des Sünders, S. 228 ff.
5 WA, 36, 425.

Du wirfst deine Sünde dann von dir auf Christus, wenn du fest glaubst, dass seine Wunden und Leiden deine Sünden seien, dass er sie trage und bezahle. [... Wenn] wir sehen, dass sie auf Christus liegen und dass er sie überwindet durch seine Auferstehung, und wenn wir das kecklich glauben, so sind sie tot und zunichte geworden. Denn auf Christus können sie nicht bleiben; sie sind durch seine Auferstehung verschlungen, und du siehst jetzt keine Wunden, keine Schmerzen, d. h. kein Anzeichen von einer Sünde mehr an ihm. In diesem Sinn sagt S. Paulus (Röm 4,25), dass Christus um unserer Sünden willen gestorben und um unserer Gerechtigkeit willen auferstanden ist; d. h. in seinem Leiden macht er unsere Sünde offenkundig und erwürgt sie auf diese Weise, aber durch sein Auferstehen macht er uns gerecht und los von allen Sünden, sofern wir das glauben. [...]

Wenn so dein Herz in Christus getrost und du nun den Sünden Feind geworden bist aus Liebe [zu ihm], nicht aus Furcht vor der Strafe, so soll fortan das Leiden Christi auch für dein ganzes Leben ein Vorbild sein, und von jetzt an sollst du es auf eine andere Weise bedenken. Denn bisher haben wir es bedacht als ein Sakrament, das in uns wirkt und das wir an uns geschehen lassen; nunmehr bedenken wir es als etwas, das wir selber auch wirken, nämlich so:

Wenn dich ein Schmerz oder eine Krankheit beschwert, so bedenke, wie geringfügig das ist im Vergleich mit der Dornenkrone und den Nägeln Christi.

Wenn du etwas tun oder lassen musst, was dir zuwider ist, so bedenke, wie Christus sich als Gebundener und Gefangener hin- und herführen lassen muss. [...]

Ficht dich Hass und Feindschaft an oder suchst du Rache, so bedenke, wie Christus mit vielen Tränen und Flehen für dich und alle seine Feinde gebeten hat, er, der wohl mit mehr Recht sich gerächt hätte. [...]

Sieh, so kann man wider alle Laster und Untugenden in Christus Stärkung und Labsal finden. Und das heißt Christi Leiden recht bedacht; das sind die Früchte seines Leidens [...].

Luther, Martin: Sermon von der Betrachtung des heiligen Leidens Christi. Aus: Calwer Luther-Ausgabe, Bd. 2. Neuhausen-Stuttgart 1996, S. 108–111 (WA, 2, 140 f.).

Nur dort wird nach Luther das Leiden Christi recht verstanden, wo es Erkenntnis der Sünden, Glaube und Ermutigung in den Bedrängnissen des Lebens bewirkt. Wahrer Glaube erwächst aus der Antwort auf Gottes Wort.

Nur in Jesus Christus erkennt der Glaube den wahren, offenbaren Gott. In Jesus, dem Gekreuzigten, zeigt Gott seine Liebe und spricht um Christi willen den Sünder frei, der glaubend auf Gott vertraut.

STANDPUNKTE

Gerhard Ebeling, Professor für Systematische Theologie, interpretiert Luthers Verständnis des Glaubens sowie die spannungsvolle Sicht des offenbaren und verborgenen Gottes:

Dass Glauben mit Gott zusammengehört, wäre zumindest unzureichend, wenn nicht irreführend erklärt, wenn Gottes Unsichtbarkeit und Unerfahrbarkeit als Grund dafür angegeben würde, dass man sich – ersatzweise – mit dem Glauben behelfen müsse. Denn dabei bliebe ungeklärt, warum man dies denn überhaupt solle und dürfe, in welche Situation dieser als Erkenntnisersatz verstandene Glaube als etwas Notwendiges gehöre.

Geht man dem nach, so wird deutlich: Inwiefern der Glaube Erkenntnis in sich schließt, und zwar nicht etwa in dem schlechten Sinn ungewisser Vermutung, bloßer Wahrscheinlichkeitsmeinung, sondern als felsenfeste Gewissheit, kann überhaupt nur von der Situation her verstanden werden, in der der Mensch auf Gewissheit angewiesen ist. Luther sagt schlicht: „in allen Nöten". Glaube hat demnach den Charakter helfender, rettender, ermutigender, Hoffnung gebender, Not wendender Erkenntnis. Und demgemäß spricht das Reden von Gott den Menschen daraufhin an, dass er zum Warten genötigt ist, dass ihn das angeht, was noch aussteht als seiner Verfügung Entzogenes, sodass also der Mensch immer schon sich selbst voraus und sich selber, seiner Verfügung, entzogen ist. Er kann es nicht lassen, sozusagen diesen Ausfall nach vorn, diese Vergewisserung des Ungewissen zu vollziehen, das heißt, wie Luther es formuliert, das Herz an etwas zu hängen, sich auf etwas zu verlassen, zu trauen und zu glauben. Diese Situation ist stets gegeben. Darum ist sie die Grundsituation des Menschen, obschon sie in sehr verschiedenen Graden der Angreifbarkeit und der Aufgedecktheit begegnet. [...]

Es hat den Anschein, als würde Gott nun zum Ersatz für unsere Macht, wie zuvor der Glaube zum Ersatz für unsere Erkenntnis. [...]

Es gilt, von unten her, in der Tiefe ansetzend, von Gott zu reden, von daher, dass Gottes Wort Fleisch ward, Geschichte ward und zum Geschehen der Verkündigung ermächtigt hat, also von Jesus, dem Gekreuzigten, her. Die Abkehr von dem verborgenen und Hinkehr zu dem offenbaren Gott bedeutet freilich nicht, dass die Verborgenheit Gottes den Glauben nichts mehr anginge. Die Offenbarung selbst ist ja unter dem Gegenteil, unter dem Kreuz verborgen. Der Glaube ist nicht anders Glaube als so, dass er den Mächten der Anfechtung ausgesetzt ist. Deshalb muss vom Deus absconditus die Rede sein, damit der offenbare Gott als Gott in seiner Offenbarung ernst genommen wird. [...]

Der Widerspruch zwischen den beiden Aussagereihen, dass einmal der offenbare Gott selbst der verborgene ist und das andere Mal der offenbare Gott unterschieden wird vom verborgenen Gott – dieser Widerspruch löst sich darin, dass Luther um des Gottseins Gottes willen den Widerspruch zwischen dem

Gott in Jesus Christus und dem Gott der Allmacht und Allwissenheit, zwischen dem Glauben und der Welterfahrung, bis zum äußersten festhält und aushält. [...]

Jesus, der Gekreuzigte, gibt uns Gott als den Allmächtigen in der Ohnmacht zu glauben und macht uns so überhaupt erst Gott zu Gott.

Ebeling, Gerhard: Luther. Einführung in sein Denken. Tübingen 1964, S. 293 f., 306 f., 277 f.

Das Verhältnis von Vernunft und Glaube bei Luther fasst der Kirchen- und Theologiegeschichtler Bernhard Lohse (1928–1997) zusammen:

Vernunft und Glaube befinden sich im Menschen gewissermaßen auf unterschiedlichen Ebenen. Die Vernunft meint die Erkenntnisfähigkeit, also das kritische Verstehen, die Einsicht, die geistigen Aktivitäten im weitesten Sinne, das Abwägen von Argumenten, die Fähigkeit zu Schlussfolgerungen sowie letztlich auch die philosophische Bemühung um eine zusammenfassende Schau der Welt und des Menschen. Der Glaube hingegen ist eine Sache des „Herzens". Er betrifft vor allem das Gottesverhältnis des Menschen, und zwar unter dem Gesichtspunkt von Gericht und Gnade. Das aber bedingt, dass die Bereiche, denen er unmittelbar zugeordnet ist, stets die Existenz des Menschen als ganze bezeichnen, also etwa das Gewissen als dasjenige Organ, in welchem der Mensch seines eigentlichen Sollens und auch seines Versagens gewahr wird, oder die Rangordnung der Werte in seinem Leben, oder das Vertrauen auf die göttliche Verheißung angesichts der menschlichen Sünde.

Im Glauben sind selbstverständlich auch bestimmte Momente mit enthalten, die zum Bereich der Erkenntnis gehören. Freilich sind diese Bereiche gegenüber den anderen Aufgaben und Tätigkeiten der menschlichen Vernunft von besonderer Eigenart: Sie schließen, wie etwa die Erkenntnis der eigenen Sündhaftigkeit, immer auch Momente ein, die tiefere Schichten im Menschen als die rein rationalen oder intellektiven betreffen. Insofern überschneiden sich teilweise die Sphären der Vernunft und diejenige des Glaubens. Die größeren Bereiche, die jeder dieser beiden Sphären zugehören, sind jedoch ganz verschieden.

Was nun den Glauben angeht, so richtet sich dieser auf das Wort Gottes, ja er wird durch Gott oder durch Christus selbst gewirkt und ist letztlich nicht ein „Werk" des Menschen, obschon der Mensch bei dem Glauben in vollem Sinne präsent und beteiligt ist. In dem Wort, welches Gott an den Menschen richtet, begegnet Gott dem Menschen als der Fordernde und der Begnadigende, als der Richter und als der Versöhner. Glauben heißt, inmitten der Anfechtung durch das drohende göttliche Gericht auf Gottes Gnadenzusage vertrauen. Gerade durch dieses Vertrauen gibt der Mensch Gott die Ehre, die er ihm durch seine Sünde verweigert. [...] Der Glaube ist also die einzige Weise, wie der Mensch Gott ehren kann. Im Glauben lässt der Mensch, indem er allein auf Gott vertraut, Gott seinen Gott sein.

Lohse, Bernhard: Luthers Theologie in ihrer historischen Entwicklung und in ihrem systematischen Zusammenhang. Göttingen 1995, S. 219 f.

ANREGUNGEN

- Wie bestimmt Luther den Bereich und die Aufgaben der „Vernunft“?
- Lesen Sie Luthers „Sermon von der Betrachtung des heiligen Leidens Christi“ und schreiben Sie diesen aus der Sicht Luthers zu einem Essay um mit dem Arbeitstitel: „Das habe ich vom Glauben!“
- Versuchen Sie, Luthers spannungsvolle Sicht des offenbaren und verborgenen Gottes anschaulich nachzuvollziehen! Vielleicht beziehen Sie Altarbilder aus der Reformationszeit ein, z.B. Lukas Cranach-Werkstatt „Gesetz und Gnade“, eventuell auch Kreuzigungsbilder von Matthias Grünewald „Jesus am Kreuz“, Marc Chagall „Die weiße Kreuzigung“ oder Joseph Beuys „Kreuzigung“.

Cranach-Werkstatt: Gesetz und Gnade (um 1535)

LEITFRAGEN ZUR ERTRAGSSICHERUNG UND WEITERFÜHRUNG

- Stellen Sie selbst oder in Gruppenarbeit anhand untenstehender Vorlage ein „Persönlichkeitsprofil" Jesu auf! Diskutieren Sie das Ergebnis und dessen Aussagekraft mit Klassenkameraden!

	voll	teil-weise	teils/teils	teil-weise	voll	
hilfsbereit						egoistisch
musikalisch						unmusikalisch
mutig						feige

Weitere mögliche Charaktereigenschaften:
erfolgreich/erfolglos, umweltbewusst/nicht umweltbewusst, ausländerfreundlich/ausländerfeindlich, asketisch/genusssüchtig, geht gerne aus/häuslich, jüdisch/christlich, informiert/uninformiert, weltoffen/nationalistisch, redegewandt/schwerfällig, demokratisch/autoritär, friedlich/streitsüchtig, sparsam/verschwenderisch, gläubig/ungläubig, kontaktfreudig/verschlossen, ehrlich/verlogen.

Überarbeiten und ergänzen Sie diese Liste, indem Sie Eigenschaften einsetzen, die Ihrer Meinung nach einen Menschen am besten charakterisieren!

- Aus Jesus, dem Verkünder, wird Jesus Christus, der Verkündigte.
Bleibt der Apostel Paulus der Botschaft Jesu verpflichtet oder schafft er eine eigengeprägte Frömmigkeit?

- Gerhard Ebeling urteilt: „Es darf auch in christologischer Hinsicht nichts über Jesus ausgesagt werden, was nicht im historischen Jesus selbst begründet ist und sich nicht darauf beschränkt, auszusagen, wer der historische Jesus ist."[6]
Überlegen Sie, inwieweit es eine Entfaltung des Glaubens über die Botschaft des historischen Jesus hinaus geben kann, darf oder muss!

- Prüfen Sie, in welcher Weise Jesus dem jüdischen, christlichen und islamischen Glauben angehört!

6 Ebeling, Gerhard: Die Frage nach dem historischen Jesus und das Problem der Christologie. Aus: Ders.: Wort und Glaube. Tübingen ²1962, S. 311.

- Wozu waren, wozu sind für die christliche Glaubensgemeinschaft dogmatische Begriffe, lehrhafte Formeln und Bekenntnisse nötig? Worin bestehen deren Grenzen und Belastungen?

Literaturhinweise:

KITTEL, GISELA: Der Name über alle Namen, Bd. 2: Biblische Theologie/NT. Göttingen 1990.

KÜNG, HANS: Credo. Das Apostolische Glaubensbekenntnis – Zeitgenossen erklärt. München ^{5}1995.

ZINK, JÖRG: Das christliche Bekenntnis. Ein Vorschlag. Stuttgart 1996.

5 Herausforderungen des christlichen Gottesglaubens

Die Thematik **„Glaube, Denken und Vernunft"** beschäftigt bereits die Theologen der Alten Kirche in der Auseinandersetzung mit der hellenistischen Philosophie. In seiner neueren Geschichte muss sich das Christentum vor allem mit drei Bereichen dieser Gesamtproblematik auseinander setzen:

Vernunft und Offenbarung
Inwieweit lässt sich christlicher Gottesglaube rational artikulieren?

Theodizee-Problem
Wie verhält sich Gott gegenüber dem Übel und Bösen in der Welt?

Religionskritik
Kann der Gottesglaube auf menschliche Wünsche zurückgeführt werden, die der religiöse Mensch in eine göttliche „Wirklichkeit" projiziert?

ZIELSETZUNG

Das Kapitel nimmt wichtige Herausforderungen der Gegenwart an den Gottesglauben auf und will helfen, den hier aufbrechenden schwierigen Fragen aus der Sicht des christlichen Glaubens zu begegnen.

5.1 Vernunft und Offenbarung

5.1.1 Gottesbeweise

Die abendländische Philosophie und Theologie entwickelt zahlreiche Versuche, den **Glauben an Gott** als **denkerisch vernünftig** darzustellen. Schon zur Zeit, als die Gottesbeweise entstehen, sind manche heftig umstritten oder werden inhaltlich umgeformt. Der ursprünglichen Absicht nach wollen sie nicht Ungläubige von der Existenz Gottes rational überzeugen. Die Annahme einer göttlichen Macht gilt bis zur Neuzeit im Wesentlichen als eine selbstverständliche Denk- und Lebensvoraussetzung. Die Gottesbeweise setzen vielmehr den existenziellen Glauben an Gott voraus und versuchen, Dasein und

Wesen Gottes methodisch und rational einsichtig zu machen. Später versteht man den Gottesbeweis allerdings auch in dem Sinne einer angeblich zwingenden Beweisführung für die Existenz Gottes.

Die **Wurzeln der Gottesbeweise** liegen in der griechischen Philosophie. Bereits die vorsokratischen Naturphilosophen suchen nach den letzten Gründen der irdischen Wirklichkeit und sehen den „Urstoff" als das Göttliche an. Die Annahme eines inneren Bedingungszusammenhanges der empirisch erfahrbaren und der transzendenten Welt ermöglichen die Gottesbeweise. Vor allem die mittelalterliche Schultheologie ergänzt sie und arbeitet sie schärfer heraus.

Teleologischer und kosmologischer Gottesbeweis

Die religiöse Erfahrung einer gesetzmäßig, zweckmäßig und sinnvoll geordneten Welt, das Staunen über die Schönheit der Natur weist auf eine ordnende göttliche Intelligenz, auf vollkommene geistige Ideen, auf eine vernunftgemäß schaffende Gottheit hin.

Diese Argumentationsstruktur steht hinter dem teleologischen Gottesbeweis (griech. télos „Ziel", „Zweck"), der sich beispielsweise bei Sokrates (470–399 v. Chr.), Platon (427–347 v. Chr.), Aristoteles (384–322 v. Chr.) und in der Stoa (300 v. Chr.–200 n. Chr.) findet.

Aristoteles trägt diese Beweisführung in Form eines Analogieschlusses vor:

> Wenn ein Seemann von weitem ein Schiff in den Hafen einlaufen sieht, vermutet er einen Steuermann auf ihm. So haben die, welche zuerst zum Himmel aufschauten und die Sonne sahen und den wohl geordneten Reigen der Sterne einen Meister dieser herrlichen Weltordnung gesucht.
>
> *Aristoteles: Fragment, 11.*

Aus der Planmäßigkeit der Hafeneinfahrt eines Schiffes schließt Aristoteles auf eine steuernde Intelligenz, entsprechend aus der Ordnung der Welt auf einen überweltlichen Ordner.

Eine Sonderform des teleologischen Gottesbeweises stellt der Bewegungsbeweis dar, der später auch kosmologischer Gottesbeweis genannt wird.

Vom Verständnis der Welt als wohl geordnetem Kosmos ausgehend versucht Aristoteles im logischen Schlussverfahren die Existenz Gottes und sein Wesen rational verständlich zu machen: Die Veränderung der welthaften Wirklichkeit setzt den reinen Akt (actus purus), den unbewegten Beweger als Erklärungsgrund voraus.

Obersatz: Alles, was sich bewegt, wird notwendig von einem anderen bewegt.
Untersatz: Die Reihe der Bewegung kann nicht bis ins Unendliche fortgehen.
Schluss: Es muss also einen ersten Beweger geben, der selbst unbewegt ist: Gott. Dieser ist der Welt transzendent, steht außerhalb von Raum und Zeit, besitzt Vernunft, Unveränderlichkeit und Leben.

Ethnologischer oder historischer Gottesbeweis

Der ethnologische oder historische Gottesbeweis schließt von dem Vorhandensein des Gottesglaubens in allen Völkern auf die Existenz Gottes.

Noetischer oder nomologischer Gottesbeweis

Augustin (354–430) trägt zu den Gottesbeweisen den noetischen oder nomologischen (d.h. den von der Erkenntnislehre, von den sittlichen Gesetzen ausgehenden) Gottesbeweis bei, wenn er von der zeitlosen Geltung der Werte und Normen auf einen zeitlosen, göttlichen Garanten des Wahren und Guten zurückschließt.

Ontologischer Gottesbeweis

Anselm von Canterbury (1033–1109) leitet in seiner Schrift „Proslogion" das Dasein Gottes nicht aus Fakten der Welterfahrung, sondern aus dem Gottesgedanken selbst ab. Die erst in späterer Zeit (von Kant) als ontologischer (d.h. vom Wesen des Seienden ausgehenden) Gottesbeweis bezeichnete Argumentationsform geht von der gedanklichen Vorstellung Gottes als eines vollkommensten Wesens aus. Die Gottesidee bezieht sich auf ein Wesen, über das hinaus nichts Größeres gedacht werden kann (id quo maius cogitari nequit). Dann aber muss Gott nicht nur als Gedanke, sondern als reale Wirklichkeit existieren, da zur Vollkommenheit Gottes seine Existenz unbedingt dazugehört: „Es gibt also wahrhaft etwas, über das hinaus Größeres nicht gedacht werden kann, derart, dass nicht einmal der Gedanke an dessen Nicht-sein möglich ist. Und das bist du, Herr, unser Gott."[1]

Der Gottesbeweis, den Anselm von Canterbury im „Proslogion" vorlegt, wird von den Zeitgenossen kaum beachtet, gewinnt später (ab dem 17. Jh.) jedoch großen Einfluss:

1 So gib mir nun, o Herr, der du dem Glauben auch die Einsicht verleihst, gib mir, so weit du es als zuträglich weißt, die Erkenntnis des Verstandes, dass du bist,

1 Anselm von Canterbury: Leben, Lehre, Werke. Übersetzt, eingeleitet und erläutert von Rudolf Allers. Wien 1936, S. 358 (Proslogion, 3. Kapitel).

wie wir glauben, und dass du das bist, was wir glauben. Wir glauben aber von dir, dass über dich hinaus Größeres nicht gedacht werden kann. Oder gibt es etwa kein solches Wesen, weil der Tor in seinem Herzen spricht: Es ist kein Gott? Aber selbst dieser Tor versteht meine Worte, wenn ich sage: etwas, worüber hinaus Größeres nicht gedacht werden kann; und was er versteht, ist in seinem Erkennen, auch wenn er nicht versteht, dass es dieses Etwas wirklich gibt. Es ist zweierlei, ob eine Sache im Erkennen sei, oder ob erkannt werde, dass die Sache [in Wirklichkeit da] sei. Wenn ein Maler sich ein Bild ausdenkt, so hat er dieses in seinem Denken, aber er kann es nicht als da seiend erkennen, da er es noch nicht gemacht hat. Hat er es aber gemalt, so hat er es sowohl in seinem Denken als auch erkennt er, dass das von ihm gemachte [wirklich da] sei. Also wird auch der Tor davon überzeugt sein, dass es wenigstens in seinem Denken etwas gebe, worüber hinaus Größeres nicht gedacht werden kann; denn er versteht, was er hört, und alles, was verstanden wird, ist im Verstande. Aber das, worüber hinaus Größeres nicht gedacht werden kann, kann nicht nur im Denken sein. Ist es nämlich nur in unserem Denken, so kann man sich es auch als wirklich seiend vorstellen; das aber ist mehr [als bloß in Gedanken wirklich sein]. Wenn also das, worüber hinaus Größeres nicht gedacht werden kann, nur im Denken ist, so ist eben das, worüber hinaus Größeres nicht gedacht werden kann, etwas, über das hinaus Größeres denkbar ist. Dies ist aber offenbar unmöglich. Daher ist zweifellos etwas, worüber hinaus Größeres nicht gedacht werden kann, sowohl dem Denken als der Sache nach wirklich.

Anselm von Canterbury: Leben, Lehre, Werke. Übersetzt, eingeleitet und erläutert von Rudolf Allers. Wien 1936, S. 356 f. (Proslogion, 2. Kapitel).

Der (letztlich von den platonischen Denkvoraussetzungen Anselms her zu verstehende) Gottesbeweis schließt von der Begriffsanalyse ausgehend auf ein vom Denkenden unabhängiges, wirkliches Sein. Anselm setzt dabei das zu Beweisende in seiner Definition bereits voraus.

Die fünf Wege des Thomas von Aquin

Thomas von Aquin (ca. 1225–1275) stellt in seiner „Summa theologica" fünf Wege auf, um Gott rational zu erschließen und Charakteristika aufzuzeigen, wie sie den biblischen Gott kennzeichnen. Dadurch gewinnt Thomas Ansätze, um seine Gotteslehre weiter zu entfalten.

Thomas von Aquin bindet die überlieferten, teilweise umgeformten Gottesbeweise in eine Beweiskette ein.

Die Existenz Gottes kann auf fünf Beweisgängen dargetan werden.

Der erste und klarere Weg ist derjenige, welcher aus der Bewegung hergenommen ist. Es ist sicher und durch die Sinneserfahrung verbürgt, dass etwas in dieser Welt bewegt wird. Alles aber, was bewegt wird, wird von einem anderen bewegt. Denn es wird nichts bewegt, außer insofern es in der Möglichkeit zu jenem ist, zu welchem es hinbewegt wird. Es bewegt aber etwas, insofern es in Wirklichkeit ist. Denn bewegen ist nichts anderes als etwas aus der Möglichkeit in die Wirklichkeit herauszuführen. Aus der Möglichkeit kann aber etwas in die Wirklichkeit übergeführt werden nur durch etwas, was in Wirklichkeit ist, wie das wirklich Warme, etwa das Feuer, macht, dass das Holz, welches der Möglichkeit nach warm ist, der Wirklichkeit nach warm ist, und es dadurch bewegt und verändert. Es ist aber nicht möglich, dass ein und dasselbe zugleich in Wirklichkeit und in Möglichkeit in ein und derselben Beziehung sei, sondern nur in verschiedenen Beziehungen kann dies der Fall sein. Was nämlich in Wirklichkeit warm ist, kann nicht zugleich in Möglichkeit warm sein, sondern es ist zugleich kalt in Möglichkeit.[2] Unmöglich ist es also, dass etwas nach derselben Beziehung und auf dieselbe Weise bewegend und bewegt sei oder sich selbst bewege. Es muss also alles, was bewegt wird, von einem andern bewegt werden. Wenn also dasjenige, von welchem es bewegt wird, gleichfalls bewegt wird, dann muss dieses von einem anderen bewegt werden und dieses wieder durch ein anderes. Man kann aber hier nicht ins Unendliche fortschreiten. Denn dann gäbe es kein erstes Bewegendes und infolgedessen auch kein anderes Bewegendes, weil die zweiten Bewegenden nur dadurch bewegen, dass sie von dem ersten Bewegenden bewegt sind, wie der Stock nur dadurch bewegt, dass er von der Hand bewegt ist. Folglich ist es notwendig, dass man an ein erstes Bewegendes kommt, das von keinem bewegt wird; und darunter verstehen alle Gott.

Der zweite Weg geht vom Wesen der wirkenden Ursache aus. [...] Mithin ist es notwendig, eine erste wirkende Ursache anzunehmen, die alle Gott nennen.

Der dritte Weg ist vom Möglichen und Notwendigen hergenommen und ist der Folgende. Wir finden unter den Dingen einiges, welches vermag, zu sein oder nicht zu sein, da es sich findet, dass einiges entsteht und vergeht und infolgedessen zu sein oder nicht zu sein vermag. Es ist aber unmöglich, dass alles, was derartig ist, immer sei, weil das, was nicht zu sein vermag, einmal nicht ist.

Wenn demnach alles nicht zu sein vermag, dann wäre einmal nichts in Wirklichkeit. Aber wenn das wahr ist, dann wäre auch jetzt nichts. Denn das, was nicht ist, fängt zu sein an durch etwas, was ist. Wenn also nichts Seiendes war, dann war es unmöglich, dass etwas zu sein anfing; und so wäre jetzt nichts, was offensichtlich falsch ist. Folglich ist nicht alles Seiende bloß möglich, sondern es muss ein Notwendiges unter den Dingen geben. Jedes Notwendige aber hat die Ursache seiner Notwendigkeit entweder anderswoher oder nicht anderswoher. Es ist nun unmöglich, dass man ins Unendliche gehe bei dem Notwendigen, welches eine Ursache seiner Notwendigkeit [anderswoher] hat, so wenig dies bei den wirkenden Ursachen möglich ist, wie eben dargetan ist. Folglich muss

2 [...] quod enim est calidum in actu, non potest simul esse calidum in potentia, sed est simul frigidum in potentia.

man etwas setzen, was durch sich notwendig ist und die Ursache seiner Notwendigkeit nicht anderswoher hat, sondern vielmehr Ursache der Notwendigkeit für anderes ist. Und dieses nennen alle Gott.

Der vierte Weg wird von den Stufen hergenommen, die in den Dingen sich finden. Es findet sich nämlich in den Dingen etwas mehr und weniger Gutes, Wahres, Edles usw. Aber Mehr und Weniger werden von den verschiedenen Dingen ausgesagt, je nachdem sie in verschiedenem Grade sich dem, was es am meisten ist, nähern, wie mehr warm ist, was sich mehr dem am meisten Warmen nähert. Es gibt also etwas, welches das Wahrste, Beste, Edelste und folglich auch am meisten Seiende ist. Denn was am meisten wahr ist, ist auch das am meisten Seiende [...]. Nun ist aber, was am meisten ein solches in einer Gattung genannt wird, die Ursache von allem, was zu dieser Gattung gehört; wie das Feuer, welches am meisten warm ist, die Ursache von allem Warmen ist, wie es [...] bei Aristoteles heißt. Mithin gibt es etwas, das die Ursache des Seins, der Güte und jedweder Vollkommenheit in allen Dingen ist, und dies nennen wir Gott.

Der fünfte Weg wird von der Leitung der Dinge genommen. Wir sehen nämlich, dass manches, was keine Erkenntnis besitzt, nämlich die Naturkörper, wegen eines Zweckes tätig ist, was daraus hervorgeht, dass sie immer oder meistens auf dieselbe Weise tätig sind, um das zu erreichen, was das Beste ist. Hieraus ist offenbar, dass sie nicht durch Zufall, sondern aus einer Absicht zum Ziele gelangen. Dasjenige aber, was keine Erkenntnis hat, strebt nur in der Weise zum Ziele hin, dass es von etwas, was Erkenntnis und Verstand besitzt, dahin gelenkt wird, wie der Pfeil vom Schützen. Also gibt es ein intelligentes Wesen, durch welches alle Naturdinge zum Ziele hingeordnet werden, und dieses nennen wir Gott.

Grabmann, Martin: Thomas von Aquin. Persönlichkeit und Gedankenwelt. Eine Einführung. München [8]1949, S. 107–111 (Summa theologica, I, 2, 3).

Thomas geht in seinem ersten und zweiten Weg vom aristotelischen Bewegungs- und Kausalbeweis aus, wobei er Bewegung nicht im physikalischen Sinn, sondern als Seinsentwicklung versteht, und schließt auf Gott als Wirkursächlichkeit. Der dritte Weg, der Kontingenzbeweis, folgert, dass die entstehenden und vergehenden Dinge nicht nur Schein sind, sondern dass tatsächlich ein von sich aus Notwendiges existiert. Der Stufenbeweis des vierten Weges schließt aus den verschieden hochstehenden Seinsstufen auf ein vollkommenes, erstes Ordnungsprinzip. Daran fügt Thomas schließlich den teleologischen Gottesbeweis an und folgert ein absolut notwendiges und vollkommenes Wesen als Ziel der Weltordnung.

5.1.2 Kants Postulat Gottes

Als viertes von neun Kindern eines Sattlermeisters wird **Immanuel Kant** 1724 in Königsberg (Ostpreußen) geboren. Nach dem Besuch des pietistisch geprägten Collegium Fridericianum studiert Kant Theologie, Mathematik, Naturwissenschaft und Philosophie. Zehn Jahre lang verdient Kant seinen Lebensunterhalt als Hauslehrer bei adligen Familien. 1755 habilitiert er sich, wird Privatdozent, erhält 1765 eine Stelle als Unterbibliothekar und 1770 schließlich eine ordentliche Professur. Der preußische König Friedrich der Große beruft ihn „wegen desselben Uns alleruntertänigst angerühmten Fleißes und Geschicklichkeit". Kant soll „die studierende Jugend [...] ohnermüdet unterrichten und davon tüchtige und geschickte Subjekta zu machen sich bemühen".

Immanuel Kant

Im Alter von 58 Jahren gibt Kant nach über zehnjähriger Publikationspause sein Hauptwerk, „Kritik der reinen Vernunft" (1781), heraus, das ihn über Deutschland hinaus berühmt macht. Da Kant seit Geburt kränklich ist, muss er sich seine enormen Kenntnisse durch Selbstdisziplin, Willenskraft und exakter Zeiteinteilung aneignen. Er unterwirft sich auch einer strengen Selbstdiät. Die nähere Umgebung Königsbergs verlässt er kaum. Berufungen nach auswärts lehnt er mehrmals ab. Am gesellschaftlichen Leben der Stadt nimmt Kant als humorvoller, geistreicher Unterhalter teil. 1794 verbietet ihm eine Kabinettsanordnung jede Religionskritik. Kant gibt nach: „Wenn alles, was man sagt, wahr sein muss, so ist damit nicht auch Pflicht, alle Wahrheit öffentlich zu sagen." Bald darauf beendet Kant 73-jährig seine zeitlich reduzierte Lehrtätigkeit und stirbt 1804 nach Erschöpfung der Kräfte an Altersschwäche. Seine letzten Worte lauten: „Es ist gut."

In der „Kritik der reinen Vernunft" lehnt Kant alle traditionellen Gottesbeweise als spekulativ ab, weil sie über den Erfahrungsbereich der theoretischen Vernunft hinausführen. Die theoretische Vernunft kann weder das Wesen noch das Dasein des Unbedingten erkennen. Weil Kant die Gottesbeweise als rein subjektive Ideen versteht, führt er alle Gottesbeweise auf den ontologischen Gottesbeweis Anselms zurück. Auch ihn weist Kant als unwissenschaftlich zurück, da eine gedachte Existenz stets nur eine gedachte bleibt und keine wirkliche sein muss.

Die praktische Vernunft dagegen muss – neben der Freiheit des Willens und der Unsterblichkeit der Seele – das Dasein Gottes notwendigerweise als Prinzip für den sittlich handelnden Menschen voraussetzen. Kant bezeichnet dieses Postulat als **moralischen oder praktischen Vernunftsglauben,** der einzige philosophisch akzeptable Aufweis der Realität Gottes im Sinne einer subjektiven Gewissheit. Wenn der sittlich handelnde Mensch seiner Pflicht nachkommt, das höchste Gut zu verwirklichen, darf er sich sicher sein, Anteil an der Glückseligkeit zu erlangen. Gott als weltüberlegenes, ethisches Wesen garantiert die Erfüllung dieses Sollensanspruchs.

Immanuel Kant verbindet die Anerkennung eines unbedingt verpflichtenden moralischen Sittengesetzes mit der Notwendigkeit, das Sein Gottes zu postulieren:

Also ist das höchste Gut in der Welt nur möglich, so fern eine oberste Ursache der Natur angenommen wird, die eine der moralischen Gesinnung gemäße Kausalität hat. Nun ist ein Wesen, das der Handlungen nach der Vorstellung von Gesetzen fähig ist, eine *Intelligenz* (vernünftig Wesen) und die Kausalität eines solchen Wesens nach dieser Vorstellung der Gesetze ein *Wille* desselben. Also ist die oberste Ursache der Natur, so fern sie zum höchsten Gute vorausgesetzt werden muß, ein Wesen, das durch *Verstand* und *Willen* die Ursache (folglich der Urheber) der Natur ist, d. i. *Gott*. Folglich ist das Postulat der Möglichkeit des *höchsten abgeleiteten Guts* (der besten Welt) zugleich das Postulat der Wirklichkeit eines *höchsten ursprünglichen Guts*, nämlich der Existenz Gottes.

Kant, Immanuel: Kritik der praktischen Vernunft. Aus: Ders.: Werkausgabe (Hrsg. W. Weischedel), Bd. 7. Frankfurt a. M. 1974 [Suhrkamp: alte Rechtschr.], S. 256 (A 225 f.).

5.1.3 Kritik der Gottesbeweise

Paulus greift manchmal in seinen Missionspredigten hellenistische Vorstellungen von der natürlichen Erkennbarkeit Gottes auf. Der Mensch kann Gott aus der Ordnung der Schöpfung erkennen (Röm 1,18–22) und weiß im Gewissen auch um die moralischen Forderungen (Röm 2,14–16). Die neutestamentlichen Schriften betonen aber, dass nur durch Jesus Christus Gott sich vollends zu erkennen gibt.

Nach **römisch-katholischer Lehre** dringt die menschliche Vernunft teilweise zur Erkenntnis Gottes vor. Das 1. Vatikanische Konzil bestätigt im Sinne der „Natürlichen Theologie“ die generelle Möglichkeit des Menschen, die Existenz Gottes und verschiedene Eigenschaften Gottes zu erfassen, ihn als Schöpfer der Welt und Urheber des natürlichen Sittengesetzes wahrzunehmen. Zur vollen Erkenntnis Gottes kommt es allerdings nur durch die Gnade des sich offenbarenden Gottes selbst.

Die heutige **evangelische Theologie** verhält sich den Gottesbeweisen gegenüber kritisch. Da die Wirklichkeit Gottes in dieser Welt nicht unmittelbar gegeben ist, kann Gott kein Gegenstand natürlicher Erkenntnis sein. Hinzu kommt, dass die Verwendung philosophisch-aristotelischer Begrifflichkeit und Vorstellungen (z. B. Akt-Potenz-Lehre, Kausalitätsprinzip) zeigt, dass der Gott der Philosophen nicht der Gott der biblischen Offenbarung sein kann. Der Theologe **Karl Barth** greift das berechtigte Anliegen des ontologischen Gottesbeweises[3] wieder auf. Das theologische Denken muss von der Wirklichkeit Gottes ausgehen, nicht von der erfahrenen Wirklichkeit von Mensch und Welt, da nicht der Verstand, sondern Gott den Menschen zum Glauben führt.

Hans Küng, Professor für ökumenische Theologie in Tübingen, möchte einen Weg zwischen dem 1. Vatikanum und der Theologie Karl Barths beschreiten. Der Glaube soll sich im Erfahrungshorizont des heutigen Menschen artikulieren und nicht durch autoritative Berufung auf die Bibel oder persönliche Erfahrung Gottes behauptet werden. Dabei geht es darum, die Wirklichkeit Gottes aufzuweisen, mit der es der Mensch täglich zu tun hat.

Hans Küng sieht in der Grundeinstellung des Menschen, nach einer letzten tragenden Sinngebung fragen zu müssen, einen deutlichen Hinweis auf die Existenz eines Schöpfers:

Der Beweischarakter der Gottesbeweise ist heute erledigt. Nicht aber ihr Gehalt: Und gerade um den nicht beweisbaren Gehalt der Gottesbeweise geht es! Was ist damit gemeint?

Nicht unmöglich erscheint *eine induktive Anleitung,* welche die einem jeden zugängliche Erfahrung der fraglichen Wirklichkeit auszuleuchten versucht. So wird der Mensch – gleichsam auf der Linie der „praktischen Vernunft", des „Sollens" (Kant) – vor eine rational verantwortbare Entscheidung gestellt, die über die reine Vernunft hinaus den ganzen Menschen beansprucht. Also keine rein theoretische, sondern eine durchaus praktische, „existenzielle", ganzheitliche Aufgabe der Vernunft, des vernünftigen Menschen: eine die konkrete Erfahrung der Wirklichkeit begleitende, aufschlüsselnde, ausleuchtende, nachdenkliche Reflexion mit praktischer Absicht. [...]

Auch wer nicht glaubt, *dass* Gott existiert, könnte zumindest der *Hypothese* zustimmen, die noch keineswegs über Existenz oder Nicht-Existenz Gottes entscheidet: [...]

- Wenn Gott existierte, dann wäre die gründende Wirklichkeit selbst nicht mehr letztlich unbegründet. Warum? Gott wäre dann der Ur-Grund aller Wirklichkeit.
- Wenn Gott existierte, dann wäre die sich haltende Wirklichkeit nicht mehr selbst letztlich haltlos. Warum? Gott wäre dann der Ur-Halt aller Wirklichkeit.
- Wenn Gott existierte, dann wäre die sich entwickelnde Wirklichkeit nicht mehr letztlich ziellos. Warum? Gott wäre dann das Ur-Ziel aller Wirklichkeit.
- Wenn Gott existierte, dann wäre also die zwischen Sein und Nichtsein schwebende Wirklichkeit nicht mehr letztlich der Nichtigkeit verdächtig. Warum? Gott wäre dann das Sein-Selbst aller Wirklichkeit.

Küng, Hans: 24 Thesen zur Gottesfrage. München [4]1986, S. 52, 54 f.

3 Vgl. S. 124 f.

Der Glaube an Gott verleiht – angesichts der Sinnfrage und der ethischen Verantwortung gegenüber Mitmenschen und Natur – die Gewissheit in die Sinnhaftigkeit des Daseins.

LEITFRAGEN ZUR ERTRAGSSICHERUNG UND WEITERFÜHRUNG

- Versuchen Sie, mit farbigen Stiften einen Gottesbeweis graphisch darzustellen!
- Wie stellen Sie sich zu der Auffassung Hans Küngs über die Notwendigkeit und Möglichkeit, Gott zu „erweisen"? Begründen Sie Ihre Einwände bzw. Ihre Zustimmung gegenüber den von Küng aufgezeigten Weg!
- Immer wieder hört man die Meinungen: „Es gibt keinen Menschen, der nicht glaubt" oder „Glauben heißt nicht wissen."
  Überlegen Sie, in welchem Verhältnis in unserem gesellschaftlichen Leben „Glaube" und „Wissen" zueinander stehen! Fallen Ihnen konkrete Konfliktfelder aus Ihrem Erfahrungsbereich ein? In welcher Weise erscheint Ihnen der „Glaube" für Ihre Lebensgestaltung bedeutsam zu sein?
- Welche Aussagen ordnen Sie mehr dem Wissen, mehr dem Glauben zu? Vielleicht finden Sie auch differenziertere Einordnungskriterien (Hypothese, Theorie, Alltagsgewissheit, Vertrauensgewissheit, Annahme, Vermutung …) und weitere Beispiele.
  - Der Zug kommt 7.38 Uhr an.
  - Unser Sonnensystem entstand aus einem Urknall.
  - Gott hat geholfen, dass ich den schweren Motorradunfall unverletzt überstand.
  - Ich weiß, dass Karin mir das geliehene Geld bald zurückgeben wird.
  - Ich bin mir sicher, dass Gott meinen Lebensweg begleitet.
  - Jetzt schlafe ich gut, weil mir der Wünschelrutengänger zeigte, wo mein Bett zu stehen hat.
  - Mozart ist der Größte, ein göttlicher Musiker.

Literaturhinweise:

GLAUBE UND VERNUNFT. Texte zur Religionsphilosophie. Hrsg. von Norbert Hoerster. Stuttgart 1985 (Reclams Universal-Bibliothek 8095).

KÜNG, HANS: 24 Thesen zur Gottesfrage. München ^{4}1986.

WEISSMAHR, BÉLA: Philosophische Gotteslehre. Grundkurs Philosophie 5. Stuttgart, Berlin, Köln, Mainz 1983 (Urban-Taschenbücher 349).

5.2 Die Frage nach dem Leiden in der Welt: das Problem der Theodizee

5.2.1 Übel und Leiden in der Welt

Die menschliche Geschichte zeigt vielerlei Elend, das der Mensch als ungerechtfertigtes Leiden, als nicht sein sollend erlebt. Neben dem natürlichen, physischen Übel (Naturkatastrophen, Töten von Lebewesen als Struktur der biologischen Welt, unabwendbare Seuchen) steht das moralisch-schuldhaft Böse. Es bezieht sich auf psychisches sowie soziales Leiden und umfasst Phänomene wie Neid, Grausamkeit, Mord, Kriege oder Umweltzerstörung. Diese Wirklichkeitserfahrungen des Unglücks rufen die Fragen hervor, warum und wozu dies geschieht. Wie kann der Mensch das Leiden bewältigen? Angesichts des Glaubens an die unbedingte Güte und Allmacht Gottes führen die **leidvollen Erfahrungen** zum Theodizeeproblem. Der Schöpfergott wird angeklagt oder soll sich rechtfertigen.

Theodizee: (griech. theós „Gott", díke „Gerechtigkeit")	Von dem Philosophen Leibniz geprägter Begriff für das Problem, die Gerechtigkeit und Allmacht Gottes mit dem in der Welt vorhandenen Übel und Bösen zu vereinbaren.

Das Theodizee-Problem gründet in dem denkerischen, vor allem aber existenziell erfahrenen Widerspruch zwischen dem Glauben an Gott und dem Sinn-Verlust, der mit dem Leiden verbunden ist. Wie kann ein allmächtiger und gütiger Gott die Übel und das Böse in der Welt verantworten? Warum lässt er fühlende Kreaturen leiden?

5.2.2 Philosophische Deutungen

Das Theodizeeproblem hat schon immer die Philosophen und Theologen beschäftigt. Über eine denkerische „Lösung" des Problems hinaus erwartet der vom Leiden gequälte Mensch Antworten, die ihm in seiner Situation existenziell helfen.

Bereits der griechische Philosoph **Epikur** (341–270 v. Chr.) formuliert klassisch das Dilemma der Theodizeefrage: Wie kann Gottes Güte und Macht angesichts des Übels in der Welt gerechtfertigt werden? Oder: Woher kommen die Übel, wenn es Gott gibt?

Epikur argumentiert mit dem Hinweis auf Gottes Macht und Liebe, um die Existenz einer ordnenden gütigen Weltinstanz zu widerlegen:

Entweder will Gott die Übel beseitigen und kann es nicht:
dann ist Gott schwach, was auf ihn nicht zutrifft,
oder er kann es und will es nicht:
dann ist Gott missgünstig, was ihm fremd ist,
oder er will es nicht und kann es nicht:
dann ist er schwach und missgünstig zugleich, also nicht Gott,
oder er will es und kann es, was allein für Gott ziemt:
Woher kommen dann die Übel und warum nimmt er sie nicht weg?

Laktanz: Vom Zorne Gottes, 3 f.

Die Philosophie der Aufklärung versucht im Rückgriff auf die griechische Kosmosvorstellung den Glauben an den Schöpfergott mit der Erfahrung der weltlichen Übel auszugleichen. Die Vernunft erkennt, dass das Böse im Zusammenhang des harmonischen Weltganzen eine notwendige Funktion einnimmt. G. W. **Leibniz** (1646–1716) beschäftigt sich immer wieder mit dem Theodizee-Problem und gibt die wohl bekannteste philosophische Antwort. Der allmächtige und gütige Gott schafft eine **lebendige, harmonische Welt**, die in sich abgestufte Grade der Vollkommenheit enthält. Ein gewisses Maß an Übel (malum naturale) ist unvermeidlich. Das Böse (malum morale) entsteht, wenn die von Gott geschaffenen freien Geschöpfe ihre Freiheit missbrauchen. Aber auch diese Verfehlungen macht Gott dem Ganzen dienstbar.

Gottfried Wilhelm Leibniz geht davon aus, dass der göttliche Wille auf das Vollkommene ausgerichtet ist:

Da die Güte Gottes, die sich an den Geschöpfen überhaupt zeigt, von der Weisheit geleitet wird, so folgt, dass die göttliche Vorsehung sich in der ganzen Folge des Universums offenbart, und man muss sagen, Gott habe aus den unzähligen möglichen Ordnungen der Dinge die Beste erwählt, und das sei eben gerade die, die wirklich besteht.

[…] dicendumque Deus ex infinitis possibilibus seriebus rerum elegisse optimam, eamque adeo esse hanc ipsam quae actu existit.

Leibniz, Gottfried Wilhelm: Die Theodizee von der Güte Gottes, der Freiheit des Menschen und dem Ursprung des Übels. 3. Teil: Abriss der Streitfrage. Die Sache Gottes. Aus: Ders.: Philosophische Schriften, Bd. 2/2. Herausgegeben und übersetzt von Herbert Herring. Darmstadt 1985, S. 330 ff.

Theodizee-Verständnis des Philosophen Leibniz

In der Philosophie der Aufklärung findet Leibniz zunächst große Zustimmung. Die gewaltigen Ausmaße des Erdbebens von Lissabon (1755) stellen allerdings die Theorie in Frage.

Johann Wolfgang von Goethe (1749–1832) schildert das Erdbeben von Lissabon mit vermutlich 60.000 Toten, das die Frage nach der Herkunft und nach dem Sinn menschlichen Leidens erneut aufdrängt:

Durch ein außerordentliches Weltereignis wurde jedoch die Gemütsruhe des Knaben zum ersten Mal im Tiefsten erschüttert. Am ersten November 1755 ereignete sich das Erdbeben von Lissabon und verbreitete über die in Frieden und Ruhe schon eingewohnte Welt einen ungeheuren Schrecken. Eine große prächtige Residenz, zugleich Handels- und Hafenstadt, wird ungewarnt von dem furchtbarsten Unglück betroffen. Die Erde bebt und schwankt, das Meer braust auf, die Schiffe schlagen zusammen, die Häuser stürzen ein, Kirchen und Türme darüber her, der königliche Palast zum Teil wird vom Meere verschlungen, die geborstene Erde scheint Flammen zu speien: Denn überall meldet sich Rauch und Brand in den Ruinen. Sechzigtausend Menschen, einen Augenblick zuvor noch ruhig und behaglich, gehen miteinander zugrunde, und der Glücklichste darunter ist der zu nennen, dem keine Empfindung, keine Besinnung über das Unglück mehr gestattet ist. [...]

Hierauf ließen es die Gottesfürchtigen nicht an Betrachtungen, die Philosophen nicht an Trostgründen, an Strafpredigten die Geistlichkeit nicht fehlen. [...]

Der Knabe, der alles dieses wiederholt vernehmen musste, war nicht wenig betroffen. Gott, der Schöpfer und Erhalter Himmels und der Erden, den ihm die Erklärung des ersten Glaubensartikels so weise und gnädig vorstellte, hatte sich, indem er die Gerechten mit den Ungerechten gleichem Verderben preisgab, keineswegs väterlich bewiesen.

Goethe, Johann Wolfgang von: Aus meinem Leben. Dichtung und Wahrheit (1. Teil, 1. Buch). Hrsg. von Klaus-Detlef Müller. Frankfurt a. M. 1986, S. 36 f. (Sämtliche Werke. Briefe, Tagebücher und Gespräche. 1. Abteilung, Bd. 14).

Auch nach Ansicht des Schriftstellers und Philosophen **Voltaire** (1694–1778) bricht unter dem Eindruck einer solchen Naturkatastrophe der Erklärungsversuch Leibniz' in sich zusammen.

Die bedeutendste philosophische Antwort auf die Theodizeefrage gibt Leibniz. Gott schafft die „beste aller Welten". Sie enthält ein gewisses Maß an Übel. Das Böse geht auf die Möglichkeit des Menschen zurück, seine Freiheit zu missbrauchen.

5.2.3 Hiob

Das alttestamentliche Hiob-Buch thematisiert die Fragen und Reaktionen eines Menschen, der fest an Gott glaubt und zahlreiche schwere Schicksalsschläge erleidet. Der gegenwärtigen, im 5.–3. Jh. v. Chr. entstandenen Gestalt der Dichtung geht eine lange und im Einzelnen schwierig zu erhellende Überlieferungsgeschichte voraus. Verschiedene literarische Stoffe und traditionelle Deutungen der Leidensproblematik werden aufgegriffen, verschmolzen, mitunter überarbeitet und teilweise verändert. Das Hiob-Buch enthält deshalb **mehrere, voneinander abweichende Erklärungen,** welchen Sinn das Unglück haben könnte, das den Menschen trifft.

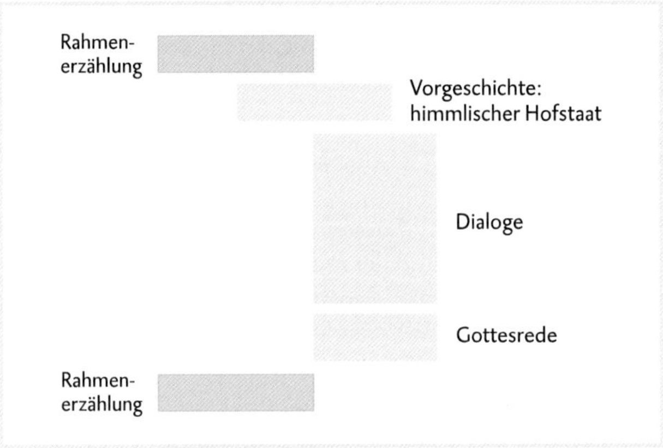

Überlieferungsschichten der Hiob-Dichtung

Im Vertrauen auf Gott geduldig ertragenes Leid

Die älteste Überlieferungsschicht der Hiob-Dichtung geht auf eine ursprünglich selbstständige, vorisraelitische Legende zurück. Hiob, ein wohlhabender und gottgläubiger Nomadenscheich, nimmt die schrecklichen Schicksalsschläge hin, ohne sich in seinem Glauben an Gott beirren zu lassen. Stumm ergibt er sich in **Gottes Ratschluss.** Alle Güter, die Gott gegeben hat, kann er auch wieder nehmen. Die Erzählung ruft dazu auf, auch unschuldig widerfahrenes Leiden geduldig und im Vertrauen auf Gott zu ertragen.

Die Rahmenerzählung des Hiob-Buches (Hiob 1,1–5.13–22; 2,7b–10; 42, 10b–17) enthält eine vorisraelische Legende:

1,1 Es war ein Mann im Lande Uz, der hieß Hiob. Der war fromm und rechtschaffen, gottesfürchtig und mied das Böse.
2 Und er zeugte sieben Söhne und drei Töchter,
3 und er besaß siebentausend Schafe, dreitausend Kamele, fünfhundert Joch Rinder und fünfhundert Eselinnen und sehr viel Gesinde, und er war reicher als alle, die im Osten wohnten.
2,7 [...] Hiob [wurde] mit bösen Geschwüren [geschlagen] von der Fußsohle an bis auf seinen Scheitel.
8 Und er nahm eine Scherbe und schabte sich und saß in der Asche.
9 Und seine Frau sprach zu ihm: Hältst du noch fest an deiner Frömmigkeit? Sage Gott ab und stirb!
10 Er aber sprach zu ihr: Du redest, wie die törichten Weiber reden. Haben wir Gutes empfangen von Gott und sollten das Böse nicht auch annehmen? In diesem allen versündigte sich Hiob nicht mit seinen Lippen.
42,12 Und der HERR segnete Hiob fortan mehr als einst, sodass er vierzehntausend Schafe kriegte und sechstausend Kamele und tausend Joch Rinder und tausend Eselinnen.

13 Und er bekam sieben Söhne und drei Töchter [...].
15 Und es gab keine so schönen Frauen im ganzen Lande wie die Töchter Hiobs. [...]
17 Und Hiob starb alt und lebenssatt.

Den aus der östlichen Steppe Palästinas stammenden reichen Nomadenscheich Hiob (hebr. Ijjôb, lat. Iob) trifft völlig unerwartet ein Unglück nach dem anderen. Er verliert seinen Besitz, dann die Kinder. Schließlich kommt schweres körperliches Leiden über ihn. Hiobs Unglück bezieht sich auf drei Dimensionen menschlichen Leidens: auf die physische (Gesundheit), psychische (Trauer über den Tod der Kinder) und soziale (Verlust von Vermögen, gesellschaftliche Isolation durch die aus der Gemeinschaft ausstoßende Hautkrankheit). Doch Hiob weiß sich anfechtungslos in seinem Glauben an Gott geborgen (vgl. Hiob 1,20–22). Deshalb stellt Gott Hiobs Gesundheit wieder her und schenkt ihm noch größeren Segen. Die Erzählung verfolgt eine lehrhaft-ermahnende Absicht. Wenn ein Mensch trotz hereinbrechender Katastrophen an seinem Gottesglauben festhält, wird Gott die Lebenssituation des Glaubenden wieder zum Guten führen.

Das Leiden als Prüfung Gottes

Hiob kann nicht wissen, warum ihm das Unglück zustößt. Sein vielfältiges Unglück hat nämlich eine Vorgeschichte, die sich im himmlischen Hofstaat abspielt. Gott verbürgt sich für Hiobs Glauben und lässt es zu, das **Motiv der Frömmigkeit** Hiobs zu prüfen. Der Satan schickt dem Hiob vielfältiges Leid, doch Hiob zeigt: Er vertraut selbstlos auf Gott, denn sein Glaube ist nicht darauf ausgerichtet, mit möglichst vielen irdischen Gütern belohnt zu werden. Der unschuldig Leidende wird so zum Zeugen für Gott.

Die Satansszene (Hiob 1,6–12; 2,1–7a) wird vermutlich später in die Rahmenerzählung eingefügt, Hiob 1,6–12; 2,6:

1,6 Es begab sich aber eines Tages, da die Gottessöhne kamen und vor den HERRN traten, kam auch der Satan unter ihnen.
7 Der HERR aber sprach zu dem Satan: Wo kommst du her? Der Satan antwortete dem HERRN und sprach: Ich habe die Erde hin und her durchzogen.
8 Der HERR sprach zum Satan: Hast du Acht gehabt auf meinen Knecht Hiob? Denn es ist seinesgleichen nicht auf Erden, fromm und rechtschaffen, gottesfürchtig und meidet das Böse.
9 Der Satan antwortete dem HERRN und sprach: Meinst du, dass Hiob Gott umsonst fürchtet?
10 Hast du doch ihn, sein Haus und alles, was er hat, ringsumher beschützt. Du hast das Werk seiner Hände gesegnet, und sein Besitz hat sich ausgebreitet im Lande.

11 Aber strecke deine Hand aus und taste alles an, was er hat: Was gilt's, er wird dir ins Angesicht absagen!
12 Der HERR sprach zum Satan: Siehe, alles, was er hat, sei in deiner Hand; [...]
2,6 [...] doch schone sein Leben!

Unter Jahwes Vorsitz kommen die himmlischen Ratgeber zusammen. Auch der Satan erscheint vor dem Thron Gottes. Diese Vorstellungswelt zeigt babylonischen oder persischen Einfluss. Bei einem Audienztag im Himmel meint der Verkläger, Hiob sei nur deshalb Gott ergeben, weil der ihn reich gesegnet habe. Fällt Hiobs Reichtum weg, verhielte auch er sich wie ein Egoist und lasse Gott fallen.

„Gottessöhne" (1,6) sind himmlische Wesen, die das Gefolge Gottes bilden und vor seinem Thron erscheinen. Zu ihnen gehört auch der Satan. Der Widersacher Gottes nimmt Gott gegenüber eine untergeordnete Stellung ein. In den folgenden Kapiteln der Hiobdichtung taucht der Satan nicht wieder auf.

Hiob klagt Gott sein Leid

In die Prosaerzählungen wird später der Block mit den Dialogen und der Gottesrede eingefügt. Hiob ist nicht mehr als der das Leiden geduldig ertragende dargestellt. Vielmehr klagt er Gott an, weil dieser seine Qualen verursacht. Als die drei Freunde Hiobs von den schweren Schicksalsschlägen erfahren, besuchen sie ihn. In Form der **dichterisch gestalteten Klage** fragt Hiob danach, warum er leiden muss.

Der Hauptteil des Buches Hiob entsteht (von wenigen Zusätzen aus noch späterer Zeit abgesehen, z.B. Elihureden: Hiob 32ff.) während des 5.–3.Jh.s v.Chr., also in persischer oder sogar erst in hellenistischer Zeit. Im geistigen und politischen Umbruch der späten Königszeit wird Jahwes Handeln hinsichtlich der individuellen Lebensführung manchmal undurchschaubar, Hiob 2,11–13; 3,1ff.; 16,11–17:

2,11 Als aber die drei Freunde Hiobs all das Unglück hörten, das über ihn gekommen war, kamen sie, ein jeder aus seinem Ort: Elifas von Teman, Bildad von Schuach und Zofar von Naama. Denn sie waren eins geworden hinzugehen, um ihn zu beklagen und zu trösten.
12 Und als sie ihre Augen aufhoben von ferne, erkannten sie ihn nicht und erhoben ihre Stimme und weinten, und ein jeder zerriss sein Kleid, und sie warfen Staub gen Himmel auf ihr Haupt
13 und saßen mit ihm auf der Erde sieben Tage und sieben Nächte und redeten nichts mit ihm; denn sie sahen, dass der Schmerz sehr groß war.
3,1 Danach tat Hiob seinen Mund auf und verfluchte seinen Tag.
2 Und Hiob sprach:
3 Ausgelöscht sei der Tag, an dem ich geboren bin, und die Nacht, da man sprach: Ein Knabe kam zur Welt!

11 Warum bin ich nicht gestorben bei meiner Geburt? Warum bin ich nicht umgekommen, als ich aus dem Mutterleib kam?
13 Dann läge ich da und wäre still, dann schliefe ich und hätte Ruhe [...],
16 wie eine Fehlgeburt, die man verscharrt hat [...].
16,11 Gott hat mich übergeben dem Ungerechten und hat mich in die Hände der Gottlosen kommen lassen.
12 Ich war in Frieden, aber er hat mich zunichte gemacht; er hat mich beim Genick genommen und zerschmettert. Er hat mich als seine Zielscheibe aufgerichtet;
13 seine Pfeile schwirren um mich her. [...]
14 Er schlägt in mich eine Bresche nach der andern; er läuft gegen mich an wie ein Kriegsmann.
15 Ich habe einen Sack um meinen Leib gelegt und mein Haupt in den Staub gebeugt.
16 Mein Antlitz ist gerötet vom Weinen, auf meinen Wimpern liegt Dunkelheit,
17 obwohl kein Frevel in meiner Hand und mein Gebet rein ist.

Der Maßlosigkeit der Klage Hiobs entspricht die Unermesslichkeit seiner Leiden. Er weiß, dass Gott ihm das furchtbare Unglück geschickt hat, aber er versteht die Beweggründe des Handelns Gottes nicht.

Das Leiden als Strafe

Die Freunde versuchen, Hiob zu trösten und den Grund seines Leidens zu erklären. Einig sind sich alle darin, dass Jahwe das Leiden geschickt hat. Im Gegensatz zu Hiob aber erklären sie seine unglückliche Lebenssituation aus der herkömmlichen **Vorstellung der „Vergeltung“**, des sog. Tun-Ergehen-Zusammenhangs. Aufgrund vielfältiger Erfahrungen kann der Mensch die göttliche Grundordnung der Welt aufspüren und feststellen, dass das gute und böse Verhalten des Menschen schicksalswirkend, d.h. segnend oder strafend, den Täter wieder einholt. Kein Mensch ist dieser göttlichen Grundordnung gegenüber ohne Sünde. Hiob muss Schuld auf sich geladen haben. Die Freunde raten ihm daher, Buße zu tun, die Sünden zu bekennen, um in den Segen Gottes zurückkehren zu können.

Die Dialoge zwischen Hiob und seinen Freunden wollen in erster Linie als seelsorgerlicher Zuspruch verstanden werden. Der vierte Freund (Hiob 32–37) dürfte nachträglich hinzugefügt sein. Die Problematik umkreisend gehen die Gespräche langsam voran, Hiob 4,1ff; 5,17f. (vgl. 5,8–27):

4,1 Da hob Elifas von Teman an und sprach:
2 Du hast's vielleicht nicht gern, wenn man versucht, mit dir zu reden; aber Worte zurückhalten, wer kann's?
3 Siehe, du hast viele unterwiesen und matte Hände gestärkt;

4 deine Rede hat die Strauchelnden aufgerichtet, und die bebenden Knie hast du gekräftigt.
5 Nun es aber an dich kommt, wirst du weich, und nun es dich trifft, erschrickst du!
6 Ist nicht deine Gottesfurcht dein Trost, und die Unsträflichkeit deiner Wege deine Hoffnung?
7 Bedenke doch: Wo ist ein Unschuldiger umgekommen? Oder wo wurden die Gerechten je vertilgt?
8 Wohl aber habe ich gesehen: Die da Frevel pflügten und Unheil säten, ernteten es auch ein.
9 Durch den Odem Gottes sind sie umgekommen und vom Schnauben seines Zorns vertilgt.
17 Wie kann ein Mensch gerecht sein vor Gott oder ein Mann rein sein vor dem, der ihn gemacht hat?
5,17 Siehe, selig ist der Mensch, den Gott zurechtweist; darum widersetze dich der Zucht des Allmächtigen nicht.
18 Denn er verletzt und verbindet; er zerschlägt, und seine Hand heilt.

Hiobs Rechtsstreit mit Gott

Hiob findet im traditionellen religiösen Kult und im weisheitlichen Vergeltungsdogma der Freunde keine existenziell überzeugenden Antworten. Er kann den Widerspruch zwischen seinem Handeln und seinem Ergehen nicht verstehen. Weder in seiner Lebenssituation noch im allgemeinen geschichtlichen Verlauf stimmt die sittliche Weltordnung Gottes. Hiob will Gerechtigkeit von Gott, dem Erlöser (Hiob 19,25 ff.), und wirft Gott vor, gegen einen Unschuldigen zu kämpfen. Ein **Rechtsverfahren** will Hiob erzwingen, in dem Gott sein Schweigen brechen und sein Handeln rechtfertigen soll. Hiob ist sich sicher, dass der den Glaubenden schützende Gott die Sache Hiobs als Anwalt und Freund siegreich vertreten wird gegen den Gott, der sich Hiob gegenüber als Feind erwiesen hat.

Hiob fordert ein Gottesurteilsverfahren, Hiob 13,18ff.; 16,19–21; 19,25:

13,18 Siehe, ich bin zum Rechtsstreit gerüstet; ich weiß, dass ich Recht behalten werde.
22 [... Rufe], ich will dir antworten, oder ich will reden, dann antworte du mir!
16,19 Siehe, auch jetzt noch ist mein Zeuge im Himmel, und mein Fürsprecher ist in der Höhe.
20 Meine Freunde verspotten mich; unter Tränen blickt mein Auge zu Gott auf,
21 dass er Recht verschaffe dem Mann bei Gott, dem Menschen vor seinem
19,25 Freund.
[... Ich] weiß, dass mein Erlöser [hier: Gott als Anwalt] lebt [...].

Zur Beglaubigung seiner Unschuld legt Hiob einen Reinigungseid ab und appelliert an Gott, Hiob 31,5ff.:

5 Bin ich gewandelt in Falschheit, oder ist mein Fuß geeilt zum Betrug?
9 Hat sich mein Herz betören lassen um eines Weibes willen [...] [?]
13 Hab ich missachtet das Recht meines Knechts oder meiner Magd, wenn sie eine Sache wider mich hatten?
16 Hab ich den Bedürftigen ihr Begehren versagt und die Augen der Witwe verschmachten lassen?
17 Hab ich meinen Bissen allein gegessen, und hat nicht die Waise auch davon gegessen?
19 Hab ich zugesehen, wie jemand ohne Kleid verkommen ist, und den Armen ohne Decke gehen lassen?
20 Hat er mich nicht gesegnet, wenn er von der Wolle meiner Lämmer erwärmt wurde?
29 Hab ich mich gefreut, wenn's meinem Feinde übel ging [...] ?
35 [...] Der Allmächtige antworte mir! [...]

Gott antwortet Hiob

Gott tritt aus seinem Schweigen heraus und antwortet Hiob aus dem Wettersturm. In dieser Erscheinung (Theophanie) zeigt Gott, dass es in der geschaffenen Welt widerstreitende Interessen gibt und er die Welt gegen alle Mächte des Chaos erhält. Gott gibt Hiob Recht gegen die weisheitlichen Belehrungen seiner Freunde, weist aber Hiobs Recht zur Anklage und seine anthropozentrische Weltsicht zurück. Hiob erhält keine direkte Antwort auf seine Frage nach dem Sinn des Leidens in der Welt. Gott weist ihn vielmehr auf seine Fürsorge hin, die alles Geschaffene begleitet, auf die Größe und Unerforschlichkeit seines Handelns. Unerwarteterweise wandelt sich Hiobs empörte Klage in die **Einsicht**, dass er „unweise geredet" hat. Er gibt Gott Recht und bekennt sich schuldig (Hiob 42,1–6).

Aus dem Wettersturm heraus fragt der allmächtige Weltschöpfer, Hiob 40,2; 38,4ff. (vgl. 38,1–41,26):

40,2 [...] Wer Gott zurechtweist, der antworte!
38,4 Wo warst du, als ich die Erde gründete? Sage mir's, wenn du so klug bist!
5 Weißt du, wer ihr das Maß gesetzt hat oder wer über sie die Richtschnur gezogen hat?
16 Bist du zu den Quellen des Meeres gekommen und auf dem Grund der Tiefe gewandelt?
18 Hast du erkannt, wie breit die Erde ist? Sage an, weißt du das alles!

19 Welches ist der Weg dahin, wo das Licht wohnt, und welches ist die Stätte der Finsternis,
20 dass du sie zu ihrem Gebiet bringen könntest und kennen die Pfade zu ihrem Hause?

Hiobs letzte Antwort an den Herrn, Hiob 42,1–6:

1 Und Hiob antwortete dem HERRN und sprach:
2 Ich erkenne, dass du alles vermagst, und nichts, das du dir vorgenommen, ist dir zu schwer.
3 „Wer ist der, der den Ratschluss verhüllt mit Worten ohne Verstand?“ Darum hab ich unweise geredet, was mir zu hoch ist und ich nicht verstehe.
4 „So höre nun, lass mich reden; ich will dich fragen, lehre mich!“
5 Ich hatte von dir nur vom Hörensagen vernommen; aber nun hat mein Auge dich gesehen.
6 Darum spreche ich mich schuldig und tue Buße in Staub und Asche.

Hiob fragt Gott nach dem Sinn seines Unglücks. Die Antwort seiner Freunde, im Leiden eine Strafe Gottes zu sehen, weist Hiob zurück. Gott antwortet Hiob indirekt, indem er auf seine Fürsorge hinweist, mit der er seine Schöpfung begleitet.

5.2.4 Theologische Antworten

Es gibt keine rationale Erklärung auf die Frage, warum Gott in die von ihm geschaffene Welt das Leid einbrechen lässt. Während Gott sich durch Jesus Christus in seiner liebevollen Zuwendung zum Menschen erschließt, verbirgt sich hinter dem Elend der menschlichen Geschichte Gott als der unbegreifliche und ohnmächtige. Das Geschick Jesu Christi macht allerdings deutlich, dass **Gott heilend gegen das Leid kämpft** und die Mächte der Lebenszerstörung überwindet.

Gott will Leben und nicht die Sünde, in deren Machtbereich Menschen durch ihr Verhalten selbst Leben zerstören. Im Betroffensein von diesem Leiden kann der Mensch im Glauben seine Situation als schmerzlichen Prozess des Gerichts oder der zukunftsweisenden Besinnung wahrnehmen und deuten. Diese **Möglichkeit einer persönlichen Sinngebung**, dass im Leiden für sich selbst und für andere Menschen gemeinsame Hoffnung entstehen kann, darf aber nicht im Sinne einer philosophischen und theologischen Erklärungsmöglichkeit des Leidens missverstanden werden.

Michel Ciry: Saint Sébastian (Radierung, 1950)

STANDPUNKTE

Der Philosoph Gerhard Streminger weist darauf hin, dass es gerechtfertigtes Leid gibt, das mit der Annahme eines gütigen Gottes verträglich ist. Er nennt vier Lebensbereiche:

1. *Biologisch notwendige Schmerzen,* womit Schmerzen gemeint sind, die eine wichtige Warnfunktion haben. Tatsache ist, dass viele Handlungen, deren Fortführung uns physiologisch schädigten, leidvoll sind. Es tut weh, wenn man sich in den Finger schneidet, und der Schmerz, den wir verspüren, wenn wir kochenden Tee trinken, schreckt uns ab, es erneut zu tun. Um Lebewesen vor Schaden zu bewahren, lösen darüber hinaus viele Situationen Angst und Schrecken aus. Es gibt sowohl eine natürliche Furcht vor dem Unbekannten, vor Höhen und Tiefen, als auch eine erworbene Furcht, die sich auf bekannte Gefahrensituationen bezieht. [...] Es gibt also Leid, das uns vor noch größerem Leid warnt und uns davor bewahrt.

2. *Pädagogisch nützliche Schmerzen.* Als ein weiteres typisches Beispiel für gerechtfertigtes Leid gilt jenes Leid, dem ein positiver Lerneffekt zugesprochen wird. Hierher gehören alle soeben erwähnten biologisch nützlichen Schmerzen, da wir aus ihnen etwas lernen können, beispielsweise keinen kochenden Tee mehr zu trinken. Die Vorstellung, dass Menschen aus einem leidvollen Zustand, etwa Freiheitsentzug, etwas Positives lernen können, liegt auch einer bestimmten Auffassung von Strafe zugrunde. Und wer zurückblickt, mag sogar für einige emotionale Krisen dankbar sein, da wir uns in solchen Situationen oft sehr nahe sind und etwas von den möglichen Härten des Lebens verspüren, somit etwas Wichtiges lernen können. [...] Es gibt also Leid, das uns hilft, die zentralen Dinge des Lebens zu begreifen.

3. *Moralisch notwendige Leiden.* In einer Welt ohne Leid gäbe es manches nicht, das uns gewöhnlich als überaus wertvoll erscheint: die freie Entscheidung, sich in eine gefahrvolle Situation zu begeben, oder die Möglichkeit, sich oder anderen absichtlich Gutes zu tun oder Schaden zuzufügen. Auch Vergebung und Mut, Wohlwollen und Barmherzigkeit setzen notwendigerweise Leid voraus. Ohne Negatives gäbe es nichts zu vermeiden und nichts anzustreben, es wären kaum Motive vorhanden, miteinander zusammenzuarbeiten oder sich gegenseitig zu helfen. Ohne Leid bestünde die menschliche Gattung aus unfähigen Adams und Evas; sie wären harmlos und unschuldig, aber bar jedes positiven Charakters und ohne die Würde wirklicher Verantwortungen, Aufgaben und Errungenschaften. Auch das Interesse, einen bestimmten Lebensplan zu entwerfen, wäre ihnen unbekannt. Wenn somit Moralität, spezifische Verhaltensweisen und Erwartungen ein großes Gut sind, dann muss man auch akzeptieren, dass einiges Leid notwendig ist.

4. *Leiden, unerlässlich für ein interessantes Leben.* Die Aufregungen einer Expedition, die Freude an neuen Erfahrungen, an Entdeckungen und Errungenschaf-

ten, der Stolz, der entsteht, wenn man über Schwierigkeiten triumphiert hat... alles das dürfte einen nicht geringen Teil an kleineren Verletzungen, an Hunger, Durst, Hitze, Kälte, müden Füßen und Muskelschmerzen kompensieren. Wäre dem nicht so, bestiegen Menschen nicht die höchsten Berge, segelten sie nicht allein über den Atlantik, erforschten sie keine Polarregionen und Wüstengebiete, unternähmen sie keine der tausend verschiedenen Dinge, wie sie jeden Tag geschehen, sei es aus reiner Neugierde oder aus Abenteuerlust oder aufgrund der besonderen Befriedigung, die sich einstellt, wenn man eine schwierige Situation gemeistert hat. Ohne Leid wären solche Herausforderungen undenkbar, und eliminierte man alle Probleme und Härten einer feindlichen Umgebung, so würde das Leben zur Träumerei; Menschen trieben völlig ziellos einfach so dahin.

Streminger, Gerhard: Gottes Güte und die Übel der Welt. Das Theodizeeproblem. Tübingen 1992, S. 35 f.

Der Basler Theologe Heinrich Ott versteht die Theodizeefrage als „theologische Grenzfrage“:

Wenn wir aber dergestalt sagen: a) auf die Frage gibt es keine Antwort, und b) die Frage ist trotzdem berechtigt und notwendig – was hat dann die Frage überhaupt noch für eine Funktion? – Es scheint nun aber, dass diese Frage gerade als rational *un*beantwortbare eine wichtige Bedeutung hat für die Theologie. Vielleicht kann uns hier eine Parallele weiterhelfen: Die Theodizeefrage fragt nach dem Ursprung und Grund des Leidens, das ich und andere erfahren, des Bösen, das ich und andere erleiden müssen. Konsequenterweise müsste man nun auch fragen: Welches ist der Grund des Bösen, das *ich tue*, der Grund *meiner* Sünde? Warum lässt Gott *mich* sündigen? Es ist charakteristisch, dass die Frage unter dieser Gestalt kaum gestellt wird. Die Antwort müsste etwa lauten: „Es ist über mich gekommen – aber nichtsdestoweniger bin ich es gewesen. Es ist meine Schuld.“ Aber gerade diese Vergewisserung und Selbsterhellung meiner eigenen Schuld weist mich in die Begegnung mit Gott, dem Befreier. Ich erwarte dann von ihm nicht eine Erklärung, warum ich gesündigt habe und sündige, sondern eine Befreiung vom Zwang der schuldhaften Sinnlosigkeit meines Daseins.

Im selben Sinne kann auch die Frage nach dem Ursprung des Bösen und des Leidens in der Welt im Grunde nicht eine rationale Erklärung finden – die ihr ja doch niemals genügen könnte –, sondern sie soll uns einweisen in die Begegnung mit Gott als dem Erlöser. Die Frage ist keine theologische Frage, die man mit einer theologischen Interpretation lösen und so in den Zusammenhang des theologischen Verstehens einfügen könnte, sondern sie ist gewissermaßen eine *„theologische Grenzfrage“* [...]. Die Funktion einer solchen Grenzfrage ist es, dass sie uns in die Konfrontation mit Gott bringt. Und die Theologie selber ist dann die denkende Selbsterhellung dieser Konfrontation mit Gott. Insofern steht die Frage der Theodizee nicht *innerhalb* der Theologie, sondern gleichsam *am Eingang* zur Theologie: Als die Leiden und Böses Erduldenden, aber auch selber Böses Tuenden sind wir mit Gott konfrontiert, und gerade hier hebt alle Theologie erst an. Die Unlösbarkeit der Theodizeefrage markiert damit die Nicht-Hinterfragbarkeit des theologischen Anfangs.

Es ist dann freilich eine Anzahl von artikulierten Antworten möglich, welche in der Erfahrung des Glaubens und im theologischen Denken auf die Theodizeefrage erwachsen können. So zum Beispiel die Antwort Hiobs (in Kapitel 42), der zu Jahwe spricht: „Darum habe ich geredet im Unverstand, Dinge, die ich nicht begriff ... Vom Hörensagen nur hatte ich von dir gehört; nun aber hat mein Auge dich gesehen ...", das heißt aber die Antwort: dass nur Gott *selber* dem Menschen eine Antwort geben kann und wird. – Oder die kreuzestheologische Antwort: Gott selber hat sich in die Sinnlosigkeit des Leidens und des Bösen eingesenkt, hat sie getragen und ist nun in ihr präsent. – Oder die auferstehungstheologische Antwort: Gott hat die Macht, aus dem Nichts der absoluten Sinnlosigkeit einen neuen Anfang zu schaffen. – Oder die eschatologische Antwort: Wir gehen dem letzten Tag entgegen, wo wir den Sinn von dem allem im Lichte Gottes erkennen werden. – Oder schließlich die ethische Antwort: Im Gehorsam gegen Gott streiten wir unaufhörlich gegen das Leiden und gegen das Böse und halten uns dabei doch von der Illusion frei, als ob *wir* es jemals ganz ausrotten könnten.

Aber alle diese Antworten sind nicht theoretische Antworten, welche den Ursprung des Bösen und des Leidens befriedigend rational erklären, sondern sie sind Entfaltungen des existenziellen Geschehens: wie Gott auf die gegebene Situation reagiert und wie wir selber mit dieser Reaktion Gottes konfrontiert werden.

Ott, Heinrich: Die Antwort des Glaubens. Systematische Theologie in 50 Artikeln. Mitherausgegeben von Klaus Otte. Stuttgart 1972, S. 195 f.

Hermann Häring, Professor für Systematische Theologie an der Katholischen Universität Nijmegen (Niederlande), vertritt die Ansicht, dass im Vertrauen auf die Stärke eines scheinbar machtlosen, aber liebenden Gottes das Theodizee-Problem praktisch bewältigt werden kann:

Gottes und unsere alleinige konsequente Macht gegen das Böse liegt in unserer Praxis der Liebe, die sich treu bleibt, eindeutig gemacht als Solidarität mit den Verlorenen, als deren Vater Gott zu begreifen ist. Und diese Liebe hat ihre eigene Vernunft, aus der sich – gegen die Logik einer von Macht und Tod bestimmten Welt – die Gegenlogik des Lebens aufbaut. Obwohl es oft ohnmächtiges Leiden provoziert, ist *solidarisches Handeln, das aus Liebe geschieht, wahr, absolut unwiderlegbar* und deshalb unter Lebenden nicht auszurotten. Seine Macht liegt darin, dass wir Prozesse der Hoffnung in Gang setzen, die alles Gegenwärtige überschreiten und dennoch hier und jetzt beginnen. Die bessere Zukunft wird wach, auch wenn das Reich noch nicht angebrochen ist. Die Macht der Liebe (und nur einmal sei das missbrauchbare Wort verwendet) unterläuft mit ihrer Hoffnung die aus Angst geborenen Mächte des Todes. Sie hat in ihrer Selbstlosigkeit den längeren Atem. – Wirklich?

Die Frage bleibt ja, wo denn die noch ausstehende, die Grenzen unserer Erfahrung sprengende Zukunft zu Hause ist, auf die wir alle zugehen. Gott ist ohnmächtig, gewiss, wie die Liebe ohnmächtig ist. Und wie die Liebe hat dann Gott eine der Ohnmacht innewohnende eigene Macht, allerdings doch mit dem einen Unterschied: Unsere Solidarität endet notwendigerweise mit dem Tod. Sollten wir uns aber auf eine Solidarität einlassen, die *mit unserem Tod nicht zu Ende,* noch durch ihn widerlegbar ist, dann ist Gott im Spiel. Gott ist dann derjenige, der in und nach dem Tod bleibt, und von dem aus erst die Liebe als die letzte Definition des Lebens sinnvoll wird. So gesehen glaubt christlich an Gott, wer auf die endgültige Zukunft trotz (und dann auch: wegen) des Todes Jesu und der Ungezählten in aller Vorläufigkeit vertraut.

Was den solidarisch Liebenden als Frage und mögliche, vielleicht sogar gewisse Hoffnung erscheint, bezeugt die christliche Botschaft als – hier und jetzt schon wirksame – *Auferweckung.* Denn wenn der Sieg über den Tod erhofft werden kann, dann wird es möglich, solidarisches Handeln, das mitgegebene Leiden und den Tod als Beginn der Befreiung zu verstehen. Erst von diesem langen Atem her und im Blick auf eine Zukunft, die den Tod mit einbezieht, wird eine christliche Interpretation des Bösen plausibel: Sie nimmt es wahr, als schreckliche, doch in Gott besiegbare Macht. Das bedeutet aber nicht Beweis der Güte Gottes oder der Scheinexistenz von Übeln. Es geht – als Kommentar zum eigenen Handeln – um den betroffenen *Ruf nach Befreiung:* „Marana tha – Herr, komm!“ (1. Kor 16,22), dem die Antwort nicht versagt bleibt: „Ja, ich komme bald!“ (Offb 22,20). Was hier liturgisch bezeugt, als durch Gott verbürgte Gewissheit gepriesen werden kann, legitimiert sich durch die Kraft, das Böse zu bekämpfen, indem man sich ihm stellt. Dass man uns Christen mehr denn je daran misst, dürfen wir niemandem verübeln. Man nimmt uns nur beim eigenen, als Glaube bezeugten Wort.

Häring, Hermann: Das Problem des Bösen in der Theologie. Darmstadt 1985, S. 182 f.

ANREGUNGEN

- Vergleichen Sie die Texte unter dem Gesichtspunkt, wie die Autoren jeweils das Theodizeeproblem angehen und zu bewältigen suchen!
- Heinrich Ott vertritt die Ansicht, dass die Theodizeefrage „nicht *innerhalb* der Theologie, sondern gleichsam *am Eingang* zur Theologie“ steht (Z. 25 f.). Auf welche biblische Einsichten könnte er sich stützen? Wie stehen Sie zu dieser Verortung des Theodizeeproblems?
- Versuchen Sie, ausgehend von für Sie wichtige Einsichten des Textes von Hermann Häring, ein Gebet zu formulieren!

LEITFRAGEN ZUR ERTRAGSSICHERUNG UND WEITERFÜHRUNG

- Suchen Sie aus Zeitungen oder Illustrierten Nachrichten oder Bilder heraus, die das Theodizeeproblem widerspiegeln!
- Wo ist Ihnen oder Ihren Freunden im eigenen Lebensumfeld die Theodizeefrage begegnet? Welche Rückwirkungen auf den Glauben mag sie gehabt haben?
- Wie kommt es Ihrer Ansicht nach zu den verschiedenen Auffassungen zur Theodizee?
- Welche Einsichten und Erfahrungen halten Sie zur „Bewältigung" des Theodizeeproblems für besonders wichtig? Geben Sie bitte auch die wesentlichsten Gründe für Ihre Entscheidung an!

Literaturhinweise:

BERGER, KLAUS: Wie kann Gott Leid und Katastrophen zulassen? Stuttgart 1966.

ZAHRNT, HEINZ: Wie kann Gott das zulassen? Hiob – der Mensch im Leid. München ^{6}1996 (Serie Piper 453).

ZUM WEITERLESEN

Joseph Roth: Hiob

Der Doktor kam, zog Mendel in eine Ecke und sagte leise: „Fassen Sie sich, Ihre Tochter ist sehr krank. Es gibt jetzt viele solcher Fälle, der Krieg, verstehn Sie, und das Unglück in der Welt, es ist eine schlimme Zeit. Die Medizin weiß noch nicht, wie man die Krankheit heilt. Einer Ihrer Söhne ist Epileptiker, wie ich höre, entschuldigen Sie, so was ist in der Familie. Wir Ärzte nennen das degenerative Psychose. Es kann sich geben. Es kann sich aber auch als eine Krankheit erweisen, die wir Ärzte Dementia nennen, Dementia praecox, aber sogar die Namen sind unsicher. Das ist einer von den seltenen Fällen, die wir nicht heilen können. Sie sind doch ein frommer Mann, Mister Singer? Der liebe Gott kann helfen. Beten Sie nur fleißig zum lieben Gott. Übrigens, wollen Sie noch einmal Ihre Tochter sehen? Kommen Sie!"

Ein Schlüsselbund rasselte, eine Tür fiel mit hartem Knall zu, und Mendel ging durch einen langen Korridor, vorbei an weißen Türen mit schwarzen Nummern, wie an vertikal aufgestellten Särgen. Noch einmal rasselte der Schlüsselbund der Wärterin, und einer der Särge ward aufgetan, drin lag Mirjam und schlief, Mac und Vega standen neben ihr.

„Jetzt müssen wir gehn", sagte der Doktor.

„Führ mich direkt nach Hause, in meine Gasse“, befahl Mendel.

Seine Stimme klang so hart, dass alle erschraken. Sie sahen ihn an. Sein Aussehen schien sich nicht verändert zu haben. Dennoch war es ein anderer Mendel. [...] Seine Majestät, der Schmerz, dachte der Doktor, ist in den alten Juden gefahren.

„Einmal“, begann Mendel im Wagen, „hat mir Sam gesagt, dass die Medizin in Amerika die beste der Welt ist. Jetzt kann sie nicht helfen. Gott kann helfen! sagt der Doktor. Sag, Vega, hast du schon gesehn, dass Gott einem Mendel Singer geholfen hätte? Gott kann helfen!“

„Du wirst jetzt bei uns wohnen“, sagte Vega schluchzend.

„Ich werde nicht bei euch wohnen, mein Kind“, antwortete Mendel, „du wirst einen Mann nehmen, du sollst nicht ohne Mann sein, dein Kind soll nicht ohne Vater sein. Ich bin ein alter Jude, Vega, bald werde ich sterben. Hör zu, Vega! Mac war Schemarjahs Freund, Mirjam hat er geliebt, ich weiß, er ist kein Jude, aber ihn sollst du heiraten, nicht den Mister Glück! Hörst du, Vega? Wundert es dich, dass ich so rede, Vega? Wundere dich nicht, ich bin nicht verrückt. Alt bin ich geworden, ein paar Welten habe ich zugrunde gehn sehn, endlich bin ich klug geworden. Alle die Jahre war ich ein törichter Lehrer. Nun weiß ich, was ich sage.“

Sie kamen an, sie luden Mendel ab, führten ihn ins Zimmer, Mac und Vega standen noch eine Weile und wussten nicht, was tun.

Mendel setzte sich auf den Schemel neben den Schrank und sagte zu Vega: „Vergiss nicht, was ich dir gesagt habe. Jetzt geht, meine Kinder.“ Sie verließen ihn. Mendel trat ans Fenster und sah zu, wie sie in den Wagen stiegen. Es schien ihm, dass er sie segnen müsse, wie Kinder, die einen sehr schweren oder einen sehr glücklichen Weg antreten. Ich werde sie nie mehr sehen, dachte er dann, ich werde sie auch nicht segnen. Mein Segen könnte ihnen zum Fluch werden, ihre Begegnung mit mir ein Nachteil. Er fühlte sich leicht, ja, leichter als jemals in all seinen Jahren. Er hatte alle Beziehungen gelöst. Es fiel ihm ein, dass er schon seit Jahren einsam war. Einsam war er seit dem Augenblick gewesen, an dem die Lust zwischen seinem Weib und ihm aufgehört hatte. Allein war er, allein. Frau und Kinder waren um ihn gewesen und hatten ihn verhindert, seinen Schmerz zu tragen. Wie unnütze Pflaster, die nicht heilen, waren sie auf seinen Wunden gelegen und hatten sie nur verdeckt. Jetzt, endlich, genoss er sein Weh mit Triumph. Es galt, nur noch eine Beziehung zu kündigen. Er machte sich an die Arbeit.

Er ging in die Küche, raffte Zeitungspapier und Kienspäne zusammen und machte ein Feuer auf der offenen Herdplatte. Als das Feuer eine ansehnliche Höhe und Weite erreichte, ging Mendel mit starken Schritten zum Schrank und entnahm ihm das rotsamtene Säckchen, in dem seine Gebetriemen lagen, sein Gebetmantel und seine Gebetbücher. Er stellte sich vor, wie diese Gegenstände brennen würden. Die Flammen werden den gelblich getönten Stoff des Mantels aus reiner Schafwolle ergreifen und mit spitzen, bläulichen, gefräßigen Zungen vernichten. Der glitzernde Rand aus silbernen Fäden wird langsam verkohlen, in kleinen rot glühenden Spiralen. Das Feuer wird die Blätter der Bücher sachte zusammenrollen, in silbergraue Asche verwandeln, und die schwarzen Buchstaben für ein paar Augenblicke blutig färben. Die ledernen Ecken der Einbände werden emporgerollt, stellen sich auf wie seltsame Ohren, mit denen die Bücher zuhören, was ihnen Mendel in den heißen Tod nachruft. Ein schreckliches Lied ruft er ihnen nach. „Aus, aus, aus ist es mit Mendel Singer", ruft er, und mit den Stiefeln stampft er den Takt dazu, dass die Dielenbretter dröhnen und die Töpfe an der Wand zu klappern beginnen. „Er hat keinen Sohn, er keine Tochter, er hat kein Weib, er hat keine Heimat, er hat kein Geld. Gott sagt: Ich habe Mendel Singer gestraft; wofür straft er, Gott? Warum nicht Lemmel, den Fleischer? Warum straft er nicht Skowronnek? Warum straft er nicht Menkes? Nur Mendel straft er! Mendel hat den Tod, Mendel hat den Wahnsinn, Mendel hat den Hunger, alle Gaben Gottes hat Mendel. Aus, aus, aus ist es mit Mendel Singer."

So stand Mendel vor dem offenen Feuer und brüllte und stampfte mit den Füßen. Er hielt das rotsamtene Säckchen in den Armen, aber er warf es nicht hinein. Ein paar Mal hob er es in die Höhe, aber seine Arme ließen es wieder sinken. Sein Herz war böse auf Gott, aber in seinen Muskeln wohnte noch die Furcht vor Gott. Fünfzig Jahre, Tag für Tag, hatten diese Hände den Gebetmantel ausgebreitet und wieder zusammengefaltet, die Gebetriemen aufgerollt und um den Kopf geschlungen und um den linken Arm, dieses Gebetbuch aufgeschlagen, um und um geblättert und wieder zugeklappt. Nun weigerten sich die Hände, Mendels Zorn zu gehorchen. Nur der Mund, der so oft gebetet hatte, weigerte sich nicht. Nur die Füße, die oft zu Ehren Gottes beim Halleluja gehüpft hatten, stampften den Takt zu Mendels Zorngesang.

Roth, Joseph: Hiob. Roman eines einfachen Mannes. Reinbek bei Hamburg 1976, S. 112–115.

Joseph Roth (1894–1939), Sohn jüdischer Eltern, studiert in Wien Philosophie und Germanistik. Er nimmt als Freiwilliger am Ersten Weltkrieg teil und arbeitet später als Auslandskorrespondent verschiedener Zeitungen, darunter der „Frankfurter Zeitung". 1933 emigriert er nach Frankreich und engagiert sich in österreichisch-monarchistischen Gruppen gegen Faschismus und Nationalsozialismus. Knapp 45-jährig verstirbt er in einem Pariser Armenhospital an den Folgen seiner Trunksucht.

Der fromme, russische Rabbiner Mendel Singer wird – wie Hiob – von harten Schicksalsschlägen getroffen, die er zunächst als Prüfung Gottes versteht. Als im New Yorker Exil erneut schweres Leid über ihn kommt, gerät er in eine **Existenzkrise** und will mit Gott brechen. Er überwindet seine tiefe Verzweiflung an Gott, als er seinem von der Epilepsie geheilten, tot geglaubten Sohn Menuchim begegnet, der als berühmter Komponist und Dirigent Amerika bereist.

5.3 Religionskritik und christlicher Glaube

Der neuzeitliche Atheismus will mit rationalen Argumenten bestreiten, dass eine transzendente göttliche Wirklichkeit existiert. Diese lässt sich nämlich auf ein grundlegendes, weltlich zu verstehendes „Primärbedürfnis" (z.B. glücklich sein zu wollen) zurückführen. Das Transzendenzvermögen des Menschen ermöglicht es allerdings, Vorstellungen und Wünsche, d.h. grundlegende, säkular zu verstehende Primärbedürfnisse, in eine angeblich objektiv vorhandene göttliche Wirklichkeit zu projizieren. Dadurch ensteht **Religiosität als ein menschliches „Sekundärbedürfnis"** (z.B. Verehrung eines allmächtigen Gottes). Die Überwindung der Religion soll zu einem atheistischen Humanismus führen, der dem Menschen und der Gesellschaft bessere und realitätsgerechtere Lebensperspektiven verspricht.

In der Gegenwart verliert der existenzielle, kämpferische Atheismus an Bedeutung. Die Gleichgültigkeit gegenüber der Frage nach Gott im öffentlichen und im privaten Leben, der sog. „Alltagsatheismus", und der Agnostizismus nehmen stark zu.

Formen des Atheismus

methodischer Atheismus:	Der Glaube an Gott wird aus dem Forschungs- und Handlungsprozess ausgeklammert, weil von rational begründbaren Vorgaben ausgegangen werden soll.
existenzieller Atheismus:	Die bewusst durchgeführte, überlegte Entscheidung zur atheistischen Grundeinstellung prägt die persönliche Lebensführung.
pragmatischer Atheismus:	Der Mensch verhält sich Fragen der Religion gegenüber gleichgültig und orientiert sich an der Meinung, man könne auch ohne Gott ein gelungenes Leben führen („Alltagsatheismus").
kämpferischer Atheismus:	Er greift alle Religionsformen an, um die religionslose Gesellschaft aktiv durchzusetzen.
Agnostizismus:	Er leugnet das Transzendente nicht, beschränkt sich aber auf das erfahrungsmäßig feststellbare Wissen und verhält sich daher in der Lebensführung dem Göttlichen gegenüber indifferent.

STANDPUNKT

Der marxistische Philosoph Milan Machovec (Prag) führt zum Phänomen des „Alltagsatheismus" aus:

Es ist sekundär, ja fast gleichgültig, in welcher Begriffs- oder Bilderform solche Sinn-Fragen gestellt werden, ob in Form einer mythologischen Sage, einer historischen Erzählung oder in abstrakten Begriffen der neuzeitlichen Ethik oder Existenzphilosophie. Viel wichtiger sind die ununterbrochenen Zeitflächen, in denen das menschliche Individuum mit seinem „Ich" allein sein kann, um dann mit ihm etwas anfangen zu können, es in tieferen Zusammenhängen sehen zu können und so erst diese oder jene Form der Sinn-Frage stellen zu lernen. Nur so wird man fähig, entweder religiöse oder auch atheistische Argumente zu entwickeln. Aber den meisten „modernen" Menschen fehlt schon die Voraussetzung zu solchen Fragen. Der Alltag des modernen Menschen ist einerseits voll *ausgefüllt.* [...] Kein Wunder, dass es dem durchschnittlichen Menschen der Gegenwart als ganz ganz „normal" erscheint, dass sein Bewusstsein immer *zerstreut* und zergliedert ist in tausend partikuläre Angelegenheiten. Wenn er sich müde, erschöpft oder frustiert fühlt, ja wenn er sogar fähig wird, eine gewisse Sinnlosigkeit und Absurdität dieses chaotischen Lebensstils zu ahnen, sucht er fast immer eine schnelle Rettung in neuen Zerstreuungen, sodass ein „circulus vitiosus" entsteht. Die gesuchten Heilmittel sind fast immer schlimmer als die Krankheit selbst.

Die Fähigkeit, täglich hundert Angelegenheiten zu erledigen, geht Hand in Hand mit der Unfähigkeit, etwas Menschliches wirklich lösen zu können, ja es überhaupt in seiner vollen Tragweite zu sehen.

So sind die meisten modernen Menschen Atheisten allein aus dem Grund, weil man die Gottesfrage nicht bloß in einer Pause zwischen zwei Fernsehprogrammen oder wenn man bloß „wartet" (gleichwohl, auf einen Bus oder auf einen Arzt), stellen kann. Nicht diese oder jene Weltanschauung und Lebensauffassung, sondern die Unfähigkeit, überhaupt eine eigene Weltanschauung und Lebensauffassung zu haben, ist für die meisten „modernen" Menschen charakteristisch

Machovec, Milan: Geleitwort. Aus: Pöhlmann, Horst G.: Der Atheismus oder der Streit um Gott. Gütersloh ³1979, S. 17 f.

ANREGUNGEN

- Sammeln Sie aus verschiedenen Zeitungen und Illustrierten Informationen, aus denen eine Gleichgültigkeit gegenüber der Frage nach Gott im öffentlichen und im privaten Leben zu ersehen ist!
- Fassen Sie den Inhalt des Textes von Milan Machovec in drei Thesen zusammen!
- Wie beurteilen Sie Machovec' Analyse des „Alltagsatheismus"?

5.3.1 Ludwig Feuerbach: Religion als Entzweiung des Menschen von sich selbst

Als vierter Sohn des Hofrats **Anselm Feuerbach** wird Ludwig 1804 in Landshut geboren. Er nimmt ein Studium der evangelischen Theologie in Heidelberg auf, bricht dieses jedoch nach einem Jahr ab. Danach studiert er für zwei Jahre in Berlin Philosophie, hauptsächlich bei Hegel, in Erlangen schließlich Botanik, Anatomie und Physiologie. Nach der Promotion bekleidet Feuerbach drei Jahre lang eine Privatdozentur für Philosophie in Erlangen. Als bekannt wird, dass er das anonym erschienene Werk „Gedanken über Tod und Unsterblichkeit“ verfasst hat, das sich gegen die persönliche Unsterblichkeit wendet, gibt Feuerbach 1832 die ihm ohnehin schwer fallende Lehrtätigkeit auf. Sämtliche seiner Pläne, als Gymnasiallehrer, Hofmeister, Bibliothekar oder Redakteur Fuß zu fassen, scheitern.

Ludwig Feuerbach

1837 heiratet er die Mitinhaberin einer Porzellanfabrik, Bertha Löw, und lebt ohne offizielle Verpflichtungen finanziell sorglos in Bruckberg bei Ansbach. 1841 erscheint die grundlegende Schrift „Das Wesen des Christentums“. 1848 nimmt Feuerbach an der revolutionären Bewegung in Leipzig, Frankfurt und Heidelberg teil. 1848/49 wird er Abgeordneter des Kreises Ansbach in der Paulskirche, sieht aber die Zeit für politische Aktionen noch nicht gekommen und beendet diese resigniert. Auf Einladung von Heidelberger Studenten hält er außerhalb des Lehrplans im Rathaussaal Vorlesungen, die er 1851 veröffentlicht („Das Wesen der Religion“). Da die Porzellanfabrik in Konkurs geht, muss Feuerbach mittellos, auf öffentliche Stiftungen angewiesen nach Rechenberg bei Nürnberg übersiedeln, wo ihn auch Freunde unterstützen. Nach mehreren Schlaganfällen stirbt er 1872 und wird auf dem Johannisfriedhof in Nürnberg beigesetzt.

Ursprung der Religion ist für Feuerbach das Wesen des Menschen. Im Gegensatz zum philosophischen Idealismus, den auch sein Lehrer Hegel vertritt, interpretiert Feuerbach den Menschen als Teil der Natur und im Zusammenhang mit seiner Gattung, der Menschheit. Die Gottesvorstellung geht darauf zurück, dass der Mensch sich zum Gegenstand seines Nachdenkens macht. Der Einzelne erfährt sich in seinen Möglichkeiten und Fähigkeiten biologisch und gesellschaftlich begrenzt. Die Wunschvorstellung, vollkommen zu sein, führt den Menschen dazu, Gott zu erfinden. Der religiöse Mensch versteht sein **Selbstbewusstsein** als eine von ihm fremde, selbstständige, real existierende Wirklichkeit: Gott. Religion entzweit den Menschen mit sich selbst, da sie das menschliche Vermögen und seine Begrenztheit auseinander reißt. Gott stellt das menschliche Ideal-Ich dar, wie Allmacht, unbegrenzte Freiheit, unendliche Liebe, Gerechtigkeit, Unsterblichkeit. Sich selbst versteht der religiöse Mensch angesichts des übermächtigen „Gottes“ als radikalen Sünder, ohnmächtig und unfähig zur uneigennützigen Liebe den Mitmenschen gegenüber. „Gott und Mensch sind Extreme: Gott das schlechthin Positive, der Inbegriff aller Realitäten, der Mensch das schlechtweg Negative, der Inbegriff aller Nichtigkeiten."[4]

Feuerbach gibt eine **psychologische Erklärung**, wie es zu der Gottesvorstellung kommt. Der Projektionsvorgang, der die Religion erzeugt, gründet letztlich in der menschlichen **Einbildungskraft**. Sie entwirft die Vorstellungen über Gott. Der religiöse Mensch glaubt, dass seine gesellschaftlich allenfalls bruchstückhaft erfüllten Wünsche durch die Allmacht Gottes voll verwirklicht werden. Neben der Einbildungskraft des Menschen sind Abhängigkeitsgefühl, Glückseligkeits- und Selbsterhaltungstrieb die psychischen Wurzeln des Gottesglaubens, also immanente anthropologische Gegebenheiten und subjektive Vorgänge.

5. Projektion ↑	Der religiöse Mensch projiziert sein Selbstbewusstsein nach außen und versteht den allmächtigen Gott als real existierendes Wesen.
4. Einbildungskraft ↑	Angesichts des Ohnmachtgefühls des einzelnen Menschen, sein Glück zu erreichen, stellt sich die menschliche Fantasie „Gott" als Erfüllung aller Wunschvorstellungen vor.
3. Selbsterhaltungstrieb („Egoismus") ↑	Der Selbstbehauptungswille, die Liebe des Menschen zu sich selbst, sucht das Glücksideal zu verwirklichen.
2. Wünsche des Menschen und Glückseligkeitstrieb ↑	Die verschiedenen Sehnsüchte des Menschen (z. B. Freiheit, Liebe, Gerechtigkeit, Unsterblichkeit) treffen sich in der Wunschvorstellung, glücklich zu sein.
1. Abhängigkeitsgefühl	Der von Natur und Gesellschaft abhängige Mensch weiß um seine körperlichen und geistigen Begrenztheiten und fühlt seine Ohnmacht.

Die Entwicklung der Gottesvorstellung aus dem psychischen Vermögen nach L. Feuerbach

4 Feuerbach, Ludwig: Das Wesen der Religion. Hrsg. und eingeleitet von Albert Esser. Heidelberg ^{3}1983, S. 98.

In seiner philosophisch-psychologischen Entlarvung der Religion als menschliche Illusion sieht Feuerbach eine **weltgeschichtliche Zäsur:** *„Homo homini Deus est* – dies ist der oberste praktische Grundsatz – dies der Wendepunkt der Weltgeschichte.“[5] Wenn der Mensch begreift, dass die Religion als objektive Wirklichkeit ausgibt, was lediglich anthropologische Vorgänge widerspiegelt, kann er die religiöse Projektion überwinden.

Religiöse Glaubensinhalte und Rituale, wie das Abendmahl, lassen sich nach Feuerbach in humane Aussagen und Grundhaltungen überführen.

Wein und Brot gehören zu den ältesten Erfindungen. Wein und Brot vergegenwärtigen, versinnlichen uns die Wahrheit, dass der Mensch des Menschen Gott und Heiland ist.

Essen und *Trinken* ist das Mysterium des Abendmahls – Essen und Trinken ist in der Tat an und für sich selbst ein *religiöser Akt; soll* es wenigstens sein.[6] Denke daher bei jedem Bissen Brot, der dich von der Qual des Hungers erlöst, bei jedem Schlucke Wein, der dein Herz erfreut, *an den Gott,* der dir diese wohltätigen Gaben gespendet – *an den Menschen!* Aber vergiss nicht über der Dankbarkeit gegen den Menschen die Dankbarkeit gegen die Natur! Vergiss nicht, dass der Wein das Blut der Pflanze und das Mehl das Fleisch der Pflanze ist, welches dem Wohle deiner Existenz geopfert wird! [...] Vergiss also nicht den Dank, den du der *natürlichen Qualität* des Brotes und Weines schuldest! [...] So braucht man nur den gewöhnlichen gemeinen Lauf der Dinge zu unterbrechen, um dem Gemeinen *ungemeine* Bedeutung, dem *Leben als solchem* überhaupt *religiöse Bedeutung* abzugewinnen. *Heilig* sei uns darum das Brot, *heilig* der Wein, aber auch *heilig* das Wasser! Amen.

Feuerbach, Ludwig: Das Wesen des Christentums. Stuttgart 1969, S. 409–411.

Feuerbach zieht die Konsequenzen für die ethische Verantwortung des Menschen. Der bewusste Atheist verwirft den religiösen Glauben, angesichts des übermächtigen „Gottes“ lediglich ein radikaler Sünder zu sein, der zum guten Handeln, aus eigener Kraft nicht fähig ist. Die Religion hindert den Menschen daran, seine schöpferischen Fähigkeiten einzusetzen. Wird der Gottesglaube überwunden, steht der Mensch dem Mitmenschen zur Seite und handelt dabei aus primärer Motivation heraus, aus unmittelbarer Liebe zum Nächsten, nicht

5 Feuerbach, Ludwig: Das Wesen des Christentums. Stuttgart 1969, S. 401.

6 Feuerbach (a.a.O., S. 409 f.) zitiert Luther: „Essen und Trinken ist das *allerleichteste* Werk, da die Menschen nichts liebers tun: Ja das *allerfröhlichste* Werk in der ganzen Welt ist Essen und Trinken [...]. Summa: Essen und Trinken ist ein lieblich nötig Werk, das hat man bald gelernet und die Leute dahin geweiset. Dasselbe liebliche nötige Werk nimmt unser lieber Herr Christus und spricht: Ich habe eine fröhliche süße und liebliche Mahlzeit zubereitet, euch will ich kein hart, schwer Werk auflegen [...]; ein Abendmahl setze ich ein“.

aber in der Absicht auf eine Belohnung durch eine erfundene Gottheit. In kollektiver Zusammenarbeit verwirklichen die Atheisten eine **humane Gesellschaft**, in der die Sehnsüchte des Menschen schrittweise realisiert werden. Damit schafft schließlich die Menschheit ein Reich der Freiheit und Gerechtigkeit. Sie macht sich unsterblich.

Die religionskritische Projektionstheorie prägt viele der auf sie folgenden atheistischen Entwürfe.

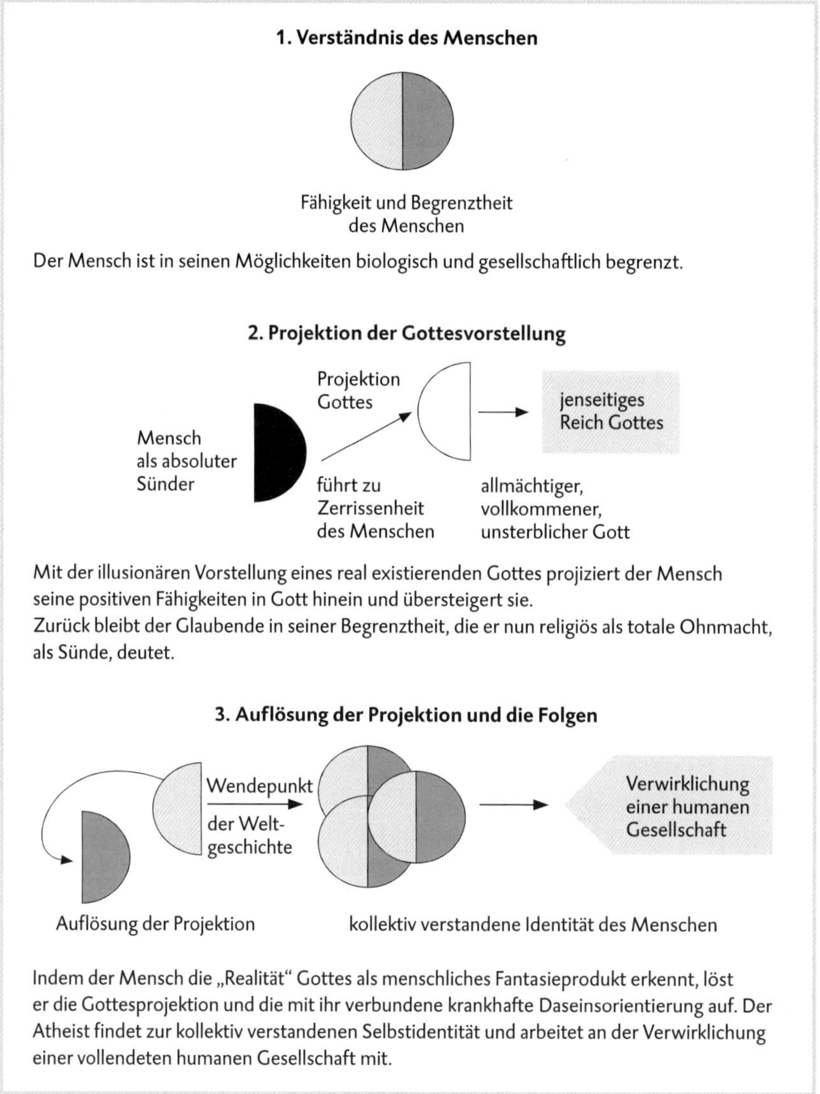

Entstehung der Religion und ihre Überwindung nach L. Feuerbach

Der religiöse Glaube an einen eingebildeten, fälschlich für real existierend verstandenen Gott führt nach Feuerbach zur Zerrissenheit des Menschen mit sich selbst und zu einer unrealistischen Daseinsorientierung. Religion muss anthropologisch interpretiert werden: Der bewusste Atheismus überführt die Gottesvorstellung in Aussagen über das menschliche Wesen. Dadurch soll dem Menschen ein Weg zur kollektiven Selbstverwirklichung und zur Gestaltung einer humanen Gesellschaft eröffnet werden.

5.3.2 Sigmund Freud: Religion als psychische Erkrankung

Sigmund Freud wird 1856 in Freiberg (Mähren) als Sohn eines jüdischen Wollkaufmanns geboren. Freud selbst hat seit seiner Kindheit zur jüdischen Religion nur ein lockeres Verhältnis. Die Familie zieht nach Wien, wo sie antisemitischen Verleumdungen ausgesetzt ist. Nach dem Abitur studiert Freud ab dem 17. Lebensjahr acht Jahre Medizin, wobei er später nicht als Arzt arbeiten, sondern die wissenschaftliche Laufbahn einschlagen will. 1885 reicht er eine Abhandlung über die Anatomie des Rückenmarks ein und wird Privatdozent für Neuropathologie. In Wien eröffnet er eine eigene Praxis für psychoanalytische Behandlungen. Finanziell abgesichert heiratet er nun nach vierjähriger Wartezeit 1886 Martha Bernays, der er über 900 Brautbriefe geschrieben hat. 1902 wird er außerordentlicher Professor in Wien. Da 1938 die Nationalsozialisten in Österreich einmarschieren, emigriert Freud nach London. Er erkrankt an Gaumenkrebs, den er 16 Jahre durchsteht und der ihn zu über dreißig Operationen zwingt. Trotz aller Leiden arbeitet Freud bis zu seinem Lebensende wissenschaftlich weiter. Er stirbt 83-jährig, am 23. September 1939, 3 Uhr morgens, nachdem ihm der Arzt verabredungsgemäß eine Injektion Morphium verabreicht hat. – Seine Tochter Anna führt die wissenschaftliche Arbeit des Vaters fort.

Sigmund Freud

Die zahlreichen, unterschiedlichen Analysen Freuds zur Religion lassen sich nicht zu einer einheitlichen religionskritischen Darstellung harmonisieren. Freud bezieht unbewusste psychische Vorgänge auf religiöse Phänomene und deutet die Religion psychoanalytisch und ethnologisch (völkerkundlich).

Aus **psychoanalytischer Sicht** leitet Freud die Religion aus der sinnlich-triebhaften Sehnsucht des Kindes nach Geborgenheit ab. Vom Vater erhofft das Kind Schutz und Trost in den Belastungen des Lebens, andererseits hat es zugleich Angst vor dem Vater-Über-Ich. Der Erwachsene flüchtet in seiner Hilflosigkeit gegenüber der realen Welt in diese frühere Stufe des Entwicklungsstadiums und sucht **Zuflucht bei einem zum Gott erhöhten Vater.** Gott soll helfen und ist doch zugleich zu fürchten. Der Glaube an einen persönlichen, allmächtigen Gott (und eine gütige Mutter) ist somit psychoanalytisch als Sublimierung[7] der frühkindlichen Beziehung zum Vater (und zur Mutter) zu verstehen. „Religion ist ein Versuch, die Sinneswelt, in die wir gestellt sind, mittels der Wunschwelt zu bewältigen, die wir infolge biologischer und psychologischer Notwendigkeiten in uns entwickelt haben."[8] Besonders die frühe Kindheit prägt das spätere Verhalten des Menschen und legt auch die Grundlagen zu religiös bedingten psychischen Erkrankungen.

Sigmund Freud beschreibt, wie sich die religiösen Vorstellungen in den verschiedenen Phasen der Kultur weiterentwickeln:

Die Götter behalten ihre dreifache Aufgabe, die Schrecken der Natur zu bannen, mit der Grausamkeit des Schicksals, besonders wie es sich im Tode zeigt, zu versöhnen und für die Leiden und Entbehrungen zu entschädigen, die dem Menschen durch das kulturelle Zusammenleben auferlegt werden.

Aber allmählich verschiebt sich innerhalb dieser Leistungen der Akzent. Man merkt, dass die Naturerscheinungen sich nach inneren Notwendigkeiten von selbst abwickeln [...]. Was die Austeilung der Schicksale betrifft, so bleibt eine unbehagliche Ahnung bestehen, dass der Rat- und Hilflosigkeit des Menschengeschlechts nicht abgeholfen werden kann. Hier versagen die Götter am ehesten [...]. Und je mehr die Natur selbstständig wird, die Götter sich von ihr zurückziehen, desto ernsthafter drängen alle Erwartungen auf die dritte Leistung, die ihnen zugewiesen ist, desto mehr wird das Moralische ihre eigentliche Domäne. Göttliche Aufgabe wird es nun, die Mängel und Schäden der Kultur auszugleichen, die Leiden in Acht zu nehmen, die die Menschen im Zusammenleben einander zufügen, über die Ausführung der Kulturvorschriften zu wachen, die die Menschen so schlecht befolgen. Den Kulturvorschriften selbst wird göttlicher Ursprung zugesprochen, sie werden über die menschliche Gesellschaft hinausgehoben, auf Natur und Weltgeschehen ausgedehnt.

Freud, Sigmund: Die Zukunft einer Illusion. Aus: Freud-Studienausgabe, Bd. 9. Frankfurt a. M. 1974, S. 152.

Daneben gibt Freud eine **ethnologische (völkerkundliche) Erklärung** der Religion. Methodisch geht er von der erkenntnistheoretischen Annahme aus, dass sich in der biologischen und geistigen Entwicklung des Individuums (Ontogenese) wesentliche Phasen der menschheitsgeschichtlichen Evolution (Phylogenese) wiederholen. Beispielsweise interpretieren sich die Tierphobie des Kin-

7 Umsetzung einer primitiven Triebregung in kulturelle Leistung.

8 Freud, Sigmund: Neue Folge der Vorlesungen zur Einführung in die Pychoanalyse. Aus: Freud-Studienausgabe, Bd. 1. Frankfurt a. M., 1974, S. 608.

des und die Verehrung des Totemtiers in den Religionen gegenseitig: Die kindlichen Tierphobien (nächtliche, meistens mit einem Tier verbundene Albträume) drücken die Angst des Kindes vor dem Vater aus. Auch hinter der Verehrung des Totemtiers steht die Angst vor dem Vater-Über-Ich, die Erinnerung an die Ermordung des Ur-Vaters. Da der Urvater der Urmenschenhorde als unumschränkter Despot alle Frauen für sich in Anspruch nimmt und die erwachsenen Söhne vertreiben will, erschlagen und verzehren die Söhne den egoistischen Vater. Als Folge dieser Aggression entsteht das Schuldbewusstsein der Söhne. Sie verehrten den Vater aus Angst vor Strafe als Totemtier und überhöhen zunehmend das Vater-Über-Ich als Gottheit. Tieropfer und Totemmahlzeiten – sublimiert im christlichen Abendmahl – versteht Freud als rituelle Zwangshandlungen. Sie sind als Sühneopfer gegenüber dem **ermordeten Ur-Vater-Gott** zu erklären und geben zugleich Anteil an der göttlichen Machtfülle.

Unter psychoanalytischem und ethnologischem Deutungsaspekt stellt Religion ein Ergebnis menschlicher Angst und Hilflosigkeit dar. Religion ist für Freud eine krankhaft verzerrte, durch Wirklichkeitsverlust geprägte Form der **Lebensorientierung.** Sie verlängert das infantile Stadium der Unmündigkeit, verhindert die Selbstannahme des Menschen, beinhaltet übersteigerte ethische Ansprüche und führt schließlich zu religiös-kirchlichen Neurosen. Als Beispiel christlichen Wunschdenkens nennt Freud den übersteigerten Anspruch des Liebesgebots. Er hält die Forderung „Liebe deinen Nächsten wie dich selbst" aus psychoanalytischer Sicht für unrealistisch, weil es die seelische Konstitution des Menschen, einschließlich der Belange des Ichs, nicht ernstnimmt. „Das Gebot ist undurchführbar; eine so großartige Inflation der Liebe kann nur deren Wert herabsetzen, nicht die Not beseitigen. [...] Die Ethik, die sich an die Religion anlehnt, lässt hier ihre Versprechungen eines besseren Jenseits eingreifen. Ich meine, solange sich die Tugend nicht schon auf Erden lohnt, wird die Ethik vergeblich predigen."[9] Wer das Liebesgebot nicht ermäßigt, sondern tatsächlich durchführen will, gerät in die Gefahr neurotischer Selbstzerstörung oder in den Einfluss aggressiver Gemeinschaftsneurosen (z. B. Glaubenskriege).

Im Gegensatz zum religiösen Wunschprinzip muss das menschliche Handeln vom **Realitätsprinzip** der „individuellen Libidoökonomie" ausgehen. Jeder soll individuell die persönliche Konstitution, die gesellschaftlichen Gegebenheiten und die umgebende Natur im Handeln pragmatisch aufeinander beziehen, um ein Maximum an Glück zu erreichen.

9 Freud, Sigmund: Das Unbehagen in der Kultur. Aus: Freud-Studienausgabe, Bd. 9. Frankfurt a. M. 1974, S. 268.

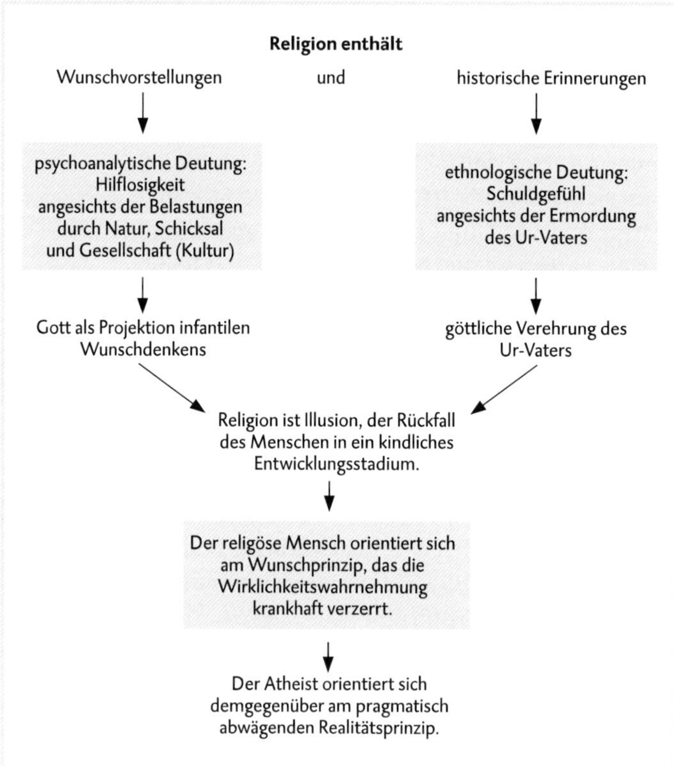

S. Freuds Verständnis der Religion und ihre Überwindung

Freud deutet die Religion als psychische Erkrankung des Menschen. In seiner Hilflosigkeit gegenüber den Belastungen durch die reale Wirklichkeit fällt der religiöse Mensch in kindliches Wunschdenken zurück. Er projiziert seine Sehnsucht nach elterlichem Schutz in einen überhöhten Vater-Gott.

5.3.3 Auseinandersetzung mit dem Atheismus

Die Auseinandersetzung und der Dialog mit dem Atheismus lässt sich nur **differenziert** führen. Manche Vorwürfe des Atheismus muss der religiöse Glaube zurückweisen. An bestimmten historischen Formen der Religiosität übt der Atheismus sicher berechtigte Kritik. Verschiedene Anfragen der Religionskritik sollten zur Besinnung der Gläubigen auf die eigene Gottesvorstellung und zum Nachdenken über die christliche Lebensorientierung führen.

Verständnis der Gottesvorstellung als totale Projektion

Der atheistische Haupteinwand gegen die Religion besagt, dass der Gottesgedanke nichts anderes sei als eine **Projektion der menschlichen Vorstellungskraft**. Wenn Atheisten wie Feuerbach glauben, sie könnten ihre Annahme wissenschaftlich beweisen, verfallen sie zunächst der philosophischen Kritik selbst, da sie von einer logisch nicht überzeugenden erkenntnistheoretischen Vorgabe ausgehen. Eine psychologische Beschreibung oder Erklärung der Gotteserfahrung besagt nicht rational zwingend, dass ein realer, transpersonaler Gott nicht existiert.

Diesen Einwand erhebt bereits der Philosoph Eduard von Hartmann (1842–1906) gegen Feuerbach:

> Sein [Feuerbachs] einzig origineller Gedanke ist der, dass die Götter hinausprojizierte Wünsche des Menschen sind. Nun ist es ganz richtig, dass darum etwas noch nicht existiert, weil man es wünscht, aber es ist nicht richtig, dass darum etwas nicht existieren könne, weil man es wünscht. Seine [Feuerbachs] ganze Religionskritik und der ganze Beweis für seinen Atheismus beruhen jedoch auf diesem einzigen Schluss, d. h. auf einem logischen Fehlschluss. Wenn die Götter Wunschwesen sind, so folgt daraus für ihre Existenz oder Nichtexistenz gar nichts.
>
> *Hartmann, Eduard von: Geschichte der Metaphysik, 2. Teil. Aus: Ders.: Ausgewählte Werke, Bd. 12, Leipzig 1900, S. 444.*

Umgekehrt ist seit Kant der Religion aber auch endgültig die Möglichkeit genommen, die Existenz Gottes rational beweisen zu wollen. Die atheistische Behauptung, dass die Gottesvorstellung auf eine Projektion innerweltlicher Vorgänge zurückzuführen sei und damit ein Fantasieprodukt des Menschen darstelle, lässt sich wissenschaftlich nicht widerlegen. Die Entscheidung für den Atheismus oder die Religion vollzieht sich, trotz vernünftiger Argumente für die eine oder andere Möglichkeit, letztlich rational nicht zwingend begründbar, sondern setzt eine **persönliche existenzielle Grundentscheidung** voraus.

Rede von Gott

Wenn der Mensch von Gott redet, bezieht er Vorgänge seines Erfahrungsbereichs ein.[10] Ohne partielle „Projektion" innerweltlicher Bildelemente auf Gott ist Reden von Gott nicht möglich. Der Einwand, das Verständnis Gottes sei nichts anderes als eine Übertragung menschlicher Lebenswirklichkeit auf Gott, übersieht, dass Gott sich in Jesus Christus erkennbar und aussagbar macht.

10 Vgl. S. 13 ff.

Jesus selbst veranschaulicht in den Gleichnissen das Hereinbrechen der Gottesherrschaft und das Handeln Gottes, indem er Vorgänge des alltäglichen Lebens (wie das Auffinden einer verlorenen Münze, Saat und Ernte, die Heimkehr eines lange von zu Hause abwesenden Sohnes) in den Erzählungen aufgreift. Menschliche Vorstellungen und Worte (z. B. Vater, Liebe, Wahrheit) wendet Jesus im analogen Sinn auf Gott an, sodass sie dem Glauben **transparent für die Wirklichkeit Gottes** werden.

Beitrag der Religionskritik: Enthüllung von Zerrbildern des Gottesglaubens
Bei der Übersetzung und Aktualisierung der biblischen Botschaft entsteht ständig das Problem, inwieweit die Wirklichkeit Gottes tatsächlich möglichst adäquat zur Sprache gebracht oder im Gegenteil verkürzt und verzerrt wird. Die atheistischen Vorwürfe lassen sich daher kritisch auf die geschichtlichen Gestalten des Christentums anwenden. Hier zeigt sich, dass man beispielsweise das ethische Verhalten oder die politischen Ordnungsstrukturen mitunter in fragwürdiger Weise religiös legitimierte. Eine **kritische Selbstreflexion des Glaubens** kann dazu beitragen, den christlichen Glauben von Verzerrungen zu reinigen und menschliche Interessen zu entlarven. Dies geschieht letztlich im Interesse des Glaubens an Gott selbst und schärft den Sinn, Gott nicht erneut zur Legitimierung menschlicher Interessen zu benutzen.

Atheistische Entwürfe als Herausforderung zur religiösen Existenzdeutung
Die Vorwürfe des Atheismus an die Religion führen teilweise zu existenziellen Problemstellungen, die der christliche Glaube aufnehmen muss, z. B. die Frage nach dem Zusammenhang zwischen Angst und Gottvertrauen. Unabhängig von der Wahrheit atheistischer Theorien werden dem religiösen Glauben Anfragen zugetragen, auf die er die Existenzdeutung beziehen kann, wenn er seine **Chance zu schöpferischen Antworten** wahrnehmen will.

Der christliche Glaube weist die atheistische Behauptung, das Gottesverständnis sei eine totale Projektion menschlicher Selbst- und Welterfahrung als unbegründet zurück.

5.3.4 Problematik der Religionskritik Ludwig Feuerbachs

Feuerbachs Projektionstheorie, die den Gottesgedanken als psychologisch begründete Illusion menschlicher Vorstellungskraft versteht, setzt sich neben der erkenntnistheoretischen Kritik der Philosophie vor allem **theologischen Einwänden** aus.

Menschliches Wunschdenken

Gegenüber dem Vorwurf, der christliche Glaube gehe auf menschliches Wunschdenken zurück, argumentiert die Theologie, dass Gott menschliche Erfahrungsbereiche in den Dienst seiner Offenbarung nimmt und für seine Wirklichkeit transparent macht. Nicht alle Gottesvorstellungen können im Übrigen schlüssig auf Primärbedürfnisse oder Wünsche des Menschen zurückgeführt werden. Die Glaubenserfahrung, dass sich im Kreuz Jesu die Liebe Gottes zeigt, dürfte **menschlichem Wunschdenken widersprechen.**

Ethische Motivation zur Weltgestaltung

Feuerbachs Annahme, dass jüdisches und christliches Handeln vom Lohngedanken motiviert sei, kann sich zwar teilweise auf alt- und neutestamentliche Aussagen stützen. Jesus knüpft an den Verdienstgedanken des Frühjudentums an und spricht vor allem in Auseinandersetzungen mit Gegnern auch vom Lohn des Tuns. Feuerbach verkennt jedoch den Gesamtbezug der biblischen Ethik. Gerade aus der **erfahrenen Zuwendung Gottes** heraus wird der Christ frei zur uneigennützigen, sachorientierten Weltgestaltung.

Identität des Menschen

Feuerbachs philosophische Grundlegung der Anthropologie geht von der konkreten Wirklichkeit, vom Vorrang der sinnlichen Realität aus. Der christliche Glaube bezieht sich demgegenüber auf die biblisch bezeugten Wahrnehmungen vom Menschen. Sie decken Feuerbachs ideologisch verzerrtes, fiktives Bild vom Wesen des Menschen auf. Feuerbach nimmt weder die gestörte Beziehung des Menschen zu Gott und zur Welt wahr, noch dessen **entlastende Befreiung,** die ihm Gott gewährt.

Feuerbachs humanistischer Atheismus stellt theologisch gesehen eine ideologische Verzerrung der Wirklichkeit dar und fordert den christlichen Glauben heraus, um des Menschen willen die Wirklichkeit Gottes angemessen zur Sprache zu bringen.

5.3.5 Problematik der Religionskritik Sigmund Freuds

Der christliche Glaube beruft sich in der Auseinandersetzung mit Freud auf Forschungsergebnisse der Psychoanalyse und der Religionswissenschaft, die zahlreiche Grundüberzeugungen Freuds modifizieren, in Frage stellen oder sogar widerlegen. In der Auseinandersetzung mit der Religionskritik Freuds können aus der Sicht des christlichen Glaubens folgende **Argumentationsansätze** eine Rolle spielen: die erkenntnistheoretische Vorgabe, der religionswissenschaftliche Einwand, das Verständnis des Menschen, der ethische Ansatz und die existenzielle Grundentscheidung.

Erkenntnistheoretische Vorgabe

Freuds Projektionstheorie, die den Gottesgedanken als tiefenpsychologisch begründete Illusion kindlichen Wunschdenkens versteht, beruht auf einer logisch nicht überzeugenden erkenntnistheoretischen Vorgabe. Sein methodisches Vorgehen, die Religiosität des Erwachsenen, neurotische Formen religiöser Praxis und frühkindliches Wunschdenken analog aufeinander zu beziehen und zu deuten, ist fragwürdig, da die **Ergebnisse nicht allgemein übertragbar** sind. Auch Freuds Entwicklungsgedanke, der den monotheistischen Gottesglauben auf die Urreligion des Animismus und Totemismus zurückführt, wird religionsgeschichtlich als zu undifferenziert bestritten.
Nun betont Freud zwar, dass er sich nur mit dem tiefenpsychologischen Hintergrund religiöser Phänomene beschäftigt, nicht mit dem Wahrheitsgehalt der Gottesvorstellung. Die psychoanalytische und ethnologische Erklärung der Religion verbindet Freud jedoch mit einer umfassenden Deutung der Religion, die ihren Wahrheitswert faktisch verneint.

Religionswissenschaftlicher Einwand

Freuds Religionskritik geht von einem verzerrten jüdisch-christlichen Gottesbild aus, das von einem patriarchalischen Vatergott und der Entmündigung des Glaubenden geprägt ist, der sich dem despotischen Gott unterwerfen muss. Gegenüber diesem Missverstehen, an dem Theologie und Kirche durchaus mitbeteiligt sind, ist der christliche Glaube aufgefordert, die **Wirklichkeit Gottes** angemessen zur Sprache zu bringen.

Verständnis des Menschen

Die in Jesus Christus den Menschen begegnende Wirklichkeit Gottes deckt Freuds **verkürztes Bild vom Menschen** auf. Person und Verkündigung Jesu verdeutlichen die unheilvolle Gesamtsituation des Menschen im Gegenüber zu Gott, dem Mitmenschen und der Umwelt. Diese verkehrte Grundeinstellung seines Lebens kann der Mensch nicht durch die reflektiertere Einteilung seiner Lebenskräfte in Form der „individuellen Libidoökonomie“ handhaben. Vielmehr befreit allein Gott den Menschen aus seiner verkehrten Lebenseinstellung.

Freuds religionskritische Erwägungen können zur **Reinigung des christlichen Glaubens** beitragen. Die religiöse Praxis mag manchmal von unbewussten religiösen Wunschbildern oder durch die Flucht aus der Realität bestimmt sein und somit neurotisierend und persönlichkeitsverzerrend wirken. An der Aufarbeitung solcher religiösen Verkürzungen ist dem mündigen Christen selbst gelegen.

Ethischer Ansatz

Freuds Annahme, das Liebesgebot stelle eine Überforderung des Menschen dar und sei unerfüllbar, verkennt den Gesamtbezug der biblischen Begründung ethischen Handelns. Gerade aus der erfahrenen Zuwendung Gottes heraus überwindet der Christ Freuds pragmatisches Realitätsprinzip und wird frei für eine **verantwortungsvolle humane Weltgestaltung**.

Existenzielle Grundentscheidung

In Freuds ablehnender Haltung gegenüber der Religion kommt eine **Grundüberzeugung neuzeitlicher Selbstbehauptung** zum Tragen. Da Freud sich bereits in seiner Studentenzeit zum Atheismus bekennt, ist seine persönliche weltanschauliche Haltung nicht als Folge seiner Religionskritik zu verstehen, sondern setzt eine existenzielle Entscheidung voraus, die sich durch das Klären entstellter christlicher Vorstellungen kaum berühren lassen dürfte.

Freuds psychoanalytisch begründeter Atheismus geht von zahlreichen wissenschaftlich fragwürdigen Voraussetzungen aus.

LEITFRAGEN ZUR ERTRAGSSICHERUNG UND WEITERFÜHRUNG

- Erörtern Sie Ursachen und Auswirkungen des pragmatischen Atheismus! Beziehen Sie in Ihre Überlegungen beispielsweise auch folgende Medien oder Texte ein:
  Paul A. Weber: Melancholie, S. 241;
  „Glaube – find your world“, S. 171;
  Tomi Ungerer: Karikatur, S. 174;
  Tobias Weiß: Ein moderner Totentanz – Der Tod als Weichensteller, S. 251;

Erich Kästner: „Alles bleibt beim Alten“, S. 44;
Hans F. K. Günther: „Naturwissenschaftliche Rassenlehre“; „Mein Eindruck von Adolf Hitler“; S. 184 ff.;
Quintus T. Cicero: Wahlkampfempfehlungen für meinen Bruder Marcus, S. 174;
Herbert Fensterheim und Jean Baer: Sieben Angsttypen, S. 172 f.;
Arno Plack: Aggression, S. 194 f.;
Martin Luther: „Was heißt ‚einen Gott haben‘“?, S. 114 f.

- Ist Ihrer Ansicht nach „Gott“ Ausdruck einer verkehrten Welt? Begründen Sie Ihre Stellungnahme!
- Erörtern Sie die Frage, ob der Glaube an Gott einen „Nutzeffekt“ haben muss!
- Überlegen Sie, welche Grundfragen den heutigen Menschen beschäftigen und welche Lebenshilfen zu deren Bewältigung er sucht! Welche Möglichkeiten sehen Sie für den Menschen, Gott zu begegnen?

Literaturhinweise:

KÜNG, HANS: Existiert Gott? Antwort auf die Gottesfrage der Neuzeit. München ^{2}1983 (dtv 1628).

NEUENSCHWANDER, ULRICH: Gott im neuzeitlichen Denken, Bd. 2. Gütersloh 1977 (Gütersloher Taschenbücher Siebenstern 244).

PÖHLMANN, HORST GEORG: Der Atheismus oder der Streit um Gott. Gütersloh ^{3}1979 (Gütersloher Taschenbücher Siebenstern 218).

RELIGIONSKRITIK VON DER AUFKLÄRUNG BIS ZUR GEGENWART. Autoren-Lexikon von Adorno bis Wittgenstein. Hrsg. von Karl-Heinz Weger. Feiburg im Breisgau ^{8}1988 (Herder-Tschenbuch 716).

ZUM WEITERLESEN

André Gide: Das Zwiegespräch mit dem jüngeren Bruder

Ich habe hier, wie man es bei den alten Altartafeln tat,
zu meiner verschwiegenen Freude, das Gleichnis gemalt,
das unser Herr Jesus Christus uns erzählt hat. [...]
Wenn aber der Leser einige Frömmigkeit von mir fordert,
es möchte sein, dass er sie gleichwohl in meinem Bilde fände,
da ich mich, gleich einem Stifter in der Ecke des Gemäldes,
darin angebracht habe, auf den Knien,
ein Gegenstück zum verlorenen Sohn,
wie er zugleich lächelnd und mit von Tränen tiefendem Antlitz.

Es ist die Kammer neben der des Verlorenen, nicht gerade klein, mit leeren Wänden. Eine Lampe in der Hand, nähert sich der Verlorene dem Bett, wo sein jüngerer Bruder ruht, das Gesicht gegen die Wand gekehrt. Er beginnt mit leiser Stimme, um das Kind, wenn es schläft, nicht in seinem Schlummer zu stören.

„Ich möchte mit dir sprechen, mein Bruder."

„Was hindert dich daran?"

„Ich glaubte, du schliefst."

„Man braucht nicht zu schlafen, um zu träumen. [...] Am Abend, da du heimkehrtest, war es mir nicht möglich zu schlafen. Die ganze Nacht dachte ich: Ich hatte noch einen Bruder, und ich wusste es nicht... Deshalb hat mir das Herz so stark geklopft, als ich dich hereinkommen sah, in den Hof des Hauses, ruhmbedeckt."

„Ach! bedeckt mit Lumpen, wie ich war."

„Ja, ich habe dich gesehen, und doch schon ruhmvoll. Und ich habe gesehen, was unser Vater tat: Er hat an deinen Finger einen Ring gesteckt, einen solchen, wie ihn unser Bruder nicht besitzt. Ich wollte niemanden über dich befragen. Ich wusste nur, dass du von sehr weit kamst, und dein Blick, bei Tisch ..."

„Warst du denn dabei?"

„Oh, ich weiß wohl, dass du mich nicht gesehen hast. Während des ganzen Essens war dein Blick in der Ferne, ohne etwas zu sehen. Auch, dass du am zweiten Abend mit dem Vater gesprochen hast, war gut – aber am dritten ..."

„Sprich ..."

„Ach, wenn es nur *ein* liebes Wort gewesen wäre, du hättest wohl kommen können und es mir sagen."

„Hast du mich denn erwartet?"

„Und wie! Glaubst du, ich würde unseren Bruder so hassen, wenn du nicht an jenem Abend so endlos mit ihm gesprochen hättest. Was könnt ihr euch denn zu sagen gehabt haben? Du weißt wohl, wenn du Ähnlichkeit mit mir hast, so kannst du mit ihm nichts gemein haben."

„Ich hatte schweres Unrecht gegen ihn begangen."

„Ist es möglich?"

„Wenigstens gegen unseren Vater und unsere Mutter. Du weißt, dass ich aus dem Haus geflohen war."

„Ja, ich weiß. Es ist lange her, nicht wahr?"

„Ungefähr als ich so alt war wie du."

„So. Und das nennst du dein Unrecht."

„Ja, das war mein Unrecht, meine Sünde."

„Als du weggingst, fühltest du da, dass du schlecht handeltest?"

„Nein; ich fühlte in mir etwas wie eine Verpflichtung, fortzugehen."

„Und was ist denn seither geschehen, dass aus deiner Wahrheit von damals Irrtum wurde?"

„Ich habe gelitten."

„Und deshalb sagst du: Ich hatte Unrecht?"

„Nein, nicht gerade deshalb; aber das hat mich zur Besinnung gebracht. [...] Die Freiheit, die ich suchte, ging mir verloren; einmal in Gefangenschaft, musste ich dienen."

„Ich bin hier in Gefangenschaft."

„Ja, aber schlimmen Herren dienen. Hier dienst du deinen Eltern."

„Ach, dienen ist dienen; hat man nicht wenigstens die Freiheit, sich seine Knechtschaft zu wählen?"

„Das hoffte ich. So weit meine Füße mich trugen, wanderte ich, auf der Suche nach meiner Sehnsucht, wie Saul auf der Suche nach seinen Eselinnen. Aber dort, wo ein Königreich auf ihn wartete, dort hab ich das Elend gefunden. Und dennoch..."

„Hast du auch nicht den Weg verfehlt?"

„Mein Ich ging vor mir her."

„Bist du sicher? Und doch gibt es andere Königreiche und Länder ohne König, die noch zu entdecken sind."

„Wer hat dir das gesagt?"

„Ich weiß es. Ich fühle es. Ich seh mich schon dort herrschen."

„Hochmütiger!"

„Sieh, da ist das Wort, das dir unser Bruder gesagt hat. Wie kommst du jetzt dazu, es mir zu sagen? Hättest du dir nur diesen Hochmut bewahrt! Du wärst nicht zurückgekehrt."

„Dann hätte ich dich nie gekannt."

„Doch, doch, dort draußen, wohin ich dir nachgekommen wäre, dort würdest du mich schon erkannt haben als deinen Bruder. Ja, mir ist doch jetzt zumut, als wärs, um dich wieder zu finden, dass ich fortgehe."

„Dass du fortgehst?"

„Hast du es nicht begriffen? Ermutigst du mich nicht selbst, fortzugehen?"

„Ich möchte dir die Rückkehr sparen... aber dadurch, dass ich dir den Aufbruch erspare."

„Nein, nein, sag mir das nicht; nein, das willst du ja gar nicht sagen. Du bist doch auch – nicht wahr? – du bist wie ein Eroberer ausgezogen?"

„Darum empfand ich meine Knechtschaft nur umso härter."

„Warum hast du dich dann unterworfen? Warst du schon müde?"

„Nein, noch nicht; aber ich war im Zweifel."

„Was meinst du damit?"

„Im Zweifel an allem, an mir selbst. Ich wollte bleiben, mich irgendwo anschließen. Der Halt, den mir dieser Meister versprach, war eine Versuchung für mich. Ja, jetzt sehe ich es wohl ein: Ich bin schwach gewesen."

Der Verlorene neigt das Haupt und verbirgt den Blick in seinen Händen. [...]

„Sieh auf den Tisch dort hinter meinem Kissen, bei dem altmodischen Buch."

„Ich seh einen offenen Granatapfel."

„Den hat mir der Schweinehirt gebracht neulich abends; drei Tage war er nicht nach Haus gekommen."

„Ja, das ist ein wilder Granatapfel."

„Ich weiß. Er ist von einer Bitterkeit, beinah furchtbar; und doch, ich fühle, wenn ich nur genügend Durst hätte, ich würde hineinbeißen."

„Ah, so kann ich es dir jetzt sagen: Was ich suchte in der Wüste, war dieser Durst."

„Ein Durst, den nur diese Frucht löscht, die ohne Süße ist..."

„Nein, aber man liebt diesen Durst um ihretwillen." [...]

„Hör zu. Weißt du, warum ich dich heute Abend erwartete? Eh die Nacht um ist, geh ich. Diese Nacht; diese Nacht, sowie sie anfängt zu verblassen... Mein Gürtel ist geschnallt, ich habe die Sandalen anbehalten."

„Was! Du willst tun, was ich nicht konnte?"

„Du hast mir den Weg aufgetan. Der Gedanke an dich wird mir beistehn."

„Ich kann dich nur bewundern. Du dagegen musst mich vergessen. Was nimmst du mit?"

„Du weißt wohl, ich, als der Jüngere, habe keinen Anteil am Erbe. Ich gehe ohne alles."

„Besser so."

„Was siehst du denn nach dem Fenster?"

„Den Garten seh ich, wo unsere Toten ruhen."

„Mein Bruder... (und das Kind, das vom Bett aufgestanden ist, schmiegt den Arm um den Hals des Verlorenen, und es legt dieselbe Zärtlichkeit in diese Gebärde und in seine Stimme)... komm mit mir!"

„Lass mich, lass mich; ich will bleiben und unsere Mutter trösten. Ohne mich wirst du tapferer sein. Es ist Zeit jetzt. Der Himmel bleicht. Geh, ohne Lärm. Komm! Küss mich, mein junger Bruder. Du nimmst alle meine Hoffnungen mit dir. Sei stark. Vergiss uns, vergiss mich. Mögst du nicht wiederkommen... Steig leise hinab. Ich halte die Lampe."

„Gib mir wenigstens noch die Hand bis an die Tür."

„Achtung bei den Stufen auf dem Vorplatz..."

Gide, André: Die Rückkehr des verlorenen Sohnes. Übertragen von Rainer Maria Rilke. Frankfurt a. M. 1961, S. 5, 30–39.

André Gide (1869–1951 in Paris), calvinistisch erzogen, lehnt sich in seinem literarischen Werk gegen soziale und religiöse Konventionen auf, wenn sie der individuellen Freiheit und Selbstfindung des Menschen widersprechen. Er erhält 1947 den Nobelpreis für Literatur.

Das biblische Gleichnis wird um den Dialog des verlorenen Sohnes mit dem jüngsten Mitglied der Familie erweitert. Im Gegensatz zu dem heimgekehrten, resignierenden Bruder ist der jüngere fest entschlossen, das eigene **Leben in Freiheit** zu gestalten, und hofft, der engen, traditionellen Familienordnung zu entrinnen. Der wilde Granatapfel ist Symbol dieser Sehnsucht, die auch André Gide verspürt, wie sein persönliches Bekenntnis in der Vorrede zeigt.

Die Frage nach dem Menschen

6 Humanwissenschaftliche Einsichten

Die Vielfalt und die teilweise gegensätzlichen **Sichtweisen des Menschen** gehen auf verschiedene Ursachen zurück. Manchmal bestimmen vorgegebene weltanschauliche Aspekte die angeblich objektive wissenschaftliche Beschreibung und Deutung des Menschen. So versteht der Marxismus das menschliche Bewusstsein als Widerspiegelung der jeweiligen gesellschaftlich-ökonomischen Verhältnisse. Die Versuche, das vieldimensionale Wesen des Menschen zu erfassen, stehen ferner in der Gefahr, Teilaspekte zu verabsolutieren. Das idealistische Menschenbild sieht den Menschen als Geistwesen, das vitalistische Menschenverständnis stellt ihn in engsten Zusammenhang mit der Natur. Es fällt außerdem schwer, die anthropologischen Teilergebnisse der verschiedenen Humanwissenschaften, beispielsweise der Verhaltensforschung, der Kulturanthropologie oder der Psychoanalyse, in ein Gesamtbild zu integrieren.

Fragt man nach den Besonderheiten menschlichen Daseins im Vergleich zu den übrigen Lebewesen, werden im Allgemeinen genannt: die Sprachfähigkeit des Menschen; sein Verständnis als geschichtlich handelndes Wesen; das durch Instinktentbundenheit, durch ein offenes Lebensmodell gekennzeichnete Lernwesen; die Verantwortung für sich und sein Handeln, die er wahrnehmen oder ablehnen kann; sein Entwurf einer Werteordnung, die in der Funktion des Gewissens gipfelt.

ZIELSETZUNG

Das Nebeneinander unterschiedlicher Deutungen des Menschen, dazu die eigenen Erfahrungen können ein verwirrendes Bild davon abgeben, wer der Mensch sei. Verschiedenartige methodische Zugänge zu anthropologischen Fragen führen auch zu verschiedenartigen Ergebnissen. Dieses Kapitel will

- mit anthropologischen Grundbegriffen vertraut machen,
- dazu anregen, sich mit Grundbefindlichkeiten menschlichen Daseins auseinander zu setzen,
- unterschiedliche Ansichten vom Menschen – seiner Sonderstellung, seiner Freiheit und Gebundenheit, seiner Aggressionsbereitschaft – zur Sprache bringen.

ZUM EINSTIEG: WAS IST DER MENSCH? – QUID EST HOMO? (SENECA)

Johannes Bobrowski: Das Wort Mensch

Das Wort Mensch, als Vokabel
eingeordnet, wohin sie gehört,
im Duden:
zwischen Mensa und Menschengedenken.

Die Stadt
alt und neu,
schön belebt, mit Bäumen
auch
und Fahrzeugen, hier
hör ich das Wort, die Vokabel
hör ich hier häufig, ich kann
aufzählen von wem, ich kann
anfangen damit.

Wo Liebe nicht ist,
sprich das Wort nicht aus.

Bobrowski, Johannes: Wetterzeichen. Berlin 1966, S. 83.

Menschenbilder

- Der Mensch – ein kleiner Kosmos. *Demokrit.*
- Der Mensch ist von Natur aus ein Staaten bildendes Wesen. Sprache und Vernunft besitzt der Mensch als einziges Lebewesen. Als Einziges von den Lebewesen lacht der Mensch. *Aristoteles.*
- Erkenne, dass die Umstände über die Menschen herrschen und nicht die Menschen über die Umstände. *Herodot.*
- Wie liebenswert ist der Mensch, wenn er ein Mensch ist! *Menander.*
- Lupus est homo homini. *Plautus.*
- Homo homini Deus est. *Ludwig Feuerbach.*
- Homo absconditus. *Helmuth Plessner.*

Glaube – find your world

Ernst Kretschmer: Körperbau und Charakter

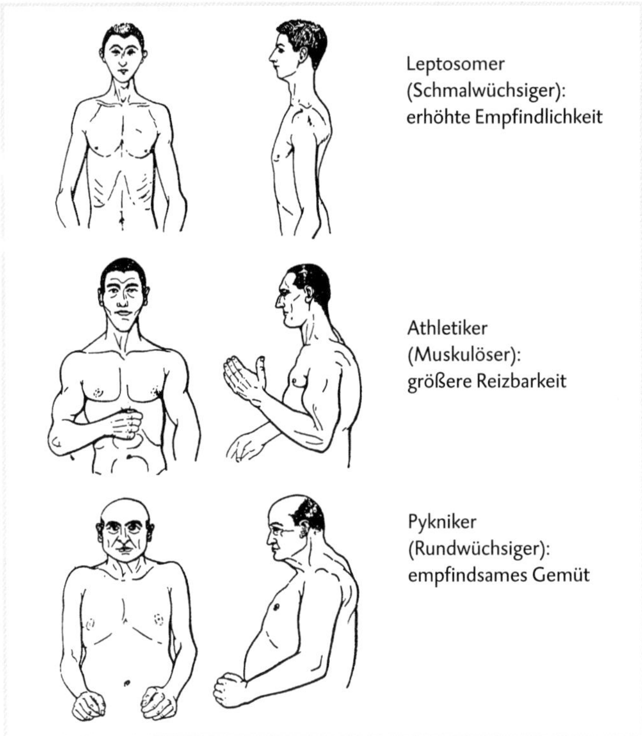

Die bekannteste neuere „Persönlichkeits"-Typenlehre geht auf die Körperbautypen zurück, die der Psychiater Ernst Kretschmer unterscheidet (1921).

Ernst Kretschmer: Körperbau und Charakter

Herbert Fensterheim und Jean Baer: Sieben Angsttypen

Der Drückeberger: Sie weichen der Angstsituation aus. Eine Anwaltsgehilfin zum Beispiel, die große Angst vor Aufzügen hatte, gab ihren Beruf auf und arbeitete in einer Boutique zu ebener Erde. Dann zog sie in eine Kleinstadt, wo sie in einem ebenerdigen Landhaus wohnen konnte.

Der Ausreißer: Sie setzen sich der Angstsituation zwar aus, aber suchen so schnell wie möglich wieder herauszukommen, ohne erst abzuwarten, dass die Angst wieder nachlässt. Sie haben zum Beispiel Angst vor großen Menschenansammlungen, zwingen sich aber dennoch, ein überfülltes Warenhaus zu betreten, werfen einen Blick auf die Käufermengen im Parterre und nehmen Reißaus.

Der Schwarzseher: Immer wenn Sie an eine drohende Gefahr denken, konzentrieren Sie Ihre Gedanken auf das Schlimmste und verrennen sich dann darein. Zum Beispiel denken Sie an ein sehr unwahrscheinliches Ereignis („Das Flugzeug wird sicher abstürzen") und reden sich ein, dass es unmittelbar bevorsteht, oder aber Sie konzentrieren sich auf ein wahrscheinlicheres Ereignis („Auf der Party wird sich keiner für mich interessieren") und übertreiben die Folgen („Dies wird sicher mein ganzes Leben ruinieren").

Der Manipulierer: Sie versichern sich ständig der Hilfe anderer, um die Furchtsituation gar nicht erst entstehen zu lassen („Sperr die Katze doch bitte ins Badezimmer, wenn ich zu Besuch komme") oder um besser darüber wegzukommen. Einigen bereitet diese Herrschaft über andere große Befriedigung. Eine Frau zum Beispiel, bei der auch nicht das geringste Anzeichen für einen drohenden Herzanfall vorlag, hatte trotzdem eine phobische Angst davor. Sie legte jedes leichte Unwohlsein als Zeichen eines unmittelbar bevorstehenden Anfalls aus und benutzte dies als Vorwand, um sich hinten und vorn von Freunden und Familienangehörigen bedienen zu lassen. Je mehr sie die Situation auskostete, desto stärker wurde ihre Angst. Hätte sie sich davon befreit, hätte sich keiner mehr um sie gekümmert.

Der Fantast: In der Angstsituation geht die Fantasie mit Ihnen durch. Möglicherweise bedienen Sie sich der Rationalisierung („Natürlich sind alle Tiere Bazillenträger"), um Ihre Angstreaktionen vernünftig erscheinen zu lassen.

Oder Sie sind der typische Grübler. Statt wie der Schwarzseher ein Unglück vorherzusagen, sinnen Sie ständig vor sich hin, denken über jede Einzelheit nach, phantasieren über mögliche Folgen für sich und andere.

Der Kopflose: Sie setzen sich der Angstsituation aus, aber dann konzentrieren Sie sich so sehr auf Ihre Angstgefühle, dass Sie nicht mehr vernünftig reagieren können. Sie haben zum Beispiel eine solche Angst davor, auf einer Konferenz etwas sagen zu müssen, dass Sie, wenn es dazu kommt, entweder nicht genügend durchdacht haben, was Sie sagen wollen, oder sich völlig unangemessen verhalten – Sie werden rot und können kein Wort herausbringen oder fangen an zu reden, müssen sich aber mitten im Satz wieder hinsetzen.

Der im verborgenen Leidende: Sie verstecken Ihre Angst. Statt offen zuzugeben: „Ich habe Höhenangst", sagen Sie: „Ich habe heute keine Lust, in dieses Restaurant zu gehen. Warum gehen wir nicht in das stille Lokal um die Ecke." Der im verborgen Leidende entwickelt oft auch eine andere Angst – er fürchtet, verrückt zu werden.

Fensterheim, Herbert, und Baer, Jean: Das Anti-Angst-Training. Verlerne deine Unsicherheiten, Ängste und Phobien. München 1988, S. 34–36.

Teilnehmer-Typen: Streiter, Positive, Alleswisser, Redselige, Schüchterne, Ablehnende, Uninteressierte, „Das große Tier", Ausfrager

Quintus T. Cicero: Wahlkampfempfehlungen für meinen Bruder Marcus

Es ist unerlässlich, den Wählern zu schmeicheln. Mag im übrigen Leben die Schmeichelei ein Fehler sein, noch dazu ein verächtlicher: Im Wahlkampf ist sie nötig. […]

Die Menschen lassen sich nämlich durch liebenswürdige Gesten und Worte eher gewinnen als durch tatsächlich erwiesene Dienste. Alle Menschen sind so geartet, dass sie lieber eine Lüge als eine Absage hören wollen. […]

Achte darauf, den gesamten Wahlkampf mit großem Aufwand zu führen, ihn großartig, stilvoll und wirkungsvoll aufzuziehen, damit er das Volk anspricht. Und sorge dafür, wenn es sich auf irgendeine Weise erreichen lässt, dass übles Gerede über deine Gegenkandidaten aufkommt, beispielsweise wegen einer Rechtsverletzung, einer Liebesaffäre oder einer Wählerbestechung. Nimm den Vorwurf, der am besten zu ihrem Charakter passt!

Cicero, Quintus Tullius: Commentariolum petitionis, 1,42 ff.

Tomi Ungerer

IMPULSE

- Überlegen Sie, wie das Wort „Mensch“ gefüllt werden kann! Notieren Sie sich beispielsweise zehn für Sie bedeutsame Merkmale!
- Diskutieren Sie die vorgeschlagenen Typisierungen des Menschen und prüfen Sie deren Aussagekraft!
- Inwieweit ist ein Menschenbild als variabel anzusehen? Versuchen Sie, ein Menschenbild aus unterschiedlichen kulturellen oder sozialen Perspektiven heraus zu entwerfen!
- Erörtern Sie den Zusammenhang von Menschenbild und Beeinflussung bzw. Manipulation des Menschen:
  - In welcher Weise übt ein Menschenbild Macht über die Abgebildeten aus?
  - Ist mit dem Entwurf eines bestimmten Verständnisses vom Menschen zugleich die Gefahr einer Manipulation verbunden?
  - Unter welchen Umständen wird ein Menschenbild zur Beherrschung des Menschen benutzt? Vielfältige Beispiele finden Sie in dem Roman von Max Frisch „Andorra“.

6.1 Ergebnisse der neueren philosophischen Anthropologie zur Sonderstellung des Menschen

Die Anthropologie erforscht als systematische Disziplin der neueren Philosophie die Grundfrage nach der Sonderstellung der Menschen im Gesamtzusammenhang der Natur. Als Begründer der philosophischen Anthropologie gilt Max Scheler (1874–1928). Helmuth Plessner (1892–1985) und Arnold Gehlen (1904–1976) entwickeln sie eigenständig weiter. **Max Scheler** stellt den Menschen wegen dessen Geistbegabtheit („Geistwesen“) auf die höchste Stufe des Lebendigen. **Helmuth Plessner** weist Schelers metaphysich verstandenen Geistbegriff zurück. Der Mensch hebt sich vielmehr von der Daseinsform der höheren Tiere durch seine Fähigkeit zur „Selbstdarstellung“ ab. Sie macht die „exzentrische Positionalität“ des Menschen aus. Der natürliche Mangel an Umweltgebundenheit und die Instinktschwäche des Menschen, d.h. seine weitgehende Weltoffenheit, bilden die Voraussetzungen der menschlichen Vielseitigkeit, sein Vermögen zur Selbstreflexion, zur Transzendenz und kulturellen Selbstbestimmung. Der Mensch gestaltet seine Umwelt produktiv und schöpferisch als Kultur aus.

Den Schlüsselbegriff seiner Anthropologie „exzentrische Positionalität" erklärt Helmuth Plessner, Professor für Philosophie und Soziologie, folgendermaßen:

In seiner gegen das Umfeld fremder Gegebenheit gerichteten Existenz nimmt das Tier die Position der Frontalität ein. Vom Umfeld geschieden und zugleich auf es bezogen lebt es, seiner nur als Leib, als Einheit der Sinnesfelder und – im Fall der zentralistischen Organisation – der Aktionsfelder bewusst, im eigenen Körper, dessen natürlicher Ort die ihm verborgene Mitte seiner Existenz ist. Der Mensch als das lebendige Ding, das in die Mitte seiner Existenz gestellt ist, weiß diese Mitte, erlebt sie und ist darum über sie hinaus. Er erlebt die Bindung im absoluten Hier-Jetzt, die Totalkonvergenz des Umfeldes und des eigenen Leibes gegen das Zentrum seiner Position und ist darum nicht mehr von ihr gebunden. Er erlebt das unmittelbare Anheben seiner Aktionen, die Impulsivität seiner Regungen und Bewegungen, das radikale Urhebertum seines lebendigen Daseins, das Stehen zwischen Aktion und Aktion, die Wahl ebenso wie die Hingerissenheit in Affekt und Trieb, er weiß sich frei und trotz dieser Freiheit in eine Existenz gebannt, die ihn hemmt und mit der er kämpfen muss. Ist das Leben des Tieres zentrisch, so ist das Leben des Menschen, ohne die Zentrierung durchbrechen zu können, zugleich aus ihr heraus, exzentrisch. *Exzentrizität* ist die für den Menschen charakteristische Form seiner frontalen Gestelltheit gegen das Umfeld. [...]

Er lebt und erlebt nicht nur, sondern er erlebt sein Erleben.

Plessner, Helmuth: Die Stufen des Organischen und der Mensch. Einleitung in die philosophische Anthropologie. Berlin [2]1965, S. 291 f.

Im Vergleich zum neu geborenen Tier definiert Arnold Gehlen, Professor für Philosophie und Soziologie, den Menschen als unspezialisiertes biologisches „Mängelwesen", was er auf eine „Entwicklungshemmung" der menschlichen Gattung zurückführt. Der Mensch als „handelndes Wesen" kompensiert durch Sprache, Kultur und Technik die Nachteile seiner biologischen Ausgangssituation. Institutionen schaffen dem Menschen Entlastung und mindern die Lebensrisiken:

Die Resultate der neueren Biologie geben uns die Möglichkeit, die exponierte und riskierte Konstitution des Menschen in einen weiteren Zusammenhang zu stellen. Die „Umwelt" der meisten Tiere, und gerade der höheren Säuger ist das nicht auswechselbare Milieu, an das der spezialisierte Organbau des Tieres angepasst ist, innerhalb dessen wieder die ebenso artspezifischen, angeborenen Instinktbewegungen arbeiten. Spezialisierter Organbau und Umwelt sind also Begriffe, die sich gegenseitig voraussetzen. Wenn nun der Mensch *Welt* hat, nämlich eine deutliche Nichteingegrenztheit des Wahrnehmbaren auf die Bedingungen des biologischen Sichhaltens, so bedeutet auch dies zunächst eine negative Tatsache. Der Mensch ist weltoffen heißt: Er *entbehrt* der tierischen Einpassung in ein Ausschnitt-Milieu. Die ungemeine Reiz- oder Eindrucksoffenheit gegenüber Wahrnehmungen, die keine angeborene Signalfunktion haben, stellt zweifellos eine erhebliche Belastung dar, die in sehr besonderen Akten bewältigt werden muss. Die physische Unspezialisiertheit des Menschen, seine organische Mittellosigkeit sowie der erstaunliche Mangel an echten Instinkten bilden also unter sich einen Zusammenhang, zu dem die „Weltoffenheit" (M. Scheler) oder, was dasselbe ist, die Umweltenthebung den Gegenbegriff bilden. Umgekehrt entsprechen beim Tier die Organspezialisierung, das Instinktrepertoire und die Umweltfesselung einander. Es ist das anthropologisch entscheidend wichtig. Wir haben damit einen Strukturbegriff des Menschen, der *nicht* auf dem Merkmal des Verstandes, Geistes usw. allein beruht [...]. Wir haben jetzt [...] den „Entwurf" eines organisch mangelhaften, *deswegen* weltoffenen, d.h. in keinem *bestimmten* Ausschnitt-Milieu *natürlich* lebensfähigen Wesens, und verstehen jetzt auch, was es mit den Bestimmungen auf sich hat, der Mensch sei „nicht festgestellt" oder „sich selbst noch Aufgabe": [...] aus eigenen Mitteln und eigentätig muss der Mensch *sich entlasten, d.h. die Mängelbedingungen seiner Existenz eigentätig in Chancen seiner Lebensfristung umarbeiten.*

Gehlen, Arnold: Der Mensch. Seine Natur und seine Stellung in der Welt. Frankfurt a. M. [8]1966, S. 35 f.

Aus der Sicht der philosophischen Anthropologie kann von einer Sonderstellung des Menschen im Gesamtzusammenhang der Natur ausgegangen und der Mensch als Sozialkulturwesen verstanden werden.

6.2 Grundbefindlichkeiten menschlichen Daseins

Es macht das **Besondere des menschlichen Daseins** aus, dass der Mensch als Beziehungswesen bewusst in verschiedenen Bezügen lebt.

6.2.1 Selbstreflexion

Das entscheidende Kennzeichen der menschlichen Weltoffenheit besteht darin, dass der Mensch sich in all seinen Weltbezügen zu sich selber verhalten muss: zu seinem Leib, seinem Denken, Fühlen und Handeln. Der Mensch **steht sich selbst, den Mitmenschen und der Umwelt reflektierend gegenüber,** sucht einen Standort und schafft aus dieser exzentrischen Konstitution heraus als handelndes Wesen eine kulturelle Sinngebung.

6.2.2 Wechselseitiges Aufeinanderangewiesensein

Der Weltoffenheit des Menschen korrespondiert das Aufeinanderangewiesensein der Menschen. Es findet seinen Ausdruck in der Persönlichkeitsentfaltung durch das Angesprochenwerden von einem Du, in der Sprache als Kommunikationsform zwischen Ich und Welt und führt zu einer lebensfördernden Wechselseitigkeit und Zusammenarbeit in unterschiedlichen Lebensgemeinschaften. Als grundlegende soziale Institution leistet die Sprache die Kommunikation zwischen Menschen und erhält **gemeinschaftliche Beziehungen** oder stiftet sie schöpferisch neu.

6.2.3 Umfassende Sinngebung

Die Weltoffenheit des Menschen enthält ein Moment der Selbsttranszendenz und lässt den Menschen das weltlich Vorhandene überschreiten. Das menschliche Sein steht in der Grundspannung zwischen der Möglichkeit, die faktische Realität durch Erkenntnis zu transzendieren, und dem Eindruck, an den Begrenztheiten menschlichen Daseins gebunden zu sein (Leiblichkeit, Vergänglichkeit, Tod). Aus der Spannung entsteht die **Sinnfrage** und die existenzielle Schwierigkeit, sich selbst anzunehmen. Die Bestimmung und Erfüllung seines Menschseins stellt sich dem Menschen als ein noch ausstehendes und zu erfüllendes Endziel dar.

Reflektierend nimmt der Mensch als Beziehungswesen sich selbst und seine Umwelt wahr, entfaltet seine Persönlichkeit in zwischenmenschlichen Beziehungen und entwirft umfassende Sinnzusammenhänge.

STANDPUNKTE

Platon (427–347 v. Chr), der die berühmte Philosophenschule in Athen gründet, nimmt an, dass erst die Seele, die die harmonische göttliche Weltordnung geschaut hat, den Menschen zum Menschen macht:

Nachdem sich also gezeigt hat, dass das von sich selbst Bewegte unsterblich ist, wird sich niemand zu sagen scheuen, dass eben dies das Wesen und der Begriff der Seele sei. Denn jeder Leib, der seine Bewegung von außen her erhält, ist unbeseelt, wer sie aber in sich selbst und aus sich selbst hat, der ist beseelt; denn gerade darin besteht die Natur der Seele. Wenn sich das aber so verhält, dass nichts anderes als die Seele das sich selbst Bewegende ist, dann muss doch wohl die Seele unentstanden und unsterblich sein.

Damit genug über ihre Unsterblichkeit; von ihrem Wesen ist nun Folgendes zu sagen:

[... Wenn Zeus mit dem Heer der Götter und Halbgötter] zum Mahle und Gelage gehen, nehmen sie ihren Weg bergauf, das steile Himmelsgewölbe hinan. Da fahren denn die Wagen der Götter mit Leichtigkeit, sind sie doch im Gleichgewicht und deshalb nicht schwer zu zügeln. Die anderen aber haben die größte Mühe; denn das eine Pferd, das an der Schlechtigkeit Anteil hat, drückt hinunter; es drängt zur Erde und macht sich dem Wagenlenker schwer, von dem es nicht gut erzogen worden ist. Da steht denn der Seele Mühsal und äußerster Kampf bevor. Diejenigen Seelen zwar, die unsterblich genannt werden, setzen ihren Weg, wenn sie oben sind, nach außen fort und stehen nun auf dem Rücken des Himmelsgewölbes. Wenn sie aber dort stehen, trägt sie der Kreislauf ringsum, und sie schauen, was außerhalb des Himmels ist. [...]

Das farblose, formlose und stofflose wahrhaft seiende Wesen, das einzig dem Führer der Seele, der Vernunft, sichtbar ist und um sich das Geschlecht des wahren Wissens schart, es hält diesen [überhimmlischen] Ort inne. Und da sich nun der Geist eines Gottes von unvermischtem Verstand und Wissen nährt, und ebenso eine jede Seele, die gerne das aufnehmen möchte, was ihr zukommt, so freut sie sich, im Laufe der Zeit das Seiende zu schauen, und nährt sich vom Anblick des Wahren und labt sich daran, bis sie der Kreislauf ringsum wieder an die vorige Stelle zurückbringt. Auf dieser Umfahrt aber sieht sie die Gerechtigkeit selbst, sieht auch die Besonnenheit und sieht das Wissen, nicht jenes, dem ein Werden zukommt, auch nicht jenes, das ein anderes ist, je nachdem es sich auf den oder jenen von den Gegenständen bezieht, die wir jetzt als Seiende bezeichnen, sondern das wahrhafte Wissen, das sich an dem wahrhaft Seienden zeigt. [...]

Von den anderen Seelen aber erhebt diejenige, die den Göttern am besten Gefolge leistete, das Haupt ihres Wagenlenkers in den Raum außerhalb und wird im Kreislauf mit herumgeführt, voller Angst zwar vor den Pferden und deshalb das Seiende kaum sehend. Eine Zweite erhebt sich bisweilen, taucht aber dann wieder unter, und von den Rossen gewaltsam dahingerissen, sieht sie zwar einiges, aber anderes wieder nicht. Und die Übrigen sehnen sich zwar nach oben und folgen alle; doch fehlt ihnen die Kraft, und sie werden unter der Oberfläche herumgetrieben, wobei sie einander schlagen und stoßen und jede sich der anderen vorzudrängen sucht. So entsteht denn Verwirrung und Streit und bitterer Schweiß, wobei infolge der Untüchtigkeit der Wagenlenker viele Seelen lahm geschlagen werden und viele sich viele Federn zerbrechen. Sämtliche aber ziehen nach allen Anstrengungen von dannen, ohne dass ihnen der Anblick des Seienden zuteil geworden ist, und nach ihrem Weggang halten sie sich an eine Nahrung, die aus bloßen Meinungen besteht.

Platon: Phaidros. Aus: Ders.: Meisterdialoge. Phaidon – Symposion – Phaidros. Eingeleitet von Olof Gigon, übertragen von Rudolf Rufener. Zürich und München 1974, S. 212–216 (245d–245e).

Die weitere Schicksal der unsterblichen Seele (ihr Leben als Philosoph, König, Politiker, Wettkämpfer, Priester, Dichter, Handwerker, Volksschmeichler oder Tyrann und der Zeitpunkt ihrer Rückkehr an den Ort ihrer Herkunft) ist abhängig vom Grad ihrer Schau des überhimmlischen Schönen, Gerechten und Guten.

Der Unsterblichkeitsgedanke und der mit ihm verbundene Körper-Seele-Dualismus haben das europäische Denken stark beeinflusst.

Der Kunsthistoriker Heinrich Wölfflin kommentiert das „Selbstporträt" Albrecht Dürers:

„Ich glaube aber, dass in Dürer damals Gedanken arbeiteten, die in den Bildern noch gar nicht recht zur Erscheinung kommen. Wie er's für sich ausgedrückt hat, weiß ich nicht, es dürfte aber etwas Ähnliches gewesen sein wie das, was Goethe meinte, als er von Italien aus schrieb: „Ich möchte mich nur noch mit den bleibenden Verhältnissen beschäftigen ..., hier ist Notwendigkeit, hier ist Gott." Die Fortsetzung zeigt erst, wie sehr der Gedanke an die Gesetze, die allen natürlichen Bildungen zugrunde liegen, in Italien sich verfestigt hat. Daher die Gleichgültigkeit gegen alles, was durch Gemütsgehalt und Unmittelbarkeit des Ausdrucks ergreift: Er wollte vor allem klar sein und ein Offenbarer des Gesetzmäßigen in der gewordenen Form. Die Spekulationen über die Proportionen des menschlichen Körpers und Kopfes werden fortgesetzt, die physiognomischen Variationen der Natur auf ihre Grundverhältnisse untersucht – man spürt die unmittelbare Nähe Lionardos. Den vollkommensten Ausdruck dieser Stimmung, die überall das Zufällige auf das Ewige beziehen möchte, finde ich in dem Münchner *Selbstporträt.* Es ist falsch signiert und falsch datiert „1500"; es gehört unbedingt in den Zusammenhang der idealen italienischen Periode, gleichgültig ob es nun noch in Venedig selbst oder nachher in Nürnberg gemalt wurde. Damit stimmt auch die Erscheinung des Dargestellten, der doch immerhin ein Mann von etwa 36 Jahren sein muss.

Albrecht Dürer: Selbstbildnis im Pelzrock

Das Bild beherrscht unsere Vorstellung von Dürer durchaus, das edle Gesicht mit den langfallenden Locken, der große Ernst der weitgeöffneten, ruhig blickenden Augen, die denkerhafte Stirn und die Fülle sinnlicher Empfindung in dem lebhaft geschwungenen, vollen Munde. Trotzdem hat man immer gefunden, dass dem Kopf das überzeugend individuelle Gepräge fehle. Und es genügt eine Vergleichung mit den älteren Selbstporträts, um zu erkennen, wie wenig Dürer hier auf die Nachbildung des Wirklichen ausgegangen ist. Er malt sich nicht, wie er war, sondern wie er sein wollte. Die großen Augen hat er nicht gehabt; die seinigen waren kleingeschlitzt; sie lagen flach und die Brauen gingen in hohem Bogen drüber hin. Die charakteristische Form der lebhaft gebogenen Nase spricht gar nicht mit. Hier ist alles im Sinne des feierlich Stillen genommen, ohne dass darum die wesentlichen Verhältnisse verschoben worden wären. [...]

Man nennt die Freude an der eigenen Persönlichkeit einen Grundzug der Renaissance. Hier ist aber mehr als das: die Steigerung des Individuellen zu einem Idealen. Das Porträt wirkt wie ein Selbstbekenntnis, wie ein Programm. So hat noch nie ein nordischer Mensch uns angeblickt. Man findet etwas Christusmäßiges darin. Dass Dürer im Typus so hoch greifen konnte, wäre ohne Italien nicht möglich gewesen.“

Wölfflin, Heinrich: Die Kunst Albrecht Dürers. München ^{9}1984, S. 161–163.

Johann Gottfried Herder (1744–1803), gräflicher Konsistorialrat, Generalsuperintendent in Weimar, Literaturwissenschaftler, Philosoph und Theologe, versucht in seinen anthropologischen Überlegungen das gesamte Wissen seiner Zeit zu verarbeiten. Aus dem Vergleich mit der Instinktbestimmtheit der Tiere schließt er auf die Sonderstellung des Menschen in der Entwicklung der Sprache:

Lücken und Mängel können doch nicht der Charakter seiner Gattung sein, oder die Natur war gegen ihn die härteste Stiefmutter, da sie gegen jedes Insekt die liebreichste Mutter war. Jedem Insekt gab sie, was und wie viel es brauchte: Sinne zu Vorstellungen und Vorstellungen in Triebe gediegen; Organe zur Sprache, so viel es bedurfte, und Organe, diese Sprache zu verstehen. Bei dem Menschen ist alles in dem größten Missverhältnis – Sinne und Bedürfnisse, seine Kräfte und der Kreis der Wirksamkeit, der auf ihn wartet, seine Organe und seine Sprache. Es muss uns also ein gewisses Mittelglied fehlen, die so abstehenden Glieder der Verhältnisse zu berechnen.

Fänden wir’s, so wäre nach aller Analogie der Natur diese Schadloshaltung seine Eigenheit, der Charakter seines Geschlechts, und alle Vernunft und Billigkeit forderte, diesen Fund für das gelten zu lassen, was er ist, für Naturgabe, ihm so wesentlich als den Tieren der Instinkt. [...]

Wenn der Mensch Vorstellungskräfte hat, die nicht auf den Bau einer Honigzelle und eines Spinngewebes bezirkt sind und also auch den Kunstfähigkeiten der Tiere in diesem Kreise nachstehen, so bekommen sie eben damit weitere Aussicht. Er hat kein einziges Werk, bei dem er also auch unverbesserlich handle; aber er hat freien Raum, sich an vielem zu üben, mithin sich immer zu verbessern. Jeder Gedanke ist nicht ein unmittelbares Werk der Natur; aber eben damit kann’s sein eigen Werk werden. [...]

Man nenne diese ganze Disposition seiner Kräfte, wie man wolle, Verstand, Vernunft, Besinnung, Reflexion usw. Wenn man diese Namen nicht für abgesonderte Kräfte oder für bloße Stufenerhöhungen der Tierkräfte annimmt, so gilt's mir gleich. Es ist die ganze Einrichtung aller menschlichen Kräfte, die ganze Haushaltung seiner sinnlichen und erkennenden, seiner erkennenden und wollenden Natur; oder vielmehr – es ist die einzige positive Kraft des Denkens, die mit einer gewissen Organisation des Körpers verbunden bei den Menschen so Vernunft heißt, wie sie bei den Tieren Kunstfähigkeit wird, die bei ihm Freiheit heißt und bei den Tieren Instinkt wird. Der Unterschied ist nicht in Stufen oder Zugabe von Kräften, sondern in einer ganz verschiedenartigen Richtung und Auswicklung aller Kräfte [...].

Ist [...] die Vernunft keine abgeteilte, einzelwirkende Kraft, sondern eine seiner Gattung eigne Richtung aller Kräfte, so *muss der Mensch sie im ersten Zustand haben,* da er Mensch ist. Im ersten Gedanken des Kindes muss sich diese Besonnenheit zeigen, wie bei dem Insekt, dass es Insekt war. [...]

Der Mensch ist den Zustand von Besonnenheit gesetzt, der ihm eigen ist, und diese Besonnenheit (Reflexion) zum ersten Mal frei wirkend, hat Sprache erfunden. [...]

Erfindung der Sprache ist ihm also so natürlich, als er ein Mensch ist!

Herder, Johann Gottfried: Abhandlung über den Ursprung der Sprache (1772). Aus: Ders.: Sprachphilosophische Schriften. Aus dem Gesamtwerk ausgewählt, mit einer Einleitung, Anmerkungen und Registern versehen von Erich Heintel. Hamburg ²1964, S. 19–24.

Herder, auf den der Begriff „Mängelwesen" als Kennzeichnung des Menschen zurückgeht, entwickelt in seiner Geschichtsphilosophie und Anthropologie den Entwurf eines stufenmäßigen Fortschritts der Völker und Generationen bis hin zu einer nach dem Tode des Menschen zu erwartenden höheren Daseinsform.

Friedrich Nietzsche lässt „Zarathustra"[1] den „Übermenschen" propagieren:

Zarathustras Vorrede

Und Zarathustra sprach also zum Volke:
Ich lehre euch den Übermenschen. Der Mensch ist etwas, das überwunden werden soll. Was habt ihr getan, ihn zu überwinden? [...]
Der Übermensch ist der Sinn der Erde. Euer Wille sage: Der Übermensch *sei* der Sinn der Erde! [...]
Wo ist doch der Blitz, der euch mit seiner Zunge lecke? Wo ist der Wahnsinn, mit dem ihr geimpft werden müsstet?
Seht, ich lehre euch den Übermenschen: Der ist dieser Blitz, der ist dieser Wahnsinn!

1 Zarathustra (um 628 – um 551 v. Chr.) ist ein altiranischer Religionsstifter, dessen Persönlichkeit Nietzsche als Deck- und Schlüsselfigur übernimmt.

Vom freien Tode

Viele sterben zu spät, und einige sterben zu früh. Noch klingt fremd die Lehre: „Stirb zur rechten Zeit!"

Stirb zur rechten Zeit: Also lehrt es Zarathustra. [...]

Den vollbringenden Tod zeige ich euch, der den Lebenden ein Stachel und ein Gelöbnis wird.

Seinen Tod stirbt der Vollbringende, siegreich, umringt von Hoffenden und Gelobenden. [...]

Also zu sterben ist das Beste; das Zweite aber ist: im Kampfe zu sterben und eine große Seele zu verschwenden.

Aber dem Kämpfenden gleich verhasst wie dem Sieger ist euer grinsender Tod, der heranschleicht wie ein Dieb – und doch als Herr kommt.

Meinen Tod lobe ich euch, den freien Tod, der mir kommt, weil *ich* will. [...]

Wahrlich, zu früh starb jener Hebräer, den die Prediger des langsamen Todes ehren [...].

Glaubt es mir, meine Brüder! Er starb zu früh; er selber hätte seine Lehre widerrufen, wäre er bis zu meinem Alter gekommen! Edel genug war er zum Widerrufen!

Ecce homo

Ich bin meiner Art nach kriegerisch. Angreifen gehört zu meinen Instinkten. Feind sein *können,* Feind sein – das setzt vielleicht eine starke Natur voraus, jedenfalls ist es bedingt in jeder starken Natur. Sie braucht Widerstände, folglich *sucht* sie Widerstand [...].

Hat man meine Antwort auf die Frage gehört, wie man ein Weib *kuriert* – „erlöst"? Man macht ihm ein Kind. Das Weib hat Kinder nötig; der Mann ist immer nur Mittel: Also sprach Zarathustra. – „Emanzipation des Weibes" – das ist der Instinkthass des *missratenen,* das heißt gebäruntüchtigen Weibes gegen das wohlgeratene, – der Kampf gegen den „Mann" ist immer nur Mittel, Vorwand, Taktik. Sie wollen, indem sie *sich* hinaufheben, als „Weib an sich", als „höheres Weib", als „Idealistin" von Weib, das allgemeine Rang-Niveau des Weibes *herunter*bringen; kein sichereres Mittel dazu als Gymnasial-Bildung, Hosen und politische Stimmvieh-Rechte. Im Grunde sind die Emanzipierten die *Anarchisten* in der Welt des „Ewig-Weiblichen", die Schlechtweggekommenen, deren unterster Instinkt Rache ist ... [...]

Man rechne den Geist und die Güte aller großen Seelen in eins: Alle zusammen wären nicht im Stande, eine Rede Zarathustras hervorzubringen. Die Leiter ist ungeheuer, auf der er auf und nieder steigt; er hat weiter gesehn, weiter gewollt, weiter *gekonnt,* als irgend ein Mensch. [...]

Hat man mich verstanden? – *Dionysos gegen den Gekreuzigten ...*

Nietzsche, Friedrich: Werke. Kritische Gesamtausgabe. Hrsg. von Giorgio Colli und Mazzino Montinari, Bd. VI, 1: Also sprach Zarathustra. Ein Buch für Alle und Keinen (1883–1885). Berlin 1968, S. 8, 10 (Zarathustras Vorrede), S. 89–91 (Vom freien Tode); Bd. VI, 3: Ecce homo, S. 272, 304, 341, 372.

Friedrich Nietzsche, 1844 in Röcken bei Lützen geboren, stammt aus einem protestantischen Pfarrhaus und verliert früh seinen Vater (1849). Nach dem Besuch der Fürstenschule Schulpforta studiert Nietzsche klassische Philologie. Bereits mit 26 Jahren (1870) wirkt er als ordentlicher Professor an der Universität Basel. Zeitweise nimmt Nietzsche am Deutsch-Französischen Krieg (1870–71) als Krankenpfleger teil. Seit 1873 leidet er unter einem bleibenden, ungeklärten Krankheitszustand, der sich in Form von Magenkrämpfen und starken Kopfschmerzen äußert. Nietzsche legt 1879 die Professur nieder, lebt nun vor allem in der Schweiz und in Italien, wo er ständig seinen Aufenthaltsort wechselt. In Briefen an seine Freunde bezeichnet sich Nietzsche als der „Gekreuzigte" oder „Dionysos". Als Nietzsche im Januar 1889 in Turin auf offener Straße zusammenbricht, holt ihn sein Jugendfreund Franz Overbeck nach Basel zurück. Die Mutter bringt ihn schließlich nach Jena in eine psychiatrische Klinik. Nach dem Tod der Mutter übersiedelt er nach Weimar, wo sich seine Schwester Elisabeth Förster-Nietzsche um ihn kümmert. Er stirbt 1900 in geistiger Umnachtung.

Hans F. K. Günther (1891–1968), freier Schriftsteller, im „Dritten Reich" Inhaber des Lehrstuhls für Rassenkunde und Völkerbiologie in Berlin, stellt die politischen und sittlichen Forderungen dar, die sich aus der „naturwissenschaftlichen Rassenkunde" ergeben:

Eine folgerichtige, reine und wertezeugende Entfaltung deutschen Lebens ist nur möglich aus dem Blut und Geist der Nordrasse heraus. [. . .].

Der Gedanke einer Wiedervernordung wird sich kaum irgendwo einordnen lassen; er wird von seinem Ausblick her eine gänzlich neue Ordnung, ein gründliches Umlernen, fordern müssen. [. . .]

Die nachsinnenden Menschen gerade im deutschen Volk werden sich die Fragen des Steigens und Sinkens deutscher Macht und deutschen Geistes vorlegen, und werden bald erkennen: „Auch das Geschick, das das deutsche Volk gegenwärtig erlebt, hat seine anthropologische Ursache" [. . .].

Muss der Gedanke der Wiedervernordung nicht zu einer Art Rangabstufung der Volksgenossen führen? Wird nicht der nordischere Mensch als der wertvollere, der nicht-nordische Mensch als der wertlose gelten? – Auch dieser Gedankengang ist nur für ein Zeitalter anstößig, das den *Einzelmenschen* als höchsten Wert sieht. Klar muss ausgesprochen werden, dass – innerhalb des deutschen Volkstums – das nordische Blut das „erwünschte" sein muss, das nicht-nordische Blut das „mindererwünschte". [. . .] Aber solch eine Einsicht, gewonnen aus weitester Betrachtung großer, allgemeiner Verhältnisse, richtet sich nicht gegen den einzelnen nicht-nordischen Menschen; sie richtet sich gegen eine Vermehrung des nicht-nordischen Blutes oder besser: Sie möchte das erwünschte nordische Blut vor dem Dahinschwinden schützen und dieses erwünschte Blut so entschieden wie möglich fördern. Die Tatsache der Vererbungslehre, *„dass der Wert des Einzelwesens als solchen von seinem Wert* *als Zeuger verschieden ist"*[2], diese Tatsache wird grundlegend für jede solche Betrachtung sein. Es gab und gibt manchen, irgendwie körperlich mindergut oder schlecht beanlagten Einzelmenschen, der dem deutschen Volkstum hohe geistige Werte geschenkt hat, von dem aber der Einsichtige nicht wünschen wird, er möge seinem Volk Nachkommen hinterlassen haben oder hinterlassen. Sein *Wert als Einzelmensch* ist eben verschieden von seinem *Wert als Zeuger,* welche Tatsache ihn als *Einzelmenschen* aber nicht irgendwie entwerten kann. Ebenso wird kein verständiger Mensch den einzelnen nicht-nordischen Menschen minder achten, als diesem zukommt, wenn ihm auch – *nach* Erkenntnis der rassischen Bedingungen des Völkerlebens – die Fortpflanzung eines solchen Menschen innerhalb eines nordisch-bedingten Volkstums minder erwünscht sein wird als die Fortpflanzung eines gesunden nordischen Menschen. Nie wird sich die Erkenntnis vom Wert der Nordrasse für das deutsche Volk etwa gegen einen Einzelmenschen wenden; sie wird aber klar scheiden müssen zwischen erwünschter und minder-erwünschter Kinderzeugung – diese Scheidung erscheint als unerlässlich. *Alles ist zu tun, damit die Geburtenzahl der nordischen und nordischeren Menschen in Deutschland sich hebe: Das ergibt die Betrachtung zwingend.* [...].

Ob leiblich oder geistig, fast jeder Mensch unserer Zeit ist Mischling geworden und hat sich – nach Erkenntnis der Artfragen und wenn eine Erneuerung erfolgen soll – *zu entscheiden.* Ein Kennzeichen der kommenden Dinge wird diese Entscheidung der Gesinnungen sein müssen. [...].

So leiten schließlich gewichtige Gedanken von der Rassenkunde, einem Gebiet der Naturwissenschaft, hinüber bis in das Gebiet sittlichen Wollens. Rassenkundliche Einsichten erwecken Fragen der sittlichen Entscheidung. [...]. Dies möge gleichsam die *faustische Sendung des deutschen Volkes* sein: sich aus dem Willen zu reiner nordischer Rasse neu zu schaffen!

Günther, Hans Friedrich Karl: Rassenkunde des deutschen Volkes (1925). München ⁹1926, S. 397, 400–403, 416, 418.

Kurz vor seinem Tod, im Winter 1967/1968 schreibt Hans F. K. Günther seinen „Eindruck von Adolf Hitler" nieder, als der ihn unerwartet bei der Antrittsvorlesung 1930 in Jena trifft. Den Lehrstuhl für „soziale Anthropologie" vermittelt ihm der nationalsozialistische Innenminister von Thüringen:

Hitler trat auf mich zu, reichte mir die Hand und sagte, mich aufmerksam anblickend, mit einer rauen Stimme nach meiner Erinnerung: „Ich freue mich ja so, dass Sie hierher berufen worden sind." Ich verneigte mich dankend. Dann folgten noch einige Sätze, an die ich mich nicht mehr erinnere. Ich weiß nur noch, dass ich mir, während Hitler kurze Sätze sprach, jeweils überlegte, was ich

2 Günther zitiert: „Siemens: Grundzüge der Rassenhygiene, zugleich Einführung in die Vererbungslehre, 1923".

nun am besten erwidern solle. Solche Überlegungen wurden aber abgebrochen, weil Hitler von einem Beamten der Universität in die Aula abgeholt wurde. Ich war einige Zeit mir überlassen, mir und meinem „ersten Eindruck".

Das Erste, was mir an Hitler aufgefallen war: der Blick eines hervorragenden Verstandes aus großen blauen Augen, zugleich aber auch die barsche Rauheit seiner Stimme. Die zweite, sich zugleich einstellende Empfindung war aber unabweisbar die: Zwischen diesem Menschen und mir wird niemals eine Brücke des Verständnisses zu schlagen sein. Es war bei mir die Empfindung eines Menschen, der nach seiner Veranlagung dem anderen nicht anders gegenüberstehen konnte als von Grund auf befremdet, und ich möchte gleich gestehen, dass ich über diese Befremdung – ich sage Befremdung, nicht Abneigung – niemals hinweggekommen bin. Ob Hitler mir gegenüber damals die gleiche Befremdung empfand, weiß ich nicht, doch vermute ich nach späteren Eindrücken, dass Menschen wie ich für ihn nicht mehr sein konnten als höchstens Steine auf seinem Schachbrett. Wer aber wollte ihm daraus einen Vorwurf machen?

Günther, Hans F. K.: Mein Eindruck von Adolf Hitler. Pähl 1969, S. 19 f.

Viktor E. Frankl (1910–1982) hält im Auftrag der „Gesellschaft der Ärzte" in Wien am 25.3.1949 für die in den Jahren 1938–1945 verstorbenen Mitglieder die Gedenkrede:

In memoriam ... Zum Gedenken ... „*Was ist der Mensch,* dass du seiner gedenkst?" So lautete eine Frage, die der Psalmist an Gott richtet. Lassen Sie uns diese Frage hier und heute an uns selber richten und fragen: Was waren die toten Kollegen, dass wir an diesem Tage ihrer gedenken? Nun, wie sie von 1938 bis 1945 in Ihrer Mitte, wie sie im Kerker und wie sie in der Verbannung gelebt und gestorben, das wissen Sie oder hat man Ihnen aus früheren Anlässen bereits berichtet. Meine Aufgabe ist es, vor Ihnen Zeugnis abzulegen, wie Wiener Ärzte in den Konzentrationslagern geschmachtet und geendet haben; Zeugnis abzulegen von wahren Ärzten – die als Ärzte gelebt haben und als Ärzte gestorben sind; von wahren Ärzten, die andere nicht leiden sehen, nicht leiden lassen konnten, selber aber zu leiden verstanden, selber das rechte Leiden zu leisten wussten – das aufrechte Leiden. [...]

Es ist richtig: In jenen Jahren wurde das Arzttum geschändet. Aber ebenso wahr ist, dass es in jenen Jahren auch hochgehalten wurde. Die einen Ärzte haben in den Lagern an Todgeweihten experimentiert; aber andere gab es, die hier an sich selbst experimentiert haben, und ich erinnere mich eines Berliner Nervenarztes namens Dr. Wolf, mit dem ich in der finsteren Baracke so manche nächtliche Zwiesprache gehalten hatte, etwa über aktuelle Probleme der modernen Psychotherapie; als er im Lager starb, hielt er das Erlebnis der letzten Stunden in Form einer Selbstschilderung schriftlich fest.

Überhaupt war das Erlebnis des Konzentrationslagers ein einziges großes Experiment – ein wahres experimentum crucis. Unsere toten Kollegen haben es ehrenvoll bestanden. Sie haben uns bewiesen, dass der Mensch es in der Hand hat, auch unter den ungünstigsten, den unwürdigsten Bedingungen noch Mensch zu bleiben – wahrer Mensch und wahrer Arzt. Was denen, die diesen Beweis erbrachten, zur Ehre gereicht, soll aber uns eine Lehre sein, soll uns lehren, was der Mensch ist und was er sein kann.

Was also ist der Mensch? Wir haben ihn kennen gelernt, wie vielleicht noch keine Generation vor uns; wir haben ihn kennen gelernt im Lager – im Lager, wo alles Unwesentliche vom Menschen weggeschmolzen war; wo alles fortfiel, was einer besessen hatte: Geld – Macht – Ruhm – Glück – wo nur mehr das übrig blieb, was ein Mensch nicht „haben“ kann, sondern was er „sein“ muss: Was übrig blieb, war der Mensch selbst – verbrannt vom Schmerz und durchglüht vom Leid, wurde er eingeschmolzen auf das Wesentliche in ihm, auf das Menschliche.

Was also ist der Mensch? So fragen wir nochmals. – Er ist ein Wesen, das immer entscheidet, was es ist. Ein Wesen, das in sich gleichermaßen die Möglichkeit birgt, auf das Niveau eines Tieres herabzusinken oder sich zu einem heiligmäßigen Leben aufzuschwingen. Der Mensch ist jenes Wesen, das immerhin die Gaskammern erfunden hat; aber er ist zugleich auch jenes Wesen, das in eben diese Gaskammern hineingeschritten ist in aufrechter Haltung und das Vaterunser oder das jüdische Sterbegebet auf den Lippen.

Das also ist der Mensch. Und nun wissen wir auch die Antwort auf die Frage, die wir uns im Anfang gestellt: Was ist der Mensch, dass wir seiner gedenken? „Er ist ein Schilfrohr“, hat Pascal gesagt, „– aber ein Schilfrohr, das denkt!“ Und dieses Denken, dieses Bewusstsein, dieses Verantwortlichsein –, es macht die Würde des Menschen aus, die Würde jedes einzelnen Menschen. Und es liegt ganz und gar immer nur am einzelnen Menschen, ob er sie mit Füßen tritt – oder ob er sie wahrt. So wie das eine das persönliche Verdienst eines Menschen ausmacht – so das andere seine persönliche Schuld. Und es gibt nur persönliche Schuld. *Niemals aber dürfte die Rede sein von Kollektivschuld.* Freilich, es gibt auch die persönliche Schuld eines Menschen, der zwar „nichts getan“ hat – aber so manches unterlassen; unterlassen aus Angst um sich selbst oder aus dem Zittern um seine Angehörigen. *Wer aber einem solchen Menschen zum Vorwurf machen will, dass er ein „Feigling“ ist, der müsste zuvor für seine eigene Person unter Beweis gestellt haben, dass er selber in dergleichen Situation ein Held gewesen.*

Und so wollen wir denn nicht nur gedenken, der Toten, sondern auch verzeihen, den Lebenden. Und wenn wir sprechen: Ehre sei den Toten – so wollen wir auch hinzusetzen: – und Friede allen Lebenden, die guten Willens sind.

Frankl, Viktor E.: Der Mensch vor der Frage nach dem Sinn. Eine Auswahl aus dem Gesamtwerk. München [5]1986, S. 96, 98 f.

ANREGUNGEN

- Sie können die Texte beispielsweise unter folgenden Aspekten miteinander vergleichen:
  Der Mensch zwischen Gott und Tier,
  Freiheit und Gebundenheit des Menschen,
  der Mensch zwischen „Gut“ und „Böse“,
  Furcht und Hoffnung des Menschen …
- In der Geschichte der Philosophie haben sich typische, unterschiedliche Deutungsansätze herausgebildet, um das Besondere der menschlichen Seinsweise zu erfassen: Der Mensch wird verstanden
  - als das vernünftige Wesen (homo sapiens),
  - als Einheit von Geist/Seele und Körper,
  - als göttliche Schöpfung,
  - als Teil der Natur und Produkt der Evolution,
  - als Gestalter seiner selbst und Motor der Weltgeschichte,
  - als Konfliktwesen zwischen Wille und Trieb …

  Versuchen Sie an einzelnen anthropologischen Texten herauszuarbeiten, welches Deutungsverständnis ihnen zugrunde liegen, um die Sonderstellung des Menschen zu begründen!

6.3 Aspekte menschlicher Freiheit

Das Wort „frei“ hat im frühen Griechentum einen sozialen Sinn und bezeichnet den zum Volk gehörigen, freien Mann (im Gegensatz zum Sklaven und Nichtgriechen). Die Grundbedeutung von Freiheit wäre dementsprechend die Möglichkeit des Menschen, sein Leben in eigener Verantwortung und Entscheidung führen zu können und nicht von äußeren Zwängen oder Gewalten behindert zu werden. Versteht man unter „Freiheit“ die Fähigkeit des Menschen, seinem Wollen und Handeln eine Ausrichtung geben zu können (Selbstbestimmung), lassen sich im Zusammenhang der Anthropologie drei grundlegende **Bedeutungen des Wortes „Freiheit“** unterscheiden: **Ermöglichungsfreiheit** bezieht sich auf das Verhältnis des Menschen zu seiner naturhaften oder gesellschaftlichen Umwelt, die ihm durch Abwesenheit von äußeren Zwängen in seinem jeweiligen Handeln nicht einschränkt („Freiheit von …“). Die **Entscheidungsfreiheit** betrifft das Verhältnis des Menschen zu sich selbst, seine angeborene oder erworbene Fähigkeit, ein bestimmtes Verhalten bewusst zu wollen und auf Wertvorstellungen zu beziehen („Freiheit zu ..."). **Lebensfreiheit** meint eine anthropologische Grundverfassung des Menschen, die Fähigkeit des Menschen, sich selbst zu wählen als den, der er sein will. In Freiheit, unabhängig von äußerer oder innerer Fremdbestimmung, setzt der Mensch sich Werte und Lebensziele und verfolgt sie in seinem Handeln.

Freiheit und Determinismus

Ermöglichungsfreiheit: („moralische" Freiheit)	Der Mensch hat das Recht, von ihm beabsichtigte, beliebige Handlungen auszuführen, weil moralische Konventionen oder Rechtsvorschriften ihn darin nicht einschränken (z. B. Religions-, Presse-, Versammlungsfreiheit).
Entscheidungsfreiheit: (Handlungsfreiheit, Wollensfreiheit)	Bestimmte Handlungen des Menschen gehen aus seinem freien Wollen hervor, was die Verantwortlichkeit des Menschen für sein Verhalten beinhaltet.
Lebensfreiheit: (Willensfreiheit, transzendente Freiheit, liberum arbitrium)	Die Lebensfreiheit geht davon aus, dass der Mensch prinzipiell das Vermögen zur eigenen, freien Selbst-Bestimmung in sich trägt.
Determinismus: (zu lat. determinare „abgrenzen", bestimmen"; Gegensatz: Indeterminismus)	Als philosophischer Begriff bezeichnet er – durch die naturwissenschaftlichen Erkenntnisse des 17. Jh.s geprägt – die Überzeugung, auch das menschliche Leben und Handeln sei durch unabänderliche Naturgesetze festgelegt. Damit ergeben sich die Fragen nach der menschlichen (Willens-) Freiheit und der Verantwortlichkeit sittlichen Handelns.

6.3.1 Determinismus

Der konsequente Determinismus sieht die **Wirklichkeit durchgängig gesetzmäßig bestimmt** und bestreitet die Fähigkeit des Menschen zur Lebensfreiheit. Das menschliche Wollen und die Handlungen sind von äußeren Abhängigkeiten (Milieu, technisch-industrielle Welt) oder inneren Bedingungen (genetische Anlagen, körperlich-psychische Voraussetzungen) bestimmt.

Der **mechanistische Determinismus** (Pierre Simon Laplace, 1749–1827, Astronom und Mathematiker) geht vom konsequenten Eingebundensein alles Geschehens in die unabänderlichen Naturgesetze aus und wendet den Grundsatz der strengen kausalen Determination als Erkenntnismittel auf die gesamte gegenständliche Wirklichkeit an. Er leugnet Schöpferisches und Spontaneität in der Natur.

Der **teleologische Determinismus** sieht durch die individuelle und gattungsmäßige Triebstruktur des Menschen die Ziele des Handelns eindeutig festgelegt (z. B. Selbsterhaltung, Lustgewinnung, Wunscherfüllung). Der Mensch kann nur die Mittel wählen, um die Ziele zu verwirklichen.

Der Philosoph Baruch de Spinoza (1632–1677) sieht den Menschen in einem Geflecht von „Notwendigkeiten", sodass ihm kein Raum für Freiheit bleibt:

> Die Menschen täuschen sich, wenn sie sich für frei halten; und diese ihre Meinung besteht allein darin, dass sie sich ihrer Handlungen bewusst sind, ohne eine Kenntnis der Ursachen zu haben, von denen sie bestimmt werden.
>
> *Spinoza, Baruch de: Die Ethik nach geometrischer Methode dargestellt. Übersetzt von Otto Baensch. Hamburg 1994, S. 84 (Ethik, Teil 2: Lehrsatz 35, Anmerkung).*

Spinoza nimmt an, dass das Handlungsbewusstsein sich selbst betrügt und als „frei" versteht, weil es sich der bestimmenden Determinanten nicht bewusst sei.

6.3.2 Indeterminismus – relative Wahlfreiheit

Der Indeterminismus leugnet nicht die biologischen, psychologischen und soziologischen Forschungsergebnisse, dass auch naturhafte oder gesellschaftsbezogene Determinanten das Wollen des Menschen beeinflussen. Man kann sich im Einzelfall auch hinsichtlich der Freiheit konkreter Handlungen täuschen. Das bedeutet aber nicht, die **Möglichkeit freien Verhaltens** grundsätzlich bestreiten zu müssen. Die letzten Entscheidungen führt der Indeterminismus auf die Selbstverfügung des Einzelnen zurück (relative Wahlfreiheit).

Das deterministische Prinzip dient der neuzeitlichen Wissenschaft als Hypothese, um rational fassbare und technisch verfügbare Ausschnitte der Wirklichkeit zu erklären. Der konsequente deterministische Ansatz betrachtet es dagegen als Struktur der Wirklichkeit selbst. Dem universalen Determinismus steht die philosophische und religiöse Lebenspraxis gegenüber, Verantwortung für das Handeln zu übernehmen, was die Möglichkeit von Freiheit voraussetzt.

6.3.3 Freiheit als Aufgabe

Die Freiheit des menschlichen Geistes führt zu neuen Erkenntnissen gesetzmäßiger Zusammenhänge, die den Handlungs- und Entscheidungsspielraum des Menschen erweitern. Wissensgewinn, technische und politische Entwicklungen haben einen Zuwachs an Freiheiten zur Folge. Freiheit enthält ein Moment der Unbegrenzbarkeit und drängt deshalb über das Erreichte hinaus zu weiterer Steigerung. Da technische und politische Abhängigkeiten auch neue Zwänge schaffen und Freiheit bedrohen können, ist Freiheit kein verfügbarer Besitz des Menschen. Freiheit stellt sich als **Aufgabe, ethische, geistige und religiöse Inhalte zu setzen,** die selbst frei machen und sich nicht nur an der augenblicklichen Freude angenehmer Erfahrungen (funktionaler Erlebnisqualität) ausrichten.

Freiheit stellt sich dem Menschen als Aufgabe, sich an Inhalten zu orientieren, die größere Freiheit gewähren.

STANDPUNKT

Gerd Haeffner, Professor für Philosophische Anthropologie, Mitglied der Societas Jesu, sieht den Sinn menschlicher Freiheit im Vollzug des Guten:

Warum sind wir überhaupt frei, warum müssen wir die Last der Entscheidung und der Verantwortung tragen? Wenn die Freiheit sich nur auf die Auswahl der Mittel zur Realisierung eines uns eingestifteten Daseinszwecks bezieht, den wir nicht als in sich sinnvoll empfinden können, bleibt die Frage ohne Antwort. Solche denkbaren Daseinszwecke wären: die Erhaltung des eigenen Lebens und dessen Weitergabe an Nachkommen, die angenehmen Empfindungen von Lust und Glück, die Nützlichkeit für ein größeres Ganzes. Sind sie sinnvoll? Nicht ohne weiteres, und deswegen können wir uns diesen Zwecken durchaus auch verweigern, d.h. wir haben ihnen gegenüber eine Wahl, sodass sie nicht der letzte naturhafte Horizont aller Wahl sein können. Am sinnvollen Leben hängen wir und haben den Wunsch, es weiterzugeben [...]. Der eigentliche Sinn aber besteht im bejahenden Vollzug dessen, was nur frei bejaht werden kann: der Gutheit, die dem Seienden als solchem immanent ist. Aus jener selbstlosen Bejahung erwächst dann auch jene Selbstverwirklichung, deren Frucht die Freude, die reinste Form der Lust, ist.

Über alle besonderen Formen des Guten hinaus ist das menschliche Strebevermögen, der Wille, auf das Gute in seiner Absolutheit hin entschränkt. Deswegen ist er den einzelnen Gütern gegenüber frei. Der Sinn der – auf dem Wege zu sich befindlichen – Freiheit muss es also sein, jenes Gute in concreto zu finden, das mit einer Unbedingtheit bejaht zu werden verdient, die mit der naturhaften Bejahung des Guten überhaupt, die unser Grundwille dauernd vollzieht, gewissermaßen zur Deckung kommt.

Haeffner, Gerd: Philosophische Anthropologie. Grundkurs Philosophie, Bd. 1. Stuttgart, Berlin ²1989, S. 151 f.

ANREGUNGEN

- Charakterisieren Sie den Freiheitsbegriff Gerd Haeffners!
- Inwieweit sehen Sie die menschliche Lebensform als determiniert an? Worin betrachten Sie sich selbst als „fremdbestimmt"?

6.4 Freiheit und Gebundenheit des Menschen am Beispiel der menschlichen Aggression

Die Humanwissenschaften entwickeln **unterschiedliche Theorien** zur Entstehung der zwischenmenschlichen Aggression und deuten diese verschieden. Dies führt dementsprechend zu unterschiedlichen Einschätzungen und Möglichkeiten menschlicher Freiheit bzw. Gebundenheit.

6.4.1 Triebtheorie

S. Freud erklärt die Aggression psychoanalytisch und führt sie auf einen zerstörerischen Grundtrieb des Menschen zurück. Unter dem Eindruck des Ersten Weltkrieges entwickelt Freud ein dualistisches Triebkonzept. Die beiden Grundtriebe des Menschen, Lebenstrieb und (ab 1920 postulierter) Todestrieb, wirken gegeneinander. Der **zerstörerische Grundtrieb** zielt darauf ab, das Organische in den spannungslosen Zustand zurückzuführen und kann sich nach außen, aber auch gegen das Innere des Menschen selbst richten. Er setzt aggressive Verhaltensweisen frei.

Freuds Annahme eines Todestriebes wird von Wissenschaftlern äußerst kritisch beurteilt.

6.4.2 Frustrationstheorie

Aggression kann als Reaktion auf **gesellschaftlich bedingte Frustrationen** gedeutet werden. Sie wäre dann eine Folge persönlicher Enttäuschungen, Kränkungen, Misserfolge oder sozialer bzw. ökonomischer Depravation (Wertminderung).[3]

Spätere Abwandlungen der Frustrationstheorie behaupten keine zwangsläufige Reaktionsfolge, da sie stark von der affektiven und kognitiven Einschätzung der Frustration abhängt. Im Übrigen gibt es auch Aggressionen ohne vorausgegangene Frustration.

6.4.3 Destruktions-Frustrationstheorie

Aggression wird auf ein **Destruktionspotential** im Menschen zurückgeführt, das durch gesellschaftliche Impulse freigesetzt werden kann. A. Mitscherlich lehnt die Todestriebtheorie Freuds ab, geht aber von einem menschlichen Destruktionspotential aus, das auch durch gesellschaftliche Faktoren aktualisiert werden und sich in aggressive Handlungen umsetzen kann.

6.4.4 Soziale Lerntheorie

Die Lerntheorie[4] deutet Aggression als **erlerntes Verhalten.** Es vollzieht sich als Lernen am Modell (aggressive Vorbilder) und als Lernen am Erfolg, wenn Aggressivität als geeignetes Mittel zur Durchsetzung eigener Grundbedürfnisse erkannt wird. Erfolgreich durchgeführte, kulturbedingte aggressive Überlebensstrategien können zur Umkehr von Tugenden führen.

Zwischenmenschliche Aggression kann zurückgeführt werden auf gesellschaftlich bedingte Frustrationen, die das Destruktionspotential des Menschen aktivieren. In vielen Fällen ist Aggressivität erlerntes Verhalten.

3 So beispielsweise J. Dolard.
4 So beispielsweise A. Bandura.

H. Merian: Die Plünderung in der „Judengasse" in Frankfurt am Main im Jahr 1614 (Kupferstich 1642)

STANDPUNKTE

Der freie Journalist Arno Plack interpretiert die Ursachen der Aggression sozialkritisch:

Eine Kultur, die dem Menschen ein Verständnis seiner leibhaften Natur verwehrt, muss notwendig ihn mit sich selber entzweien. Er wird hier angeleitet, sich aufgespalten zu denken nach Leib und Seele oder Trieb und Geist, und angehalten, sich für die „Seite" (oder den „Primat") der Seele, des Geistes zu entscheiden. Die „sittliche Entscheidung", die auf einer so willkürlichen Unterscheidung beruht, erreicht aber nur, dass das leibhafte Dasein verzerrt wird. Schon in den „psychosomatischen Störungen" kommt körperlich der Fehler wieder heraus, auf dem der Glaube an den Vorrang des Geistes beruht. Die vitale Natur, die dieser Glaube als „böse" verfolgt, lässt aber sich gar nicht ausrotten; sie besitzt, so voll der Kampf gegen sie entbrennt, den Kämpfenden selber im Nacken. Für Zucht und Sitte streitend, stellen sie das „Chaos" erst her, vor dem sie sonst immer uns warnen. Sie schaffen, bewusst oder nicht, das reale Chaos im Körper eines jeden, der nach ihren Geboten sich ausrichtet, und das Chaos der Aggression im Großen, die die Frustrationen im Kleinen mit einem Schlag liquidiert.

Das vermeintliche Böse, das die Sittenwächter bekämpfen, lässt sich nur ausrotten um den Preis, das wahre Böse, das die Gesundheit und unser aller Leben bedroht, zu verstärken. Im Kampf für die „gute Sache“ – für Freiheit und Menschenwürde, für oder gegen eine bestimmte Weltanschauung – ist dieses Böse, das an die Existenz greift, verschleiert. Der Glaube an den reinen Geist aber macht solche Verschleierung erst möglich. [...]

Der Mensch, der so einen Teil seines Wesens geradezu von sich selber abklammert, begibt notwendig sich der Möglichkeit, sich über seine entscheidenden Antriebe klar zu werden und sie zu *kultivieren*. Da so namentlich alles Sexuelle aus dem wertenden Bewusstsein verbannt ist, nehmen wir alle in Kauf, dass der verleugnete (oder verniedlichte) Trieb immer wieder in jähen, ungeordneten Schüben die Decke einer keimfreien Sitte durchbricht, sei es durch erklärt „verbrecherische“ Gewaltakte Einzelner oder in Ausbrüchen einer kollektiven Aggressivität, deren Trieb-Grund oft bis zur Unkenntlichkeit verdeckt ist. Der Preis für das traute Heim, das Leitbild strenger Gesittung, ist eine Politik, die, auf die Spitze getrieben, reihenweise dieses Heim in Schutt und Asche legt. [...]

Wohin aber gehen die auch im – zielgehemmten – Toben nicht vollends abgeleiteten Triebe? Sie sammeln sich auf. Wofür? Für die Verfolgung von religiösen, rassischen, nationalen oder auch sexuellen Minderheiten. Deren verschwiegene sittliche Pflicht geradezu ist es, so böse zu erscheinen, wie der rechtschaffene Bürger sie als Ziel seiner Mordlust benötigt. So gesehen ist der zum Kriege treibende Politiker der Prototyp jenes Menschen, dem es gelingt, seine verbrecherischen Neigungen auf völlig legale Art auszuleben. Den Übergang von solch einem „Ehrenmann“ zum Verbrecher bildet in so genannten normalen Zeiten der „Überzeugungstäter“, der Gewaltakte noch seiner eigenen Meinung gemäß aus politischen oder weltanschaulichen Gründen verübt. So als gehe es ihm weniger ums Töten als um die Durchsetzung seiner Ideale. Genau dies aber ist der Sinn jeder zum Krieg überredenden Propaganda. Sie bedient sich der aggressiven Neigungen der Menge, indem sie ihnen Inhalt und Ziel gibt. Patriotisch verklärt, ist die Tötung anderer nicht mehr Mord, sondern eine heldische Tat. [...] Die Kriege sind die großen Schleusentore für kollektiv angestaute Aggressivität. Solange man den Krieg nur immer als ein politisches Phänomen nimmt, als ein je konkret politisches, statt auf den allgemeinen triebpsychologischen Grund zurückzugehen, bleibt man blind für die Gefahr immer weiterer Kriege.

Plack, Arno: Die Gesellschaft und das Böse. Eine Kritik der herrschenden Moral. München [10]1971, S. 270–272.

Der Psychoanalytiker Alexander Mitscherlich meint, dass eine Gesellschaft für die Friedensarbeit Vorbilder braucht, deren Autorität nicht zwingt, sondern befreit.

Die Quellen der *Aggression* sind [...] Quellen, die *in* uns fließen, zu unserer Natur gehören.

Zu hoffen, daß wir von außen, von einem Heilbringer, von unseren Triebwünschen erlöst werden, ist leere Hoffnung. Wir können uns nur so weit frei oder unfrei fühlen, wie wir Kenntnis von uns selbst haben: nicht verklärte, sondern unbeschönigte Kenntnis. Zu dieser Einsicht gehört, daß wir in dauerndem *Konflikt* mit den Triebbedürfnissen, den Glückswünschen der anderen leben. [...]

Die Autorität, die uns belehren könnte, müßte uns durch *mehr* Wissen über uns befreiend helfen, statt uns vorzuspiegeln, mit gutem Willen wären in Jahrtausenden ausgetretene Fußstapfen der Brutalität zu vermeiden.

Mitscherlich, Alexander: Die Idee des Friedens und die menschliche Aggressivität. Vier Versuche. Frankfurt a. M. 1969 [Suhrkamp: alte Rechtschr.], S. 101–103.

ANREGUNGEN

- Vergleichen Sie die in den beiden Texten vertretenen Positionen zur Entstehung und Bewältigung der Aggression!
- Wie beurteilen Sie die Entstehung der Aggressionen, die Sie in Ihrem Lebensbereich erfahren?

LEITFRAGEN ZUR ERTRAGSSICHERUNG UND WEITERFÜHRUNG

- Überlegen Sie, inwieweit ein Menschenbild ein Bild desjenigen Menschen ist, der es erstellt!
- Was halten Sie für das Besondere der menschlichen Lebensweise?
- Ist der Mensch Ihrer Meinung nach ein religiöses Wesen? Welche Erfahrungen und Einsichten sprechen dafür, welche dagegen?
- Überlegen Sie, welche Befürchtungen, Ängste und Hoffnungen den Menschen heute bewegen!
- Inwieweit stellt die Frage der Freiheit eine Aufgabe des Menschen dar?
- Informieren Sie sich über die Freiheitsverständnisse, die Luther und Erasmus 1524/1525 in ihrer Kontroverse über die Freiheit des Willens einander gegenüberstellen!

Literaturhinweise:

DENKER, ROLF: Aufklärung über Aggression. Stuttgart, Berlin, Köln, Mainz ³1971 (Kohlhammer Urban-Taschenbücher 814).

HAEFFNER, GERD: Philosophische Anthropologie. Grundkurs Philosophie 1. Stuttgart, Berlin, Köln ²1989 (Urban-Taschenbücher 345).

KINDLERS ENZYKLOPÄDIE DER MENSCH. Hrsg. von Herbert Wendt und Norbert Loacker, Bd. 4: Die Sonderstellung des Menschen. Zürich 1981.

MÜLLER, ARNIM (Hrsg.): Anthropologie als philosophische Reflexion über den Menschen. Kommentiert von Manfred Derpmann. Münster ⁶1992 (Aschendorffs philosophische Textreihe, Kurs 6).

OELMÜLLER, WILLI, DÖLLE-OELMÜLLER, RUTH, UND GEYER, CARL-FRIEDRICH: Diskurs: Mensch. Paderborn, München, Wien, Zürich ³1993 (Philosophische Arbeitsbücher 7; UTB 1379).

PHILOSOPHISCHE ANTHROPOLOGIE. Für die Sekundarstufe II hrsg. von Hans Dierkes. Stuttgart 1989 (Reclam Universal-Bibliothek 15012).

7 Wahrnehmungen des Menschen aus biblischer Sicht

Die biblischen Schriften enthalten zwar keine in sich geschlossene Lehre vom Menschen, wohl aber durchgängig **Grundbestimmungen des Menschseins.** Der Mensch lebt als **personales, soziales und religiöses Wesen.**

Er bildet eine sich durchdringende **Einheit von Leib und Geist,** also ein körperlich-geistiges Ganzes. Diese ganzheitliche Sicht des Menschen richtet sich gegen jede dualistische Anthropologie, die zwischen einem vergänglichen Körper und der unsterblichen Seele, die das eigentliche Wesen des Menschen ausmacht, unterscheidet, also auch gegen die griechische Seelenlehre. Wenn die Bibel von „Seele“[1] spricht, meint sie die Lebendigkeit des Menschen, die sein körperliches Leben einschließt (z. B. Lk 12,20: „Aber Gott sprach zu ihm: Du Narr! Diese Nacht wird man deine Seele von dir fordern“).

Als soziales Wesen lebt der Mensch nicht für sich, sondern **eingebunden in eine Gemeinschaft:** in der Beziehung als Frau und Mann, in Gruppen (Familie, Volk, Staat) sowie in einer weltumspannenden Zusammengehörigkeit der Menschen.

Die folgenden Abschnitte behandeln die religiöse Deutung der menschlichen Lebensform. Als Geschöpf Gottes empfängt der Mensch sein Leben aus Gott und bedarf als **Sünder** der **befreienden Zuwendung** Gottes (Rechtfertigung, Erlösung).

ZIELSETZUNG

Die Beschäftigung mit alt- und neutestamentlichen Texten zeigt die Vielfalt biblischer Wahrnehmungen vom Menschen. Charakteristische Merkmale des biblischen Verständnisses vom Menschen werden im folgenden Kapitel vor allem verdeutlicht an der Überlieferung der alttestamentlichen Urgeschichte, der Evangelien und des Paulus.

1 Der hebr. Begriff *nefesch* kann traditionell mit „Seele“ übersetzt werden und meint allgemein Leben schlechthin (z. B. 1. Mose 44,30; vgl. 3. Mose 24,17 f.: „Wenn ein Mann irgendeine *nefesch* von Menschen erschlägt … Wer die *nefesch* von Vieh erschlägt …“), spezieller den Menschen als ein bedürftiges Wesen. Das Wort kann auch den Bereich des menschlichen Gemütszustandes einschließen, z. B. 2. Mose 23,9: „Die Fremdlinge sollt ihr nicht unterdrücken; denn ihr wisset um der Fremdlinge Herz *[nefesch]*, weil ihr auch Fremdlinge in Ägyptenland gewesen seid.“

7.1 Der Mensch als Geschöpf und Ebenbild Gottes

Die biblischen Schöpfungsberichte (1. Mose 1 f.) sehen in Gott Ursprung und Grund des Lebens. Hinter der Welt und dem irdischen Leben steht der Schöpferwille Gottes. Die Menschen, als Mann und Frau geschaffen (1. Mose 1,27; 2,18), haben als **Geschöpfe Gottes** Anteil an der Kreatürlichkeit und somit an der Vergänglichkeit des Lebendigen. Neben der Kreatürlichkeit des Menschen betonen beide Überlieferungen die besondere Stellung des Menschen gegenüber Gott und innerhalb der gesamten Schöpfung. Die Menschen sind Gott gegenüber zwar in ihren Möglichkeiten begrenzt; da Gott ihnen aber in einer personalen Beziehung begegnet, können sie ihm in ihrem Lebensentwurf und im Handeln antworten. Mit der **Sonderstellung des Menschen** innerhalb der Welt verbindet sich der göttliche Auftrag, diese Welt verantwortungsvoll zu gestalten und zu bewahren. Die Möglichkeiten des Menschen, vor allem seine Begabung mit Vernunft, sowie die Güter und Gaben der Erde sollen für ein friedliches Zusammenleben der Menschen, für Wohlstand und kulturelle Entfaltung eingesetzt werden. Nicht als unumschränkter Herrscher, sondern als der dem Schöpfer verantwortliche Stellvertreter soll der Mensch den lebensfördernden Liebeswillen Gottes im sorgsamen Umgang mit der Natur handelnd verwirklichen.

Die Priesterschrift verdeutlicht die Einzigartigkeit des Menschen mit dem Symbol der **Gottesebenbildlichkeit** (Imago Dei; 1. Mose 1,27). Der Mensch soll in der dialogischen Wechselbeziehung zu Gott bleiben, der Anrede Gottes entsprechen (vgl. Ps 8). Zugleich setzt Gott den Menschen als Verwalter der Welt ein, der als Repräsentant Gottes über die Tiere und die Erde verantwortlich herrschen soll. Nach der jahwistischen Erzählung erhält der Mensch von Gott den Auftrag, den Garten zu bebauen und zu bewahren (1. Mose 2,15).

Die beiden Schöpfungsberichte, die erst während der Königszeit in Jerusalem bzw. im Babylonischen Exil entstehen und relativ spät an den Anfang des Alten Testaments gestellt werden, eröffnen die sog. Urgeschichte (1. Mose 1–11). Sie enthält die Überlieferungen vom Schöpfungswerk Gottes, der Schuld des Menschen (Sündenfall, Kains Brudermord), der Sintflut, Gottes Bund mit Noah und den Turmbau zu Babel. Die Urgeschichte enthüllt weder den Zustand einer zeitlosen mythologischen Vorwelt, noch den einer historisch fassbaren Menschheitsepoche. Die Erzählungen wollen vielmehr die allgemeine Grundverfassung, die Lebenssituation des Menschen vor Gott schildern.

Der erste Schöpfungsbericht wird im 6. Jh. v. Chr. von Priestern im Babylonischen Exil verfasst, 1. Mose 1,1 ff.; 2,1–4 a:

1,1 Am Anfang schuf Gott Himmel und Erde.
2 Und die Erde war wüst und leer, und es war finster auf der Tiefe; und der Geist Gottes schwebte auf dem Wasser.
3 Und Gott sprach: Es werde Licht! Und es ward Licht.
4 Und Gott sah, dass das Licht gut war. Da schied Gott das Licht von der Finsternis
5 und nannte das Licht Tag und die Finsternis Nacht. Da ward aus Abend und Morgen der erste Tag.
26 Und Gott sprach: Lasset uns Menschen machen, ein Bild, das uns gleich sei, die da herrschen über die Fische im Meer und über die Vögel unter dem Himmel und über das Vieh und über alle Tiere des Feldes und über alles Gewürm, das auf Erden kriecht.
27 Und Gott schuf den Menschen zu seinem Bilde, zum Bilde Gottes schuf er ihn; und schuf sie als Mann und Weib.
28 Und Gott segnete sie und sprach zu ihnen: Seid fruchtbar und mehret euch und füllet die Erde und machet sie euch untertan und herrschet über die Fische im Meer und über die Vögel unter dem Himmel und über das Vieh und über alles Getier, das auf Erden kriecht.
29 Und Gott sprach: Sehet da, ich habe euch gegeben alle Pflanzen, die Samen bringen, auf der ganzen Erde, und alle Bäume mit Früchten, die Samen bringen, zu eurer Speise.
30 Aber allen Tieren auf Erden und allen Vögeln unter dem Himmel und allem Gewürm, das auf Erden lebt, habe ich alles grüne Kraut zur Nahrung gegeben. Und es geschah so.
31 Und Gott sah an alles, was er gemacht hatte, und siehe, es war sehr gut. Da ward aus Abend und Morgen der sechste Tag.
2,1 So wurden vollendet Himmel und Erde mit ihrem ganzen Heer.
2 Und so vollendete Gott am siebenten Tag seine Werke, die er machte, und ruhte am siebenten Tage von allen seinen Werken, die er gemacht hatte.
3 Und Gott segnete den siebten Tag und heiligte ihn, weil er an ihm ruhte von allen seinen Werken, die Gott geschaffen und gemacht hatte.
4a So sind Himmel und Erde geworden, als sie geschaffen wurden.

Nach dem priesterschriftlichen Schöpfungshymnus ruft Gott durch sein schöpferisches Wort die Welt und das gesamte Leben ins Dasein. Durch die Erschaffung der Menschen als Ebenbild Gottes (V. 26 f.) steht jeder Mensch zu Gott in einem Ähnlichkeitsverhältnis, aus dem der Mensch seine Würde und Rechte bezieht. Gott setzt den Menschen als Verwalter der Welt ein, der stellvertretend über die Tiere und die Erde herrschen (V. 26) soll.

Der zweite Schöpfungsbericht vom „Paradies" entsteht vermutlich im 9. Jh. v. Chr. am Jerusalemer Königshof. Wegen der Bezeichnung Gott „der HERR" (Jahwe) wird der unbekannte Verfasser „Jahwist" genannt, 1. Mose 2,4bff.:

4b Es war zu der Zeit, da Gott der HERR Erde und Himmel machte.
5 Und alle die Sträucher auf dem Felde waren noch nicht auf Erden, und all das Kraut auf dem Felde war noch nicht gewachsen; denn Gott der HERR hatte noch nicht regnen lassen auf Erden, und kein Mensch war da, der das Land bebaute;
6 aber ein Nebel stieg auf von der Erde und feuchtete alles Land.
7 Da machte Gott der HERR den Menschen aus Erde vom Acker und blies ihm den Odem des Lebens in seine Nase. Und so ward der Mensch ein lebendiges Wesen.
8 Und Gott der HERR pflanzte einen Garten in Eden gegen Osten hin und setzte den Menschen hinein, den er gemacht hatte.
9 Und Gott der HERR ließ aufwachsen aus der Erde allerlei Bäume, verlockend anzusehen und gut zu essen, und den Baum des Lebens mitten im Garten und den Baum der Erkenntnis des Guten und Bösen.
15 Und Gott der HERR nahm den Menschen und setzte ihn in den Garten Eden, dass er ihn bebaute und bewahrte.
16 Und Gott der HERR gebot dem Menschen und sprach: Du darfst essen von allen Bäumen im Garten,
17 aber von dem Baum der Erkenntnis des Guten und Bösen sollst du nicht essen; denn an dem Tage, da du von ihm issest, musst du des Todes sterben.
18 Und Gott der HERR sprach: Es ist nicht gut, dass der Mensch allein sei; ich will ihm eine Gehilfin machen, die um ihn sei.
19 Und Gott der HERR machte aus Erde alle die Tiere auf dem Felde und alle die Vögel unter dem Himmel und brachte sie zu dem Menschen, dass er sähe, wie er sie nennte; denn wie der Mensch jedes Tier nennen würde, so sollte es heißen.
20 Und der Mensch gab einem jeden Vieh und Vogel unter dem Himmel und Tier auf dem Felde seinen Namen; aber für den Menschen ward keine Gehilfin gefunden, die um ihn wäre.
21 Da ließ Gott der HERR einen tiefen Schlaf fallen auf den Menschen, und er schlief ein. Und er nahm eine seiner Rippen und schloss die Stelle mit Fleisch.
22 Und Gott der HERR baute ein Weib aus der Rippe, die er von dem Menschen nahm, und brachte sie zu ihm.
23 Da sprach der Mensch: Das ist doch Bein von meinem Bein und Fleisch von meinem Fleisch; man wird sie Männin nennen, weil sie vom Manne genommen ist.
24 Darum wird ein Mann seinen Vater und seine Mutter verlassen und seinem Weibe anhangen, und sie werden sein *ein* Fleisch.
25 Und sie waren beide nackt, der Mensch und sein Weib, und schämten sich nicht.

Die jahwistische Schöpfungserzählung beschreibt die Geschöpflichkeit des Menschen in der besonderen Beziehung zu Jahwe und zugleich in der engen Lebensverbundenheit mit der Erde. Wie ein Töpfer formt Jahwe den Menschen aus Erde. Aber erst durch das Einhauchen des göttlichen Odems erhält der Mensch sein Leben durch Gott (V. 7). Jahwe ordnet die gesamte übrige Welt auf den Menschen als höchstes Schöpfungswerk hin. Dies erweist Gottes Fürsorge für den in seiner Nähe lebenden Menschen. Sie zeigt sich in der durch Bewässerung umgestalteten Wüste zum Kulturland (V. 5ff.), in der Erschaffung der Tiere als Hilfe (V. 19f.) und in der geschlechtlichen Polarität des Menschen, die auf einen ihn ergänzenden Partner abzielt (V. 18.23f.; V. 18 wörtlich: Ich will ihm eine Hilfe schaffen als sein Gegenüber, d. h. die zu ihm passt). Der Mensch erhält von Gott die Beauftragung, den Garten zu bebauen, und damit die Verantwortung für die Gestaltung der Welt (V. 15). Das Einzigartige des menschlichen Seins besteht darin, dass der Mensch Gott gegenüber verantwortlich ist. Die durch Gott bedingte und an Gott gebundene Freiheit des Menschen unterscheidet sich von der unbedingten Freiheit Gottes (V. 16f.).

Von verschiedenen Akzentsetzungen abgesehen, deuten der priesterschriftliche Schöpfungshymnus und die jahwistische Erzählung die **Grundverfassung des Menschen** ähnlich:

Priesterschrift / **Jahwist**

- Hinter der Welt und allem Leben steht Gott, der Schöpfer.
- Gegenüber Gott und in der Schöpfung nimmt der Mensch eine Sonderstellung ein.

Priesterschrift	Jahwist
• Das Leben des Menschen vollzieht sich als Mann und Frau.	• Mann und Frau leben als sich ergänzende „Partner".
• Der Mensch soll über die Welt verantwortlich herrschen.	• Der Mensch soll die Welt bewahren.

Das Neue Testament nimmt die alttestamentliche Vorstellung vom Menschen als Bild Gottes wieder auf, nun aber vor allem in der Beziehung auf Jesus Christus: Paulus bezeichnet **Christus als „das Ebenbild Gottes"** (2. Kor 4,4; vgl. Kol 1,15). In ihm erfüllt sich die Gottesebenbildlichkeit des Menschen. Erst von Jesus Christus her wird deshalb offenbar, wozu Gott menschliches Leben geschaffen hat, und was es bedeutet, Ebenbild Gottes zu sein. Christus deckt auf, worin die geschöpfliche Bestimmung des Menschen als Ebenbild Gottes hinsichtlich des Verhaltens des Menschen zu Gott, zum Mitmenschen und zur Welt besteht.

- In Jesus Christus offenbart sich Gottes liebevolle Zuwendung zum Menschen, zugleich erkennen wir den Menschen, der aus der engen **Verbundenheit mit Gott** heraus lebt (vgl. die Anrede Gottes mit „Vater“, z. B. Mt 6,9). Der Mensch soll Gott im Glauben bereitwillig Antwort geben.
- In dem helfenden und solidarischen Verhalten Jesu zum Menschen erkennen wir, dass Gott den Menschen zur **mitmenschlichen Gemeinschaft,** zum Leben füreinander frei macht (vgl. Gleichnisse, z. B. Lk 10,29–37).
- Jesus spricht von der Fürsorge, die Gott auch der nichtmenschlichen Kreatur zuwendet (Mt 6,26–30). Die Verfügungsgewalt des Menschen über die **Natur** (1. Mose 1,28) soll in der Verantwortung des Menschen vor Gott geschehen.

Die biblischen Schöpfungsberichte (1. Mose 1 f.) deuten die Grundverfassung des Menschen vor Gott. Der Mensch als Geschöpf Gottes bildet eine Einheit von Leib, Seele und Geist. Die besondere Stellung des Menschen zu Gott und zur geschaffenen Welt interpretiert die Priesterschrift mit dem Symbol der Gottesebenbildlichkeit. Das Neue Testament sieht die geschöpfliche Bestimmung des Menschen als Ebenbild Gottes in Jesus Christus erfüllt.

STANDPUNKT

Für Professor Richard Schröder, Blankenfelde, liegt in der Bibel der Ansatz zu einer sachgemäßen „Verweltlichung“, die dem Menschen eine angemessene Einstellung zu den weltlichen Gegebenheiten eröffnet:

Säkularisation, Verweltlichung, das ist nichts der Christenheit Fremdes, es gibt vielmehr ein spezifisch christliches Problem der Verweltlichung. Das Kernproblem christlicher Existenz ist nämlich die angemessene Unterscheidung zwischen Gott und Welt.

Schon auf den ersten Seiten der Bibel findet eine Verweltlichung statt. Da heißt es nämlich in der Schöpfungsgeschichte: Gott schuf zwei große Lichter. Die Sterne, die in Israels Umgebung religiöse Verehrung genossen, werden da kurz und bündig zu Lampen degradiert, entsakralisiert, verweltlicht. Der Schöpferglaube degradiert den Sternenglauben.

Ich glaube an Gott, den Schöpfer, das heißt zugleich: Nichts Weltliches ist göttlich. Deshalb sagt das Alte Testament: Du sollst dir von Gott kein Bildnis machen, sondern, sagt das Neue Testament, dich an das Ebenbild Gottes halten, das er selbst uns gegeben hat. Mit Jesus Christus kam Gott selbst in die Welt, man könnte auch sagen, er verweltlichte sich.

Wir Christen sollen zwar *in* dieser Welt leben, wir sollen dieses Leben mit seinen erfreulichen und unerfreulichen Seiten auch ernst nehmen und uns nicht etwa aus Sehnsucht nach himmlischer Seligkeit davonstehlen. Wir sollen aber unser Herz nicht an Weltliches verlieren, weder an Macht noch an Geld noch an Schönheit oder Lust. Das alles soll Vorletztes bleiben und nicht unser Gott oder Götze werden. Wir sollen *Gott* nicht verweltlichen und *uns* nicht verweltlichen.

Schröder, Richard: Herausforderung der säkularen Gesellschaft. Aus: epd-Dokumentation. Frankfurt a. M. 32/1997, S. 3 f.

ANREGUNGEN

- Charakterisieren Sie den Begriff „Verweltlichung“, wie ihn Richard Schröter versteht!
- In welchem Sinn kann Ihrer Überzeugung nach in der Bibel von „Verweltlichung“ gesprochen werden, in welcher Hinsicht nicht?
  Hinweise geben Ihnen der Vergleich der biblischen Schöpfungsberichte mit babylonischen Schöpfungsmythen, auch mit neutestamentlichen Aussagen, wie beispielsweise Röm 12,2; 2. Kor 5,17.

7.2 Die gestörte Beziehung des Menschen zu Gott

7.2.1 Abwendung des Menschen von Gott

Der von Gott geschaffene Mensch soll der Zuwendung Gottes entsprechend freiwillig antworten. Die jahwistische Urgeschichte 1. Mose 2 f. schildert das verweigerte Antwortverhalten, den selbstverschuldeten Abfall des Menschen von Gott und die damit verbundene Gefährdung des Menschseins. Der Mensch als Kreatur ist in seinen Möglichkeiten Gott gegenüber begrenzt. Von dem besonderen „Baum der Erkenntnis des Guten und Bösen“ (1. Mose 2, 9.16 f.) soll der Mensch nicht essen. Mit diesem Verbot will Gott den Menschen vor den Folgen der geschöpflichen Grenzüberschreitung schützen. In Gestalt der Schlange, die nicht mit einer dämonischen Macht oder dem Satan identifiziert werden darf, tritt die Versuchung an den Menschen heran. Die Schlange unterstellt Gott missgünstige Absichten und verspricht – über eine Ausweitung des

Erkenntnisvermögens hinaus – eine göttliche Lebenssteigerung in Form der Autonomie des menschlichen Daseins (V. 5). In seinem Streben nach totaler Selbstverwirklichung trennt sich der Mensch von Gott. Folgen des belasteten Gottesverhältnisses sind die **Störungen im zwischenmenschlichen Verhältnis** und in der Beziehung zur Welt.

In der „Sündenfall"-Erzählung beschreibt der Jahwist ausführlich die aktive wie passive Verführbarkeit und die Abwälzung der eigenverantwortlichen Schuld letztlich auf Gott, 1. Mose 3,1ff.:

1 Aber die Schlange war listiger als alle Tiere auf dem Felde, die Gott der HERR gemacht hatte, und sprach zu dem Weibe: Ja, sollte Gott gesagt haben: Ihr sollt nicht essen von allen Bäumen im Garten?
2 Da sprach das Weib zu der Schlange: Wir essen von den Früchten der Bäume im Garten;
3 aber von den Früchten des Baumes mitten im Garten hat Gott gesagt: Esset nicht davon, rühret sie auch nicht an, dass ihr nicht sterbet!
4 Da sprach die Schlange zum Weibe: Ihr werdet keineswegs des Todes sterben,
5 sondern Gott weiß: An dem Tage, da ihr davon esset, werden eure Augen aufgetan, und ihr werdet sein wie Gott und wissen, was gut und böse ist.
6 Und das Weib sah, dass von dem Baum gut zu essen wäre und dass er eine Lust für die Augen wäre und verlockend, weil er klug machte. Und sie nahm von der Frucht und aß und gab ihrem Mann, der bei ihr war, auch davon, und er aß.
7 Da wurden ihnen beiden die Augen aufgetan, und sie wurden gewahr, dass sie nackt waren, und flochten Feigenblätter zusammen und machten sich Schurze.
8 Und sie hörten Gott den HERRN, wie er im Garten ging, als der Tag kühl geworden war. Und Adam versteckte sich mit seinem Weibe vor dem Angesicht Gottes des HERRN unter den Bäumen im Garten.
9 Und Gott der HERR rief Adam und sprach zu ihm: Wo bist du?
10 Und er sprach: Ich hörte dich im Garten und fürchtete mich; denn ich bin nackt, darum versteckte ich mich.
11 Und er sprach: Wer hat dir gesagt, dass du nackt bist? Hast du nicht gegessen von dem Baum, von dem ich dir gebot, du solltest nicht davon essen?
12 Da sprach Adam: Das Weib, das du mir zugesellt hast, gab mir von dem Baum, und ich aß.
13 Da sprach Gott der HERR zum Weibe: Warum hast du das getan? Das Weib sprach: Die Schlange betrog mich, sodass ich aß.
16 Und zum Weibe sprach er: Ich will dir viel Mühsal schaffen, wenn du schwanger wirst; unter Mühen sollst du Kinder gebären. Und dein Verlangen soll nach deinem Manne sein, aber er soll dein Herr sein.

17 Und zum Manne sprach er: Weil du gehorcht hast der Stimme deines Weibes und gegessen von dem Baum, von dem ich dir gebot und sprach: Du sollst nicht davon essen –, verflucht sei der Acker um deinetwillen! Mit Mühsal sollst du dich von ihm nähren dein Leben lang.
18 Dornen und Disteln soll er dir tragen, und du sollst das Kraut auf dem Felde essen.
19 Im Schweiße deines Angesichts sollst du dein Brot essen, bis du wieder zu Erde werdest, davon du genommen bist. Denn du bist Erde und sollst zu Erde werden.
20 Und Adam nannte sein Weib Eva; denn sie wurde die Mutter aller, die da leben.
21 Und Gott der HERR machte Adam und seinem Weibe Röcke von Fellen und zog sie ihnen an.
22 Und Gott der HERR sprach: Siehe, der Mensch ist geworden wie unsereiner und weiß, was gut und böse ist. Nun aber, dass er nur nicht ausstrecke seine Hand und breche auch von dem Baum des Lebens und esse und lebe ewiglich!
23 Da wies ihn Gott der HERR aus dem Garten Eden, dass er die Erde bebaute, von der er genommen war.
24 Und er trieb den Menschen hinaus und ließ lagern vor dem Garten Eden die Cherubim mit dem flammenden, blitzenden Schwert, zu bewachen den Weg zu dem Baum des Lebens.

Die elementaren Belastungen im menschlichen Leben (Angst, Scham, Spannungen zwischen Mann und Frau, die Mühen der Geburt, die Belastung durch die Arbeit und Todverfallenheit) sieht der Jahwist als Konsequenz der menschlichen Abkehr von Gott. Er vertreibt die Menschen aus dem Garten (V. 23f.). Der Mensch hat die Folgen seiner Schuld zu tragen und kann sie nicht rückgängig machen. Trotz der strafenden Worte Gottes steht das menschliche Leben aber weiterhin unter Jahwes Zuwendung (z. B. Bekleidung: V. 21).

Das Leben aus der Abwendung des Menschen von Gott führt zur Ermordung des Bruders und gefährdet schließlich die menschliche Gemeinschaft.

Die ursprünglich selbstständige Erzählung von Kains Brudermord zeigt die Ausweitung der Schuld im zwischenmenschlichen Bereich, 1. Mose 4, 3ff.:

3 Es begab sich aber nach etlicher Zeit, dass Kain dem HERRN Opfer brachte von den Früchten des Feldes.
4 Und auch Abel brachte von den Erstlingen seiner Herde und von ihrem Fett. Und der HERR sah gnädig an Abel und sein Opfer,
5 aber Kain und sein Opfer sah er nicht gnädig an. Da ergrimmte Kain sehr und senkte finster seinen Blick.
6 Da sprach der HERR zu Kain: Warum ergrimmst du? Und warum senkst du deinen Blick?

7 Ist's nicht also? Wenn du fromm bist, so kannst du frei den Blick erheben. Bist du aber nicht fromm, so lauert die Sünde vor der Tür, und nach dir hat sie Verlangen; du aber herrsche über sie.
8 Da sprach Kain zu seinem Bruder Abel: Lass uns aufs Feld gehen! Und es begab sich, als sie auf dem Felde waren, erhob sich Kain wider seinen Bruder Abel und schlug ihn tot.
9 Da sprach der HERR zu Kain: Wo ist dein Bruder Abel? Er sprach: Ich weiß nicht; soll ich meines Bruders Hüter sein?
10 Er aber sprach: Was hast du getan? Die Stimme des Blutes deines Bruders schreit zu mir von der Erde.
12 [...] Unstet und flüchtig sollst du sein auf Erden.
15 [...] Und der HERR machte ein Zeichen an Kain, dass ihn niemand erschlüge, der ihn fände.

Gott spricht Kain nachdrücklich auf seine Verantwortung an, die Sünde zu beherrschen (V. 7). Die Ermordung des Bruders bleibt Gott, der Leben schützt, nicht verborgen. Auch diese Tat hat Folgen: Kain wird verflucht; „unstet und flüchtig" (V. 12) soll er auf Erden leben. Dennoch bleibt er in ein geheimnisvolles Schutzverhältnis einbezogen (Kainsmal: V. 15).

Die Erzählung vom Turmbau zu Babel möchte erklären, wie es zur Vielfalt der Völker und ihrer Sprachen kommt, 1. Mose 11,1–9:

1 Es hatte aber alle Welt einerlei Zunge und Sprache.
2 Als sie nun nach Osten zogen, fanden sie eine Ebene im Lande Schinar und wohnten daselbst.
3 Und sie sprachen untereinander: Wohlauf, lasst uns Ziegel streichen und brennen! – und nahmen Ziegel als Stein und Erdharz als Mörtel
4 und sprachen: Wohlauf, lasst uns eine Stadt und einen Turm bauen, dessen Spitze bis an den Himmel reiche, damit wir uns einen Namen machen; denn wir werden sonst zerstreut in alle Länder.
5 Da fuhr der HERR hernieder, dass er sähe die Stadt und den Turm, die die Menschenkinder bauten.
6 Und der HERR sprach: Siehe, es ist einerlei Volk und einerlei Sprache unter ihnen allen, und dies ist der Anfang ihres Tuns; nun wird ihnen nichts mehr verwehrt werden können von allem, was sie sich vorgenommen haben zu tun.
7 Wohlauf, lasst uns herniederfahren und dort ihre Sprache verwirren, dass keiner des andern Sprache verstehe!
8 So zerstreute sie der HERR von dort in alle Länder, dass sie aufhören mussten, die Stadt zu bauen.
9 Daher heißt ihr Name Babel, weil der HERR daselbst verwirrt hat aller Länder Sprache und sie von dort zerstreut hat in alle Länder.

Das belastete Gottesverhältnis umfasst auch die soziale Dimension menschlichen Daseins. Der alte Sagenstoff enthält wohl das Wissen um die mächtigen Stufentürme der Babylonier. Die vorliegende Letztgestalt der Erzählung zeigt, wie die soziale Gemeinschaft sich in ihrem Streben nach selbstherrlicher Kraftentfaltung gegen Gott auflehnt. Die Mannigfaltigkeit der Völkerwelt und die Sprachverwirrung wird als vorbeugende Strafe Gottes verstanden.

STANDPUNKT

Jack Miles, Theologe, Bibel- und Literaturwissenschaftler, entwirft einen „Lebenslauf" Gottes, in den er anhand biblischer Texte dessen Wandlungsfähigkeit und „Charakterentwicklung" erzählt. Dabei wird deutlich, wie sich Menschen- und Gottesverständnis gegenseitig bedingen:

Im ersten Schöpfungsbericht wird etwas geboten, aber nichts wird verboten. Jetzt gibt es zum ersten Mal ein Verbot. Es scheint im Interesse des Menschen verhängt zu sein, aber wir fragen uns: Wenn der Mensch die Erde beherrschen soll (wie wir es aus dem ersten Schöpfungsbericht im Gedächtnis haben), warum soll ihm dann nicht die Erkenntnis des Guten und des Bösen zugestanden werden? Dem Menschen wird kein anderes Motiv für seinen Gehorsam geboten als eines, das keinen Sinn hat. Und Gott der Herr ist in dieser zweiten Schöpfungsgeschichte gegenüber seinem Geschöpf anscheinend bedeutend ängstlicher, als es Gott im ersten Bericht zu sein schien. [...]

Alles hängt für Gott den Herrn am Gehorsam gegenüber seinem trügerischen Befehl.

Als Gestalt ist Gott der Herr beunruhigend, so wie jeder beunruhigend ist, der unermessliche Macht besitzt und anscheinend nicht weiß, was er damit anfangen will. Die Macht Gottes des Herrn scheint eher kleiner zu sein als die Macht Gottes, soweit man das sagen kann. Doch so, wie sie ist, beunruhigt uns diese Macht. Die Motive für ihre Ausübung stehen im Widerstreit, und die Beziehung, in der diese Motive miteinander streiten, ist unbehaglich intim. Jede Furcht erregende Gestalt ist umso Furcht erregender, wenn sie so nahe steht, dass man sie anfassen kann. Gott der Herr steht seinen menschlichen Geschöpfen viel näher, als Gott es tut. Anders als Gott berührt sie Gott der Herr physisch. Diese Berührung – besonders wenn sie nach ihrer Übertretung stattfindet – verstärkt alles, was er an sich hat. [...]

Achten wir darauf, dass Gott der Herr seinen beschämten, bestraften und gedemütigten Geschöpfen nicht einfach Fellkleidung zur Verfügung stellt, er selbst legt ihnen diese Kleider um den bloßen Körper. In ihrer Plötzlichkeit und Intimität ist diese nahezu elterliche Geste [...] charakteristisch für Gott den Herrn.

Die Zärtlichkeit ist entwaffnend, aber sie macht die Inkonsequenz nur umso entnervender, denn derselbe Gott der Herr, der zu seinen Geschöpfen zärtlich ist, sagt im unmittelbar folgenden Vers (3, 22): „Siehe, der Mensch ist geworden wie einer von uns, zu erkennen Gutes und Böses. Und nun, dass er nicht etwa seine Hand ausstrecke und auch noch von dem Baum des Lebens nehme und esse und ewig lebe!“ Erneut wird der Beweis geliefert, dass die Schlange die Wahrheit sprach, als sie sagte: „Keineswegs werdet ihr sterben! Sondern Gott weiß, dass an dem Tag, da ihr davon esst, eure Augen aufgetan werden und ihr sein werdet wie Gott, erkennend Gutes und Böses“ (3, 4 f.). Nach der eigenen Aussage Gottes des Herrn ist genau dies geschehen. [...]

Die Sorge, die Gott der Herr zum Ausdruck bringt, wirft uns auf unsere frühere Beobachtung zurück, dass zu seinen Zielen auf unheilvolle Weise auch die mutmaßlich feindlichen Ziele der Schlange gehören. Gott der Herr, halbbewusst wie er ist, spielt anscheinend ein doppeltes Spiel. Er richtet seine Erklärung, seine Entschlossenheit, dass die Menschen nicht „wie einer von uns“ werden sollen, nicht an die ersten Menschen. Nein, obwohl dies offensichtlich die eigentliche Wahrheit der Sache ist, betrachtet er diese Wahrheit ängstlich als etwas, das nicht für ihre Ohren bestimmt ist. Gott – erhaben, unerschütterlich und aufrichtig in seinem Schöpfungshandeln – ist als Gott der Herr vertraulich und launisch geworden, und er neigt jetzt zu dunkler Reue sowie zu noch dunkleren Zweideutigkeiten. Gott der Herr *ist* Gott. Es gibt in diesem Text nicht zwei Protagonisten[2], sondern nur einen. Doch dieser eine Protagonist birgt zwei auffallend verschiedene Persönlichkeiten.

Miles, Jack: Gott. Eine Biografie. München und Wien 1996, S. 44 f., 50–53.

ANREGUNGEN

- Stellen Sie die von Jack Miles vertretene Position mit eigenen Worten dar! Wie begründet der Autor seine Sichtweise?
- Lesen Sie die Urgeschichte 1. Mose 1 ff. und überprüfen Sie Miles Aussagen über den Menschen, die mit seinem Gottesverständnis eng zusammenhängen! Spricht die Bibel von zwei Charakterzügen Gottes?
- Vergleichen Sie Miles Verständnis des Verbots Gottes, „von den Früchten des Baumes mitten im Garten“ zu essen, mit den Ausführungen, die Eugen Drewermann zu dieser Bibelstelle macht! Diskutieren Sie kritisch beide Auslegungen!
  „Es ist so, wie wenn Gott selber bei seiner Schöpfung, die er gestaltet, an seinem Geschöpf lernen müsste. Das eine ist das Szenarium dieser Paradieseslandschaft am Schöpfungsmorgen selber. Es ist eine Welt, die vorgege-

2 Hauptdarsteller.

ben zentriert ist um einen Mittelpunkt, den Baum in der Mitte des Gartens. Ein uraltes mythisches Bild, dessen sich die Bibel an dieser Stelle bedient, dass die Menschen auf eine vorgegebene Zentralachse verwiesen sind, nach der hin sie ihre eigene seelische Orientierung finden. Die Welt ist so lange ein geordneter Garten, als sie ein Zentrum besitzt. Und der Mensch hätte die Aufgabe, in die vorgegebene Ordnung sich selber einzufügen. [...]
Inmitten der Ordnung, die vorgegeben ist, hätte der Mensch die von Gott her verliehene Chance, die bestehende Daseinsordnung mitzugestalten, indem er sich in sie einfügt, die Erde also bedient, wie es wörtlich heißt, und sie behütet."[3]

7.2.2 Verkehrter Lebensentwurf

Erst in der Begegnung mit Verkündigung und Person Jesu Christi, dem Ebenbild Gottes, wird die Tiefe der menschlichen Verfehlung erkennbar. Sie bezieht sich nicht nur auf moralisches Fehlverhalten, sondern meint eine **verkehrte Grundeinstellung zum Leben.**[4]

Jesus ist der Meinung, dass die einzelnen bösen Einstellungen und Handlungen aus dem „Herzen" des Menschen kommen, Mt 15,19 (vgl. Röm 1,21; Eph 4,18):

Denn aus dem Herzen kommen böse Gedanken, Mord, Ehebruch, Unzucht, Diebstahl, falsches Zeugnis, Lästerung.

Die unsittlichen Taten gründen in einer Lebensentscheidung, die die gesamte Person einbezieht.

Der Mensch verweigert sich der Liebe Gottes und löst sich aus der Gemeinschaft mit Gott. In seiner Beziehung zum Mitmenschen und zur Umwelt verfehlt und zerstört der Mensch Lebenschancen (vgl. Lk 11,4). Die gestörte Beziehung des Menschen zu Gott äußert sich als Unglaube (Lk 10,27), Gleichgültigkeit gegenüber dem Mitmenschen (Goldene Regel: Mt 7,12) und Sucht nach Habenwollen (Lk 12,16–21).

Ein Großgrundbesitzer glaubt, nach einer reichen Ernte Sicherheit für sein weiteres Leben gewonnen zu haben, Lk 12,16–20:

16 Und er sagte ihnen ein Gleichnis und sprach: Es war ein reicher Mensch, dessen Feld hatte gut getragen.

3 Drewermann, Eugen: Wort des Heils – Wort der Heilung. Von der befreienden Kraft des Glaubens. Gespräche und Interviews. Hrsg. von Bernd Marz, Bd. 1. Düsseldorf 1988, S. 48.

4 Vgl. S. 57–67, 222–228.

17 Und er dachte bei sich selbst und sprach: Was soll ich tun? Ich habe nichts, worin ich meine Früchte sammle.
18 Und sprach: Das will ich tun: Ich will meine Scheunen abbrechen und größere bauen, und will darin sammeln all mein Korn und meine Vorräte
19 und will sagen zu meiner Seele: Liebe Seele, du hast einen großen Vorrat für viele Jahre; habe nun Ruhe, iss, trink und habe guten Mut!
20 Aber Gott sprach zu ihm: Du Narr! Diese Nacht wird man deine Seele von dir fordern; und wem wird dann gehören, was du angehäuft hast?

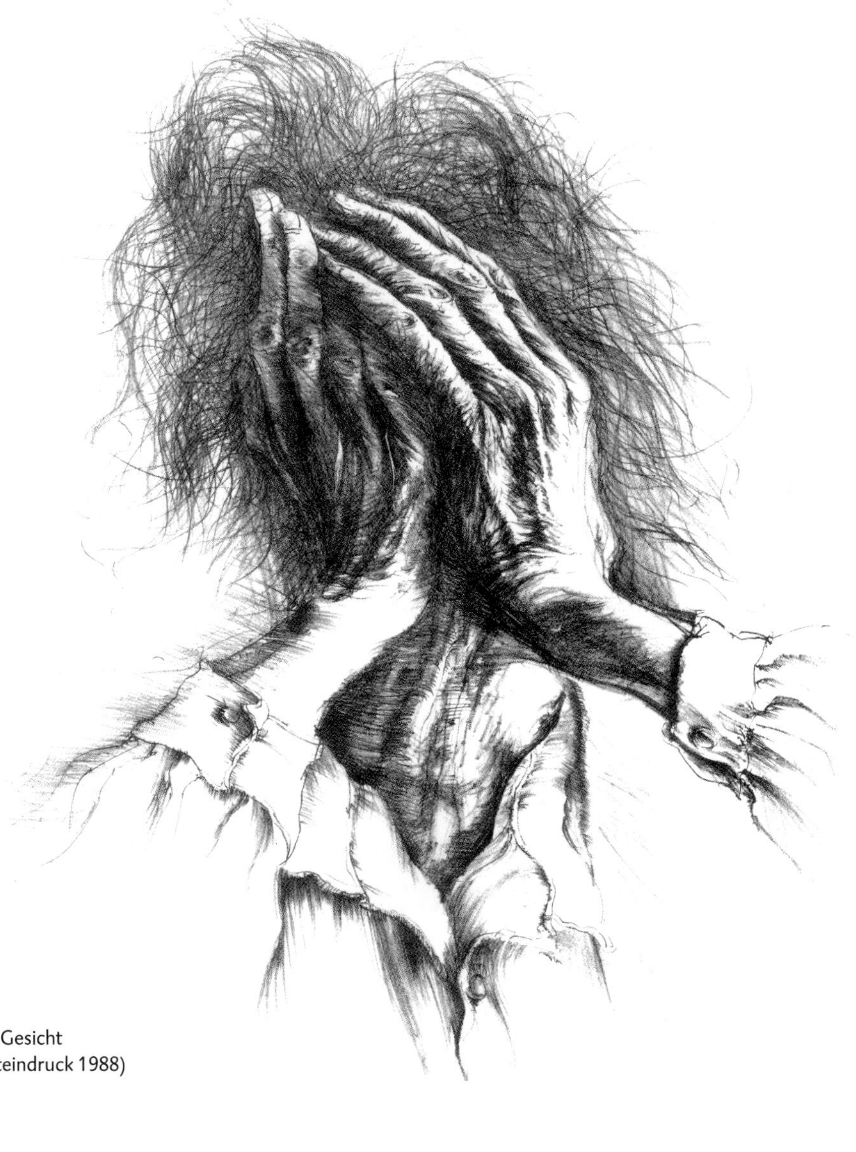

Rolf Escher:
Das verlorene Gesicht
(Ausschnitt; Steindruck 1988)

Seele (V. 19) meint „ich“, also den gesamten Menschen, nicht einen geistigen, unsterblichen Teil des menschlichen Wesens. Der – vom Tod bedrohte – reiche Mann verlässt sich auf seinen Besitz, versäumt es, sich in das Reich Gottes einbeziehen zu lassen und verfehlt dadurch sein Leben.

Paulus betont den Herrschaftscharakter des Bösen, dem der Mensch verfallen ist.

Der Mensch gerät durch das Böse in einen inneren Zwiespalt mit sich selbst, Röm 7,19 (vgl. Röm 7,17–20.23):

> Denn das Gute, das ich will, das tue ich nicht; sondern das Böse, das ich nicht will, das tue ich.

So wie in Jesus Christus alle Menschen erlöst sind, gilt im Negativen dieselbe Universalität. In „Adam“ sind alle sündig, Röm 5,12 (vgl. Röm 7,12 ff.):

> Deshalb, wie durch *einen* Menschen die Sünde in die Welt gekommen ist und der Tod durch die Sünde, so ist der Tod zu allen Menschen durchgedrungen, weil sie alle gesündigt haben.

Paulus stellt der Herrschaft der Gnade die umfassende Macht der Sünde gegenüber. Der Zusatz „weil sie alle gesündigt haben“ deutet die eigene Schuld des Menschen an. Vom Christusgeschehen zurückblickend deutet Paulus das Alte Testament „typologisch“: Der Bezug auf „Adam“ drückt keine historische Analogie, sondern eine typische Beziehung des Menschen zu Gott aus.

Von Jesus Christus, dem Ebenbild Gottes, her wird die Bedürftigkeit des Menschen aufgedeckt. Der sagt sich von Gott als bleibendem Grund seines Lebens los und gerät dadurch in eine unheilvolle Lebenssituation.

7.3 Der von Gott zum Leben in der Liebe befreite Mensch

Am Verhältnis des Menschen zu Gott entscheidet sich Freiheit oder Unfreiheit des Menschen. Gott **befreit** den Glaubenden **zur neuen Lebensweise**. Dieses Geschehen beschreibt das Neue Testament in unterschiedlichen Bildern und Vorstellungen, z. B. als Nähe des Reiches Gottes, als Vergebung der Sünden, neue Kreatur oder Rechtfertigung.[5]

5 Vgl. S. 58–62, 228–235.

7.3.1 Vergebung und Freiheit

Weil Jesus die Menschen in die Nähe des Reiches Gottes einbezieht, gibt er ihnen den Mut, ihr Leben zu verändern und auf Gott auszurichten. Gerade jene Menschen, die mit persönlichen Schwierigkeiten zu kämpfen haben oder im gesellschaftlichen Abseits stehen, nehmen gern an gemeinsamen Mahlzeiten mit Jesus teil. Dieses Beieinandersein mit Jesus löst sie aus ihrer gesellschaftlichen und religiösen Isolation heraus und entlastet sie von den existenziellen Sorgen, die ihr Leben niederdrücken. Die Tischgemeinschaft eröffnet ihnen einen **neuen Zugang zu** dem **Gott**, dessen liebevolle Zuwendung zum Menschen ihnen in der Begegnung mit Jesus aufgeht.

Die Einladung Jesu bedeutet für Zachäus mehr als ein Zeichen sozialer Offenheit, Lk 19,1–10 (vgl. Gleichnis vom verlorenen Sohn: Lk 15,11–32):

1 Und er ging nach Jericho hinein und zog hindurch.
2 Und siehe, da war ein Mann mit Namen Zachäus, der war ein Oberer der Zöllner und war reich.
3 Und er begehrte, Jesus zu sehen, wer er wäre, und konnte es nicht wegen der Menge; denn er war klein von Gestalt.
4 Und er lief voraus und stieg auf einen Maulbeerbaum, um ihn zu sehen; denn dort sollte er durchkommen.
5 Und als Jesus an die Stelle kam, sah er auf und sprach zu ihm: Zachäus, steig eilend herunter; denn ich muss heute in deinem Haus einkehren.
6 Und er stieg eilend herunter und nahm ihn auf mit Freuden.
7 Als sie das sahen, murrten sie alle und sprachen: Bei einem Sünder ist er eingekehrt.
8 Zachäus aber trat vor den Herrn und sprach: Siehe, Herr, die Hälfte von meinem Besitz gebe ich den Armen, und wenn ich jemanden betrogen habe, so gebe ich es vierfach zurück.
9 Jesus aber sprach zu ihm: Heute ist diesem Hause Heil widerfahren, denn auch er ist Abrahams Sohn.
10 Denn der Menschensohn ist gekommen, zu suchen und selig zu machen, was verloren ist.

Als Zöllner, der mit der römischen Besatzungsmacht zusammenarbeitet, die eigenen Volksgenossen betrügt und kultisch unrein lebt, findet er durch Jesus den Weg zurück in die Gemeinschaft mit Gott. Der neue Lebenswandel des Zachäus wirkt sich auf sein ethisches Verhalten aus. Großzügig unterstützt er Bedürftige karitativ und versucht, den finanziellen Schaden der Betrogenen – so weit dies möglich ist – wieder gutzumachen.

7.3.2 Rechtfertigung und Erlösung

Paulus (Saulus) wird um 5 n. Chr. in Tharsus, der hellenistisch geprägten Hauptstadt der römischen Provinz Kilikien (heutige Türkei), geboren. Er entstammt einer strenggläubigen jüdischen Familie und erhält – vermutlich in Jersusalem – eine fundierte Ausbildung. Der junge Diasporajude entwickelt sich zu einem gesetzestreuen Pharisäer, der die Christen erbittert bekämpft. Aufgrund einer Jesus-Vision vor Damaskus lässt er sich taufen und missioniert in Arabia, Syrien und Kilikien. Die Bekehrung und Berufung dürfte um das Jahr 33 anzusetzen sein. Auf dem Apostelkonvent in Jerusalem etwa im Jahre 48 setzt Paulus gegen Petrus und die Judenchristen durch, dass die hellenistischen Christen auch ohne Beschneidung vollwertige Mitglieder der Gemeinde sind, weil durch Christus, dem „Ende des Gesetzes", auch das jüdische Bundeszeichen der Beschneidung hinfällig sei. Seine Missionsreisen führen Paulus schließlich nach Griechenland. Als Missionar der Nichtjuden war sein Ziel, im gesamten Römischen Reich das Evangelium zu verkündigen. Verfolgt und mehrmals inhaftiert, gerät er in zweijährige römische Schutz- und Untersuchungshaft, als er Jerusalem besucht, um eine Kollekte zu überbringen. Diasporajuden werfen Paulus vor, er habe anlässlich der vorgeschriebenen Reinigungsriten einen Nichtjuden in den Tempel mitgenommen. Aufgrund seines römischen Bürgerrechtes wird Paulus schließlich nach Rom zur weiteren Verhandlung überwiesen. Möglicherweise erleidet er dort durch Enthauptung den Märtyertod.

Paulus beschreibt die Befreiung, die Menschen in der Gemeinschaft mit Jesus erleben u.a. als Versöhnung, Rettung, Erlösung, Heiligung oder Rechtfertigung. In **Tod und Auferweckung Jesu Christi** sieht Paulus Gottes Handeln, das dem Glaubenden neues Leben ermöglicht: „Ist jemand in Christus, so ist er eine neue Kreatur; das Alte ist vergangen, siehe, Neues ist geworden" (2. Kor 5,17). Gott hebt die trennende Macht der Sünde auf und spricht dem Glaubenden Gottes Gerechtigkeit zu: „Da wir nun gerecht geworden sind durch den Glauben, haben wir Frieden mit Gott durch unsern Herrn Jesus Christus; [...] die Liebe Gottes ist ausgegossen in unsre Herzen durch den heiligen Geist, der uns gegeben ist" (Röm 5,1.5b).

Paulus greift, um die Befreiung durch Christus zu verdeutlichen, den alttestamentlichen Heilsbegriff der **„Gerechtigkeit Gottes"** auf. Diese Vorstellung von Gerechtigkeit bezeichnet ursprünglich nicht ein göttliches Urteil über das Handeln des Menschen entsprechend der Übereinstimmung mit sittlichen Rechtsnormen. Der Begriff umschreibt vielmehr das Angebot Gottes zu einer Gemeinschaft, in der auch der Mensch zu seinem Recht kommt. Für das spätere rabbinische Judentum steht die Gerechtigkeit Gottes allerdings im engen Zusammenhang mit dem Endgericht, in dem es um das entscheidende Gottesurteil, den Freispruch von den Sünden, geht. Der (weitgehend) Gerechte erlangt das Heil, wenn er den Weisungen der Tora folgte. Paulus knüpft ablehnend bzw. teilweise zustimmend an beide Vorstellungskreise an. Er weist die rabbinische Annahme zurück, Gott werde sein Urteil am Maßstab der religiösen Leistung des einzelnen Menschen ausrichten. Nicht eine vom Menschen zu schaffende „Gerechtigkeit" ist Bedingung des göttlichen Freispruchs. Die alttestamentliche Vorstellung, dass Jahwes gemeinschaftsstiftende Gerechtigkeit eine Gabe darstellt, übernimmt Paulus. Die neue Sichtweise besteht darin, dass Gott seine Gerechtigkeit in Jesus Christus durchsetzt. Im Kreuz Jesu vollzieht Gott das Gericht über alle Sünde und übergibt sie dem Tod. In Tod und Auferstehung Jesu Christi entscheidet Gott über die Zukunft des Menschen und der Welt. Wer sich zu dem gekreuzigten und auferstandenen Herrn bekennt und seinen Weisungen folgt, dem schenkt Gott seine bedingungslose Gnade und spricht ihn, den Sünder, frei. Der Glaubende darf dessen bereits jetzt gewiss sein.

Die Gerechtigkeit, das Heil kann nicht durch Gesetzesgehorsam erreicht werden, Röm 3,21–28 (vgl. Röm 8,31–34):

21 Nun aber ist ohne Zutun des Gesetzes die Gerechtigkeit, die vor Gott gilt, offenbart, bezeugt durch das Gesetz und die Propheten.
22 Ich rede aber von der Gerechtigkeit vor Gott, die da kommt durch den Glauben an Jesus Christus zu allen, die glauben. Denn es ist hier kein Unterschied:
23 Sie sind allesamt Sünder und ermangeln des Ruhmes, den sie bei Gott haben sollten,[6]
24 und werden ohne Verdienst gerecht aus seiner Gnade durch die Erlösung, die durch Christus Jesus geschehen ist.
25 Den hat Gott für den Glauben hingestellt als Sühne in seinem Blut zum Erweis seiner Gerechtigkeit, indem er die Sünden vergibt, die früher
26 begangen wurden in der Zeit seiner Geduld, um nun in dieser Zeit seine Gerechtigkeit zu erweisen, dass er selbst gerecht ist und gerecht macht den, der da ist aus dem Glauben an Jesus.
27 Wo bleibt nun das Rühmen? Es ist ausgeschlossen. Durch welches Gesetz? Durch das Gesetz der Werke? Nein, sondern durch das Gesetz des Glaubens.
28 So halten wir nun dafür, dass der Mensch gerecht wird ohne des Gesetzes Werke, allein durch den Glauben.

„Gerechtigkeit Gottes" muss (als Genitivus auctoris) übersetzt werden mit „die von Gott empfangene, zugesprochene, geschenkte Gerechtigkeit". Sie kommt allein durch den Glauben aus der Gnade Gottes.

Für das rabbinische Judentum ist die Erfüllung der Leistungen, die das Gesetz vorschreibt, Vorbedingung des Heils. Demgegenüber lehnt Paulus die Werkgerechtigkeit ab und setzt sein vorbehaltloses Vertrauen in die rettende Macht Gottes. Der religiöse Versuch, das alttestamentliche Gesetz zu erfüllen, führt zur

6 Wörtlich: Alle haben gesündigt und die Herrlichkeit verloren, die Gott ihnen zugedacht hatte.

Selbstgerechtigkeit des Menschen, die ihn und andere Menschen belasten. Rechtfertigung des Sünders besagt, dass in der befreienden Begegnung mit Jesus Christus der gemeinschaftsstiftende Gott den Menschen von der verkehrten Grundeinstellung seines Lebens freispricht. Dieses Geschenk der Vergebung Gottes kann der Sünder nur glaubend annehmen.

Paulus verknüpft die Rechtfertigungslehre mit ethischen Aussagen. Aus der **neuen, befreiten Existenz des Glaubenden** folgen die guten Werke. Dabei bezieht Paulus den Indikativ der Heilszusage und den Imperativ des Aufrufs zu verantwortlichem Handeln eng aufeinander. Der von Jesus Christus Befreite soll in seinem Handeln der bleiben, zu dem Gott ihn gemacht hat: „Darum nehmt einander an, wie Christus euch angenommen hat zu Gottes Lob" (Röm 15,7). Da die eschatologisch-futurische Vollendung des zugesprochenen neuen Lebens noch aussteht, lebt der Christ unter den Bedingungen der irdischen, unerlösten Welt. Er bleibt deshalb in seinem Glauben und Handeln Anfechtungen ausgesetzt. Paulus mahnt daher, wachsam gegen die Versuchungen Sünde zu kämpfen (Eph 4,23 f.; 6,10–17).

Paulus spricht von der Auferweckung Jesu durch Gott auch „typologisch", indem er Adam und Christus gegenüberstellt, 1. Kor 15,20–22 (vgl. 1. Kor 15,20–28; Der neue Leib bei der Auferstehung: 1. Kor 15,35–49):

20 Nun aber ist Christus auferstanden von den Toten als Erstling unter denen, die entschlafen sind.
21 Denn da durch *einen* Menschen der Tod gekommen ist, so kommt auch durch *einen* Menschen die Auferstehung der Toten.
22 Denn wie sie in Adam alle sterben, so werden sie in Christus alle lebendig gemacht werden.

Mit Adam verbindet sich das Verwurzeltsein der Menschheit in der Macht des Todes. Demgegenüber werden mit Christus, dem zweiten „Menschen", alle, die in Christus sind, auferweckt werden. Als dieses zukünftige Leben wirkt es in das gegenwärtige Dasein des Glaubenden als „neue Kreatur" herein.

Paulus ruft die Christen auf, ihre durch Christus erworbene Freiheit recht zu gebrauchen, Gal 5,13 f. (vgl. Gal 5,1–14):

13 Ihr aber, liebe Brüder, seid zur Freiheit berufen. Allein seht zu, dass ihr durch die Freiheit nicht dem Fleisch Raum gebt; sondern durch die Liebe diene einer dem anderen.
14 Denn das ganze Gesetz ist in *einem* Wort erfüllt, in dem (3. Mose 19,18): „Liebe deinen Nächsten wie dich selbst!"

Unter „Fleisch“ (V. 13) versteht Paulus das Menschsein, sofern es seine eigenen Möglichkeiten als Mittel der Selbstbehauptung gegen Gott einsetzt.

Die allumfassende Liebe Gottes bezieht den Menschen in die **Vollendung der Schöpfung** ein. Diese Hoffnung hat ihren Grund in der Auferstehung Jesu Christi: „Gott aber hat den Herrn auferweckt und wird auch uns auferwecken durch seine Kraft“ (1. Kor 6,14; vgl. Röm 8,18–28. 38 f.).

In der befreienden Begegnung mit Jesus Christus erfährt der Glaubende die heilsame Nähe Gottes. Der spricht dem Glaubenden die Vergebung von Schuld zu, stellt die zerstörte Gemeinschaft wieder her, schenkt dem Glaubenden ein Leben aus der Liebe Gottes heraus und bezieht den Menschen in die Vollendung der Schöpfung ein.

STANDPUNKTE

Werner Georg Kümmel fasst als Neutestamentler die vielfältigen und komplexen Einzellaussagen des Paulus zur „doppelten Eschatologie“ zusammen:

Sowohl die Christusbotschaft wie die Heilslehre des Paulus lassen sich [...] nur richtig verstehen, wenn man sieht [...], dass Paulus grundlegend die Gegenwart als die Zeit des beginnenden endzeitlichen Heilshandeln Gottes sieht, mit anderen Worten, wenn man erkennt, dass Paulus wie Jesus vom Glauben an die Nähe der endzeitlichen Heilsvollendung ausgeht. [...]

Das Christusgeschehen bewirkt den grundlegenden Einschnitt in Gottes Handeln gegenüber der Welt, weil die endzeitliche Herrschaft des Christus angebrochen ist, obwohl der gegenwärtige böse Äon noch andauert und die Erscheinung Christi in Herrlichkeit und damit der Anbruch der Gottesherrschaft in Herrlichkeit noch ausstehen. Für Paulus ist das Weltgeschehen darum nicht wie für die Griechen ein sich wiederholender Kreislauf, sondern er sieht die Geschichte von Gott ausgehen und auf ein göttliches Ziel zulaufen, das das Ende des Weltgeschehens bedeutet: „Aus ihm und durch ihn und zu ihm ist das All“ (Röm 11,36) [...]. Dieses auf Gottes Ende zulaufende Weltgeschehen ist aber auch nicht in mehrere Perioden eingeteilt, wie in der jüdischen Apokalyptik, sondern hat seinen Wendepunkt ausschließlich in Christus, den Gott gesandt hat, „als die Fülle der Zeiten gekommen war“ (Gal 4,4) [...].

Kümmel, Werner Georg: Die Theologie des Neuen Testaments nach seinen Hauptzeugen. Jesus – Paulus – Johannes. Göttingen ^{5}1987, S. 126, 129 f.

Frank Crüsemann, Professor für Altes Testament, legt die „Gerechtigkeit des Glaubens" (Röm 3,28) im Zusammenhang mit der jüdischen Tradition aus:

Es geht in diesem Text um Glauben, und seine wichtigste Aussage lässt sich auch so formulieren: Gott glaubt an uns, er hält uns die Treue, so wie kein Mensch an mich glaubt und je glauben kann, der mich auch nur etwas kennt. Gott vertraut uns, obwohl er uns kennt. Und das ändert alles. [...]

Die Menschen werden durch solchen Glauben, durch solches Vertrauen gerecht gemacht: Das ist die zentrale Aussage über die Rechtfertigung in V. 28. Gerecht durch den Glauben, allein durch ihn, wie Luther ohne Anhalt am Urtext aber sachlich sicher richtig zuspitzend, übersetzt hat. Hier kommt nun alles zusammen. Nicht erst das Tun der Tora, das in den Krallen der Sünde nicht geschieht, macht gerecht, sondern der Mensch wird durch Glauben gerecht, sodass er gerecht leben und die Tora tun kann. Die Sündenvergebung befreit, soweit es an Gott liegt, von der versklavenden Macht der Sünde und der Vergangenheit. Aber wieso ist man plötzlich gerecht?[7] Werden die Menschen einfach für gerecht erklärt, sieht Gott sie also nur so an und spricht sie frei, unabhängig davon, ob sie wirklich gerecht sind? Oder werden sie effektiv gerecht gemacht und wodurch? Das sind einige der vielen theologisch strittigen Fragen. Ich meine den Text so verstehen zu müssen, dass er genau das meint, was er sagt: Der Glaube macht Menschen gerecht, weil glauben heißt, anzufangen gerecht zu leben, Gerechtigkeit zu praktizieren, vielleicht zunächst ganz im Kleinen, wie ein Kind, Neugeburt ist ja ein anderes Wort dafür. Denn hier beim Anfang eines neuen gerechten Lebens der einzelnen Menschen entscheidet sich das große Werk Gottes: So nämlich setzt sie in dieser von Ungerechtigkeit beherrschten Welt ihre Gerechtigkeit durch, dass die Menschen aus den Krallen der Sünde befreit gerecht miteinander leben können. Die Gemeinde, in der das geschieht, ist deshalb der Körper des Messias, ist das Werkzeug, mit dem Gott Gerechtigkeit in der Welt schaffen will. Weder überlässt Gott die in Ungerechtigkeit verstrickte Menschheit weiter sich selbst, noch richtet er sie jetzt schon aufgrund ihrer fehlenden Gerechtigkeit, sondern er verlockt die Menschen, sich neu auf den Weg der Gerechtigkeit zu begeben oder zum ersten Mal. Wie eine Mutter ihr Kind in den Arm nimmt und sagt „Komm, fang neu an, hier ist der Weg." und es lässt sich trösten und fängt an, so heißt Glauben an den gerechten Gott, das Alte überwinden und anfangen gerecht zu leben. Der effektive Anfang durch eine neue Gemeinschaft und durch neues Leben in ihr, das ist der Bruch mit der Macht der Sünde, darin wird Sündenvergebung real wirksam. Die Kraft dazu kommt nicht aus der Tora, aber der Glaube setzt auf die Spur der Tora, dreht

7 Röm 3,21: „Nun aber ..." (Text siehe oben S. 215).

einen in die Richtung der Gebote. Weil es Gott es auf diesen Punkt ankommen lässt, wo Glaube als neue Praxis der Gerechtigkeit entsteht, deshalb glaubt er an uns, so vertraut sie uns ihre Gerechtigkeit an, glaubt an unseren Glauben.

Crüsemann, Frank: Bibelarbeit über Römer 3,21–31. epd-Dokumentation. Frankfurt a. M. 29/1997, S. 44, 52 f.

ANREGUNGEN

- Charakterisieren Sie die biblische Sicht des Geschichtsverlaufs nach Werner Georg Kümmel und vergleichen Sie diese mit der Geschichtsauffassung östlicher Religionen!
- Frank Crüsemann versteht „Glauben“ als „Treue“. Schreiben Sie stichwortartig auf, in welcher Hinsicht die Bibel das Verhältnis zwischen Gott und Mensch mit den Worten „treu“, „Treue“, „treulich“ charakterisiert! Die entsprechenden Textstellen können Sie einer biblischen Handkonkordanz entnehmen. Sollte Ihrer Ansicht nach der theologische Begriff „Glaube“ durch „Treue“ ersetzt werden?
- Glaube als „neue Praxis der Gerechtigkeit“. Wie begründet und erklärt Crüsemann diese These? Denken Sie darüber nach, welche praktischen Verhaltensweisen, z. B. hinsichtlich der jüdischen Gemeinden, der sozialen Chancenverteilung, der Arbeitslosigkeit, des Weltfriedens, sich aus dem Leitbild der Gerechtigkeit ergeben könnten!

LEITFRAGEN ZUR ERTRAGSSICHERUNG UND WEITERFÜHRUNG

- Lesen Sie eine alt- oder neutestamentliche Schrift, z. B. Das Buch Rut und den Brief des Paulus an Philemon, und überlegen Sie, welche Wahrnehmungen des Menschen sie enthält! Prüfen Sie, inwieweit Sie dem jeweiligen Verständnis menschlichen Lebens und dem mit ihm verbundenen Handeln zustimmen könnten oder andere Wege einschlagen würden!
- Rabbi Mosche Löb sprach: „Ein Mensch, dem nicht an jedem Tag eine Stunde gehört, ist kein Mensch.“[8]
  Wie könnte der Rabbi dieses Urteil verstanden haben? Was braucht der Mensch, um Mensch zu sein?
- Was versteht die biblische Tradition unter „Gottesebenbildlichkeit“, Verfehlung und Befreiung des Menschen?

8 Buber, Martin: Werke, Bd. 3: Schriften zum Chassidismus. München/Heidelberg 1963, S. 485.

- Vergleichen Sie alltägliches, philosophisches und biblisches Verständnis der „Gerechtigkeit“!
- Verteilen Sie in der Gruppe verschiedene, willkürlich ausgewählte Artikel aus einer Tageszeitung, lesen Sie diese aufmerksam durch, beurteilen Sie das menschliche Verhalten und notieren Sie stichpunktartig in zwei Spalten:

Dies gehört zur „Sünde“:	Dies gehört zur „Gerechtigkeit“:
...	...

  Erklären und begründen Sie sich gegenseitig die jeweiligen Entscheidungen! Gibt es Tatbestände, die sich schwer oder nicht einordnen lassen?
- Welche Bedeutung und welche Konsequenzen hat das biblische Verständnis des Menschen für Ihre Lebensführung?

Literaturhinweis:

KRAUS, GEORG: Blickpunkt Mensch. Menschenbilder der Gegenwart aus christlicher Sicht. München 1983.

8 Verständnis biblisch-theologischer Grundbegriffe

Schlüsselbegriffe der christlichen Anthropologie sind neben der „Gottesebenbildlichkeit“ des Menschen (vgl. S. 199–203) die theologischen Bezeichnungen „Sünde“, „Rechtfertigung“ und „Auferweckung“. Diese beschreiben die Belastungen des menschlichen Lebens sowie deren Bewältigung bzw. Überwindung und binden die menschliche Existenz in eine umfassende Sinngebung ein. Wenn es zu einem Verstehen der theologischen Tradition kommen soll, muss ihre Begrifflichkeit und Vorstellungswelt immer wieder in den Erfahrungsbereich der Hörer oder Leser übersetzt werden. Diese Aufgabe schließt die Auseinandersetzung mit theologiegeschichtlichen Positionen und den Bezug auf die Bekenntnisse der Kirche ein.

ZIELSETZUNG

In der Beschäftigung mit anthropologischen Aussagen evangelischer Theologie kann erfahren werden, wie christlicher Glaube auf die Herausforderungen der Bibel und der jeweiligen Zeit eingeht. Dabei zeigt die Interpretation biblisch-theologischer Begriffe in evangelischer Tradition den unlösbaren Zusammenhang von Gottesglauben und christlicher Freiheit. Im Mittelpunkt des Kapitels stehen die mit den zentralen theologischen Begriffen Sünde, Rechtfertigung des Sünders und Auferweckungshoffnung verbundenen Glaubensinhalte.

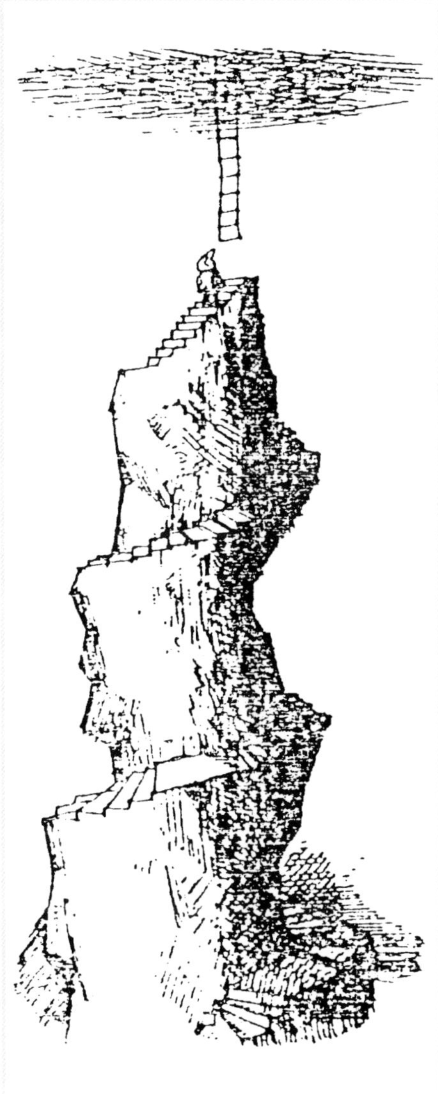

Wie erreicht der Mensch das Ziel seines Lebens?

8.1 Sünde

8.1.1 Tatsünden und Grundsünde des Menschen

In unserem Alltag begegnen wir ethischem Fehlverhalten des Menschen, wie Lügen, Diebstahl oder Korruption. Wenn diese Handlungen am sittlich Richtigen gemessen werden, entsteht die Erfahrung ethisch verstandener Schuld. Der christliche Glaube sieht diese Tatsünden als Folgen einer verkehrten Lebenssituation des Menschen, der Grund- oder Personsünde. Die **Glaubenserfahrung der Grundsünde** nimmt wesentliche Züge des alttestamentlichen Sündenverständnisses auf, kann in ihrer Tiefe aber nur in Jesus Christus erkannt werden. Folgende Einzelaspekte charakterisieren die Grundsünde näher:

- Die verkehrte Lebensausrichtung betrifft den Menschen in der **Gesamtheit der Person.** Die Sünde lässt sich also nicht auf sinnliche Triebe oder böse Neigungen des Menschen reduzieren. Mit seiner gesamten Person sagt der Mensch sich und sein Leben von Gott als bleibendem Grund seines Lebens los. Dies kann durch ein aktives Fehlverhalten erfolgen oder aber durch passive Unterlassung, indem der Mensch sich nicht um Gott und die Mitmenschen kümmert.

- Je mehr sich der Mensch auf die Sünde einlässt, desto stärker gerät er in seinem Lebensentwurf und in seinem Handeln unter ihren Einfluss. Obwohl die Sünde **verantwortliche Tat** des Menschen ist, schuldhafte Verfehlung gegenüber Gott, kann der Mensch sich nicht selbst durch einen Willensakt von der Gebundenheit an die Sünde befreien.

- Jeder ist schicksalshaft und **solidarisch mit allen Menschen** in eine verkehrte Lebensbewegung eingebunden. Obwohl die einzelnen sündigen Handlungen in ihrer Art und ihren Auswirkungen sehr unterschiedlich sind, erkennt der Glaubende in Jesus Christus, dass sich die Grundsünde nicht individualisieren und quantifizieren lässt: Vor Gott hat jeder in identischer Weise an ihr teil. Beherrscht von der universellen und totalen Macht der Sünde verfehlt der Mensch seine Bestimmung und lebt in einer gestörten Kommunikation entfremdet von den Mitmenschen sowie der ihn umgebenden Welt.

Das christliche Verständnis der Sünde bezieht sich nicht nur auf einzelne sittlich verwerfliche Handlungen (Tatsünden). Vielmehr meint Sünde umfassender, dass der Mensch – bereits vor allem praktischen Tun – sich in einer verkehrten Lebenssituation (Grund- oder Personsünde) befindet, aus der der Mensch sich nicht selbst herauslösen kann.

8.1.2 Deutung der Sünde als „Erbsünde“ und „Reich der Sünde“

Die theologische Tradition gebraucht seit Augustin (354–430) den Begriff **„Erbsünde“**, um die unlösbare Verbundenheit aller Menschen an die herrschende Macht der Sünde festzuhalten.

Der größte altkirchliche Theologe des Westens, Augustin, setzt sich mit dem aus Britannien stammenden, in Rom lehrenden Asketen und Bibelausleger Pelagius auseinander, der die Meinung vertritt, „der Mensch könne sündlos sein“:

Die menschliche Natur ist gewiss ursprünglich ohne Schuld und ohne jeden Fehl erschaffen worden. Aber nunmehr ist diese Menschennatur, in der ein jeder aus Adam geboren wird, des Arztes bedürftig, da sie in sich selbst nicht gesund ist. Dieses Laster hat sie sich aus der Ursünde (originale peccatum) zugezogen. Sie ward aus freiem Willen (liberum arbitrium) begangen.

Augustin: Über Natur und Gnade, 3, 3.

Das Augsburger Bekenntnis verwendet in der lateinischen Fassung den Begriff peccatum originis („Ursünde“), der in der deutschen Übersetzung nicht ganz korrekt mit „Erbsünde“ wiedergegeben wird, Artikel 2:

Weiter wird bei uns gelehrt, dass nach Adams Fall alle natürlich geborenen Menschen in Sünde empfangen und geboren werden, das heißt, dass sie alle von Mutterleib an voll böser Lust und Neigung sind und von Natur keine wahre Gottesfurcht, keinen wahren Glauben an Gott haben können, ferner dass auch diese angeborene Seuche und Erbsünde wirklich Sünde ist und daher alle die unter den ewigen Gotteszorn verdammt, die nicht durch die Taufe und den Heiligen Geist wieder neu geboren werden. Damit werden die verworfen, die die Erbsünde nicht für eine Sünde halten, damit sie die Natur fromm machen durch natürliche Kräfte, in Verachtung des Leidens und Verdienstes Christi.

Evangelisches Gesangbuch. Ausgabe für die Evangelisch-Lutherischen Kirchen in Bayern und Thüringen. München 1994, S. 1565 f.

Sieben lutherische Reichstädte legen 1530 auf dem von Kaiser Karl V. nach Augsburg einberufenen Reichstag die Confessio Augustana (CA) vor, in der Philipp Melanchthon den evangelischen Glauben darstellt und begründet.

Der in CA Art. 2 verwandte Ausdruck peccatum originis versteht sich als theologischer, nicht als sexualethischer Begriff: „natürlich geboren" und „wieder geboren im Geist" stehen sich gegenüber.

Zum Problem des freien Willens des Menschen formuliert das Augsburger Bekenntnis in Artikel 18:

Vom freien Willen wird so gelehrt, dass der Mensch in gewissem Maße einen freien Willen hat, äußerlich ehrbar zu leben und zu wählen unter den Dingen, die die Vernunft begreift. Aber ohne Gnade, Hilfe und Wirkung des Heiligen Geistes kann der Mensch Gott nicht gefallen, Gott nicht von Herzen fürchten oder an ihn glauben oder nicht die angeborenen, bösen Lüste aus dem Herzen werfen, sondern dies geschieht durch den Heiligen Geist, der durch Gottes Wort gegeben wird. Denn so spricht Paulus: „Der natürliche Mensch vernimmt nichts vom Geist Gottes" (1. Kor 2,14).

Evangelisches Gesangbuch. Ausgabe für die Evangelisch-lutherischen Kirchen in Bayern und Thüringen. München 1994, S. 1571.

Mit der Erbsündenlehre verbindet sich die Vorstellung, dass die Sünde in einem Zusammenhang mit dem Zeugungsakt, also der Sexualität, steht und – wie andere Eigenschaften – vererbt wird. Damit wird Sünde als ein biologisch-naturhaft verstandenes Geschick des Menschen völlig missverstanden.

Der protestantische Theologe Albrecht Ritschl (1822–1889) lehnt den missverständlichen Begriff „Erbsünde" ab und interpretiert dessen Wahrheitsgehalt soziologisch als **„Reich der Sünde".** Die schlimmen Handlungen der einzelnen Menschen bilden einen allgemeinen Unheilszusammenhang des Sündigens, in den jeder hineingezogen wird. Das Böse kann auf soziale Institutionen übergreifen und von ihnen inkorporiert werden. In diesen Strukturen der Ungerechtigkeit wirkt das Böse – im Vergleich zu den individuellen sündigen Taten – konzentriert und gesteigert auf den Einzelnen zurück. Ritschl glaubt, das Böse durch Erziehung überwinden zu können, da letztlich der Wille des Einzelnen für die Sünde verantwortlich ist.

Albrecht Ritschl, der von der Ethik Kants beeinflusst ist, stellt dem „Reich Gottes" das „Reich der Sünde" gegenüber.

Das Zusammenwirken der vielen in diesen Formen der Sünde führt zu einer Verstärkung derselben in gemeinsamen Gewohnheiten und Grundsätzen, in stehenden Unsitten und sogar in bösen Institutionen. So kommt eine fast unwiderstehliche Macht der Versuchung für diejenigen zustande, welche auf der unreifen Stufe der Charakterentwicklung dem bösen Beispiel umso mehr ausgesetzt sind, als sie das Gewebe der Beweggründe zum Bösen nicht durchschauen. Demgemäß erhält das Reich der Sünde oder die (unsittliche Menschen-) Welt ihren Zuwachs in jeder neuen Generation.

Ritschl, Albrecht: Unterricht in der christlichen Religion (1875). Hrsg. Gerhard Ruhbach. Gütersloh 1966, S. 37.

Ritschl beschreibt die gesellschaftliche Verflochtenheit des Bösen und weist auf den Zwangscharakter von ungerechten gesellschaftlichen Strukturen hin. Er reduziert allerdings die Wurzel des „Reichs des Bösen" auf eine letztlich individuelle Willensentscheidung.

Ritschls Versuch, das Wesen der Sünde soziologisch als „Reich der Sünde" zu interpretieren, führt zu der sozialethisch bedeutsamen Erkenntnis, dass überindividuelle Formen der Sünde sich in gesellschaftlichen Unrechtsstrukturen manifestieren können. Die Annahme, das Böse könne durch individuelle Willensentscheidungen überwunden werden, geht allerdings von einer optimistischen Sicht des Menschen aus.

Die Deutung der Sünde als „Erbsünde" (Augustin) oder als „Reich der Sünde" (Ritschl) will die überindividuelle Gebundenheit des Menschen an die Macht des Bösen festhalten.

STANDPUNKT

Gunther Wenz, Professor für Systematische Theologie, interpretiert das Sündenverständnis des Augsburger Bekenntnisses im Zusammenhang mit der Verheißung Gottes:

Die Aussagen von CA II haben ein doppeltes Ziel, wie die Vorgeschichte des Artikels bestätigt: Zum einen darf die Ursünde nicht als ein Übel dargestellt werden, das von außen zugefügt wird und als Schicksal hingenommen werden muss. Wer die Sünde so fatalisiert, der verharmlost sie. Die Ursünde betrifft zwar die ganze Menschheit: Das drückt auch der Begriff „Erbsünde" aus dem deutschen Text von CA II aus, der im Übrigen nicht unproblematisch ist. Aber die Schuld der Sünde lässt sich nicht auf etwas anderes schieben. Die Sünde ist an ihrer Verderbnis selbst schuld. In sich verkehrt, verfällt sie dem höllischen Abgrund, welcher sie selbst ist. Zum anderen gilt, dass die einmal schuldhaft ins Werk gesetzte Sünde von ihren vermeintlich souveränen Akteuren ganz und gar Besitz ergreift, um sie total in ihren heillosen Bann zu ziehen. […]

So ist die Sünde kein bloßer Defekt am Menschen, auch nicht lediglich Gottlosigkeit. Die Beziehung zu Gott ist pervertiert. Der Mensch widersetzt sich Gott förmlich (ignorantia Dei) und verkennt ihn; dies ergreift alle Dimensionen des Verstandes und des Willens. Das ist das widerliche und in sich widrige Unwesen der Sünde. Hier entsprechen sich die überhebliche Selbstvergottung des Menschen und sein verzweifelter Gotteshass. Sie ziehen üble Folgen für den Mitmenschen und für die Welt nach sich.

Weil dies nach dem Urteil von CA II überall der Fall ist, kann man nicht einmal von einem Rest an Urstandsgerechtigkeit reden, weder im Hinblick auf den einzelnen Menschen noch im Hinblick auf die menschliche Gattung. Alle Adamskinder sind ganz verderbt und heillos dem Bösen verfallen.

Bliebe es dabei und wäre CA II nicht auf den Rechtfertigungsartikel CA IV bezogen, so wäre das Augsburger Bekenntnis im Hinblick auf die Lehre vom Menschen ein Dokument der Trostlosigkeit, ja der tendenziellen Menschenverachtung. Aber dem ist nicht so: Die Sündenerkenntnis, auf welche CA II ausgerichtet ist, führt zwar in eine Verzweiflung (desperatio). Diese Verzweiflung ist das Gericht, das stets unausweichlich wird, wenn die Sünde als Schuld zu Bewusstsein kommt. Aber diese Verzweiflung ist nicht dazu bestimmt, in der Hölle zu enden. Dagegen stehen die Verheißungen Gottes, wie es auch der evangelische Glaube bekennt. CA II bezieht sich auf CA IV, welcher Artikel seinerseits auf der Selbsterschließung des dreieinigen Gottes im auferstandenen Gekreuzigten gründet, wie sie in CA I und II bezeugt ist.

So soll die Verzweiflung über die Sünde den Weg in den Himmel weisen. Zerknirschung (contritio) und Bekenntnis (confessio), innere und äußere Anerkenntnis der Sünde als Schuld vor Gott, Mitmensch und Welt, sind dazu berufen, in der Kraft des Heiligen Geistes zum Glauben zu gelangen, zum Vertrauen auf Gott, der in Jesus Christus den Sünder liebt: Für uns gestorben und für uns auferstanden, damit wir aus Gnade gerechtfertigt und aus unserer Verkehrtheit zu Gottes Liebe hingekehrt werden. Sich auf Gottes Liebe zu verlassen, macht den Glauben aus – das ist die Zusage, auf die CA II von Anfang an hingeordnet ist. Diese Verheißung zu hören und ihr zu vertrauen, ist zugleich die Voraussetzung dafür, die aktuellen Folgen der Ursünde bei sich selbst und bei anderen zu begrenzen, damit die Sünde nicht übermächtig, sondern fortschreitend verdrängt werde durch die gewisse Zukunft des Gekommenen.

Wenz, Gunther: Vom Unwesen der Sünde. Veröffentlicht unter: Die Ursünde ist kein Schicksal, sie ist mehr als Wollust und Gottlosigkeit. Aus: CA Confessio Augustana. Neuendettelsau 3/1996, S. 13 f.

ANREGUNGEN

- Arbeiten Sie das Sündenverständnis des Augsburger Bekenntnisses heraus!
- Welchen Zusammenhang sieht Gunther Wenz zwischen Artikel 2 und Artikel 4[1] des Bekenntnisses?

8.1.3 Die Frage nach dem Ursprung der Grundsünde

Auf die Frage, wie es zur Grundsünde, zur Abkehr des Menschen von Gott und seiner Schöpfung kommen konnte, gibt es **verschiedene philosophische und theologische Denkmodelle:**

- Man versucht sich dem Phänomen der Sünde mit **genetischen** oder **soziologischen Kategeorien** zu nähern. Unter diesen Aspekten kommt das Wesen der Grundsünde allerdings nur partiell in Sicht. Außerdem kann theologisch nicht angemessen erklärt werden, warum der Mensch unter die Gefangenschaft der Sünde gerät und ihr ausgeliefert ist, zugleich aber für seine Lebensverkehrung verantwortlich sein soll.
- Die Frage nach dem Ermöglichungsgrund des Bösen wird auch **evolutionistisch** beantwortet. Die Sünde ist ein anthropologisch notwendiges geschichtliches Moment der religiösen Fortentwicklung und lässt sich dann (jeweils unterschiedlich) quantitativ durch den Abstand zum noch ausstehenden Endziel interpretieren. Der christliche Glaube versteht demgegenüber die Grundsünde als die im radikalen Widerspruch zu Gott stehende, zerstörende Macht.
- Die **dualistische Ableitung** des Bösen aus einem widergöttlichen Urprinzip lehnt die christliche Theologie konsequent ab. Der zerstörende Widerspruch gegen Gottes Willen kann nicht als Gegen-Gott verstanden werden.
- Die Deutung des Sündenfalls und des menschlichen Schicksals als **göttliche Vorherbestimmung** (Prädestination) sucht die Herkunft des Bösen im all mächtigen und vorherbestimmenden Willen Gottes. Dieser Erklärungsversuch trägt den Dualismus in Form eines Gegen-Gottes unangemessen in die Gotteswirklichkeit selbst hinein.
- Das Sünder-Sein des Menschen kann gedeutet werden als **negative Möglichkeit der menschlichen Freiheit.** Gott möchte die freie Antwort des Menschen und lässt deshalb die Entscheidung des Menschen, sich Gott zu widersetzen, zu. Die von Gott zugesprochene Freiheit, aber auch die Grund-

1 Abgedruckt S. 223 (Art. 2), 230 (Art. 4).

situation der Sünde können jedoch nicht im Sinne einer umfassenden Entscheidungsfreiheit verstanden werden, die dem Menschen sein Handeln freistellt. Der Hinweis, dass Gott die freie Zuwendung des Menschen sucht und ihm dabei die Möglichkeit des Missbrauchs seiner Freiheit offen steht, bietet also auch keine befriedigende Lösung.

- **Der christliche Glaube hat keine Antwort,** ja darf nicht erklären, warum der Mensch in seinem Grundverhalten der Macht der Sünde verfällt. Dieses **Verhalten des Menschen ist unverständlich.** Für den christlichen Glauben ist nicht der Ermöglichungsgrund des Bösen Gegenstand des Bekenntnisses, sondern die Antwort auf die Überwindung der Sünde in Jesus Christus.

Das Augsburger Bekenntnis macht Art. 19 über die Ursache der Sünde folgende Aussagen:

> Von der Ursache der Sünde wird bei uns gelehrt: Wiewohl Gott der Allmächtige die ganze Natur geschaffen hat und erhält, so bewirkt doch der verkehrte Wille in allen Bösen und Verächtern Gottes die Sünde, wie es denn der Wille des Teufels und aller Gottlosen ist, der sich, sobald Gott seine Hand abzog, von Gott weg dem Argen zugewandt hat, wie Christus sagt: „Der Teufel redet Lügen aus seinem Eigenen" (Joh 8, 44).

Evangelisches Gesangbuch. Ausgabe für die Evangelisch-Lutherischen Kirchen in Bayern und Thüringen. München 1994, S. 1571 f.

Angesichts der Zuwendung Gottes ist die Verweigerungshaltung des Menschen unbegreiflich. Da der gesamte Mensch aktiv an der unheilvollen Existenzverkehrung beteiligt ist, hält die Theologie die Verantwortlichkeit des Menschen für diese unheilvolle Situation der Gebundenheit fest und spricht von Schuld.

8.2 Rechtfertigung des Sünders

Im Mittelpunkt der Theologie Luthers steht die **gnädige Rechtfertigung des Sünders.** Allein durch Glauben (sola fide) aufgrund der biblisch bezeugten (sola scriptura) Heilstat Gottes in Jesu Christi (solo Christo) spricht Gott den Sünder aus Gnade (sola gratia) frei. Luther bestreitet die Annahme, der Mensch könne und müsse durch seine sittlichen Leistungen vor Gott bestehen. Bei der Auslegung des Römerbriefes entdeckt Luther, dass der biblische Begriff „Gerechtigkeit Gottes" nicht ein gesetzmäßiges Richten Gottes, sondern seine schenkende Gerechtigkeit meint: „Nun fühlte ich mich geradezu wie neu geboren und glaubte, durch weit geöffnete Tore in das Paradies eingetreten zu sein." Voraussetzungslos, aus Gnade spricht Gott um Christi willen den sich vor Gott als Sünder er- und bekennenden Menschen gerecht. Auch als der vor Gott Gerechtfertigte bleibt der Glaubende in seinem faktischen Leben zugleich noch Sünder (simul iustus – simul peccator), denn Glaube wird immer wieder von Zweifeln bedroht, der Christ verfällt Versuchungen und lässt sich auch in seinem Handeln von der Sünde beeinflussen.

In der reformatorischen Programmschrift „Von der Freiheit eines Christenmenschen" (1520) erläutert Luther seine grundlegenden Aussagen über die Freiheit und Dienstbarkeit des Christen:

Damit wir von Grund aus erkennen mögen, was ein Christenmensch ist und wie es mit der Freiheit bestellt ist, die ihm Christus erworben und gegeben hat (wovon S. Paulus so viel schreibt)[2], will ich folgende zwei Sätze aufstellen:

Ein Christenmensch ist ein freier Herr über alle Dinge und niemand untertan.

Ein Christenmensch ist ein dienstbarer Knecht aller Dinge und jedermann untertan. [...]

Um diese zwei sich widersprechenden Sätze von der Freiheit und der Dienstbarkeit zu erfassen, müssen wir daran denken, dass ein jeder Christ zweierlei Naturen an sich hat: eine geistliche und eine leibliche. Im Blick auf die Seele wird er ein geistlicher, neuer, innerlicher Mensch genannt; im Blick auf Fleisch und Blut wird er ein leiblicher, alter und äußerlicher Mensch genannt. Und um dieses Unterschiedes willen werden von ihm in der Schrift Dinge gesagt, die sich geradezu widersprechen, wie ich soeben von der Freiheit und Dienstbarkeit gesprochen habe. [...]

Es hat die Seele nichts anderes, weder im Himmel noch auf Erden, worin sie lebt und gerecht, frei und Christ ist, als das heilige Evangelium, das Wort Gottes, von Christus gepredigt. [...] Somit müssen wir nun dessen gewiss sein, dass die Seele alles entbehren kann, nur nicht das Wort Gottes; und ohne das Wort Gottes ist ihr mit nichts geholfen. [...]

Hieraus ist leicht zu erkennen, warum der Glaube so viel vermag, und dass keine guten Werke ihm gleich zu sein vermögen. Denn kein gutes Werk hängt so an dem göttlichen Wort wie der Glaube; es kann auch keines in der Seele sein, sondern nur das Wort und der Glaube regieren in der Seele. Die Art, die das Wort hat, nimmt auch die Seele von ihm an, gleichwie das Eisen dadurch glutrot wird wie das Feuer, dass es sich mit dem Feuer vereinigt. So sehen wir, dass ein Christenmensch am Glauben genug hat; es bedarf keines Werks, um recht-

2 Luther verweist besonders auf 1. Kor 9,19; Röm 13,8 und Gal 4,4.

schaffen zu sein. Bedarf es nun keines Werks mehr, so ist er gewiss von allen Geboten und Gesetzen entbunden; ist er davon entbunden, so ist er gewiss frei. Das ist die christliche Freiheit: der Glaube allein. Er bewirkt nicht, dass wir müßig gehen oder übel tun könnten, sondern dass wir keines Werks bedürfen, um Rechtschaffenheit und Seligkeit zu erlangen. [...]

Sieh, so müssen Gottes Güter von einem zum andern fließen und gemeinsames Eigentum werden, dass jeder sich so um seinen Nächsten annimmt, als handelte es sich um ihn selber. Von Christus her fließen sie uns zu; denn er hat sich in seinem Leben unser angenommen, als wäre er das gewesen, was wir sind. Von uns aus sollen sie denen zufließen, die sie brauchen, und zwar ebenso völlig [...].

Aus dem allen folgt der Schluss, dass ein Christenmensch nicht in sich selbst lebt, sondern in Christus und in seinem Nächsten: in Christus durch den Glauben, im Nächsten durch die Liebe. Durch den Glauben fährt er aufwärts zu Gott, von Gott fährt er wieder abwärts durch die Liebe und bleibt doch immer in Gott und der göttlichen Liebe. [...]

Sieh, das ist die rechte, geistliche, christliche Freiheit, die das Herz von allen Sünden, Gesetzen und Geboten frei macht. Sie überragt alle andere Freiheit wie der Himmel die Erde. Gott gebe uns, dass wir sie recht verstehen und festhalten! Amen.

Luther, Martin: Von der Freiheit eines Christenmenschen. Fünf Schriften aus den Anfängen der Reformation. Hamburg 1964 (Calwer Luther-Ausgabe, Bd. 2), S. 162, 164, 167 f., 186 f. (WA, 7, 20–22, 25, 38).

Luther beschreibt die Freiheit des Christen als Befreiung durch Gott und Verpflichtung zum liebevollen Verhalten dem Nächsten gegenüber: Befreit von seiner Fixierung auf sich selbst kann der Mensch sich dem Mitmenschen zuwenden.

Die lutherischen Bekenntnisse nehmen die Rechtfertigungslehre als zentrales Thema auf, Augsburger Bekenntnis, Artikel 4:

Weiter wird gelehrt, dass wir Vergebung der Sünde und Gerechtigkeit vor Gott nicht durch unser Verdienst, Werk und Genugtuung erlangen können, sondern dass wir Vergebung der Sünde bekommen und vor Gott gerecht werden aus Gnade um Christi willen durch den Glauben, nämlich wenn wir glauben, dass Christus für uns gelitten hat und dass uns um seinetwillen die Sünde vergeben, Gerechtigkeit und ewiges Leben geschenkt wird. Denn diesen Glauben will Gott als Gerechtigkeit, die vor ihm gilt, ansehen und zurechnen, wie der Hl. Paulus zu den Römern im 3. und 4. Kapitel sagt.

Evangelisches Gesangbuch. Ausgabe für die Evangelisch-Lutherischen Kirchen in Bayern und Thüringen. München 1994, S. 1566 f.

Artikel 6 handelt vom „neuem Gehorsam":

Auch wird gelehrt, dass dieser Glaube gute Früchte und gute Werke hervorbringen soll und dass man gute Werke tun muss, und zwar alle, die Gott geboten hat, um Gottes willen. Doch darf man nicht auf solche Werke vertrauen, um dadurch Gnade vor Gott zu verdienen. Denn wir empfangen Vergebung der Sünde und Gerechtigkeit durch den Glauben an Christus – wie Christus selbst spricht: „Wenn ihr alles getan habt, sollt ihr sprechen: Wir sind untüchtige Knechte." So lehren auch die Kirchenväter. Denn Ambrosius sagt: „So ist es bei Gott beschlossen, dass, wer an Christus glaubt, selig ist und nicht durch Werke, sondern allein durch den Glauben ohne Verdienst Vergebung der Sünde hat."

Evangelisches Gesangbuch. Ausgabe für die Evangelisch-Lutherischen Kirchen in Bayern und Thüringen. München 1994, S. 1567

Die Theologische Erklärung der Bekenntnissynode von Barmen (1934) bekräftigt gegenüber dem Nationalsozialismus, dass alle Bereiche des menschlichen Lebens von der Rechtfertigung und Heiligung durch Gott berührt sind, Artikel 2:

Durch Gott seid ihr in Christus Jesus, der uns von Gott gemacht ist zur Weisheit und zur Gerechtigkeit und zur Heiligung und zur Erlösung (1. Kor 1,30).

Wie Jesus Christus Gottes Zuspruch der Vergebung aller unserer Sünden ist, so und mit gleichem Ernst ist er auch Gottes kräftiger Anspruch auf unser ganzes Leben; durch ihn widerfährt uns frohe Befreiung aus den gottlosen Bindungen dieser Welt zu freiem, dankbaren Dienst an seinen Geschöpfen.

Wir verwerfen die falsche Lehre, als gebe es Bereiche unseres Lebens, in denen wir nicht Jesus Christus, sondern anderen Herren zu eigen wären, Bereiche, in denen wir nicht der Rechtfertigung und Heiligung durch ihn bedürften.

Evangelisches Gesangbuch. Ausgabe für die Evangelisch-Lutherischen Kirchen in Bayern und Thüringen. München 1994, S. 1578 f.

Luther bestreitet die Annahme, der Mensch müsse oder könne vor Gott durch sittliche Leistungen bestehen. Durch die Tat Christi rechtfertigt Gott den sündigen Menschen allein durch den Glauben.

8.3 Auferweckung

In der neueren Theologie lassen sich **drei typische Standpunkte** zum Verständnis der Auferweckung Jesu Christi und der Auferweckungshoffnung unterscheiden.

8.3.1 Auferweckung als historisches und wirkliches Ereignis

Die Auferstehung gehört als **objektives Faktum der Geschichte** zum Bereich historisch nachvollziehbarer Ereignisse. Der Tod Jesu, sein Begräbnis, das leere Grab und die Realität der Erscheinungen lassen sich wissenschaftlich aufweisen. In ihrer vollen Bedeutung erschließt sich die Wirklichkeit der Auferstehung aber nur dem Glauben, da ihr göttlicher Sinngehalt die geschichtlich erfassbare Realität und deren Deutung übersteigt.

Diese Auffassung vertritt der katholische Theologe René Marlé:

Der Befund des [Neuen Testaments] im Ganzen gestattet, das geschichtliche Faktum der Auferstehung Jesu mit Sicherheit zu behaupten, selbst wenn man gleichzeitig den einmaligen Charakter dieses Faktums und seine Beziehung zu einer „über"-geschichtlichen Ordnung, zu einem „Mysterium", das jede empirische Gegebenheit überschreitet, herausstellen muss [...].

Die katholische Exegese versucht nicht, die bedeutenden Divergenzen zu verschleiern, die bei dem Vergleich einer Reihe von in den Texten enthaltenen Gegebenheiten auftauchen. Aber diese Divergenzen überschreiten nicht das Ausmaß jener Schwierigkeiten, denen man beim Bericht derselben Tatsache durch verschiedene Zeugen begegnet. Es ist ohne allzu große Anstrengung möglich, eine Anzahl dieser mehr scheinbaren als wirklichen Gegensätze zu beheben, weil sie auf Divergenzen des Gesichtspunktes oder der theologischen Intention des Evangelisten beruhen.

Marlé, René: Auferstehung Jesu. Aus: Handbuch theologischer Grundbegriffe. Hrsg. Heinrich Fries, Bd. I, München 1962, S. 134 f.

8.3.2 Auferweckung als Neuschöpfung

Die Auferweckung ist kein raum-zeitliches, der Historie zugängliches Ereignis. Das Glaubenszeugnis der Auferweckung bezieht sich auf ein reales Geschehen, auf die Neuschöpfung des Lebens durch Gott, die eine **völlig neue Daseinsweise** darstellt.

Diese Position vertritt neben vielen anderen Theologen der Professor für ökumenische Theologie Hans Küng:

Historisch feststellbar sind der Tod Jesu und dann wieder der Osterglaube und die Osterbotschaft der Jünger; zum Tod Jesu und zum Glauben der Jünger – beides öffentliche Ereignisse – dringt der Historiker vor. Die Auferweckung selber aber – kein öffentliches Ereignis – lässt sich nicht dingfest machen, objektivieren. [...]

Kein historisches also, wohl aber ein *wirkliches Ereignis*, das heißt: Gerade weil es in der Auferweckung um das Handeln Gottes geht, geht es um ein nicht nur fiktives oder eingebildetes, sondern um ein im tiefsten Sinne reales Geschehen: freilich nur für den, der nicht neutral beobachten will, sondern der sich im Glauben darauf einlässt. [...] Es geht um ein transzendentes Geschehen aus dem menschlichen Tod in die umgreifende Dimension Gottes hinein. [...]

Es geht in Jesu Auferweckung nicht nur um die von Jesus gebrachte *„Sache"*, die weitergeht und historisch mit seinem Namen verbunden bleibt, während er selber nicht mehr ist und nicht mehr lebt, tot ist und tot bleibt. [...] Nein, es geht vielmehr um des lebendigen Jesu *Person* und *deshalb* Sache. Die Wirklichkeit des Auferweckten selbst lässt sich nicht ausklammern. Über Jesu Sache, die seine Jünger verlorengegeben hatten, wird von Gott selbst durch die Auferweckung zum Leben entschieden: Jesu Sache hat Sinn und geht weiter, weil er selber nicht, gescheitert, im Tod geblieben ist, sondern, von Gott her voll gerechtfertigt, lebt! Nicht neue göttliche Offenbarungen geschehen hier, sondern er selber wird als Gottes wahrer Offenbarer manifestiert. [...]

Was besagt diese Auferweckung Jesu für mich hier und heute? [...]

a) Auferweckung bedeutet eine Radikalisierung des Gottesglaubens: [...] Der Auferweckungsglaube ist kein Zusatz zum Gottesglauben; er ist geradezu die Radikalisierung des Gottesglaubens, die Nagelprobe, die der Gottesglaube zu bestehen hat. Warum? [...] Weil ich dem Schöpfer und Erhalter des Kosmos und des Menschen zutraue, dass er auch im Sterben über die Grenzen alles bislang Erfahrenen hinaus noch ein Wort mehr zu sagen hat; dass ihm wie das erste so auch das letzte Wort gehört, dass er wie der Gott des Anfangs so auch der Gott des Endes ist: Alpha und Omega. [...]

b) Auferweckung bedeutet eine Bestätigung des Christusglaubens: [...] Glauben an den zum neuen Leben Erweckten heißt also Rückbesinnung auf das Leben, das er gelebt hat, auf den Weg, den er gegangen ist; heißt mit einem Wort *Einweisung in die Nachfolge* des Einen, der mich unbedingt verpflichtet, *meinen Weg, meinen eigenen Weg, nach seiner Wegweisung zu gehen.* [...]

c) Auferweckung bedeutet den täglichen Kampf gegen den Tod: [...] So wie es nicht nur ein Leben nach dem Tod, sondern auch ein Leben vor dem Tode gibt, so gibt es nicht nur den Tod am Ende des Lebens, sondern den Tod von Menschen mitten im Leben. [...] An die Auferweckung glauben

heißt deshalb nicht, einen billigen Optimismus in Hoffnung auf ein Happyend betreiben;

heißt vielmehr ganz praktisch bezeugen, dass in dieser Welt des Todes Jesu neues Leben die universale Herrschaft des Todes gebrochen hat, dass seine Freiheit sich durchgesetzt, sein Weg zum Leben geführt hat, dass sein Geist, der Gottes Geist ist, am Wirken ist;

heißt, die Partei des Lebens ergreifen, wo immer Leben verletzt, geschändet, zerstört wird;

heißt, sich praktisch gegen die Verendgültigung zwischenmenschlicher und gesellschaftlicher Verhältnisse stemmen und dem täglichen Tod den Stachel ziehen durch spontane Lebenshilfe und strukturelle Verbesserung der Lebensbedingungen;

heißt, im vertrauenden Vorgriff auf das auch uns verheißene Reich der Freiheit den Menschen Hoffnung, Kraft und Einsatzbereitschaft geben, sodass der Tod unter uns nicht das letzte Wort behält.

Küng, Hans: Ewiges Leben? München 1984, S. 138 f., 149–152.

8.3.3 Auferstehung als symbolische Ausdrucksform

Die biblische Rede von der Auferstehung gehört einer zeit- und umweltbedingten Vorstellungswelt an, die in der Gegenwart weltanschaulich überholt ist. Die bleibende Bedeutung der Auferstehung, als Metapher verstanden, besteht darin, dass Jesus auch nach seinem Tod existentielle Bedeutung für eine gelingende Existenz der Menschen gewinnt. Glaube an Jesus heißt, dem schenkenden Gott zu gehorchen. Die **Ausdrucksform** „Auferstehung" besagt also: Jesus lebt, weil er verkündigt wird. „Jesus geschieht je in meinem ‚Ich darf' und ‚Ich soll'; und zwar im Rahmen der Mitmenschlichkeit"[3].

Vertreter dieser von neuzeitlichen Interpretationsvorgaben beeinflussten Interpretation des Auferstehungsgeschehens ist der Neutestamentler Herbert Braun:

Wir werden uns diese ganze in sich nicht widerspruchsfreie Vorstellungswelt der alten Christen nach der weltanschaulichen Seite hin heute kaum zu eigen machen können. Und dies umso weniger, als wir wissen, ähnliche Dinge wurden in der Antike von Naturgottheiten, Heroen, großen Philosophen und bedeutenden Herrschern berichtet [...]. Original christlich ist nicht der Umstand, dass *diese* Vorstellungswelt von Auferstehung und Auffahrt auf Jesus angewendet wird. Bedeutsam ist vielmehr, dass diese Vorstellungswelt auf *Jesus* angewendet wird. Der Glaube an die Auferstehung ist eine altchristliche Ausdrucksform, und zwar eine umweltbedingte Ausdrucksform, für die Autorität, die Jesus über jene Menschen gewonnen hat. Wir heute werden diese Ausdrucksform nicht als für uns verbindlich empfinden können. Die mit dieser Ausdrucksform gemeinte Autorität Jesu kann für uns aber sehr wohl verbindlich werden.

Gott heißt [...] das Woher meines Umgetriebenseins. Mein Umgetriebensein aber ist bestimmt durch das „Ich darf" und „Ich soll"; bestimmt durch Geborgenheit und durch Pflicht. Geborgenheit und Pflicht aber kommt mir nicht zu

3 Braun, Herbert: Gesammelte Studien zum Neuen Testament und seiner Umwelt. Tübingen 1962, S. 335.

aus dem Weltall, sondern vom Anderen her, vom Mitmenschen; auch das Wort der Verkündigung und die Tat der Liebe erreichen mich ja, erreichen sie mich wirklich, vom Mitmenschen her. Gott ist das Woher meines Geborgen- und meines Verpflichtetseins vom Mitmenschen her. In Gott bleiben hieße dann also, im konkreten Akt der Zuwendung zum Anderen bleiben: wer [in der Liebe] bleibt, bleibt in Gott (1.Joh 4,16). Ich kann von Gott nur reden, wo ich vom Menschen rede; also anthropologisch. [...] Gott wäre dann eine bestimmte Art der Mitmenschlichkeit. Der Atheist verfehlt den *Menschen.* Ja, man wird fragen können: gibt es den Atheisten überhaupt? Denn enthält nicht jede Mitmenschlichkeit bereits etwas von der dem Neuen Testament so am Herzen liegenden Verklammerung zwischen dem „Ich darf" und „Ich soll"?

Braun, Herbert: Jesus. Der Mann aus Nazareth und seine Zeit. Stuttgart 1969, S. 154.
Ders.: Gesammelte Studien zum Neuen Testament und seiner Umwelt. Tübingen 1962, S. 341.

Das theologische Verständnis der Auferstehungshoffnung muss sich am Glaubenszeugnis der biblischen Tradition ausrichten.

STANDPUNKT

Pastor i.R. Eberhard Fincke (Braunschweig) setzt die „Auferstehungshoffnung gegen den sozialen Tod":

Ich werfe einen Blick in die Zeitung und lese: Wenn die Menschheit weiter wirtschaftet wie bisher: Noch 25 Jahre bis zur Klimakatastrophe. Diese Schlagzeile ist eine völlige Überforderung. Ein Schlag, dem kein Mensch gewachsen ist. Getroffen weiß ich: Wir sind verkehrt. Diese Vorstellung setzt mich unter Druck. Ich müsste beispielsweise aus dem Auto aussteigen, und dies wäre erst der Anfang. Und die anderen? Tun die das auch? Wie stehe ich dann da? Wirkungslos, ein Sonderling, belächelt oder auch Unbehagen verbreitend, eher gemieden.

Nur das nicht! Also was dann?

Die Regierung soll endlich! Die muss handeln. Verbote aussprechen, Gesetze erlassen, eine andere Politik machen. Schlägt die Regierung ernsthaft aber auch nur eine Benzinsteuer vor, so wird sie nicht wieder gewählt. Also lässt sie das. Und zeigt auf die Wähler.

Und aufs Ausland. Wenn Deutschland allein eine Energiesteuer erhebt, verteuert das unsere Exporte und es bringt nichts. Also, es geht nicht.

Wieder ein Blick in die Zeitung. Da steht's immer noch. Wir sitzen im falschen Zug. Der fährt in den Abgrund. Der Kreis dreht sich von neuem. Bedenken und Ängste, Selbstvorwürfe und Rechtfertigungen, ein Leben wie im Käfig. Kein Mensch hält das lange aus. Er ist dann gezwungen zur Flucht in Illusion, Selbstbetrug oder Leugnung: Es ist noch nichts bewiesen, wir werden noch was erfinden.

Oder man flieht in die Verdrängung: Das Leben weiterführen wie bisher und sich ablenken, so gut es geht. Aber es geht immer schlechter.

Das gibt dann aggressive Abwehr und Selbsthass. Beides gehört zusammen. Kälte und rücksichtslose Durchsetzung der eigenen Interessen sind ihre Kennzeichen. Solange man für sich selbst noch materiell abgesichert ist, kann man sich auch Zynismus leisten.

Was kann da retten? Zurück zum Anfang! Jener erste Impuls: Halt, verkehrt! Ich will raus aus diesem Zug. [...]

Aber war nicht der Tod der falsche Zug, in dem ich mich sehe? Welche Angst treibt mich denn nun eigentlich? Die vor der Klimakatastrophe oder die vor dem bösen oder lächelnden Blick meiner Umgebung? Die Frage macht es schon klar: Es ist die Angst vor den anderen, vor den eigenen Emotionen, das heißt die Angst vor dem sozialen Tod.

Was mir immer wieder entgleitet: Hinter dem sozialen Tod winkt das Leben. Davon singen und sagen die Auferstehungslieder und -geschichten in Gesangbuch und Bibel. Es geht Ostern nicht um den biologischen Tod oder um ein Leben nach dem biologischen Tod.

Ist vielleicht die ganze Gedanken- und Predigtakrobatik in unseren Kirchen über die Auferstehung der Toten nur ein riesiges Ablenkungsmanöver? [...]

Aber erzählen die biblischen Geschichten nicht doch von der Auferstehung Jesu nach seinem *biologischen* Tod? Nein. Er ist ja nicht im Bett gestorben sondern am Kreuz. Der Tod am Kreuz ist der soziale Tod: das Todesurteil durch die Gesellschaft und seine Vollstreckung. Die hat gewiss auch den biologischen Tod zur Folge. Erzählt wird in der Bibel jedoch von Kreuz und Auferstehung.

Die biblischen Erzähler haben die biologische Grenze ohnehin nicht so absolut gezogen wie wir Kinder von Aufklärung und Naturwissenschaft. In unseren Augen erscheint der biologische Tod als das schwarze Loch, aus dem die Hoffnung auf eine Auferstehung heraushelfen soll. Die Tiefenpsychologie belehrt uns freilich, dass die Angst vor dem sozialen Tod unser Leben weit stärker bestimmt als die vor dem biologischen. Uns steckt noch die Todesangst in den Knochen, die uns als Kinder befiel, wenn Isolierung drohte. Aber wir stecken darin fest. Das kommt, weil wir wenig oder keine Erfahrung mit der Auferstehung aus dem sozialen Tod machen konnten.

So können wir emotional gar nicht erwachsen werden. Wir verwechseln Tod mit Tod und meinen, in der Bibel sei von der Auferstehung nach dem Tod die Rede, ein folgenschweres Missverständnis. Es geht um die Auferstehung *vor* dem Tod. Unsere Emotionen müssen wir erst wieder lernen, die Angst um das Leben wieder entdecken und die Angst vor Konflikten davon unterscheiden. Das wird lebensnotwendig sein.

Fincke, Eberhard: Raus hier, weg! Auferstehungshoffnung gegen den sozialen Tod.
Aus: Lutherische Monatshefte. Hannover 7/1995, S. 35.

ANREGUNGEN

- Versuchen Sie, den Gedankengang, die Argumentation und die Aussagen Eberhard Finckes mit eigenen Worten darzustellen!
- „Es geht um die Auferstehung *vor* dem Tod." (Z. 56 f.). Sprechen Sie in der Gruppe über diesen Standpunkt! Vielleicht können Sie sich auf eigene Erfahrungen beziehen.

LEITFRAGEN ZUR ERTRAGSSICHERUNG UND WEITERFÜHRUNG

- Worin unterscheiden sich Übel, Böses und Sünde voneinander?
- Charakterisieren Sie den Freiheitsbegriff Martin Luthers und überlegen Sie, was sein Verständnis der Freiheit für die Lebensführung des Christen bedeutet!
- „Jeder Reinkarnationsgedanke setzt voraus, dass die vorfindlichen Grenzen dieses irdischen Lebens nicht letztgültig sind, dass Zeugung, Geburt und Tod nur Einschnitte, nicht aber Grenzen des Lebens, des Seins bilden."[4]
Überlegen Sie, wie sich die Auferweckungshoffnung zur Reinkarnationsvorstellung verhält!
- Worin könnte zwischen Christen der Konsens bestehen, wenn sie sich zum Glauben an die Auferweckung bekennen?

Literaturhinweis:

EVANGELISCHER ERWACHSENENKATECHISMUS. Kursbuch des Glaubens. Im Auftrag der Katechismuskommission der Vereinigten Evangelisch-Lutherischen Kirche Deutschlands. Hrsg. von Hartmut Jetter, Horst Echternach, Horst Reller und Manfred Kießig. Gütersloh ^{5}1989.

ZUM WEITERLESEN

Ödön von Horváth: Es regnet

Als ich am nächsten Morgen in das Gymnasium kam und die Treppe zum Lehrerzimmer emporstieg, hörte ich auf dem zweiten Stock einen wüsten Lärm. Ich eilte empor und sah, daß fünf Jungen, und zwar E, G, R, H, T, einen verprügelten, nämlich den F.

4 Badewien, Jan: Reinkarnation – Treppe zum Göttlichen? Konstanz 1994, S. 19.

„Was fällt euch denn ein?“ schrie ich sie an. „Wenn ihr schon glaubt, noch raufen zu müssen wie die Volksschüler, dann rauft doch gefälligst einer gegen einen, aber fünf gegen einen, also das ist eine Feigheit!“

Sie sahen mich verständnislos an, auch der F, über den die fünf hergefallen waren. Sein Kragen war zerrissen. „Was hat er euch denn getan?“, fragte ich weiter, doch die Helden wollten nicht recht heraus mit der Sprache und auch der Verprügelte nicht. Erst allmählich brachte ich es heraus, daß der F den fünfen nichts angetan hatte, sondern im Gegenteil: die fünf hatten ihm seine Buttersemmel gestohlen, nicht, um sie zu essen, sondern nur, damit er keine hat. Sie haben die Semmel durch das Fenster auf den Hof geschmissen.

Ich schaue hinab. Dort liegt sie auf dem grauen Stein. Es regnet noch immer, und die Semmel leuchtet hell herauf.

Und ich denke: vielleicht haben die fünf keine Semmeln und es ärgert sie, daß der F eine hatte. Doch nein, sie hatten alle ihre Semmeln und der G sogar zwei. Und ich frage nochmals: „Warum habt ihr das also getan?“ Sie wissen es selber nicht. Sie stehen vor mir und grinsen verlegen. Ja, der Mensch dürfte wohl böse sein und das steht auch schon in der Bibel. Als es aufhörte zu regnen und die Wasser der Sündflut wieder wichen, sagte Gott: „Ich will hinfort nicht mehr die Erde strafen um der Menschen willen, denn das Trachten des menschlichen Herzens ist böse von Jugend auf.“[5]

Hat Gott sein Versprechen gehalten? Ich weiß es noch nicht. Aber ich frage nun nicht mehr, warum sie die Semmel auf den Hof geworfen haben. Ich erkundige mich nur, ob sie es noch nie gehört hätten, daß sich seit Urzeiten her, seit tausend und tausend Jahren, seit dem Beginn der menschlichen Gesittung, immer stärker und stärker ein ungeschriebenes Gesetz herausgebildet hat, ein schönes männliches Gesetz: Wenn ihr schon rauft, dann raufe nur einer gegen einen! Bleibet immer ritterlich! Und ich wende mich wieder an die fünf und frage: „Schämt ihr euch denn nicht?“

Sie schämen sich nicht. Ich rede eine andere Sprache. Sie sehen mich groß an, nur der Verprügelte lächelt. Er lacht mich aus.

„Schließt das Fenster“, sage ich, „sonst regnets noch herein!“

Sie schließen es.

Was wird das für eine Generation? Eine harte oder nur eine rohe?

Ich sage kein Wort mehr und gehe ins Lehrerzimmer. Auf der Treppe bleibe ich stehen und lausche: ob sie wohl wieder raufen? Nein, es ist still. Sie wundern sich.

Horváth, Ödön von: Jugend ohne Gott. Frankfurt a. M. 1994 [Suhrkamp: alte Rechtschr.], S. 15 f.

5 1. Mose 8, 21.

Ödön von Horváth (1901–1938) wächst in Belgrad, Budapest, München, Pressburg und Wien auf. Sein Vater, Dr. Ödön Josef von Horváth, ist im diplomatischen Dienst der ungarischen Monarchie tätig, was zu einen häufigen Wohnortwechsel der Familie führt. Von 1919 an lebt Ödön von Horváth hauptsächlich in München. 1925 zieht er nach Berlin. Seine oppositionelle, anti-faschistische Haltung zwingt ihn 1935 zur Emigration nach Wien und 1938, nach dem „Anschluss" Österreichs an Deutschland, über Budapest, Prag, Amsterdam nach Paris. Zunehmend leidet er unter Depressionen. Die finanzielle Lage verschlechtert sich. Am 1. Juni 1938 wird er auf dem Heimweg während eines Orkans von dem herabbrechenden Ast eines morschen Baumes erschlagen.

In seinen großen Romanen „Der ewige Spießer" (1930), **„Jugend ohne Gott"** (1937) und „Ein Kind unserer Zeit" (1938) übt Ödön von Horváth scharfe Kritik am „Spießertum", dem egoistischen Mitläufertum, was das „Dritte Reich" ermöglichte. Die in einer moralischen Gleichgültigkeit aufwachsende Generation, die „Jugend ohne Gott", beschreibt Horváth aus der Perspektive eines jungen Geografie- und Geschichtslehrers. Durch das Verhalten seiner Schüler wird er mit der totalen Wertelosigkeit konfrontiert. Der mit einer Semmel verbundene Streit ist für den Lehrer ein Ausdruck des Zeitgeistes. In ihm bricht das universell Böse hervor, das dem freien Willen des Menschen entspringt. Der Lehrer findet zum Glauben an Gott zurück. In der Erkenntnis: „Gott ist die Wahrheit" (S. 148) überwindet er das Böse und verwirklicht schließlich als Lehrer in Afrika seine humanistischen Ideale.

9 Christliches Menschenverständnis vor den Herausforderungen der Gegenwart

Der christliche Glaube muss sich mit einer Vielfalt von – mitunter konträren – Deutungen des Menschen und seiner Existenz (siehe S. 170 ff.) auseinander setzen. In diesem **Dialog** spielt die jeweilige Sicht der Gebundenheit und Freiheit des Menschen eine entscheidende Rolle. Einzelne Aspekte des weiten Themenfeldes werden in diesem Kapitel am Problemkreis „Sonderstellung des Menschen" und „Mensch in der Zeit" aufgegriffen[1], S. 267 ff. am Beispiel des Gewissensverständnisses behandelt.

ZIELSETZUNG

Im kritischen Dialog mit humanwissenschaftlichen und philosophischen Aussagen über den Menschen wird deutlich, welche Möglichkeiten christlichen Redens vom Menschen angesichts der Gegebenheiten der modernen Welt bestehen. Zugleich kann die Eigenart christlichen Menschenverständnisses schärfer erkannt werden.

1 Material zu den alternativ behandelbaren Problemkreisen findet sich unter anderem an folgenden Stellen: Der Mensch zwischen „Gut" und „Böse": S. 5 ff.; 30 ff.; 65 ff.; 132 ff.; 170 ff.; 198 ff.; 240 ff.; 267 ff.
Schicksal und Verantwortung: S. 5 ff.; 61 ff.; 132 ff.; 170 ff.; 188 ff.; 192 ff.; 198 ff.

Paul A. Weber: Melancholie (Lithografie 1970)

9.1 Zur Sonderstellung des Menschen: humanwissenschaftliche Einsichten und christliches Menschenverständnis

Aus humanwissenschaftlicher Sicht lässt sich der **Mensch als „Beziehungswesen“** verstehen und die Grundbefindlichkeit menschlichen Daseins charakterisieren mit Selbstreflexion, wechselseitigem Aufeinanderangewiesensein und Suche nach umfassender Sinngebung (S. 175 ff.). An diese Charakterisierung menschlicher Existenz kann die christliche Anthropologie anknüpfen. Da ein christliches Verständnis des Menschen als „Gegenüberwesen“ von seiner wesentlichen Beziehung zu Gott ausgeht (S. 198 ff.), wird diese **Anbindung** allerdings nur in einer kritischen Weise geschehen dürfen.

9.1.1 Der Mensch vor Gott

Aus christlicher Sicht liegt das eigentliche Sein des Menschen nicht in seinem rationalen Reflektions- und Entscheidungsvermögen. Wenn der Mensch sich voll bestimmen und über sich verfügen möchte, macht er sich letztlich zu seinem eigenen Gegenüber, bleibt bei sich selbst verhaftet und muss versuchen, an sich letzten, aber brüchigen Halt zu finden. Sein eigentliches Personsein gewinnt der Mensch demgegenüber aus christlicher Sicht von außen, im **Gegenüber zu Gott.** Der Glaubende erfährt die vergebende Liebe Gottes und lebt aus ihrer Kraft.

Auch die biblische Tradition kann – in Aufnahme humanwissenschaftlicher Erkenntnisse – die menschliche Existenzweise als wechselseitiges Aufeinander-angewiesensein der Menschen verstehen. Dieses **kommunikative Bezugsverhältnis** erhält aus der Gottesbeziehung, im Hören des Menschen auf das Wort Gottes seine Lebenskraft. Wenn der Mensch sich in den gemeinschaftsstiftenden Bereich der Liebe Gottes einbeziehen lässt, erfährt er die Freiheit und Würde seiner Person. Der Glaubende gibt die von Gott empfangene Liebe weiter. Die von ihr geleitete Vernunft des Menschen übernimmt im Bereich des Vorläufigen die Verantwortung für eine humane Gestaltung der Welt.

Aus christlicher Sicht findet die Suche nach umfassender Sinngebung der menschlichen Existenz in der von Gott verheißenen **Vollendung der Gottesebenbildlichkeit** des Menschen ihre Erfüllung.

Das christliche Verständnis des Menschen als „Beziehungswesen" geht davon aus, dass der Mensch im Gegenüber zu Gott die Würde und Freiheit seiner Person gewinnt.

STANDPUNKTE

Wolfhart Pannenberg, Professor für Systematische Theologie, vertritt die Ansicht, dass der Mensch als geschichtliches Wesen für eine letzte, transzendentale Bestimmung offen ist:

Triebhaftigkeit bedeutet [...] beim Menschen wie bei den Tieren, auf etwas angewiesen zu sein. Das liegt in ihrem Begriff. Alle Lebewesen sind angewiesen auf Nahrung, auf Lebensbedingungen des Klimas und der Vegetation, auf die Gemeinschaft mit Artgenossen und nicht zuletzt auf die Gesundheit des eigenen Leibes. Während nun die Bedürftigkeit der Tiere auf ihre Umwelt beschränkt ist, kennt die des Menschen keine Grenzen. Er ist nicht nur angewiesen auf bestimmte Bedingungen seiner Umgebung, sondern darüber hinaus auf etwas, das sich ihm entzieht, sooft er nach einer Erfüllung greift. Die chronische Bedürftigkeit, die unendliche Angewiesenheit des Menschen setzt ein Gegenüber jenseits aller Welterfahrung voraus. Der Mensch *schafft* sich nicht erst unter dem Druck seines Antriebsüberschusses einen phantastischen Gegenstand seiner Sehnsucht und Ehrfurcht über alle in der Welt möglichen Dinge hinaus, vielmehr setzt er in seiner unendlichen Angewiesenheit ein entsprechend unendliches, nicht endliches, jenseitiges Gegenüber immer schon voraus, mit jedem seiner Atemzüge, auch wenn er es nicht zu nennen weiß. Das liegt wiederum im Wesen seines unendlichen Triebes. Erst daraufhin, dass der Mensch unendlich angewiesen ist und also in jedem Lebensvollzug ein über alles Endliche hinweg ihm zugewandtes Gegenüber seiner Angewiesenheit voraussetzt, erst daraufhin kann seine Fantasie Vorstellungen davon bilden.

Für dieses Gegenüber, auf das der Mensch in seinem unendlichen Streben angewiesen ist, hat die Sprache den Ausdruck Gott. Das Wort Gott kann nur sinnvoll verwendet werden, wenn es das Gegenüber der grenzenlosen Angewiesenheit des Menschen meint.

Die Offenheit der Person über die Schranken jeder endlichen Realisierung hinaus auf ihre göttliche Bestimmung hin begründet schließlich die Unantastbarkeit des Individuums, die im Gedanken seiner Personwürde ausgedrückt wird. Person ist das Ich als das „Antlitz", durch das hindurch sich das Geheimnis der noch unabgeschlossenen Geschichte eines Individuums auf dem Wege zu sich selbst, zu seiner Bestimmung bekundet. Daher bleibt die Person der Verfügung durch andere entzogen, obwohl über das vorhandene, leibliche Dasein der Individuen und bis zu einem im Einzelfall unterschiedlichen Grade auch über ihre psychischen Reaktionen sehr wohl verfügt werden kann. Das kann durch physische Gewalt geschehen, aber auch durch Verführung und durch Gefügigkeit bewirkende seelische Einwirkungen von der Gehirnwäsche bis zu den feineren Formen der Überredung. Die Personalität des so Missbrauchten wird zwar nicht verfügbar, aber sie wird ausgeschaltet. Dagegen steht die Forderung, die unverfügbare Personwürde des Individuums zu respektieren. Diese Forderung geht letztlich darauf zurück, dass das menschliche Individuum als Person über seine vorhandene Realität hinaus auf eine noch offene Bestimmung und darin auf Gott bezogen ist. Die Bibel hat die Bestimmung des Menschen durch den Begriff der Gottebenbildlichkeit bezeichnet, und sie hat in dieser ihn auszeichnenden Zugehörigkeit zu Gott die eigentümliche Würde des Menschen gesehen, die seine Unantastbarkeit begründet, das Verbot, sein Leben anzutasten (Gen 9,6). Die Berufung auf das Majestätsrecht Gottes stellt die Unantastbarkeit der Menschenwürde auf eine aller menschlichen Willkür entzogene Basis.

Pannenberg, Wolfhart: Was ist der Mensch? Die Anthropologie der Gegenwart im Lichte der Theologie. Göttingen 1962, S. 11.

Ders.: Anthropologie in theologischer Perspektive. Göttingen 1983, S. 234 f.

Aus der Sicht Jürgen Moltmanns, Professor für Systematische Theologie, ergeben sich aus der Hoffnung auf den Menschensohn für eine christliche Anthropologie folgende Konsequenzen:

Für den antiken und den neuzeitlichen Humanismus ist der Mensch das, was er aus sich macht. Seine volle Menschlichkeit kann darum nur am Ende seines Humanisierungsprozesses stehen. Sie begegnet dem vorhandenen Menschen als unendliche Forderung seiner eigenen Selbstverwirklichung. Im christlichen Glauben entdeckt der Mensch seine Menschlichkeit darin, dass er trotz seiner Unmenschlichkeit schon von Gott geliebt und trotz seiner Verfehlung schon zur Gottesebenbildlichkeit gerufen und allen Weltreichen zum Trotz schon in die Gemeinschaft des Menschensohnes genommen ist. Liebe macht aus einem ungeliebten Wesen ein geliebtes Wesen. Der Ruf eines anderen macht aus einem verlassenen Leben ein antwortendes Leben. Der gekreuzigte Menschensohn bringt Versöhnung in den Schmerz der Entzweiung hinein. Der Mensch kann sich annehmen trotz aller seiner Unannehmbarkeiten, weil er von Gott schon angenommen ist [...].

Versöhnung, so sagt die theologische Sprache, ist der Anfang der Erlösung in einer unerlösten Welt, und Erlösung ist die erhoffbare Zukunft der Versöhnung. Die Feststellung der unmenschlichen Welt widerspricht dieser nicht. Die im Glauben erfahrene Versöhnung aber widerspricht ihr radikal. Wer Versöhnung erfahren hat, kann sich nicht mehr mit dem Zustand der Welt abfinden. Die Freude, die er erfährt, macht ihm das Elend der Kreatur zum Schmerz. Versöhnung ohne Veränderung des Lebens und der Verhältnisse ist ein billiger Trost. Veränderung ohne Versöhnung aber bleibt verkrampft und führt leicht zum Terrorismus. [...]

Menschlichkeit aus erfahrener Versöhnung führt im Angesicht dieser unerlösten Welt von selbst zur Hoffnung. Zwar wird „Hoffnung" heute groß geschrieben, aber man versteht darunter oft Optimismus oder befohlene Tapferkeit: „Hoffen und nicht verzagen." In Wahrheit ist Hoffnung ein seltenes Geschenk. In der wirksamen Hoffnung flieht der Mensch nicht aus dem unerträglichen Druck der Gegenwart in eine tröstliche, bessere Zukunft, sondern er zieht die andere, die menschliche Zukunft in seine Gegenwart hinein und lebt schon jetzt aus ihr. Das macht die Gegenwart nicht erträglicher, sondern oft eher unerträglicher, jedenfalls aber konfliktreicher. In der Hoffnung öffnet sich der Mensch für die Zukunft, die ihm versprochen ist, und verlässt das Gehäuse seines Lebens wie seiner Gesellschaft. Richtet sich die Hoffnung auf das menschliche Reich des Menschensohns, so bringt sie den Hoffenden in Widerspruch zu den Unmenschlichkeiten, die er sieht. Sie erlaubt ihm nicht mehr zu sagen, dass es nicht anders sein kann, weil es immer so war. Hoffnung ändert einen Menschen, weil sie ihm seine neuen Möglichkeiten zeigt. Diese Hoffnung macht ihn bereit, sich selbst zu verlassen und in der Liebe ganz bei dem anderen zu sein. Das Besondere der christlichen Möglichkeit zur Hoffnung liegt darin, dass sie aus der Erinnerung an die Auferweckung des gekreuzigten Menschensohns geboren wird. [...]

Leben in der Hoffnung heißt *Liebenkönnen,* und zwar das ungeliebte und verstoßene Leben lieben können. Was aber heißt Lieben anders, als mit den ungeweckten Möglichkeiten des anderen Menschen zu rechnen, einschließlich der Möglichkeiten Gottes an ihm? Versöhnung und Hoffnung werden durch konkrete, persönliche und soziale Liebe verbreitet. Darum liegen endlich in der schöpferischen, versöhnenden und hoffenden Liebe die tiefsten Möglichkeiten des menschlichen Menschen in einer unmenschlichen Welt.

Moltmann, Jürgen: Mensch. Christliche Anthropologie in den Konflikten der Gegenwart. Gütersloh [2]1983, S. 164 f., 167–169.

ANREGUNGEN

- Worin sieht Wolfhart Pannenberg das Besondere des christlichen Verständnisses vom Menschen? Versuchen Sie, eine eigene, begründete Stellungnahme zu Pannenbergs Aussagen zu erarbeiten!
- Fassen Sie Jürgen Moltmanns Ausführungen zur christlichen Anthropologie zusammen!
- Vergleichen Sie die Positionen Pannenbergs und Moltmanns und überlegen Sie, worin ihre Gemeinsamkeiten bestehen!

9.1.2 Entscheidungs- und Lebensfreiheit aus christlicher Sicht

Die christliche Anthropologie setzt eine **relative Entscheidungsfreiheit** (Luther: liberum arbitrium) des Menschen voraus. Sie ergibt sich auch aus der Verantwortlichkeit des Menschen vor Gott und der Aufgabe, die Tatsünden und ihre zerstörerischen Folgen zu bekämpfen.

Das christliche Verständnis des Menschen bestreitet dagegen, dass der in Schuld und Sünde verstrickte Mensch von sich aus zur eigenen, freien Selbstbestimmung, zur **Lebensfreiheit** fähig wäre (Luther: servum arbitrium). Am Verhältnis des Menschen zu Gott entscheidet sich die Freiheit oder Unfreiheit des Menschen. Nur Gott allein kann die Entfremdung des Menschen zu Gott überwinden und den Glaubenden zur Vollendung seines Lebens befreien. Christliche Lebensfreiheit ist deshalb nicht autonom zu verwirklichende, sondern geschenkte Freiheit.

Die christliche Anthropologie setzt eine relative Entscheidungsfreiheit des Menschen voraus, bestreitet jedoch die Fähigkeit des Menschen, sich aus eigenem Vermögen aus der Macht von Schuld und Sünde befreien zu können. Der christliche Glaube versteht Lebensfreiheit als Gabe Gottes.

STANDPUNKT

Wolfgang Huber, Professor für Systematische Theologie, vergleicht das durch Martin Luther erschlossene biblische Freiheitsverständnis mit dem der Neuzeit:

Luthers größte Entdeckung besteht darin, dass das Evangelium eine Freiheitsbotschaft ist. Dass der Mensch seine Freiheit nur vor Gott und nur durch Gott empfängt, hat die Folge, dass keine menschliche Instanz, keine politische oder gesellschaftliche Macht darüber verfügen kann, was den Menschen zum Menschen macht. Diese Unverfügbarkeit des Menschen als Person aber ist das treibende Motiv der neuzeitlichen Menschenrechtsentwicklung. Deshalb ist die Gewissensfreiheit ihr Kern.

Eine zweite Beobachtung kommt hinzu: Für Luther ist der Glaube die freie Antwort des Menschen auf die Anrede Gottes. Zwar sind die Tradition, in der von Gott geredet, und die Gemeinschaft, in der bekannt wird, für den Glauben unerlässlich. In diesem Sinn gibt es keinen Glauben ohne Gemeinschaft von Glaubenden, ohne Kirche. Doch der Glaube bleibt eine freie Antwort, er entzieht sich jedem Zwang. Deshalb hat die Gewissensfreiheit im Konflikt den Vorrang vor dem Anspruch der Institution. Das Grundrecht der Gewissensfreiheit bringt diesen Vorrang zum Ausdruck; darin trifft es sich mit dem Glaubensverständnis der Reformation. Doch auch wenn sie grundrechtlich geschützt ist, bleibt die Freiheit des Gewissens ein Risiko.

In anderer Hinsicht jedoch sind Luthers Vorstellung von der Freiheit des Gewissens und der neuzeitliche Freiheitsgedanke tief voneinander getrennt. Luther begründet die Aufrichtung des Gewissens in der Zuwendung Gottes zum Menschen; für ihn ist die Freiheit des Menschen ein Geschenk. Das neuzeitliche Freiheitsbewusstsein dagegen gründet sich auf den Gedanken der menschlichen Autonomie, der Selbstbestimmung der menschlichen Vernunft; Freiheit trägt den Charakter der Selbstverwirklichung und Selbstrechtfertigung. An dieser Stelle ist die Erinnerung an Luther ein Einspruch gegen die Neuzeit. Die heutige Krise des Freiheitsbewusstseins ruft die Frage wach, ob es nicht an der Zeit ist, neu zu lernen, dass die Freiheit des Menschen eine unverdiente Gabe ist.

Und schließlich: Im Sinn der Neuzeit bedeutet Freiheit Selbstverfügung; sie ist der Rechtstitel dafür, dass der eine Mensch sich vom andern absondert; der egozentrische Individualismus, der in die ökonomische und politische Grundstruktur der Neuzeit eingegangen ist, bildet ihre radikale Konsequenz. Sich an Luther zu erinnern, heißt ein anderes Freiheitsverständnis wachzurufen: Freiheit kann nur in Solidarität mit dem andern wahrgenommen werden. Gerade in dieser Einsicht ist Luther unvermindert aktuell.

Huber, Wolfgang: Das Gewissen ist frei. Überlegungen zur Aktualität der Theologie Martin Luthers. Aus: Evangelische Kommentare. Stuttgart 11/1983, S. 601 f.

ANREGUNGEN

- Charakterisieren Sie den Freiheitsbegriff Martin Luthers und den der „Neuzeit“!
- Informieren Sie sich über die Entstehung und Schritte zur Verwirklichung der Menschenrechtsidee und deren Zusammenhang mit der christlichen Tradition!

9.1.3 Schuld und Vergebung

Der Mensch als weltoffenes Wesen reflektiert sein Verhalten und sittliches Handeln. Dabei erfährt er **„Schuld“ auf verschiedenen Ebenen:** Bei Übertretungen sittlicher Gesetze entsteht moralische Schuld. Verstöße gegen innere ethische Grundüberzeugungen der menschlichen Personalität führen zu einem personalen Schuldbewusstsein. Religiös-personale Schulderfahrung liegt vor, wenn der Bezug des Menschen zu Gott fundamental gestört ist.

Krankhaftes Schuldbewusstsein

Mit **neurotischen Schuldgefühlen** hat es der Psychotherapeut bei psychisch kranken Menschen, besonders Zwangsneurotikern, zu tun. Diese Schuldgefühle äußern sich in übersteigerten Selbstvorwürfen gegen das eigene Ich, tragen selbstzerstörerischen Charakter und lassen sich häufig auf frühkindliche Konflikte zurückführen, auf einem Mangel an tragfähigen sozialen Bindungen.

Verdrängte und unverarbeitete Schuld

Eine **intrapsychische Verschiebung vorhandener Schuld** liegt vor, wenn der Mensch seiner persönlichen Verantwortung ausweicht und den schuldhaften Zustand in das Unbewusste verdrängt. Der unverarbeitete Schuldkomplex kann in der Folge auf gesellschaftliche Randgruppen projiziert und mit Schuldzuweisungen sowie Aggressivität verbunden werden.

Schuld als Ausweglosigkeit

Wenn der Mensch an einem anderen Menschen schuldig geworden ist, vermag er sich aus dieser **Schuldverstrickung** nicht aus eigener Kraft zu lösen, da es von der freien personalen Entscheidung des anderen abhängt, ob eine zwischenmenschliche Beziehung wiederhergestellt werden kann. Für den Transzendenzbezug des Menschen bedeutet dies, dass der Mensch sich durch sein verkehrtes Lebenskonzept in eine ausweglose Situation bringt und der zerstörten Gottesbeziehung verhaftet bleibt.

Vergebung

Im **Gesinnungswandel,** in der Umkehr, distanziert sich der Mensch inhaltlich von seinem schuldhaften Handeln und löst sich auch emotional von ihm. Die befreiende Aufhebung der Schuld hängt aber davon ab, dass der andere ihm verzeiht, **Vergebung** gewährt und ihm dadurch einen Neuanfang ermöglicht. Gott heilt in Jesus Christus den vom Menschen zerstörten Gottesbezug und vergibt die Sünde. In der neu geschenkten Gemeinschaft erfährt sich der Glaubende als von Gott angenommen und kann sich deshalb zu seinem schuldhaften Versagen bekennen. Der versöhnende Gott schenkt im **Sakrament des Abendmahls** die Gewissheit der Vergebung der Sünden, die zur zwischenmenschlichen Versöhnung motiviert.

Gott löst den Menschen aus seiner Schuldverbundenheit und befreit ihn zur zwischenmenschlichen Versöhnung.

LEITFRAGEN ZUR ERTRAGSSICHERUNG UND WEITERFÜHRUNG

- Worauf führen Sie die unterschiedlichen humanwissenschaftlichen, philosophischen und theologischen Aussage über den Menschen zurück?
- Prüfen Sie, welche anthropologischen Aussagen biblischer und christlicher Tradition dem „modernen" Denken fraglich, welche wichtig werden!
- Wie sollte Ihrer Ansicht nach der Mensch mit Schulderfahrungen umgehen?
- Überlegen Sie, welche Bedeutung die Freiheit oder Gebundenheit des Menschen für sein Selbstbewusstsein und seine Lebensgestaltung besitzt!

Literaturhinweise:

MOLTMANN, JÜRGEN: Der Mensch. Christliche Anthropologie in den Konflikten der Gegenwart. Gütersloh ²1983.

PANNENBERG, WOLFHART: Was ist der Mensch? Die Anthropologie der Gegenwart im Lichte der Theologie. Göttingen 1962.

9.2 Der Mensch in der Zeit

Zeit erfährt der Mensch als weltoffenes Wesen in der **Zusammengehörigkeit von Vergangenheit, Gegenwart und Zukunft**. In der historischen Erinnerung wird die zurückliegende Zeit mit dem Kriterium der Sinnhaftigkeit beurteilt. Zugleich denkt der Mensch über die vor ihm liegende Zeit in ihren Möglichkeiten nach. Diese Reflexion des Menschen schließt auch dessen eigene Begrenztheit, Vergänglichkeit und sein Sterben mit ein.
Der neuzeitliche Mensch heute versteht zunächst den **„Tod" als biologisches Lebensende.** In vielfältigen Formen bricht jedoch der Tod in seiner **sozialen und strukturellen Gestalt** bereits in das Leben ein, als Einsamkeit, soziale Armut oder gesellschaftliche Unterdrückung, als Verrinnen der Zeit, Trennung von geliebten Menschen und Vergänglichkeit von Lebenssituationen.

9.2.1 Tod als Trennung von Leib und unsterblicher Seele

Die platonisch-hellenistische Vorstellung, dass die Seele bzw. der Geist des Menschen dem ewigen Sein Gottes angehört, beeinflusst später auch das christliche Todesverständnis und die Auferweckungshoffnung. Platon nimmt an, dass im Tod die **unsterbliche Seele** den naturhaft-sterblichen Leib des Menchen verlässt. Die unzerstörbare Seele ist in dem irdischen Leben an den vergänglichen Körper gebunden; der Tod befreit sie aus dieser Bindung, „läutert" die Seele. In seinem Dasein soll der Mensch tugendhaft leben und die Selbsterkenntnis einüben, dass er zwar dem Tod entgegengeht, sein eigentliches Selbst aber nach dem Tod zur Bestimmung gelangt.

9.2.2 Biblisches Todesverständnis

Im Gegensatz zum anthropologischen Dualismus Platons sieht die Bibel den Menschen in seiner **Ganzheit** dem Tod ausgesetzt. Im Einzelnen enthält die Bibel **verschiedene Einsichten** zum Verständnis des Todes.

- In den ältesten Schichten der alttestamentlichen Überlieferung wird der Tod nüchtern als das normale **biologische Ende** des menschlichens Lebens verstanden, wenn der Mensch „alt und lebenssatt" (1. Mose 25,8) stirbt. Als in der Zeit der salomonischen Aufklärung der Mensch stärker sein „Ich" entdeckt und aus der Kollektivgemeinschaft heraustritt, klagt er über die Kürze des Lebens und über den Schmerz, wenn er von einem Nahestehenden Abschied nehmen muss.
- Das Neue Testament spricht bildhaft vom Sterben, wenn der Christ aus der Gnade Gottes heraus lebt und „mit Christus **den Mächten der Welt gestorben**" (Kol 2,20) ist, da Christus den Tod entmachtet hat.
- Paulus stellt den Tod auch in den **Zusammenhang mit der Sünde:** „Denn der Sünde Sold ist der Tod" (Röm 6,23). Hier steht nicht der Tod als natürliches biologisches Phänomen im Vordergrund, sondern die theologische Aussage, dass der Tod als eine gegenwärtige Macht im Leben die Daseinsverfassung des Menschen als Sünder sichtbar macht.

9.2.3 Die Auferweckungshoffnung

Die Hoffnung auf eine Erweckung aus dem Tod taucht im **Alten Testament** erst verhältnismäßig spät auf. Der Gedanke, dass Gott als Schöpfer auch der Herr über den Machtbereich des Todes ist und Leben nicht vernichten, sondern bewahren will, führt den alttestamentlichen Gottesglauben zur Unterweltvorstellung. In der „Scheol" leben die Toten als Schattenwesen weiter.

Die Psalmen sprechen von einem „Dass" des Weiterlebens, ohne das „Wie" im Einzelnen zu veranschaulichen, Ps 139,5.8 (vgl. Ps 88,4 ff.):

5 Von allen Seiten umgibst du mich
und hältst deine Hand über mir.
8 Führe ich gen Himmel, so bist du da;
bettete ich mich bei den Toten, siehe, so bist du auch da.

Tobias Weiß
(1840 Krottenbach – 1929 Nürnberg):
Ein moderner Totentanz – Der Tod
als Weichensteller (Radierung 1895)

„Das nenn ich eine Vergnügungsfahrt
so recht nach meines Herzens Art!
Die Weiche hab' ich wohl gestellt
zur schnellen Fahrt in jene Welt."

Erst das Danielbuch spricht vom Glauben an die individuelle Auferstehung, eine Vorstellung, die in der jüdischen Apokalyptik große Bedeutung erhält.

Mit der Auferstehungshoffnung verbindet sich die Vorstellung vom allgemeinen Weltgericht, Dan 12,2:

> Und viele, die unter der Erde schlafen liegen, werden aufwachen, die einen zum ewigen Leben, die andern zu ewiger Schmach und Schande.

Im Unterschied zum Alten Testament steht das Auferstehen aus dem Tod zum Leben im **Zentrum der neutestamentlichen Verkündigung.** Jesus ist – im Gegensatz zu den Sadduzäern – überzeugt davon, dass Gott den zu ihm gehörenden Menschen für immer lebendig macht, weist aber eine detaillierte Beschreibung des „ewigen Lebens" zurück (Mk 12,18–27). Die neutestamentliche Briefliteratur verwendet die Begriffe „Tod und Leben" **in übertragen-religiöser und in eschatologisch-futurischer Bedeutung.** Der geistige Sinn meint, dass ein Mensch, der sich in seinem Dasein Gott verweigert, „tot" ist, während der auf die Liebe Gottes vertrauende „lebt". Die in die Gegenwart verlegte Auferweckung zum eigentlichen Leben ist jedoch nur der Anbruch des eschatologischen Geschehens.

Der übertragene Gebrauch findet sich bei Paulus, vor allem aber in den Johannes-Briefen und bei den Schülern des Paulus, 1. Joh 3,14f.:

> 14 Wir wissen, dass wir aus dem Tod in das Leben gekommen sind; denn wir lieben die Brüder. Wer nicht liebt, der bleibt im Tod.
> 15 Wer seinen Bruder hasst, der ist ein Totschläger, und ihr wisst, dass kein Totschläger das ewige Leben bleibend in sich hat.

Der Kolosser-Brief gebraucht das Bild, der Glaubende ist mit Christus gestorben und auferstanden (Kol 3,1–4; vgl. Eph 2,4–7).

Paulus erwartet die Auferweckung zugleich als futurische Vollendung, als Neuschöpfung des Menschen und der Welt durch den lebendig machenden Geist Gottes. Der neue Leib wird kein vergänglicher sein, sondern eine geistgewirkte, neue Gestalt annehmen.

Paulus vertraut darauf, dass die Treue Gottes zum Menschen ihn durch den Tod hindurch bewahrt, Röm 8,38f.:

> 38 Denn ich bin gewiss, dass weder Tod noch Leben, weder Engel noch Mächte noch Gewalten, weder Gegenwärtiges noch Zukünftiges,
> 39 weder Hohes noch Tiefes noch eine andere Kreatur uns scheiden kann von der Liebe Gottes, die in Christus Jesus ist, unserm Herrn.

Die Bibel kennt nicht die platonische Vorstellung einer unsterblichen Seele, sondern sieht den Menschen in seiner seelisch-geistig-leiblichen Ganzheit der Vergänglichkeit und dem Tod ausgesetzt. Nach neutestamentlicher Überlieferung verbürgt die Treue Gottes, dass der Mensch durch den Tod hindurch in Gottes Liebe geborgen ist.

STANDPUNKTE

Zur „Woche für das Leben 1996", das unter dem Motto „Leben bis zuletzt – Sterben als Teil des Lebens" steht, erscheint ein „Gemeinsames Wort des Rates der Evangelischen Kirche in Deutschland (EKD) und der katholischen Deutschen Bischofskonferenz". Es geht auf Sterben, Tod und Trauer in unserer Gesellschaft ein:

Jahr für Jahr sterben in Deutschland etwa 900.000 Menschen. Unter ihnen sind über 9.500 Verkehrstote, 12.000 Suizid-Tote und 2.500 Totgeburten. Über die Hälfte aller Todesfälle ereignen sich in Krankenhäusern, Kliniken und Altenheimen; in manchen Großstädten sind es 90 % und mehr. Nicht zu übersehen ist die zunehmende Zahl von Toten, die ohne Angehörige oder mittellos sterben. Das hängt u. a. damit zusammen, dass die Zahl von alleinlebenden Menschen in allen Altersstufen steigt und sich ihr Lebens- und Sterbeweg anders als der von Menschen in Partnerschaft und Familie gestaltet. Angesichts der zurückgegangenen Kindersterblichkeit und der steigenden Lebenserwartung verschiebt sich das durchschnittliche Todesalter immer mehr nach oben.

Allein diese wenigen Hinweise zeigen bereits: Sterben, Tod und Trauer sowie die Einstellung dazu haben sich in den letzten Jahrzehnten in unserem Land radikal verändert. Das Sterben zu Hause im Kreis der Familie und der Angehörigen sowie der Nachbarn ist eher selten geworden. Die Bestatter bieten im Trauerfall inzwischen ein umfassendes Angebot an Hilfen bis hin zur Trauerbegleitung an. Neben der Erdbestattung wird zunehmend die Feuerbestattung üblich. Die Zahl anonymer Bestattungen steigt, nicht nur in den neuen Bundesländern. Grab- und Grabmalkultur sind stereotyp und katalogmäßig geworden. Die Kirchen und ihre Gemeinden beschränken sich im Trauerfall gelegentlich auf den Bereich der Verkündigung und Liturgie: Aber die Begleitung der Angehörigen als Sorge für sie, besonders in den Wochen nach der Bestattung, ist eine gewichtige Aufgabe. Die Trauernden selbst verstecken und verdrängen ihre Emotionen durch Abwehr von Beileidsbezeugungen und durch eine möglichst rasche Rückkehr zum „normalen" Alltag.

Die Bedingungen des modernen Lebens haben zu einer sozialen Verdrängung der lebensbedeutsamen Vorgänge um Tod und Trauer geführt. Die Gestaltung des Lebens bestimmt auch den Umgang mit dem Sterben. Immer wieder wird die Forderung nach aktiver Sterbehilfe (Tötung auf Verlangen) laut. In unserer Gesellschaft werden Wohlstand, immer weiter steigender Lebensstandard und Vitalität bis ins hohe Alter hinein als Leitbilder propagiert. Viele Menschen können sich für das eigene Leben Entbehrungen und Grenzsituationen kaum noch vorstellen. Die Erfolge der Medizin führten zu einer zuweilen ins Unermessliche gehenden Hoffnung auf Wiederherstellung der Gesundheit, auf Schmerzbeseitigung oder auf ein Leben mit „neuen Organen", nicht wenige Menschen glaubten in dieser Hoffnung an eine quasi „diesseitige Unsterblichkeit". Angesichts eines relativ kurzen und vielfach gefährdeten Lebens hofften die Menschen früherer Zeiten noch weit mehr auf ein „Weiterleben nach dem Tod", auf eine Vollendung des irdischen Lebens in der Ewigkeit bei Gott. Heute sehen viele in einem langen und erfüllten Leben das Ganze, oder sie erträumen von einer Reinkarnation den Ausgleich für die erfahrenen Entbehrungen und die nicht erfüllten Hoffnungen.

Inzwischen werden die Grenzen des Machbaren jedoch deutlicher. So mancher Fortschritt wird als „tödlich" entlarvt. Langsam wird uns bewusst: Die privaten und sozialen Tabuisierungen von Sterben, Tod und Trauer wirken sich schädlich, ja zerstörend für unser Leben aus. Allmählich werden diese Wirklichkeiten wieder „gesellschaftsfähig": in den Gesprächen und Publikationen, in der Bereitschaft, persönlich für Pflegebedürftige und Schwerkranke zu sorgen und sich den Sterbenden und Toten wieder neu zuzuwenden.

Maßgeblichen Anteil daran hat die Hospizbewegung mit ihrem vielfältigen Engagement. Davon inspiriert lassen sich auch verstärkt Krankenhäuser und Kliniken auf die Frage ein, welche personellen und strukturellen Konsequenzen im Blick auf die Ermöglichung und die Begleitung eines „Sterbens in Würde" zu ziehen sind. Trauergruppen und -seminare werden von Hinterbliebenen dankbar angenommen; Trauernde finden sich zu Initiativ-Gruppen zusammen (z. B. „Verwaiste Eltern"). Die Frage nach dem eigenen Sterben wird allerdings eher selten gewagt oder sinnvoll beantwortet.

Über Jahrhunderte hin prägte die christliche Botschaft vom Sinn des Lebens und Sterbens und von der Hoffnung auf die Auferstehung der Toten die Lebens- und Todeskultur unserer Gesellschaft. Viele fanden hier Antwort auf die Sehnsucht des Menschen nach bleibendem und vollendetem Leben. Zuweilen mag die Verkündigung dieser Zukunftshoffnung sich zu wenig inspirierend für die konkrete Lebensgestaltung ausgewirkt haben. Das irdische Leben wurde mehr als „Warteraum für das Jenseits" aufgefasst, die Botschaft vom Kommen des Reiches Gottes zu wenig als Impuls zu Veränderung der Lebensverhältnisse wirksam. Zwischenzeitlich haben der weit verbreitete Atheismus und der Glaube an den „natürlichen Tod" bei manchen die Frage nach der Zukunft des Menschen über den Tod hinaus fast verstummen lassen oder als uninteressant und unbedeutend ausgewiesen. Heute stellen sich viele Menschen diese Frage wieder neu. Die christliche Botschaft ruft dazu auf, die Erde zu lieben, sie zu gestalten und zu verändern, aber sie weiß, dass die Vollendung nicht vom Tun des Menschen, sondern von Gott abhängt.

Die Auferstehung der Toten und das ewige Leben, wie sie im apostolischen Glaubensbekenntnis formuliert sind, führen in die personale Gemeinschaft mit dem lebendigen Gott und zugleich in die Gemeinschaft aller Menschen in einem „neuen Himmel und einer neuen Erde": Ein Leben in Fülle, das Gott in Jesus Christus denen verheißen hat, die ihn lieben, gerade auch den Armen und Notleidenden, und das schon in Jesus Christus angebrochen ist.

Christlich motivierte und gestaltete Begleitung der Sterbenden und Zuwendung zu den Trauernden, aber auch der Umgang mit den Toten in der gottesdienstlichen Verkündigung und – je nach Konfession – in der Feier des Heiligen Abendmahles bzw. in der Feier der Sakramente, besonders aber im caritativen bzw. diakonischen Handeln der Kirchen sind von dieser Hoffnung getragen und umfangen. Der Gott Abrahams und der Gott Jesu ist „kein Gott von Toten, sondern von Lebenden; denn für ihn sind alle lebendig" (Lk 20, 38).

Im Sterben: Umfangen vom Leben. Gemeinsames Wort des Rates der EKD und der katholischen Deutschen Bischofskonferenz. Aus: epd-Dokumentation. Frankfurt a. M. 20a/1996, S. 2 f.

Eine plötzliche Erblindung beendet die wissenschaftliche Laufbahn der Doktorandin Susanne Krahe (1959). Die Lyrikerin und Romanschriftstellerin („Tolle Jahre", „Paulus aus Tarsus") muss sich einer Nieren- und Pankreas (Bauchspeicheldrüsen)-Transplantation unterziehen.*

Dieser Integrationsprozess ist ein hartes Stück geistiger Arbeit und emotionaler Annäherung. Er besteht in der Bewältigung der Identitätsprobleme, die jede Transplantation zwangsläufig mit sich bringt und die das ganze Unternehmen aus der Sphäre von Nutzen und Verwertbarkeit hinaus auf eine Beziehungsebene heben: Wie lebt man mit dem Herzen eines Skrupellosen? Bin ich noch ich, wenn das Organ eines Menschen anderen Geschlechts in mir pulsiert? Ist ein Zwitterwesen aus mir geworden, gar ein Schmarotzer?

Die Beziehung zwischen Organspender und Organempfänger hat etwas Paradoxes: Sie ist die intimste Verbindung, die sich vorstellen lässt, denn hier wurde Ader an Ader, Leben an Leben geknüpft. Auf der anderen Seite basiert die enge Beziehung auf Anonymität und Zufall.

Von dem Toten, dem der Kranke sein neues Leben verdankt, sind ihm selten mehr als Alter und Geschlecht bekannt. Was die Umstände seines Todes betrifft, bleibt man auf Andeutungen und Spekulationen angewiesen. War es ein Unfall? War es gar Selbstmord? Hirntraumatisierte Patienten, aus denen sich das Spenderpotential rekrutiert, sind oft gewaltsam aus dem Leben gerissen worden und starben jung. Der Nutznießer dieses Umstandes trägt schwer an solchem Wissen. [...]

Allmählich wurde mir der Fremde, der Feind in meinem System zu einem Vertrauten, mit dem sich Dialoge führen ließen. Seine aktive Teilnahme an meinem neuen Leben schien ganz unmittelbar auf meinen Alltag einzuwirken. Ich beobachtete halb bestürzt, halb amüsiert, wie sich mein Geschmack veränderte, wie Barthaare mein Gesicht veränderten. Gewiss weiß ich, dass übermäßiger Haarwuchs und allergische Reaktionen Folgen der Immunsuppression sind, dass Niere und Bauchspeicheldrüse den Stoffwechsel steuern, dass Eingriffe wie eine Doppeltransplantation ihre Alpdrucke im Unterbewusstsein der Patientin hinterlassen.

Aber der Gedanke, mit einem Transplantat auch Persönlichkeitsmerkmale einer anderen Individualität anvertraut bekommen zu haben, scheint mir doch mehr zu sein als eine romantische Idee. Er wird durch das biologistische Argument untermauert, da jede einzelne Zelle Trägerin des gesamten Erbgutes ist. In jeder Gewebefaser steckt das Vermächtnis des Eigentümers, und dies wiegt schwerer als ein Muskel, eine Pumpe, ein Filter.

Dem mir anvertrauten Erbe werde ich nur gerecht, wenn ich es mit Bewusstsein, Verantwortungsgefühl, Leidensbereitschaft, Mut und Entdeckerfreude übernehme. Das Geschenk verlangt mir einen doppelten Lebenswillen ab. Unter Umständen schränkt diese Verantwortung sogar meine eigene Freiheit und Selbstbestimmung ein. Ist beispielsweise ein Selbstmord, ist jegliche Form bewusster Selbstzerstörung noch zu dulden, wenn ich außer dem eigenen auch noch ein zweites, anderes Leben zerstöre?

Positiv ausgedrückt: Der glaubwürdigste Dank, den ich meinem Spender zurückerstatten kann, ist ein erfülltes und bewusstes, nicht an Unachtsamkeiten verschleudertes Leben, mit dem ich Erfüllung an seine Träume knüpfe. [...]

Der glückliche Empfänger eines transplantierten Organs spürt so unmittelbar wie niemand sonst, dass es kein Leichenteil ist, das da unter seiner Haut pulsiert. Solcher lebendigen Beziehung ist doch die dankbare Würdigung des letzten Geschenks oder Opfer eines Sterbenden viel angemessener als die brutale Vorstellung, man verwerte nur eben die Reste eines sowieso Toten. Um das Geschenk annehmen zu können, reicht die Erkenntnis, dass der Mensch mit dem Eintreten des Hirntodes ein Stadium im Prozess seines Sterbens erreicht hat, das seinen Weg unumkehrbar macht. [...]

Die Beziehung zwischen Spender und Empfänger wird mit der konkreten Organübertragung gesetzt, keinen Moment früher.

Trotzdem müssen wir alle, die wir in Medizin, Seelsorge, Philosophie und in unseren konkreten Lebenszusammenhängen an der Grenzüberschreitung teilhaben, mit dem Risiko der Verschuldung leben. Es kann eben sein, dass wir in zehn Jahren so viel mehr über Schmerzempfinden und Bewusstsein Hirntoter wissen, dass wir beim Gedanken an Organentnahmen die Hände über dem Kopf zusammenschlagen.

Krahe, Susanne: Angeknüpftes Leben. Mit fremden Organen leben. Aus: Lutherische Monatshefte. Hannover 11/1995, S. 14 f.

Ein Krankenpfleger berichtet, wie er Krankheit und Sterben erlebt:

Für mich als Krankenpfleger [...] war der Krankheits- und Sterbeverlauf meines Zwillingsbruders ein sehr einschneidendes Geschehen, das mich bis heute (nach einem Jahr) noch sehr stark in meiner Arbeit, insbesondere in der Begleitung Sterbender, prägt. Auf der anderen Seite, der eines betroffenen Angehörigen, zu stehen, zeigte mir, dass es viele wichtige Augenblicke gibt, die so schnell vergehen und doch für mich sehr wichtig waren: von den anfänglich noch vorhandenen Reaktionen meines Bruders auf Berührung bis hin zum Öffnen und Schließen seiner Augen im Augenblick seines Ablebens. Hier hat sich für mich gezeigt, dass Sterben immer etwas Individuelles ist, dass Sterben nicht bedeuten muss, nur Traurigkeit und Sinnlosigkeit zu sehen. Mir wurde klar, allein das Gefühl kann hier einen Weg zeigen, um die Zeit, die ja nicht in unserer Hand liegt, auszufüllen.

Ein sehr wichtiger Teil war dabei sicher der so notwendige ehrliche Austausch mit pflegendem und ärztlichem Personal, denn sie sind hier diejenigen, die mithelfen, eine ertragbare Atmosphäre zu schaffen, für den Sterbenden wie für die Angehörigen. [...]

Mein Glaube an ein Leben nach dem Tode sowie erfahrene Hilfe, und sei es nur durch ein Lächeln oder ein freundliches Wort, haben mir gezeigt, dass es für uns Krankenpflegekräfte lohnend ist, sich mit den Themen *Leben/Sterben/Tod* immer wieder aufs Neue auseinander zu setzen und darüber auszutauschen.

Manche Menschen können erst sterben, wenn sie sich von allen Angehörigen verabschiedet haben. Sie warten oft, bis jedes Kind, jeder Enkel, wichtige Freunde da gewesen sind. Anderen fällt es schwer zu gehen, weil Angehörige nicht loslassen können. Sie sterben häufig erst dann, wenn Angehörige, Freunde gegangen sind. Noch gar nicht mit dem Gedanken des baldigen Sterbens ihres Familienmitgliedes, Freundes oder Angehörigen befasst, suchen und benötigen sie solche Pausen, um selbst neue Kraft zu schöpfen. Sie gehen, weil die weitere Entwicklung nicht absehbar ist, bitten uns jedoch, sie anzurufen, falls sich der Zustand verschlechtert. Doch häufig gibt es keine Verschlechterung mehr. Es kommt nur noch der Tod.

Letztendlich sind dies Prozesse, die jeder Mensch für sich selbst erfahren muss, bei denen jeder für sich selbst lernen muss, damit zu leben und seinen Weg darin zu finden. Es wäre Illusion, zu glauben, im Moment des Sterbens könnte immer eine andere Person dabei sein. Immer noch wird sehr viel allein gestorben.

Kupke, Lioba, und Bernegg, Peter: Krankheit und Sterben im Krankenhaus – von Pflegekräften erlebt. Aus: Praktische Theologie. Mit Krankheit und Sterben leben. Gütersloh 2/1995, S. 107 f.

Herbert Vorgrimler, Professor für Dogmatik und Dogmengeschichte, führt zum Verständnis des göttlichen Gerichts aus:

1 Die Überlegungen der neueren Theologen gehen, gestützt auf zahlreiche ähnliche Meinungen in früheren Jahrhunderten, dahin, dass das Gericht nicht ein Vorgang sein wird, bei dem Gott wie ein menschlicher Richter den angeklagten Menschen aburteilt. [...]

Worin wird dann das Gericht bestehen? In der Begegnung des menschlichen Ich mit seinem göttlichen Du, in der Selbsterkenntnis des Ich im Licht der überwältigenden göttlichen Liebe, in der Einsicht, was aus dem Ich hätte werden können und was es aus sich gemacht hat, wie es sich nun dem göttlichen Partner für immer zumuten will, kurz: in einem Gericht des Ich über sich selbst. Gott verurteilt niemanden.

Diese Überlegungen beruhen darauf, dass das Ich, das zu Gott gelangt, wirklich das frühere Ich ist, dass es sich selbst mitgenommen hat zu Gott, sich, seine „Welt", seine Vergangenheit, und dass dieses Ich nun vor Gott und vor allen, die bei Gott sind, absolut „durchsichtig" ist. Was dieses Ich gewollt und getan hat, was es geworden ist, aus sich gemacht hat, das kann niemals rückgängig gemacht werden. Selbst Gott kann Geschehenes nicht ungeschehen machen. Aber er kann verzeihen.

Wird es Menschen geben, die sich in ihrer von Gott gewollten Freiheit gegenüber dem göttlichen Du radikal verweigert haben, die also darauf bestanden haben und auch im Tod noch darauf bestehen, Gott los zu sein? Ich weiß es nicht. Kein Papst, kein Bischof, kein Theologe und kein Philosoph weiß es.

Vorgrimler, Herbert: Wir werden auferstehen. Freiburg i. Br. 1981, S. 97 f.

ANREGUNGEN

- Vergleichen Sie Todesanzeigen verschiedener Zeitungen und überlegen Sie, wie jeweils die Persönlichkeit und der Wille des Verstorbenen, die Umstände seines Todes, die Trauerarbeit, die religiöse Hoffnung ... zur Sprache kommen!

- Welche Probleme der Organtransplantation spricht Susanne Krahe an? Können Sie die persönlichen Eindrücke der Autorin nachempfinden? Prüfen Sie, wo und warum dies nicht oder nur teilweise der Fall ist!

- Stellen Sie dar, wie Herbert Vorgrimler das göttliche Gericht versteht und auf welche biblischen Traditionen er sich beziehen kann! Eine biblische Konkordanz zeigt Ihnen die wesentlichsten biblischen Belegstellen.

9.2.4 Reinkarnations- und Karmaglaube

Die Reinkarnationslehren führen das Schicksal des Menschen in seinem jeweiligen irdischen Leben auf die Auswirkungen des „Karmas“ aus vorangegangenen Existenzen zurück. Das westliche, vom Evolutionsgedanken und Persönlichkeitsideal geprägte Verständnis der Reinkarnation geht davon aus, dass die in den zahlreichen Wiederverkörperungen mit sich selbst identische Person die Chance wahrnehmen soll, sich schrittweise in einem **Entwicklungs- und Erlösungsprozess** zu vervollkommnen. Karma, das Gesetz des Ausgleichs, bedeutet: Schuld muss abgetragen, früheres Versagen gesühnt und Entwicklungsdefizite ausgeglichen werden. Positive Haltungen und gute Taten führen demgegenüber zur Befreiung aus den schicksalshaften Zwängen und zum Aufstieg in nächsthöhere Entwicklungsstufen. Die Grundanliegen des Karma-Glaubens sind der gerechte Ausgleich des menschlichen Schicksals und die Selbstverwirklichung des Individuums zur Vollkommenheit. Die Bewältigung des Lebensschicksals geschieht durch die aus dem Erkennen des Karmas sich ergebenden Handlungsmöglichkeiten.

Rudolf Steiner (1861–1925), der Begründer der Anthroposophie und der Waldorfschulen (erste Schule 1919 in Stuttgart), vertritt eine westlich geprägte Reinkarnationslehre.

Das Gesetz der Reinkarnation oder Wiederverkörperung besteht darin, dass der Mensch nicht nur einmal lebt, sondern dass das Leben des Menschen in einer ganzen Anzahl von Wiederholungen verläuft, die allerdings einmal einen Anfang genommen haben und einmal ein Ende finden werden. [...]

Das Gesetz des Karma sagt, dass unser Schicksal, dasjenige, was wir im Leben erfahren, nicht ohne Ursache ist, sondern dass unsere Taten, unsere Erfahrungen, unsere Leiden und Freuden in einem Leben abhängen von den vorhergehenden Leben, dass wir uns in den verflossenen Lebensläufen unser Schicksal selbst gezimmert haben. Und so, wie wir jetzt leben, schaffen wir uns die Ursachen für das Schicksal, das, wenn wir wiederverkörpert werden, uns treffen wird.

Steiner, Rudolf: Reinkarnation und Karma. Aus: Ders.: Wiederverkörperung. Ausgewählt und herausgegeben von Clara Kreutzer. Stuttgart 1982, S. 55 f.

Der Mensch muss sich in seinen irdischen Leben von dem selbst verschuldeten negativen Karma befreien, um sich weiterzuentwickeln.

Die vereinzelten Versuche christlicher Theologen, die Reinkarnationslehre und Karmavorstellung in den christlichen Glauben zu integrieren, geben zentrale Glaubensinhalte preis und zeigen damit, dass es sich um **grundverschiedene**

Glaubensbewegungen handelt. Das christliche Menschenbild betont die Verantwortlichkeit des Menschen für sein einmaliges, geschichtliches Dasein, wendet sich gegen die Abwertung des Leiblichen im Leib-Seele-Dualismus der Reinkarnationlehren und spricht von der Vergebung der menschlichen Schuld durch die Gnade Gottes, die der Mensch gerade nicht aus eigenen Kräften erreichen kann und muss.

Die Reinkarnationslehre und der mit ihr verbundene Karma-Glaube verkörpern eine „Leistungs“-Religion, zu der das christliche Gottesverständnis und Menschenbild im Gegensatz stehen.

LEITFRAGEN ZUR ERTRAGSSICHERUNG UND WEITERFÜHRUNG

- Häufig wird behauptet, Sterben und Tod werde in der modernen Gesellschaft „verdrängt“. Überlegen Sie, auf welche Gegebenheiten sich dieses Urteil stützen könnte und ob Sie ihm zustimmen!
- Sprechen Sie mit einem Mitglied der „Hospizbewegung“ über ihre/seine Tätigkeit, ihre/seine persönliche Einstellung zur Sterbebegleitung …!
- In den westlichen Gesellschaften übernehmen ganz unterschiedliche weltanschauliche Gruppierungen die Reinkarnationslehre, z. B. astrologische Kulte, Therapiebewegungen, „Scientology“. Informieren Sie sich über die verschiedenen Reinkarnationsvorstellungen! Prüfen Sie nach, ob „Rückführungen“ unter Hypnose in ein früheres Leben belegbar sind! Sehen Sie Probleme, wenn die Reinkarnationsidee therapeutisch umgesetzt wird?

Literaturhinweise:

Küng, Hans: Ewiges Leben? München 1996 (Serie Piper 364).

Vorgrimler, Herbert: Wir werden auferstehen. Freiburg im Breisgau 1981 (Herder-Taschenbuch 888).

ZUM WEITERLESEN

Elisabeth Kübler-Ross: Interviews mit Sterbenden

Ärztin: Wie haben Sie reagiert, als man Ihnen mitteilte, dass Sie Krebs haben?

Patient: Das war natürlich ein harter Schlag, vor allem, weil man mir von Anfang an keine Hoffnung machte. […]

Ach, ich hatte gerade zu der Zeit so viel persönlichen Kummer zu überwinden, dass mir nicht viel am Leben lag – so war es.

PFARRER: Mögen Sie uns davon berichten?

PATIENT: Mein Vater starb, meine Mutter starb, mein Bruder starb. Und dann starb meine achtundzwanzigjährige Tochter. Sie hinterließ zwei kleine Kinder, die wir bis zum vergangenen Dezember versorgten, drei Jahre lang. Und das war am schwersten zu ertragen, weil es immer wieder an ihren Tod erinnerte.

PFARRER: Ich verstehe ... die Kinder im Hause ... Woran starb Ihre Tochter?

PATIENT: Sie konnte das Klima in Persien nicht vertragen, über vierzig Grad im Schatten – das war zuviel für sie. [...]

ÄRZTIN: Haben Sie noch mehr Kinder?

PATIENT: Drei.

ÄRZTIN: Und wie geht es denen?

PATIENT: Sehr gut.

ÄRZTIN: Es geht ihnen also gut. Nun verstehe ich Sie aber nicht ganz. Sie sind doch ein Mann in mittleren Jahren, wie alt, weiß ich nicht genau. In Ihrem Alter hat ein Mensch oft Vater und Mutter verloren. Bei einem Kind ist es anders, das ist immer sehr schmerzlich. Aber warum meinen Sie, dass Ihnen nach diesen Verlusten Ihr Leben unwichtig vorkommt?

PATIENT: Darauf kann ich nicht antworten. [...]

ÄRZTIN: Ist Ihre Frau noch so unglücklich wie unmittelbar nach dem Verlust oder hat sie sich wieder gefangen?

PATIENT: Das weiß man bei ihr nie.

ÄRZTIN: Ist sie ein Mensch, der sich nicht ausspricht?

PATIENT: Nicht in solchen Dingen. Sonst ist sie durchaus imstande, sich mitzuteilen, sie ist Lehrerin.

ÄRZTIN: Was für ein Mensch ist Ihre Frau?

PATIENT: Eine kraftvolle Persönlichkeit voll guten Willens. Sie gehört zu den Lehrern, denen die Schüler zu Beginn des Semesters eine Ovation bringen und zum Schluss ein wertvolles Geschenk.

ÄRZTIN: Das will etwas heißen.

PFARRER: Solchen Menschen ist schwer beizukommen.

PATIENT: Ja. Außerdem tut sie alles für mich und die Familie.

ÄRZTIN: Nach allem möchte ich doch annehmen, dass Sie sich bei einiger Hilfestellung mit Ihrer Frau aussprechen könnten.

PATIENT: Das sollte man eigentlich annehmen.

ÄRZTIN: Sind Sie es, der sich scheut, die Themen mit Ihrer Frau zu erörtern, oder ist sie gehemmt? Wer von Ihnen beiden verhindert die Aussprache?

PATIENT: Nun, wir haben immerhin darüber gesprochen, und daraufhin ist sie abgereist, um sich um die Kinder zu kümmem. Zwei Sommer hintereinander war sie dort. Mein Schwiegersohn hat natürlich die Reise bezahlt. Bis Dezember haben die Kinder bei uns gelebt und sind dann wieder zu ihrem Vater gekommen. In den Dezemberferien fuhr meine Frau hinterher, dann auch im letzten Sommer für einen Monat. Sie wollte eigentlich zwei Monate bei den Enkeln bleiben, kam aber früher zurück, weil ich mich erholen sollte.

PFARRER: Vielleicht wollten Sie mit Ihrer Frau nicht über Ihren Zustand reden, um sie nicht in ihrem eigenen Leid und der Sorge um die Enkel noch mehr zu belasten. War es so?

PATIENT: Die Probleme liegen anders bei uns. Sie gehört zu den Menschen mit viel Schwung und meint, dass ich beruflich nichts Rechtes leiste.

ÄRZTIN: In welcher Beziehung nicht?

PATIENT: Ich habe für ihren Geschmack nie genug Geld verdient, und immerhin hatten wir vier Kinder. Sie hätte mich gern so, wie unser Schwiegersohn ist. Außerdem meint sie, dass ich nicht genug für die Erziehung unseres jüngsten Sohnes getan habe, der an einem anerkannten Erbfehler leidet. Diesen Vorwurf macht sie mir heute noch. Er war bei der Marine, ist aber entlassen worden und muss sich nun eine Anstellung in seinem alten Beruf als Lagergehilfe suchen.

PFARRER: Und die beiden anderen Kinder?

PATIENT: Der mittlere Sohn – ja, auch seinetwegen macht sie mir Vorwürfe. Er ist in der Schule ziemlich schwerfällig, und sie meint, wenn nur jemand mit Nachdruck dahinterher wäre, könnte er ganz vorn liegen – sie ist ja so ein Dynamo. Aber ich glaube schon, dass sie eines Tages ihren Irrtum einsehen wird. Das ist immer eine Sache der Vererbung. Der älteste Sohn macht sich blendend, weil sie ihn antreibt. Er ist gerade im Examen, Elektronik.

PFARRER: Weil sie ihn antreibt, sagen Sie?

PATIENT: Nein, so nicht, er ist tatsächlich hervorragend, außer der Tochter das einzig wirklich hoch begabte Kind.

PFARRER: Sie sprechen von Erbanlagen. Welcher Seite schreiben Sie denn die ungünstigen Anlagen zu? Nach Ihren Worten habe ich den Eindruck, Sie sehen sie auf Ihrer Seite. Oder suggeriert Ihnen Ihre Frau diese Auffassung?

PATIENT: Ich glaube, hier suggeriert sie gar nichts, denn sie denkt wohl überhaupt nicht an den Faktor Vererbung. Sie meint nur, ich müsse mich mehr anstrengen und mehr tun, und zwar in der freien Zeit. Ich soll nicht nur mehr Geld verdienen – obwohl das zum Thema unseres Lebens geworden ist. Sie wird mir auf jede Weise helfen, aber immer auch vorwerfen, dass ich nicht meinen Teil leiste. Nach ihrer Meinung müsste ich mindestens fünfzehntausend Dollar im Jahr verdienen.

ÄRZTIN: Mir scheint, Herr H. will sagen, seine Frau sei so schwungvoll und energisch, dass sie auch den Mann und die Kinder so haben möchte.

PATIENT: Genau das ist es.

ÄRZTIN: Sie kann es nicht hinnehmen, dass Sie nicht ihren Vorstellungen entsprechen, dass Sie weniger forsch und energisch sind. Und dann heißt es: „Ja, mein Schwiegersohn! Der macht viel Geld, und der ist forsch und energisch!"

PATIENT: Nicht nur unser Schwiegersohn, eigentlich jedermann, den sie kennt.

ÄRZTIN: Und das ist für Herrn H. entscheidend, denn bei seiner Krankheit wird er immer schwächer und wird noch weniger Geld verdienen.

PATIENT: Gerade das habe ich ihr schon einmal erklärt. Als ich um die vierzig war, gönnte ich mir ein bisschen mehr Zeit und sagte mir, wenn es heute schon so aussieht, wie wird es dann später werden – denn sie wird nur immer noch betriebsamer.

ÄRZTIN: Sieht schlimm für Sie aus, ja?

PATIENT: Weil sie eben immer noch forscher wird.

ÄRZTIN: Und für Sie immer schwieriger. Gehört sie zu den Leuten, die keine Menschen im Rollstuhl um sich haben können?

PATIENT: Sie ist völlig intolerant gegen Leute, die sich nicht genügend auszeichnen, die nicht hoch begabt sind.

ÄRZTIN: Man kann ja auch bei körperlicher Schwäche hoch begabt sein. Aber Sie wollten wohl sagen, Ihre Frau sei unduldsam gegen Menschen, die körperlich nicht zu bestimmten Leistungen imstande sind – mit Begabung hat das ja nichts zu tun.

PATIENT: Wenn ich sage, hoch begabt, dann meine ich eher – ja, sie verlangt, dass man alles mit einer gewissen Brillanz erledigt.

PFARRER: Erfolgreich wäre vielleicht das richtige Wort.

PATIENT: Ja, das stimmt, erfolgreich muss man sein.

PFARRER: Die Menschen sollen nach Vorstellung Ihrer Frau nicht nur eine bestimmte Fähigkeit besitzen, sondern sie auch auswerten. Aus allem geht für mich aber hervor, dass Sie unter diesen Umständen niemals das Recht oder die Möglichkeit haben, über sich selbst und Ihre Leiden zu sprechen.

PATIENT: Die Kinder haben es ebenso wenig. Sie werden von den übersteigerten Ansprüchen ihrer Mutter sozusagen niedergehalten. Sie ist nicht nur Lehrerin, sondern auch eine ausgezeichnete Schneiderin und kann übers Wochenende einen ganzen Herrenanzug fertig stellen, komplett und von besserem Sitz als jeder vom Schneider angefertigte. Er sieht glatt nach 250 Dollar aus.

ÄRZTIN: Und was empfinden Sie unter solchen Verhältnissen?

PATIENT: Sie dürfte meinetwegen noch so großartig und hervorragend sein, denn ich bewundere sie – ja, eigentlich wie eine Art Halbgöttin. Alles wäre in Ordnung, wenn sie nicht darauf bestände, dass ich ebenso sein soll.

ÄRZTIN: Wie können Sie nun mit Ihrer Krankheit fertig werden? Wir möchten es wissen, um Ihnen möglichst zu helfen.

PATIENT: Eben hier liegt mein Hauptproblem. Sehen Sie, da hat man eine schwere Krankheit mit vielen Schmerzen, man muss sich mit so vielen Todesfällen abfinden und lebt neben jemandem ... Wenn ich zu ihr sage, ich weiß einfach nicht, wie ich den Tod unserer Tochter überleben soll, dann kommt prompt die Antwort: „Kopf hoch! Positive Einstellung!“ Sie ist so begeistert für positive Einstellung.

PFARRER: Sie behält ihr Tempo bei und will nicht innehalten, um nachzudenken.

PATIENT: Das ist richtig.

ÄRZTIN: Aber Sie möchten innehalten und nachdenken. Es ist auch notwendig, dass Sie sich aussprechen.

PATIENT: Meine Frau unterbricht mich mitten im Satz, man kann nicht über solche Dinge mit ihr reden.

PFARRER: Ich habe den Eindruck, dass Sie sehr gläubig sind.

PATIENT: Ich habe viel über die Lösung dieser Probleme nachgedacht – denn im Grunde bin ich ein sehr fleißiger Mensch, genau das, was sie möchte. Ich war es immer, ich habe mich auch als Student ausgezeichnet und an der Universität immer nur die besten Noten bekommen. [...]

PFARRER: Sie sind in diese Klinik mit der Aussicht auf eine erfolgreiche Behandlung gekommen. Obwohl Sie Ihr Leben im Grunde als sinnlos empfinden, ist doch ein Gefühl in Ihnen, das die Hoffnung bejaht. Was ist es, das in Ihnen den Wunsch zum Weiterleben wachhält? Der Glaube?

PATIENT: Ich würde eher sagen, eine Art blinder Hoffnung. Meine Kirchenarbeit hat mich aufrechterhalten. Seit vielen, vielen Jahren habe ich aktiv in meiner Presbyterianischen Kirchengemeinde mitgearbeitet. Da konnte ich einiges tun, was meine Frau ablehnte, im Chor singen, im Kindergottesdienst unterrichten und so fort. Es war eine Tätigkeit, die ich für wichtig hielt, und das half mir. Doch alles, was ich da leistete, wurde von meiner Frau als wertlos beurteilt, weil es keinen Pfennig einbrachte. [...]

Ich war immer, und auf ganz verschiedenen Gebieten, in der Gemeinde tätig. Und dass mir mein Leben jetzt sinnlos erscheint, liegt eigentlich daran, dass ich meine Situation mit den Augen jenes Arztes ansehen und mir sagen muss, dass ich mich niemals mehr mit einer sinnvollen Sache beschäftigen werde.

ÄRZTIN: Und was tun Sie gerade jetzt?

PATIENT: Jetzt, in diesem Augenblick? Ich tausche mit Ihnen Gedanken und Erfahrungen aus, und das könnte nützlich sein.

ÄRZTIN: Also eine nützliche Betätigung. Vielleicht hilft sie Ihnen, uns hilft sie bestimmt.

PFARRER: Nützlich in seinem Sinne, nicht in dem seiner Frau.

ÄRZTIN: Das eben wollte ich hier herausstellen, denn im Grunde halten Sie doch das Leben für lebenswert, solange man noch nützen und etwas Sinnvolles leisten kann.

PATIENT: Bedenken Sie aber, dass es doch sehr angenehm ist, wenn es auch von anderen anerkannt wird – ich meine, von den Menschen, an denen man hängt.

ÄRZTIN: Sie wollen doch nicht ernsthaft behaupten, dass niemand Sie anerkennt?

PATIENT: Meine Frau tut es nicht, die Kinder wahrscheinlich. Aber die Frau, eines Mannes Ehefrau, ist eben doch der Angelpunkt in seinem Leben, dies umso mehr, wenn er sie sehr bewundert. Und sie ist ja auch so – ja, sie ist einfach liebenswert in all ihrer funkelnden Energie.

PFARRER: War das Verhältnis in Ihrer Ehe immer so ? War es anders in Zeiten der Trauer?

PATIENT: Es war immer gleich, eigentlich kamen wir besser miteinander aus, wenn wir gemeinsamen Kummer hatten. Jetzt ist sie auch eine Weile sehr nett zu mir gewesen, und zwar seit ich im Krankenhaus war. Immer, wenn ich krank lag, behandelte sie mich besonders freundlich, aber dann konnte sie wieder nicht davon loskommen, dass sie es mit einem Faulenzer zu tun hatte, der kein Geld ins Haus brachte. [...]

PFARRER: Mir fällt auf, dass Sie nicht nur keine Angst vor dem Tode haben, sondern sich auch nicht beklagen, wenn es um Ihr Verhältnis zu Ihrer Frau geht.

PATIENT: Ich habe es aber mein Leben lang bedauert, dass ich mich ihr nicht mitteilen konnte. Sie könnten nun natürlich mit Recht sagen – falls Sie den Dingen auf den Grund gehen wollen –, dass neunzig Prozent meines Interesses an Kommunikation aus dem Versuch stammen, meiner Frau wirklich nahe zu kommen.

ÄRZTIN: Haben Sie nicht einmal fachliche Hilfe für diesen Versuch herangezogen? Wissen Sie, ich habe das Gefühl, dass es Hilfe geben könnte, immer noch.

PFARRER: Deshalb ist auch die Unterredung, die wir morgen mit Ihrer Frau führen wollen, sehr wichtig.

ÄRZTIN: Und ich fühle mich gar nicht hilflos, ich glaube, dass Ihr Verhältnis zu Ihrer Frau nicht irreparabel ist. Sie haben noch Zeit, es zu ändern.

PATIENT: Ich möchte es so sagen: Solange ich noch wirklich lebendig bin, besteht auch Hoffnung auf Leben.

ÄRZTIN: Das ist richtig.

PATIENT: Ja, doch Leben allein ist nicht alles, es kommt auf die Art des Lebens an. [...]

Wenn sich der Patient sehr niedergeschlagen fühlt, wird er im Allgemeinen den Pfarrer und nicht den Psychiater um einen Besuch bitten. Als ich einmal nachts bat, man möge doch den Pfarrer holen, hörte ich zu meinem großen Erstaunen, dass keiner erreichbar sei. Das finde ich unglaublich. Wann braucht der Mensch denn einen Geistlichen? Doch in der Nacht, wenn man mit sich selbst allein ist und sich durchkämpfen muss. Man braucht den Pfarrer nach Mitternacht.

ÄRZTIN: In den frühen Morgenstunden.

PATIENT: Nun, wenn Sie eine entsprechende Kurve zeichnen wollten, dann lägen die Höhepunkte etwa bei drei Uhr nachts. Dann müsste man der Schwester sagen können: „Ich möchte den Pfarrer sprechen", und er sollte in fünf Minuten ins Zimmer treten, damit man sich ...

ÄRZTIN: Damit man sich aussprechen kann. [...]

Wir hofften ihm zu helfen, wenn wir den ganzen Sachverhalt seiner Frau übermitteln konnten.

Wir trafen am nächsten Morgen mit ihr zusammen, einer kräftigen, gesunden, energischen Frau, wie er sie ja auch beschrieben hatte. Sie bestätigte ungefähr mit seinen eigenen Worten: „Wenn er nicht mehr da ist, wird das Leben fast genau so wie bisher weitergehen.“ Er sei so schwächlich gewesen, habe kaum den Rasen mähen können; da seien die Leute auf dem Lande doch von anderem Schlag, muskelbepackt und fleißig von Sonnenaufgang bis -untergang! Außerdem habe er einfach kein Interesse am Geldverdienen ... Ja, sie wisse, dass er nicht mehr lange zu leben habe, aber sie sei nicht imstande, ihn heimzuholen; sie habe bereits alles in die Wege geleitet, um ihn in ein Pflegeheim bringen zu lassen, wo sie ihn besuchen werde ... Das alles brachte Frau H. im Ton der viel beschäftigten Frau vor, die man besser nicht behelligt. Vielleicht war ich ungeduldig, vielleicht stand mir die Hoffnungslosigkeit von Herrn H. zu sehr vor Augen – jedenfalls wiederholte ich alles, was sie gesagt hatte, mit meinen eigenen Worten: Herr H. habe also ihre Erwartungen nicht erfüllt, sei in vielen Dingen nicht gerade erfolgreich gewesen und werde wohl kaum betrauert werden. Im Rückblick auf sein Leben müsse man sich fragen, ob es überhaupt etwas gebe, das der Erinnerung würdig sei. Frau H. sah mich plötzlich an und rief: „Was soll das heißen! Er war der anständigste und treueste Mensch der Welt!“

Wir saßen dann noch ein paar Minuten zusammen und konnten Frau H. vieles von dem mitteilen, was uns das Interview enthüllt hatte. Sie gab zu, dass sie ihren Mann nie in diesem Licht gesehen hatte, und war jetzt bereit, seine Werte anzuerkennen. Gemeinsam gingen wir zu ihm; Frau H. wiederholte von sich aus, was wir mit ihr besprochen hatten. Ich werde nie das blasse Gesicht des Patienten, seinen erwartungsvollen Blick vergessen. Sein Ausdruck hellte sich auf, als seine Frau sagte: „... und da habe ich ihr gesagt, dass du ein so anständiger und treuer Mensch bist, wie man ihn heute kaum noch findet. Auf dem Heimweg werde ich bei der Kirche vorbeifahren und etwas von der Arbeit abholen, an der dir so viel liegt. Ich werde dich für die nächsten Tage schon beschäftigen ...“ In ihrem Tonfall lag echte Herzlichkeit. Als ich das Zimmer verließ, sagte Herr H.: „Ich werde Sie nie vergessen, so lange ich lebe.“ Wir wussten beide, dass es keine lange Frist sein würde, aber das war auch nicht wichtig.

Kübler-Ross, Elisabeth: Interviews mit Sterbenden. Stuttgart [7]1973, S. 84–94, 97 f.

Dr. med. Elisabeth Kübler-Ross (geb. 1926 bei Zürich) arbeitet zunächst längere Zeit als Ärztin und als Psychiaterin, schließlich als medizinische Leiterin des Mental Health Center of South Cook County in Flossmoor (Illinois). Gegenwärtig wirkt die Begründerin der Sterbeforschung (Thanatologie) als Professorin für Psychiatrie und Psychophysiologie an der Universität von Chigaco.

Kübler-Ross führt zwischen 1963 und 1965 über 500 Gespräche mit – meist an Krebs erkrankten – Sterbenden. Dabei entdeckt sie fünf (idealtypische) **Phasen des Sterbeprozesses.** Zunächst will der todkranke Patient die Diagnose nicht wahrhaben und verdrängt seine Krankheit. Enttäuschung, Zorn, Wut und aggressives Verhalten bestimmen die zweite Phase. Anschließend sucht er das Unvermeidliche durch Bitten oder Verhandeln, z. B. mit Gott, hinauszuschieben. Angesichts seines körperlichen Verfalls akzeptiert der Patient seine ernste Lage, verfällt jedoch in Depression oder Verzweiflung. Im letzten Stadium schließlich kommt er zur Ruhe und kann sein Sterben annehmen.

10 Das Gewissen

Der **Gewissensbegriff** entsteht in der griechischen Philosophie und bezieht sich bei Demokrit (460–371 v. Chr.) auf ein „Mitwissen" um das ethisch bewertete eigene Verhalten, besonders wenn es sich um ein verbotenes Tun handelt. Das Gewissen weiß um moralische Regeln und urteilt über die sittliche Handlungsweise. Mit Luther setzt sich das neuzeitliche personale Gewissensverständnis durch. Über eine ethische Urteilsinstanz hinaus ist Gewissen der Ort, an dem über die Identität des Menschen mit sich selbst, über seine Personalität, entschieden wird.

ZIELSETZUNG

In Auseinandersetzung mit Einsichten aus den Humanwissenschaften und der Philosophie werden Grundzüge eines christlichen Gewissensverständnisses herausgearbeitet.

ZUM EINSTIEG: GEWISSENSKONFLIKTE

Lawrence Kohlberg: Moralische Konflikte

Der amerikanische Sozialpsychologe Lawrence Kohlberg möchte die Stukturen moralischer Urteile und deren Entwicklung analysieren. Die Beantwortung des unten stehenden Fragenkatalogs dient ihm und seinen Mitarbeitern als Grundlage seiner Untersuchungen.

Zur Biografie Lawrence Kohlbergs:

- *1927 in der Nähe New Yorks in einer jüdischen Familie geboren,*
- *1945 militärische Dienstzeit bei der amerikanischen Handelsmarine in Europa,*
- *anschließend Beteiligung am Versuch, jüdische Einwanderer illegal nach Palästina zu schleusen,*
- *Arbeit in einem Kibbuz in Palästina,*
- *Psychologie-Studium in Chicago,*
- *1968 Professur an der Haward-Universität in Cambridge, schwere gesundheitliche Belastungen durch die Folgen einer Virusinfektion in Mittelamerika,*
- *Initiator von Schulversuchen: moralische Entwicklung durch gelebte Demokratie,*
- *1987 Suicid.*

Heinz

In einem fernen Land lag eine Frau, die an einer besonderen Krebsart erkrankt war, im Sterben. Es gab eine Medizin, von der die Ärzte glaubten, sie könne die Frau retten. Es handelte sich um eine besondere Form von Radium, die ein Apotheker in der gleichen Stadt erst kürzlich entdeckt hatte. Die Herstellung war teuer, doch der Apotheker verlangte zehnmal mehr dafür, als ihn die Produktion gekostet hatte. Er hatte 200 Dollar für das Radium bezahlt und verlangte 2.000 Dollar für eine kleine Dosis des Medikaments.

Heinz, der Ehemann der kranken Frau, suchte alle seine Bekannten auf, um sich das Geld auszuleihen, und er bemühte sich auch um eine Unterstützung durch die Behörden. Doch er bekam nur 1.000 Dollar zusammen, also die Hälfte des verlangten Preises. Er erzählte dem Apotheker, daß seine Frau im Sterben lag, und bat, ihm die Medizin billiger zu verkaufen bzw. ihn den Rest später bezahlen zu lassen. Doch der Apotheker sagte: „Nein, ich habe das Mittel entdeckt, und ich will damit viel Geld verdienen." – Heinz hat nun alle legalen Möglichkeiten erschöpft; er ist ganz verzweifelt und überlegt, ob er in die Apotheke einbrechen und das Medikament für seine Frau stehlen soll.

1. *Sollte Heinz das Medikament stehlen?*

1a. *Warum oder warum nicht?*

2. *(Wenn Sie den Diebstahl befürwortet haben:)*[1] *Wenn Heinz seine Frau nicht liebt, sollte er dann das Medikament für sie stehlen? Bzw. (wenn Sie sich gegen den Diebstahl ausgesprochen haben): Bedeutet es einen Unterschied, ob Heinz seine Frau liebt oder nicht?*

2a *Warum oder warum nicht?*

3. *Angenommen, die Person, die im Sterben liegt, ist nicht seine Frau, sondern ein Fremder. Sollte Heinz das Medikament für einen Fremden stehlen?*

3a. *Warum oder warum nicht?*

*4. *(Wenn Sie sich dafür aussprechen, das Medikament auch für einen Fremden zu stehlen:) Angenommen, es handelt sich um ein Haustier, das Heinz liebt. Sollte er das Medikament stehlen, um das Haustier zu retten?*

*4a. *Warum oder warum nicht?*

5. *Ist es wichtig, daß Menschen alles versuchen, was sie können, um das Leben eines anderen zu retten?*

5a. *Warum oder warum nicht?*

*6. *Es ist gegen das Gesetz, wenn Heinz einbricht. Ist diese Handlungsweise deshalb moralisch falsch?*

1 Hier und im Folgenden geringfügig umformuliert.

**6a. Warum oder warum nicht?*

7 Sollten Menschen im allgemeinen alles versuchen, um dem Gesetz Folge zu leisten?

7a. Warum oder warum nicht?

7b. Wie läßt sich das (die vorherige Antwort) auf das beziehen, was Heinz tun sollte?

**8. Wenn Sie noch einmal an das Dilemma (den Ausgangskonflikt) zurückdenken: Was wäre das Verantwortungsvollste, was Heinz tun könnte?*

**8a. Warum?*

Fortsetzung: Wachtmeister Braun

Heinz brach in die Apotheke ein. Er stahl das Medikament und gab es seiner Frau. Am folgenden Tag war ein Bericht über den Raub in der Zeitung. Herr Braun, ein Polizeibeamter, der Heinz kannte, las den Bericht. Er erinnerte sich, daß er Heinz von der Apotheke fortlaufen gesehen hatte, und ihm wurde klar, daß es Heinz gewesen war, der das Medikament gestohlen hatte. – Wachtmeister Braun überlegt, ob er melden soll, daß Heinz der Räuber ist.

**1. Sollte Wachtmeister Braun Heinz wegen des Diebstahls anzeigen?*

**1a. Warum bzw. warum nicht?*

**2. Einmal unterstellt, daß der Polizist eng mit Heinz befreundet sei, sollte er ihn dann anzeigen?*

**2a. Warum bzw. warum nicht?*

Fortsetzung: Gerichtsverhandlung

[...] Heinz wurde (von Wachtmeister Braun angezeigt), er wurde verhaftet und vor ein Gericht gestellt. Die Geschworenen kommen zu dem Schluß, daß ...

Kohlberg, Lawrence: Die Psychologie der Moralentwicklung. Frankfurt a. M. 1966 [Suhrkamp: alte Rechtschr.], S. 495–497.

IMPULSE

- Greifen Sie auf Teile des Fragebogens zurück und befragen Sie Bekannte unterschiedlichen Alters oder Ihren Freundeskreis! (Die mit * markierten Fragen können Sie zunächst weglassen.) Die Antworten können Sie unter verschiedenen Gesichtspunkten untersuchen und ordnen: Gesetze und Regeln, Rollenübernahme, Wohlergehen, Bestrafung, Gerechtigkeit, sittliche Prinzipien, Gewissen. Fallen Ihnen alterstypische, geschlechtsspezifische oder schichtentypische Merkmale auf?

- Diskutieren Sie folgende Antwort:
  John, 17 Jahre (Insasse eines Jugenderziehungsheimes):
  „Sollte der Ehemann das Medikament für seine Frau stehlen? Ich würde das lieber ersetzen durch die Frage, ob er das tun möchte oder nicht. Wenn er vielleicht eine andere heiraten will, eine junge, gutaussehende Frau, dann möchte er vielleicht gar nicht, daß sie am Leben bleibt."
  (Er wird gefragt, wie es denn mit dem Gesetz stehe, und antwortet:) „Die Gesetze sind von den Reichen gemacht, von Feiglingen, um sich zu schützen. Bei uns gibt es ein Gesetz gegen das Töten von Menschen; aber das Töten von Tieren finden wir richtig. In Indien ist das anders. Warum sollte es richtig sein, Menschen zu töten, aber keine Tiere? Man kann alles für richtig oder falsch erklären. Für mich ist richtig, dem eigenen natürlichen Instinkt zu folgen."
  Kohlberg, Lawrence, Die Psychologie der Moralentwicklung. Frankfurt a. M. 1966 [Suhrkamp: alte Rechtschr.], S. 66.

- Führen Sie die Ereignisgeschichte (Gerichtsverhandlung) weiter und entwerfen Sie entsprechende Fragen! Würden Sie die Umfrage anders anlegen? Machen Sie einen Vorschlag und besprechen Sie ihn in der Gruppe!

10.1 Erkenntnisse aus dem Bereich der Humanwissenschaften

Die Humanwissenschaften beschreiben die **Entfaltung des Gewissens** und die Ausbildung sittlicher Werturteile in enger Abhängigkeit von den erzieherischen Bezugspersonen der frühkindlichen Erziehung, der eigenen biografischen Entwicklung sowie den soziokulturellen Vorgegebenheiten.

Ausgehend von empirischen entwicklungspsychologischen Untersuchungen nimmt **Lawrence Kohlberg** an, dass sich nach verschiedenen Vorstufen das Gewissen als sittliches Orientierungsprinzip erst bei einigen Erwachsenen herausbildet. Kohlberg zieht aus seinen Untersuchungsergebnissen die pädagogische Forderung, sich im Raum der Erziehung zu bemühen, die konventionelle Moralebene zu erreichen. Die Jugendlichen und Erwachsenen sollen sich am erwarteten Rollenverhalten orientieren, d. h. Wert legen auf eine gute Beziehung zu anderen Menschen, sich loyal verhalten, Erwartungen gerecht werden und Regeln einhalten.

Kohlberg legt den Untersuchungspersonen vor allem moralische Dilemmata vor. In diesen Fallgeschichten nehmen die Probanden zu Konfliktsituationen Stellung und begründen ihre Entscheidung für einen der beiden vorgegebenen Handlungswege. Aus dem – auch in Längsschnittsuntersuchungen – gewonnenen Material werden die zugrunde liegenden moralischen Urteilsstrukturen herausgearbeitet.

Kohlberg unterscheidet drei entwicklungsgeschichtlich aufeinander folgende **Ebenen von Denk- und Beurteilungsmustern:**

- **vorsoziale Ebene** (die meisten Kinder unter 9 Jahren)
  Das moralische Verhalten orientiert sich an den Autoritätspersonen sowie an Belohnung und Strafe. („Ich tue etwas, weil meine Mutter es will, weil ich bestraft oder belohnt werde.“)
  Dieses Verhalten wird erweitert durch das Prinzip des gegenseitigen Austauschs, der allerdings an den eigenen Bedürfnissen und Interessen ausgerichtet ist. („Ich tue, wozu ich Lust habe, und gehe im Sinne des gegenseitigen Gebens und Nehmens fair mit den anderen um.“)
- **soziale Ebene** (die meisten Jugendlichen und Erwachsenen)
  Das moralische Verhalten bezieht sich auf die gesellschaftlichen Rollenvorstellungen und die soziale Ordnung. („Ich lege Wert auf Ansehen und gute Beziehung zu anderen Menschen. Deshalb tue ich das, was die anderen von mir erwarten und die soziale Gemeinschaft verlangt.“)
- **autonome Ebene** (einzelne Erwachsene)
  Universelle ethische Prinzipien und Werte führen zum moralischen Urteil. Erst auf diesem Niveau kann vom „Gewissen“ gesprochen werden. („Ich tue etwas, weil dies dem gemeinsamen Wohl dient, weil jeder diesem Grundsatz folgen sollte.“)

Politische Ereignisse und weiterführende Untersuchungsergebnisse nötigen Kohlberg, seine **pädagogischen Zielvorstellungen** ständig neu abzusenken. Ermutigt durch das Vorbild M. L. Kings strebt Kohlberg Ende der 60er Jahre als erzieherisches Ziel die autonome Ebene der Gewissensbildung an. Mitte der 70er Jahre erlebt er, dass selbst der amerikanische Präsident Bürgerrechte verletzt (R. M. Nixons Watergate-Affäre). Außerdem zeigen Längsschnittuntersuchungen, dass nach acht Jahren von den untersuchten Jugendlichen keiner die letzte Gewissensstufe erreicht hat. Hinzu kommt, dass sich immer stärker privatistische Einstellungen verstärken. Kohlberg gelangt mittlerweile zu dem Ergebnis, dass viel gelungen wäre, wenn die pädagogischen Bemühungen das Niveau der sozialen Ebene erreichten.

Gegen Kohlbergs Modell wird vielfach eingewandt, dass es von einem eingeengten, stark kognitiv geprägten Gewissensverständnis ausgeht.

Der Sozialwissenschaftler **Jürgen Habermas** entwickelt das Kohlbergsche Konzept weiter. Das Gewissensverständnis darf nicht auf individuelle ethische Prinzipien beschränkt werden, sondern muss zugleich jene bindenden Moralvorstellungen aufnehmen, die integrativ weltweite Gegenwarts- und Zukunftsaufgaben einbeziehen.

Die Humanwissenschaften zeigen die faktische Relativität der Gewissensinhalte auf, da sie kulturell vorgeformt sind, durch Sozialisationsprozesse vermittelt werden und sich auch im Laufe der individuellen Biografie wandeln.

10.2 Einsichten aus dem Bereich der Philosophie

10.2.1 Zwei Formen des Gewissens

Die Philosophie unterscheidet bei ihrem Versuch, das Phänomen des Gewissens zu beschreiben und zu deuten, **moralisches und personales Gewissen.**

Enger gefasst versteht die Philosophie das Gewissen moralisch als **Sollensinstanz,** mit der sittliche Normen verknüpft sind.

Das personale Gewissen bezieht sich auf die Suche des Menschen nach der **Einheit mit sich selbst.** In seinem Sein und Handeln steht sich der Mensch urteilend gegenüber und kann dabei in einen Zwiespalt mit seiner Bestimmung geraten. Menschen erfahren in ihrem Inneren einen absoluten Anspruch von Forderungen, dem der Mensch unbedingt zu gehorchen hat, wobei oft der unbedingte Anspruch auf Geltung rational nicht begründet wird.

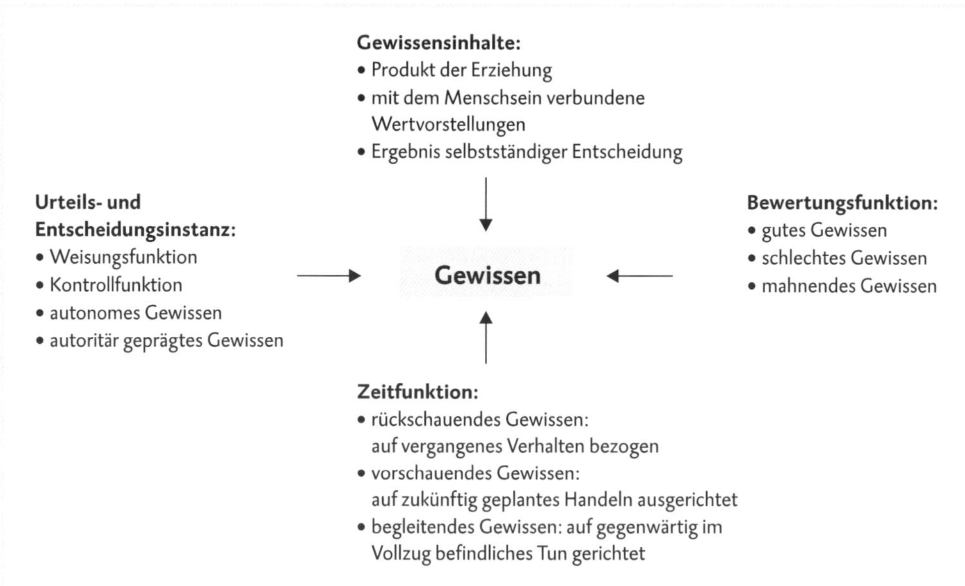

Aspekte des Gewissensphänomens

10.2.2 Philosophische Grundproblematik der Gewissensdeutung

Angesichts der Erkenntnisse der Humanwissenschaften über die Entstehung und Entwicklung des Gewissens stellt sich der Philosophie vor allem die Aufgabe, die **Spannung zwischen dem Absolutheitsanspruch des Gewissens und der faktischen Relativität der Gewisseninhalte** zu klären. Die philosophische Tradition bietet verschiedene Lösungsversuche an. Teils akzentuieren sie den Absolutheitscharakter des Gewissens und stellen eine grundsätzliche Relativität der Gewissensinhalte in Frage, teils bestätigen sie die Relativität der Gewissensinhalte und lösen den Absolutheitsanspruch auf, teils wird versucht, die spannungsvolle Beschreibung des Gewissensphänomens als sachlich angemessen festzuschreiben.

10.2.3 Betonung des Absolutheitscharakters des Gewissens

Die traditionelle philosophisch-religiöse Interpretation verankert den Absolutheitsanspruch in einem behaupteten **göttlichen Welthintergrund.** Mit der Natur des Menschen sind unveräußerliche, der Vernunft einsichtige, unwandelbare und für alle Menschen gültige Normen (z. B. Unverletztlichkeit der Person, Gewissensfreiheit) verbunden. Die damit verknüpften absolut gültigen ethischen Weisungen verpflichten im Gewissen.

Nach Joseph Höffner (1906–1987), Professor für Christliche Sozialwissenschaften, ab 1969 Erzbischof von Köln und Kardinal, ab 1976 Vorsitzender der Deutschen Bischofskonferenz, legt der Schöpfer die Naturrechte im Gewissen des Menschen an.

Personalität bedeutet Verantwortlichkeit. Dem Menschen ist die Flucht in die Fremdverantwortung verwehrt. Mit der selbstverantwortlichen Entscheidung ist das Einstehenmüssen innerlich verbunden, was Gefährdung bis hin zur Katastrophe bedeutet, sodass sich die Identität von Freiheit, Verantwortung und Gefährdung ergibt. Andererseits besitzt der Mensch die Möglichkeit der Selbstüberschreitung, da er den persönlichen Anruf Gottes zu vernehmen und in ein dialogisches Verhältnis zu Gott zu treten vermag. Aus dieser Sicht ist die Gabe der Selbstentscheidung Zeichen der gottebenbildlichen Würde des Menschen und zugleich Auftrag zu selbstverantwortlicher personaler Entfaltung, während aus dem Wort, „zur Freiheit verdammt zu sein“, Pessimismus und Hybris spricht. Im Ja zur Verantwortung findet das Bekenntnis zur sittlichen Wertordnung seinen Ausdruck.

[…] Personalität bedeutet Gewissen. Der Mensch trägt zwar den Ursprung seiner freien Entscheidungen in sich, aber in ihm lebt auch die ihm vorgegebene

Norm, durch die er das sittlich verpflichtende „Du sollst“ oder „Du sollst nicht“ vor allem im Konfliktsfall persönlich erlebt. Gerade im letztlich von Gott stammenden Anruf des Gewissens wird sich der Mensch seiner Personalität bewusst, obwohl das Gewissen „durch Gewöhnung an die Sünde allmählich fast blind“[2] werden kann.

Höffner, Joseph: Christliche Gesellschaftslehre, Kevelaer ^{7}1978, S. 30 f.

10.2.4 Betonung der Relativität der Gewissensinhalte

Die religionskritische humanwissenschaftliche Sicht (F. Nietzsche, L. Feuerbach, S. Freud) interpretiert den Unbedingtheitscharakter des Gewissens als von Sozialisierungsprozessen erzeugte Täuschung und geht von der **faktischen Relativität sittlicher Normen** aus.

Friedrich Nietzsche versteht das schlechte Gewissen als Selbsttäuschung des Menschen, die durch den Zivilisationsprozess hervorgebracht wird:

Ich nehme das schlechte Gewissen als die tiefe Erkrankung, welcher der Mensch unter dem Druck jener gründlichsten aller Veränderungen verfallen musste, die er überhaupt erlebt hat, – jener Veränderung, als er sich endgültig in den Bann der Gesellschaft und des Friedens eingeschlossen fand. Nicht anders als es den Wassertieren ergangen sein muss, als sie gezwungen wurden, entweder Landtiere zu werden oder zugrunde zu gehen, so ging es diesen der Wildnis, dem Krieg, dem Herumschweifen, dem Abenteuer glücklich angepassten Halbtieren, – mit einem Male waren alle ihre Instinkte entwertet und „ausgehängt“. [...]

Alle Instinkte, welche sich nicht nach Außen entladen, *wenden sich nach Innen* – dies ist das, was ich die *Verinnerlichung* des Menschen nenne: Damit wächst erst das an den Menschen heran, was man später seine „Seele“ nennt. Die ganze innere Welt, ursprünglich dünn wie zwischen zwei Häute eingespannt, ist in dem Maße auseinander- und aufgegangen, hat Tiefe, Breite, Höhe bekommen, als die Entladung des Menschen nach Außen *gehemmt* worden ist. Jene furchtbaren Bollwerke, mit denen sich die staatliche Organisation gegen die alten Instinkte der Freiheit schützte – die Strafen gehören vor Allem zu diesen Bollwerken – brachten zu Wege, dass alle jene Instinkte des wilden freien schweifenden Menschen sich rückwärts, sich *gegen den Menschen selbst* wandten. Die Feindschaft, die Grausamkeit, die Lust an der Verfolgung, am Überfall, am Wechsel, an der Zerstörung – alles das gegen die Inhaber solcher Instinkte sich wendend: *Das* ist der Ursprung des „schlechten Gewissens“. Der Mensch, der sich, aus Mangel an äußeren Feinden und Widerständen, eingezwängt in eine drückende Enge und Regelmäßigkeit der Sitte, ungeduldig selbst zerriss,

2 Joseph Höffner bezieht sich hier auf das päpstliche Rundschreiben (Enzyklika) „Gaudium et spes“, n. 16.

verfolgte, annagte, aufstörte, misshandelte, dies an den Gitterstangen seines Käfigs sich wund stoßende Tier, das man „zähmen“ will, [...] dieser Narr, dieser sehnsüchtige und verzweifelte Gefangene wurde der Erfinder des „schlechten Gewissens“.

Nietzsche, Friedrich: Zur Genealogie der Moral. Eine Streitschrift. Leipzig 1887 (2. Abhandlung, 16). Aus: Ders.: Nietzsches Werke. Kritische Gesamtausgabe. Hrsg. Von Giorgio Colli und Mazzino Montinari. VI/2. Berlin 1968, S. 337–339.

10.2.5 Bleibende Spannung von Absolutheit und Relativität

Eine weitere Möglichkeit besteht darin, den anthropologischen Befund in ein funktionales Gewissensverständnis zu integrieren. Wilhelm Weischedel beispielsweise lehnt eine religiöse oder gesellschaftliche Deutung des Gewissensphänomens als philosophisch unbeweisbar ab und versteht die Spannung zwischen beanspruchter Absolutheit und faktischer Relativität als Antinomie (nicht auflösbarer innerer Widerspruch von Aussagen). Das Gewissen wäre dann ein den Selbstfindungsprozess des Menschen ständig begleitendes **kritisches Prinzip** im Menschen.

Der Philosoph Wilhelm Weischedel (1905–1975) interpretiert das Gewissen funktional als innere Urteilsinstanz des Menschen:

Man könnte versucht sein, die Antinomie zwischen beanspruchter Absolutheit und faktischer Relativität, wie sie sich im Gewissen findet, dadurch zu lösen, daß man sagte: Wer seinem Gewissen gemäß handelt, der kommt in Übereinstimmung mit sich selber, nämlich mit seinem eigentlichen Selbst, wie es ihn als Stimme seines Gewissens fordert. So läge denn in der Gewissenhaftigkeit eine Garantie der Wahrheit. Doch diese Behauptung begegnet einem Bedenken. Zugegeben: Wer sich gegen sein Gewissen vergeht, der steht in Konflikt mit sich selber, sofern sein Gewissen anders spricht, als er handelt. Der Gewissenhafte dagegen hat diesen Konflikt überwunden. Wer aber sagt denn, daß die Übereinstimmung mit sich selber schon ein Garant der Wahrheit ist? Das gälte doch nur, wenn jenes wahre und eigentliche Selbst, wie es in der Stimme des Gewissens laut wird, schon von sich selber her wahr wäre. Das aber ist angesichts der Relativität der Gewissensinhalte keineswegs der Fall. So führt auch der Hinweis auf die Gewissenhaftigkeit nicht weiter, wenn es um das Problem von Absolutheit und Relativität geht. [...]

Betrachtet man schließlich das Gewissen im Gesamtzusammenhang des menschlichen Daseins, dann wird deutlich: So wie dieses durchgängig von Fraglichkeit durchzogen ist, so bleibt auch beim Gewissen als einem besonderen Phänomen dieses Daseins zuletzt alles in der Schwebe der Fraglichkeit.

Doch eben von daher erhellt die bleibende Bedeutung des Gewissens für den Menschen. Es ist in seinem Anspruch ein fraglich machendes Prinzip im Menschen und hindert diesen daran, aufs Geratewohl zu handeln; es wirft ihn, indem es sein Tun und Sein fraglich macht, darauf zurück, daß er nur in immer erneuten Versuchen das Richtige finden kann, das freilich im durchgängig fraglichen Dasein des Menschen auch immer nur das fraglich Richtige sein kann. Eben darum ist es von so großem Gewicht, gewissenhaft zu sein, und das heißt: ständig auf das Gewissen zu hören; denn dieses macht den Menschen auf sein wahres Sein als eines radikal fraglichen Wesens aufmerksam. So verstanden – nicht aber als absolute Instanz für das Handeln – gehört das Gewissen wesentlich zu einer Skeptischen Ethik.

Weischedel, Wilhelm: Skeptische Ethik. Frankfurt a. M. 1976 [Suhrkamp: alte Rechtschr.], S. 175 f.

Die philosophische Problematik des Gewissens konzentriert sich darauf, das Verhältnis zwischen dem beanspruchten Unbedingtheitscharakter des Gewissens und der geschichtlichen Bestimmtheit der Gewissensinhalte zu deuten.

10.3 Biblisches Gewissensverständnis

10.3.1 Altes Testament

Das Alte Testament kennt zwar nicht das Wort „Gewissen“, spricht aber das Gewissensphänomen an. Das **„Herz“ des Menschen** erhebt Selbstanklage, weil es von Gott angesprochen wird. Auch die „Nieren“ können als Sitz des Gewissens verstanden werden.

Die Prophetin Hulda tröstet König Josia, 2. Chr 34,27 (vgl. Ps 51,12):

> Weil du im Herzen betroffen bist und dich gedemütigt hast vor Gott, als du seine Worte hörtest gegen diesen Ort und gegen seine Einwohner, und dich vor mir gedemütigt hast und deine Kleider zerrissen und vor mir geweint, so habe ich dich auch erhört, spricht der HERR.

Weil der König auf Gottes Wort hört, bleibt sein Herz nicht verhärtet.

Das Herz wird als ein vernehmendes Organ verstanden, Jer 12,2b (vgl. Ps 16,7):

> Nahe bist du ihrem Munde,
> aber ferne von ihrem Herzen.

Die Menschen reden zwar von Gott; ihre inneren Entscheidungen aber darf er nicht beeinflussen.

10.3.2 Neues Testament: Paulus

Für das christliche Verständnis des Gewissens wird die Sichtweise des Paulus entscheidend. Er übernimmt die **griechische popularphilosophische Gewissensvorstellung** und versteht darunter eine mit dem Menschsein verbundene, selbstständige sittliche Urteilsinstanz, die allgemeinverbindliche sittliche Normen kennt.

Die römisch-katholische Tradition zieht Röm 2,14f. als Begründung der Naturrechtslehre heran:

14 Denn wenn Heiden, die das Gesetz nicht haben, doch von Natur tun, was das Gesetz fordert, so sind sie, obwohl sie das Gesetz nicht haben, sich selbst Gesetz.
15 Sie beweisen damit, dass in ihr Herz geschrieben ist, was das Gesetz fordert, zumal ihr Gewissen es ihnen bezeugt, dazu auch die Gedanken, die einander anklagen oder auch entschuldigen [...].

Im Gewissen sind dem Menschen von Natur aus sittliche Normen eingestiftet.

Theologisch bedeutsamer ist, dass Paulus das Gewissen in den **Zusammenhang mit der Rechtfertigung des Sünders** stellt. Unter dem Ruf Gottes beurteilt sich der Mensch im Gewissen und erfährt sich als frei oder gebunden. Im praktischen Handeln orientiert sich die im Glauben gewonnene Freiheit des Gewissens an der dem Mitmenschen geschuldeten Liebe.

Paulus ermahnt die Christen zu Korinth, auf das Gewissen der Schwächeren zu achten. In der Gemeinde kommt es zu Spannungen, weil einige Anstoß daran nehmen, dass Christen Opferfleisch essen. Diese argumentieren: „Wir wissen, dass die Götzen nicht existieren. Deshalb sind wir in unserem Gewissen frei und können uns sogar an kultischen Mahlzeiten beteiligen. Der Glaube an Christus erlaubt uns das alles!“ 1. Kor 10,23–11,1 (vgl. 8, bes. 7–13):

10,23 Alles ist erlaubt, aber nicht alles dient zum Guten. Alles ist erlaubt, aber nicht alles baut auf.
24 Niemand suche das Seine, sondern was dem andern dient.
25 Alles, was auf dem Fleischmarkt verkauft wird, das esst, und forscht nicht nach, damit ihr das Gewissen nicht beschwert.
26 Denn „die Erde ist des Herrn und was darinnen ist“ (Psalm 24,1).
27 Wenn euch einer von den Ungläubigen einlädt und ihr wollt hingehen, so esst alles, was euch vorgesetzt wird, und forscht nicht nach, damit ihr das Gewissen nicht beschwert.

28 Wenn aber jemand zu euch sagen würde: Das ist Opferfleisch, so esst nicht davon, um dessentwillen, der es euch gesagt hat, und damit ihr das Gewissen nicht beschwert.
29 Ich rede aber nicht von deinem eigenen Gewissen, sondern von dem des andern. Denn warum sollte ich das Gewissen eines andern über meine Freiheit urteilen lassen?
30 Wenn ich's mit Danksagung genieße, was soll ich mich dann wegen etwas verlästern lassen, wofür ich danke?
31 Ob ihr nun esst oder trinkt oder was ihr auch tut, das tut alles zu Gottes Ehre.
32 Erregt keinen Anstoß, weder bei den Juden noch bei den Griechen noch bei der Gemeinde Gottes,
33 so wie auch ich jedermann in allem zu Gefallen lebe und suche nicht, was mir, sondern was vielen dient, damit sie gerettet werden.
11,1 Folgt meinem Beispiel, wie ich dem Beispiel Christi!

Paulus geht von zwei alltäglichen Konfliktfällen aus. Wie sollen sich Christen beim Einkauf von Fleisch (V. 25f.) und bei privaten Einladungen oder öffentlichen Kultveranstaltungen (V. 27f.) verhalten? Der Apostel urteilt: Das Gewissen der Christen verlangt nicht, Nachforschungen darüber anzustellen, ob das auf dem Markt angebotene Fleisch von geopferten Tieren stamme. Auch am Essen bei privaten Gastmählern oder am Opfermahl bei kultischen Veranstaltungen können Christen teilnehmen. Paulus setzt voraus, dass ihr Gewissen von den religiösen Sinngebungen, die mit dem Opferkult verbunden sind, nicht berührt wird.

Gerade weil das Gewissen des Christen frei ist von den allgemein herrschenden religiösen Vorstellungen, ist es offen für den anderen Menschen und aus Liebe ihm gegenüber gebunden (V. 23f., 29ff.). Es geht nicht darum, die eigene Freiheit aufzugeben und um des eigenen Gewissens willen auf das Essen des Opferfleisches zu verzichten. Alles, was diese Welt bietet, kann der Christ nämlich mit Dank genießen (V. 26). Er soll vielmehr um des anderen, des Schwachen willen verzichten. Paulus fordert kein opportunistisches Verhalten, sondern ruft auf zur imitatio Christi (11,1): Wie Paulus selbst sollen auch die Korinther ihre Lebenseinstellung an der durch Jesu Christi erschlossenen Freiheit orientieren und ihr Handeln an der Liebe ausrichten.

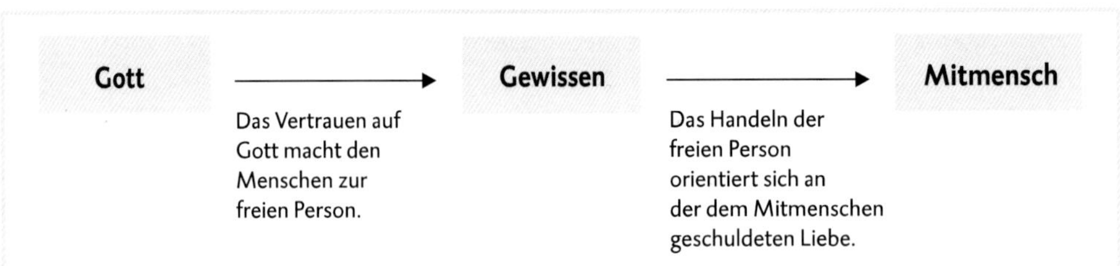

Das im Glauben befreite Gewissen

Der Glaube an Jesus Christus macht aus der Sicht des Paulus das Gewissen, den Menschen als Person, frei. Das Handeln des Glaubenden aber ist an die Liebe gebunden, die Rücksichtnahme auf das Gewissen der Mitmenschen einschließt.

STANDPUNKT

Olaf Gulbransson: „Der Mensch denkt – Gott lenkt".

10.4 Luthers Gewissensverständnis

Die traditionelle Gewissensinterpretation, die Luther vorfindet, bezieht sich auf normative Bewusstseinsinhalte, autonome Urteilsfunktionen und die Pflicht des ethischen Sollens, also auf eine Selbstbestimmungsmacht im Menschen selbst. Luther interessiert aber weniger das Phänomen des Gewissens als **normgebundene und normsetzende Instanz** für konkrete sittliche Entscheidungen (moralisches Gewissen), obwohl auch er vom guten, moralischen Gewissen den Menschen gegenüber sprechen kann. Das Gewissen lässt sich nämlich im Rahmen dieser ethischen Überlegungen nicht voll erfassen.

Aufgrund einer Analyse existentiell durchlittener Gewissenserfahrungen versteht Luther das Gewissen tiefer als anklagende Urteilsmacht, die sich auf die **Identität des Menschen** bezieht (personales Gewissen). Im Gewissen erlebt Luther die Vergeblichkeit, durch sittlich gutes Handeln vor Gott bestehen zu können und personale Identität aus eigenem Vermögen zu schaffen. Das Gewissen klagt den Menschen der Sündhaftigkeit an. Der Mensch sieht sich von Anfeindungsmächten eingenommen und bestimmt. Im Gewissen erfährt der Mensch, dass er nicht mächtig ist, sich aus dieser Fremdbestimmung seines Lebensvollzugs zu lösen. Gewissen ist also primär ein Geschehen des richtenden Urteilens, des Verurteilens, nicht Instanz sittlicher Überlegungen.

Damit wird für Luther das Gewissen zum **Ort der Gotteserfahrung.** Im Glauben an Jesus Christus vollzieht sich die Verwandlung vom „schlechten", „gefangenen" zum „guten", „befreiten" Gewissen. Durch das Gewissen und im Gewissen wird das Wort Gottes als Heil erfahren. Im Glauben ergreift der Mensch die verheißene Barmherzigkeit Gottes. Sie bringt durch die Aufnahme des Glaubenden in die Gemeinschaft Gottes die Umkehr der menschlichen Fremdbestimmung zuwege, spricht das Gewissen von der Last der richtenden Anklage frei und eröffnet personale Einheit.

In der Schlusserklärung vor dem Reichstag zu Worms (1521) antwortet Luther auf die Forderung, seine Schriften zu widerrufen:

Weil denn Ew. Kaiserliche Majestät und Kurfürstliche Gnaden eine schlichte Antwort begehren, so will ich eine solche geben, die weder Hörner noch Zähne haben soll, dermaßen: Wenn ich nicht mit Zeugnissen der Heiligen Schrift oder mit klaren, hellen Gründen der Vernunft überwunden werde – denn ich glaube weder dem Papst noch den Konzilien allein, weil am Tage ist, dass sie wiederholt geirrt und sich selbst widersprochen haben –, so bin ich überwunden durch die von mir angeführten Schriftstellen, und *mein Gewissen ist gefangen in Got-*

> *tes Wort* [capta conscientia in verbo Dei]. Daher kann ich nichts und will ich nichts widerrufen, weil es weder sicher noch heilsam ist, etwas wider das Gewissen zu tun [contra conscientiam agere neque tutum neque integrum sit].
>
> *Luther: WA, 7, 838, 1 ff. Quellen zur Kirchengeschichte: Reformation und Gegenreformation. Hrsg. von K. Meyer. München 1959, S. 29.*

Im Lebensvollzug verfügt jedoch auch der Gerechtfertigte über das „befreite" Gewissen nicht als unverlierbaren Besitz. Es existiert vielmehr in der Form des ständigen, tröstenden Zuspruches Gottes, da sich der Christ immer neu mit Zweifel oder Unglauben auseinander setzen muss. Der Kampf des Gewissens gegen **Gewissensbedrängnisse** ist also immer zugleich eine Aufgabe, die der Christ aus der Zuwendung Gottes heraus zu bewältigen hat.

Das im Glauben an Jesus Christus **zur Liebe befähigte Gewissen** schließt zugleich dessen Verantwortung für die Welt und in der Welt ein. Gerade weil der Glaube das ethische Handeln von der Zielsetzung, sich mit ihm vor Gott rechtfertigen zu müssen, befreit, orientiert sich der Glaubende an dem, was die Liebe zum Nächsten und die Gerechtigkeit für die Welt gebietet.

Luther deutet das Gewissen theologisch und verbindet diese Interpretation mit der Rechtfertigungslehre. Er versteht das Gewissen theologisch als Ort der Gotteserfahrung. Im Gewissen entscheidet es sich, in welchen Mächten der Mensch sein Leben gründet: im schöpferischen Wort Gottes („gutes", „befreites" Gewissen) oder in den die Welt beherrschenden Kräften („schlechtes", „gefangenes" Gewissen).

10.5 Grundzüge eines evangelischen Gewissensverständnisses

Während sich eine phänomenologische Beschreibung und Erklärung des Gewissens stärker auf die ethische Funktion des Gewissens bezieht, zielt das philosophische und theologische Verständnis des Gewissens umfassender auf die **Frage nach der Identität der Person.**

10.5.1 Moralisches und personales Gewissensverständnis

Das christliche Gewissensverständnis kann nicht im Rahmen ethischer Überlegungen erfasst werden, die das Phänomen des Gewissens primär als normgebundene und normsetzende Instanz für konkrete sittliche Entscheidungen verstehen. Es reduziert das Gewissensphänomen nicht auf sittlich verstandene Bewusstseinsinhalte, auf die Funktion des Gewissens als Instanz sittlicher Selbstbestimmung, sondern versteht es als den Ort, wo über das Personsein des Menschen entschieden wird. In der christlichen Auseinandersetzung mit dem Gewissensphänomen geht es – wie in der Philosophie – letztlich um die Frage nach der **Einheit der Person.**

10.5.2 Zwiespalt des Menschen mit sich selbst

In der Suche des Menschen nach der Einheit mit sich selbst steht er sich urteilend gegenüber und gerät in einen Zwiespalt mit seiner Bestimmung. Die theologische Interpretation sieht hinter dieser philosophisch beschreibbaren Zerrissenheit des Menschen den **Widerspruch des sündigen Menschen gegenüber Gott.**

10.5.3 Ort der Gotteserfahrung

Der christliche Glaube versteht das Gewissen als Ort der Gotteserfahrung. Hinter der Unbedingtheit des Gewissensrufes steht der Ruf zur Wahrhaftigkeit. Ihn beantwortet die **befreiende Wahrheit Gottes,** die der Glaubende durch das Gewissen und im Gewissen erfährt.

Diese Grundeinstellung der menschlichen Person führt zur **ethischen Orientierungskompetenz.** Das christliche Gewissensverständnis unterscheidet nämlich zwischen Personwerdung durch Gottes Handeln und dem verantwortlichen Tun des Menschen, zwischen dem im Glauben zugesprochenen letztgültigen Heil und der Weltverantwortung des Menschen, die an die geschichtliche Bestimmtheit der sittlichen Gewissensinhalte gebunden ist. Der Christ braucht sich im Gewissen nicht durch die Inhalte und Formen der gesellschaftlichen Wertvorstellungen fremdbestimmen lassen. Er begegnet der Gefahr des Identitätsverlustes durch die pluralen, sich ständig wandelnden Sinngebungen aus der existenziellen Verankerung des Gewissens im Wort Gottes.

Im Bewusstsein der Geschichtlichkeit ethischer Normen wird der Christ auf dem Hintergrund der christlichen Anthropologie vom Liebesgebot her vor seinem Gewissen ethische Verantwortung übernehmen. Ausgehend von ethischen Leitlinien bezieht sich die moralische Funktion des Gewissens auf die rationale Abwägung des sittlich Gebotenen. Obwohl die sittlichen Gewissensinhalte geschichtlich bedingt sind, kann das Gewissen manche als unbedingt verpflichtend erfahren.

Das christliche Gewissensverständnis darf sich nicht auf die Funktion des Gewissens als Instanz sittlicher Selbstbestimmung beschränken. Theologisch kann Gewissen interpretiert werden als Ort der Gotteserfahrung. Das schöpferische Wort des Evangeliums schafft das befreite Gewissen, dem verantwortete Personalität und die Freiheit zum ethischen Handeln korrespondieren.

STANDPUNKT

Der Theologe und Mitarbeiter in der Bekennenden Kirche Dietrich Bonhoeffer (1906–1945) schließt sich dem politischen Widerstand gegen Hitler an und wird kurz vor Kriegsende in Flossenbürg hingerichtet. In seiner „Ethik", die er als seine Lebensaufgabe betrachtet und unter dem Stichwort „Für die Welt da sein" steht, bezieht Bonhoeffer Verantwortung und Schuldübernahme eng aufeinander:

Wenn Kant aus dem Prinzip der Wahrhaftigkeit heraus zu der grotesken Folgerung kommt, ich müsse auch dem in meinem Haus eingedrungenen Mörder seine Frage, ob mein Freund, den er verfolgt, sich in mein Haus geflüchtet habe, ehrlicherweise bejahen, so tritt hier die zum frevelhaften Übermut gesteigerte Selbstgerechtigkeit des Gewissens dem verantwortlichen Handeln in den Weg. Wenn Verantwortung die ganze, der Wirklichkeit angemessene Antwort des Menschen auf den Anspruch Gottes und der Nächsten ist, so ist hier der Teilcharakter der Antwort eines an Prinzipien gebundenen Gewissens grell beleuchtet. Die Weigerung, um meines Freundes willen am Prinzip der Wahrhaftigkeit schuldig zu werden, die Weigerung, hier um meines Freundes willen kräftig zu lügen – denn jeder Versuch, diesen Tatbestand der Lüge wegzudeuteln entspringt wiederum nur dem gesetzlich-selbstgerechten Gewissen –, die Weigerung also Schuld zu tragen aus Nächstenliebe, setzt mich in Widerspruch zu meiner in der Wirklichkeit begründeten Verantwortung. Es wird sich auch hier gerade im verantwortlichen Aufsichnehmen von Schuld und Unschuld eines allein an Christus gebundenen Gewissens am besten erweisen. [...].

So sehr sich das in Christus befreite Gewissen und Verantwortung einigen mögen, so bleiben sie doch in einer nie aufhebbaren Spannung einander gegenüber. [...]

Wer in Verantwortung Schuld auf sich nimmt – und kein Verantwortlicher kann dem entgehen –, der rechnet sich selbst und keinem anderen diese Schuld zu und steht für sie ein, verantwortet sie. Er tut es nicht in dem frevelnden Übermut seiner Macht, sondern in der Erkenntnis zu dieser Freiheit – genötigt und in ihr auf Gnade angewiesen zu sein. Vor den anderen Menschen rechtfertigt den Mann der freien Verantwortung die Not, vor sich selbst spricht ihn sein Gewissen frei, aber vor Gott hofft er allein auf Gnade.

Bonhoeffer, Dietrich: Dietrich Bonhoeffers Werke. Hrsg. von Eberhard Bethge u. a., Bd. 6: Ethik. München 1992, S. 280 f., 283.

ANREGUNGEN

- Warum lehnt Dietrich Bonhoeffer Kants Prinzip der Wahrhaftigkeit so schroff ab?
- Das in Christus befreite Gewissen und die Übernahme von Verantwortung stehen in einer unauflöslichen Spannung. Suchen Sie an einem – vielleicht der Tageszeitung entnommenen – Beispiel zu verdeutlichen, wie Bonhoeffer diese Aussage versteht!
- In einer Biografie[3] können Sie nachlesen, welchen Gewissenskonflikten Bonhoeffer ausgesetzt war und wie er solche Situationen durchstand.
- Standen oder stehen Sie vor Gewissenensentscheidungen?

LEITFRAGEN ZUR ERTRAGSSICHERUNG UND WEITERFÜHRUNG

- In welchem Ausmaß hängen die Gewissensinhalte ab von der Erziehung, der kulturellen Umgebung oder anderen Vorgegebenheiten?
- Kann das Gewissen als Stimme Gottes verstanden werden? Lesen Sie dazu Röm 2,11–16!
- Überlegen Sie, welche Aufgabe dem Gewissen zukommt und ob man dem Gewissen immer folgen muss!
- Wie kann ein Schuldiger mit seinem Gewissen zurechtkommen?

Literaturhinweise:

BETHGE, EBERHARD: Dietrich Bonhoeffer. Theologie – Christ – Zeitgenosse. München ³1970.

FISCHER-FABIAN, SIEGFRIED: Die Macht des Gewissens. Von Sokrates bis Sophie Scholl. München 1987.

3 Siehe Literaturhinweis.

ZUM WEITERLESEN

Mark Twain: Eine Lüge kann man nicht beten

Huckleberry Finn und der entflohene Negersklave Jim trieben auf einem Floß den Mississippi hinunter.

Wir konnten jetzt weiter nichts tun als bloß scharf aufpassen, ob wir die Stadt sahen, damit wir nicht etwa dran vorbeitrieben, ohne es zu merken. Jim sagte, er wäre ganz sicher, dass er sie sehen würde, denn in dem Augenblick, wo er sie sähe, wäre er 'n freier Mensch; wenn er sie aber verpasste, dann wäre er wieder im Land der Sklaverei, und mit der Freiheit wäre 's dann vorbei. Alle paar Minuten sprang er auf und rief: „Da is' sie."

Sie war 's aber nicht. Es waren Irrlichter oder Leuchtkäfer, und so setzte er sich wieder hin und passte auf, genau wie vorher. Jim sagte, es machte ihn ganz zittrig und fiebrig, der Freiheit so nahe zu sein. Na, ich kann euch sagen, mich machte 's auch ganz zittrig und fiebrig, ihm zuzuhören, denn es fing an, mir zu dämmern, dass er tatsächlich fast frei war – und wer war schuld dran? Doch ich! Davon konnte ich mein Gewissen nicht mehr freikriegen, egal was ich anstellte. Das machte mir so zu schaffen, dass ich keine Ruhe mehr hatte; ich konnte nicht mehr still an einem Fleck sitzen bleiben. Vorher war mir überhaupt noch gar nicht zum Bewusstsein gekommen, was ich da eigentlich anstellte. Aber jetzt wurde 's mir klar, und der Gedanke ließ mich nicht mehr los, und mir wurde 's heiß und immer heißer dabei. Ich versuchte mir einzureden, *ich* hätte ja keine Schuld, *ich* hätte Jim ja nicht dazu angestiftet, von seiner rechtmäßigen Eigentümerin zu türmen; aber das nützte nichts, denn jedes Mal kam das Gewissen wieder hoch und sagte: ‚Aber du hast doch gewusst, dass er weglief, damit er frei wird, und du hättst ja an Land paddeln und jemand Bescheid sagen können.' Das stimmte – da kam ich nicht drum rum. Das war der Punkt, wo 's mich piesackte. Mein Gewissen sagte zu mir: ‚Was hat dir denn die arme Miss Watson getan, dass du zusehen kannst, wie ihr Nigger vor deinen Augen türmt, ohne dass du 'n einziges Wort dazu sagst? Was hat dir denn die arme alte Frau bloß getan, dass du sie so gemein behandelst? Sie hat doch versucht, dir die Bibel zu lernen, sie hat versucht, dir anständige Manieren zu lernen, sie hat versucht, so gut zu dir zu sein, wie sie 's eben verstanden hat. *Das* hat sie dir getan.'

Ich kam mir schließlich so gemein vor und fühlte mich so elend, dass ich fast wünschte, ich wäre tot. Ich lief unruhig das Floß rauf und runter und beschimpfte mich in Gedanken, und Jim lief an mir vorbei auch unruhig das Floß rauf und runter. Keiner von uns beiden konnte stillsitzen. Jedes Mal, wenn er rumtanzte und sagte: „Da ist Cairo!", ging es mir durch und durch wie 'ne Kugel, und ich dachte, wenn 's wirklich Cairo ist, dann sterbe ich vor Elend. [...]

Mein Gewissen rumorte schlimmer in mir rum als je zuvor, bis ich schließlich zu ihm sagte: ‚Hör auf, mich zu piesacken! Noch ist 's ja nicht zu spät – beim ersten besten Licht, das ich sehe, paddle ich an Land und sag 's.' Da wurde mir gleich wohl und froh und federleicht zumute. All meine Sorgen waren weg. Ich passte scharf auf, ob ich ein Licht sah, und sang innerlich gradezu. Nach 'ner Weile tauchte auch eins auf. Jim jubelte:

„Wir sin' in Sicherheit, Huck, wir sin' in Sicherheit! Auf mit dir un' mach 'nen Luftsprung, das is' das gute alte Cairo, endlich, das weiß ich einfach!"

Ich sagte: „Ich nehm das Kanu und fahre mal nachsehen, Jim. Vielleicht ist 's doch nicht Cairo, weißt du."

Er sprang auf und machte das Kanu fertig, legte seine alte Jacke auf den Boden, damit ich drauf sitzen konnte, und gab mir das Paddel, und als ich abstieß, sagte er: „Nun werd ich bald vor Freude schrein, un' dann werd ich sagen, 's ist alles bloß durch Huck gekommen; ich bin ein freier Mensch, un' niemals hätt ich nicht frei wern' können, wenn Huck nich gewesen wär. Huck hat 's gemacht. Jim wird dich nie vergessen, Huck, du bist der beste Freund, den Jim je gehabt hat, un' du bist der *einzige* Freund, den der olle Jim jetzt hat."

Ich war losgepaddelt, ganz verbiestert drauf, ihn zu verraten; aber als er das sagte, schien 's mir so ziemlich den ganzen Schwung wegzunehmen. Ich paddelte nun langsam weiter und war überhaupt gar nicht sicher, ob ich froh darüber war, dass ich mich auf den Weg gemacht hatte, oder nicht.

Als ich fünfzig Yard weit weg war, sagte Jim: „Da fährst du nun hin, du alter treuer Huck – bist der einzige weiße Gentleman, der je dem ollen Jim 'n Versprechen gehalten hat."

Na, mir war einfach erbärmlich zu Mute. Aber ich sagte mir, ich *muss* es tun – ich kann mich nicht da rauswinden. In dem Augenblick kam 'n Boot mit zwei Männern an, die Gewehre hatten; sie hielten an, und ich hielt an. Der eine fragte:

„Was ist das dort drüben?"

„'n Stück von 'nem Floß", antwortete ich.

„Gehörst du dort rauf?"

„Jawohl, Sir."

„Irgendwelche Leute drauf?"

„Nur einer, Sir."

„Hm, von dort oben, oberhalb von der Flussbiegung, sind heute Nacht fünf Nigger durchgebrannt. Ist dein Mann ein Weißer oder ein Schwarzer?"

Ich antwortete nicht sofort. Ich versuchte 's, aber die Worte wollten nicht raus. Ein, zwei Sekunden lang gab ich mir Mühe, mich aufzuraffen und 's rauszubringen, aber ich war nicht Manns genug – hatte nicht mal so viel Mut wie 'n Hase. Ich merkte, dass ich schwach wurde, und da gab ich einfach auf, es zu versuchen, und sagte doch glatt: „Ist 'n Weißer."

„Ich denke, wir fahren mal hin und sehen selbst nach."

„Das wär' fein", sagte ich, „weil das da drauf nämlich Papa ist, und vielleicht können Sie mir helfen, das Floß bei dem Licht da drüben ans Ufer zu ziehen. Er ist krank, und Mama und Mary Ann auch." [...]

„Merkwürdig eigentlich. Sag mal, Junge, was ist denn mit deinem Vater los?"

„Er hat die – äh – die – na, 's ist weiter nichts Besonderes."

Sie hörten auf zu rudern. Wir waren schon mächtig nahe beim Floß. Der eine Mann sagte: „Junge, du lügst ja. Was ist nun mit deinem Vater los? Antworte jetzt offen, das ist besser für dich."

„Ich will 's ja sagen, Sir, bestimmt – aber bitte lassen Sie uns dann nicht allein. Es sind die – die – meine Herren, wenn Sie bloß vorrudern und mich Ihnen das Tau zuwerfen lassen, dann brauchen Sie dem Floß überhaupt nicht nahe zu kommen – bitte."

„Zurück, John, zurück!", rief der eine. Sie warfen das Boot zurück. „Bleib da weg, Junge – halt dich luvwärts. Verdammt noch mal, ich glaube, der Wind hat 's zu uns hergeblasen. Dein Vater hat die Blattern, und das weißt du ganz genau. Warum hast du 's nicht offen und ehrlich gesagt? Willst du alle Leute anstecken?"

„Ach", sagte ich und heulte los, „ich hab 's bisher allen gesagt, und da sind sie einfach fort und haben uns allein gelassen."

„Aber Teufel, da ist was dran. Du tust uns schrecklich leid, aber wir – na, verdammt noch mal, wir wollen eben nicht die Blattern kriegen, siehst du. Hör mal her, ich will dir sagen, was du machst. Versuch nicht, allein zu landen, sonst geht alles zu Bruch. Lass das Floß noch etwa zwanzig Meilen weit treiben, und dann kommst du zu 'ner Stadt, die auf der linken Seite vom Fluss liegt. Bis dahin ist die Sonne dann schon längst aufgegangen, und wenn du um Hilfe bittest, dann sagst du nur, deine Leute liegen alle mit Schüttelfrost und Fieber da. Sei nicht wieder so 'n Narr, und lass die Menschen nicht draufkommen, was los ist. Wir versuchen bloß, dir 'nen Gefallen zu tun; also sei brav und fahr zwanzig Meilen weit von hier weg. Es hätte gar keinen Zweck, dort unten zu landen, wo das Licht ist – da ist weiter nichts als ein Holzplatz. Hör mal, ich denke mir, dein Vater ist wohl arm, und ich muss sagen, er hat ziemlich großes Pech. Hier – ich leg 'n Zwanzigdollargoldstück auf das Brett da, das holst du dir, wenn 's an dir vorbeitreibt. Ich komm mir recht gemein vor, dich so sitzen zu lassen, aber du lieber Himmel! Mit Blattern soll man nicht spaßen, verstehst du?"

„Warte mal, Parker", sagte der andere Mann, „hier sind noch zwanzig Dollar, die leg für mich auf das Brett. Leb wohl, Junge, und mach, was Mr. Parker dir gesagt hat, dann wird schon alles werden."

„So ist 's, mein Junge – leb wohl, leb wohl. Wenn du irgendwelche weggelaufenen Nigger siehst, dann hol dir Hilfe und fang sie ein, damit kannst du dir Geld verdienen."

„Leben Sie wohl, Sir", sagte ich, „an mir lass ich keine weggelaufenen Nigger vorbei, wenn ich 's verhindern kann."

Sie fuhren davon, und ich kehrte zurück aufs Floß und kam mir erbärmlich und niedrig vor, weil ich ganz genau wusste, dass ich was Unrechtes getan hatte, und ich sah ein, dass es für mich gar keinen Zweck hatte, mir Mühe zu geben und zu lernen, das Rechte zu tun; wer nicht schon gleich von klein auf damit anfängt, der hat keine Aussicht, dass er 's schafft – wenn 's hart auf hart geht, dann hat er nichts, was ihm den Rücken steift und ihn bei der Stange hält, und so kommt er unter die Räder. Dann dachte ich 'nen Augenblick nach und sagte mir: Halt mal, wenn du nun das Rechte getan und Jim verraten hättst, wäre dir dann wohler in deiner Haut als jetzt? Nee, sagte ich mir, dann würde ich mich gar nicht wohl fühlen – dann würde ich mich genau so fühlen wie jetzt. Na, sagte ich mir, wozu nützt denn das dann, wenn du lernst, das Rechte zu tun, wo 's doch sehr mühsam ist, das Rechte zu tun, und überhaupt gar keine Mühe macht, das Unrechte zu tun, und man genau denselben Lohn dafür kriegt? Da saß ich fest. Dadrauf konnte ich nicht antworten. So sagte ich mir also, ich würde mir nicht mehr den Kopf drüber zerbrechen, sondern von jetzt ab immer das tun, was im Moment grade am besten passte.

Als Huck später Jim im Wigwam nicht antraf, suchte er ihn in der Stadt. Dort erfuhr er, dass Jim gefasst worden war.

Ich kehrte zum Floß zurück und setzte mich in den Wigwam, um nachzudenken. Ich kam aber auf nichts. Ich dachte nach, bis mir der Kopf rauchte, aber ich fand keinen Ausweg aus dieser üblen Lage. Nach der ganzen langen Reise und nach allem, was wir für diese Schurken getan hatten, war nun alles zu nichts geworden, alles war kaputt und vorbei, weil sie das Herz hatten, Jim so einen Streich zu spielen und ihn für sein ganzes Leben wieder zum Sklaven zu machen und noch dazu unter Fremden, für vierzig schmutzige Dollar.

Einmal sagte ich mir, es wäre tausendmal besser für Jim, zu Hause, wo seine Familie war, Sklave zu sein, wenn er nun schon mal Sklave sein musste, und deshalb wäre 's wohl besser, wenn ich 'nen Brief an Tom Sawyer schreiben und ihm sagen würde, er sollte Miss Watson bestellen, Jim wäre hier. Aber den Gedanken gab ich bald wieder auf, aus zwei Gründen: Sie würde wütend und empört sein, dass er so schuftig und undankbar gewesen war, sie zu verlassen, und deshalb würd sie ihn sofort wieder flussabwärts verkaufen, und wenn nicht, dann würde natürlich jeder 'nen undankbaren Nigger verabscheuen, und sie würden 's Jim immerzu spüren lassen, und da käme er sich natürlich gemein und entehrt vor. Und dann zu denken, was mit mir wäre! Es würde sich überall rumsprechen, dass Huck Finn 'nem Nigger geholfen hat, seine Freiheit zu bekommen, und wenn ich je einen aus der Stadt wieder sehen würde, dann würde ich vor Scham in den Boden kriechen wollen. So ist das nun – man tut was Niedriges, und dann will man die Folgen nicht tragen. Glaubt, so lange man 's verstecken kann, wäre 's keine Schande. Genauso ging 's mir. Je mehr ich drüber nachdachte, umso mehr fing mein Gewissen an, in mir rumzurumoren, und umso schlechter und niedriger und gemeiner kam ich mir vor. Und schließlich, als mir plötzlich ein Licht aufging, dass mir da ganz offensichtlich dem Schicksal seine Hand direkt ins Gesicht schlug und mich wissen ließ, dass meine Schlechtigkeit von Anfang an dort oben im Himmel beobachtet worden war, während ich 'ner armen alten Frau, die mir nie was Böses getan hatte, ihren Nigger raubte, und mir jetzt zeigte, dass es dort Einen gibt, der immer auf Wacht ist und nicht zulassen wird, dass solche elenden Sachen nur so weit und nicht weiter gehen, fiel ich beinahe um, solche Angst hatte ich. Na, ich versuchte, so gut wie ich konnte, die Dinge für mich irgendwie zu mildern, indem ich sagte, ich wäre nun mal in Schlechtigkeit erzogen worden und könnte also nicht so viel dafür; aber irgendwas in mir sagte immerzu: ‚Da war doch die Sonntagsschule, da hättest du ja hingehen können, und wenn du das getan hättst, dann hätten sie dir dort beigebracht, dass Leute, die so handeln, wie du wegen dem Nigger gehandelt hast, in die Hölle kommen.'

Das ließ mich erschauern. Und ich beschloss so ziemlich, zu beten und mal zu sehen, ob ich nicht aufhören könnte, so 'n Junge zu sein, wie ich einer war, und besser zu werden. Ich kniete also nieder. Aber die Worte wollten nicht kommen. Warum nicht? Es hatte keinen Zweck zu versuchen, 's vor Ihm zu verstecken. Auch vor mir selbst nicht. Ich wusste ganz genau, warum sie nicht kommen wollten. Deshalb nicht, weil 's mit meinem Herzen nicht in Ordnung war; deshalb nicht, weil ich nicht ehrlich war; deshalb nicht, weil ich 'n Doppelspiel trieb. Ich tat so, als ob ich die Sünde aufgeben wollte, aber tief in meinem Innern hielt ich mich an der allergrößten Sünde fest. Ich versuchte, meinen Mund dazu zu bringen, dass er sagte, ich wollte das Rechte und das Anständige tun und an dem Nigger seine Eigentümerin schreiben und ihr mitteilen, wo er war, aber tief im Herzen wusste ich, dass das 'ne Lüge war – und Er wusste 's auch. 'ne Lüge kann man nicht beten – das stellte ich fest.

So war ich also in großer Unruhe, in so großer, wie 's überhaupt nur gibt, und wusste nicht, was ich tun sollte. Schließlich hatte ich 'ne Idee, und ich sagte mir, ich werde den Brief schreiben und sehen, ob ich dann beten kann. Na, es war erstaunlich, wie leicht ich mich da sofort fühlte, wie 'ne Feder, und meine ganze Unruhe war weg. Ich nahm also ganz froh und aufgeregt 'n Stück Papier und 'nen Bleistift, setzte mich hin und schrieb:

„Miss Watson, Ihr weggelaufener Nigger Jim ist hier unten zwei Meilen unterhalb von Pikesville und Mr. Phelps hat ihn und wird ihn gegen die Belohnung abliefern wenn Sie die schicken. Huck Finn."

Ich hatte das Gefühl, jetzt wäre ich gut und von aller Sünde rein gewaschen – zum ersten Mal im Leben hatte ich dieses Gefühl, und ich wusste, jetzt konnte ich beten. Ich betete aber nicht gleich, sondern legte das Papier hin und saß da und dachte nach – dachte drüber nach, wie gut 's doch wäre, dass alles so gekommen war, und wie nah ich dran gewesen wäre, verloren zu sein und in der Hölle zu landen. Dann dachte ich weiter. Mir fiel unsre Fahrt den Fluss runter ein, und ich sah Jim vor mir, wie er die ganze Zeit über gewesen war, tagsüber und nachts, manchmal bei Mondschein, manchmal bei Sturm, und wie wir weitergetrieben waren und geredet, gesungen und gelacht hatten. Aber irgendwie schien mir nichts einfallen zu wollen, was mich gegen ihn verhärtete, sondern im Gegenteil. Ich sah vor mir, wie er meine Wache noch neben seiner übernahm, anstatt mich zu wecken, damit ich weiterschlafen konnte, und ich sah vor mir, wie er sich freute, als ich aus dem Nebel zurückkam, und damals, als ich im Sumpf wieder zu ihm stieß, dort oben, wo die Fehde stattgefunden hatte, und lauter solche Sachen; wie er mich immer „mein Herzchen" nannte und mich streichelte und alles für mich tat, was er sich nur ausdenken konnte, und wie gut er immer war, und schließlich kam ich zu dem Punkt, wo ich ihn rettete, indem ich den Männern erzählte, wir hätten die Blattern an Bord, und wie dankbar er da war und wie er sagte, ich wäre der beste Freund, den der alte Jim jemals auf der Welt gehabt hätte, und der Einzige, den er jetzt noch hätte, und dann sah ich mich zufällig um, und mein Blick fiel auf das Papier.

Da saß ich in der Klemme. Ich hob 's auf und hielt 's in der Hand. Ich zitterte, weil ich mich jetzt für immer und ewig für eine von zwei Sachen entscheiden musste und das wusste. Ich dachte 'ne Minute lang nach, hielt sozusagen den Atem an und sagte mir dann: ‚Na schön, dann komm ich eben in die Hölle!', und zerriss das Papier.

Das waren schreckliche Gedanken und schreckliche Worte, aber nun hatte ich sie mal gesagt. Und dabei ließ ich 's und dachte nie mehr dran, mich zu bessern. Ich schlug mir die ganze Sache aus dem Sinn und sagte mir, ich würde 's wieder mit der Schlechtigkeit halten, die wäre für mich das Richtige, weil ich ja so 'ne Erziehung hätte, und der andere Weg wäre nichts für mich. Als Anfang würde ich mich gleich an die Arbeit machen und Jim wieder aus der Sklaverei rauben, und wenn ich mir noch was Schlimmres ausdenken könnte, dann wollte ich das auch tun, denn wo ich ja nun mal drin saß, und zwar für immer, konnte ich auch gleich aufs Ganze gehen.

Twain, Mark: Huckleberry Finns Abenteuer. In: Ders.: Gesammelte Bände, Bd. 1: Tom Sawyers Abenteuer. Huckleberry Finns Abenteuer. Übertragen von Lore Krüger. Ausgewählte Erzählungen. Übertragen von Günther Klotz. München 1985, S. 346–351, 490–493.

Samuel Langhorn Clemens, bekannt unter dem Pseudonym **Mark Twain** (1835–1910), arbeitet nach seiner Setzerlehre als Lotse auf dem Mississippi, später als Reporter und Silbergräber in Nevada, als Journalist in Hawai, Europa und Palästina. Der mit sich und den andern in Unfrieden lebende Selfmademan ist ständig auf der Suche nach der „heilen Welt". 1894 macht der erfolgreiche Schriftsteller als Verleger und Druckereibesitzer Millionenverluste und steht vor dem finanziellen Ruin. Vor allem aus den Einnahmen von Vortragsreisen zahlt er die Schulden vollständig zurück.

Huckleberry Finn, Sohn eines Trinkers, verlässt das puritanische Städtchen St. Petersburg und trifft unterwegs den entlaufenen „Neger" Jim. Sie begegnen Menschen, die von ihrer anständigen, christlichen Lebensführung überzeugt sind, aber trotzdem betrügen und das Leben eines Sklaven gering schätzen. Für Huck wird seine Einstellung Jim gegenüber zu einer **Gewissensfrage.** Er weiß nicht, welchen Stimmen er folgen soll, und entscheidet schließlich aus seiner Freundschaft zu Jim heraus.

Stichwortverzeichnis

Namensregister

(In Auswahl)

Sachregister

Die fett gedruckten Seitenzahlen verweisen auf die Erläuterung der Fachbegriffe.

Verzeichnis der Bibelstellen

(In Auswahl)

Bildnachweis

S. 23 Der Alte Orient. Aus: H. H. Rowley: Atlas zur Bibel. Wuppertal ^{12}1997.
© R. Brockhaus Verlag Wuppertal.

S. 25 Rekonstruktion der möglichen Fluchtwege der Israeliten aus Ägypten. Aus: H. H. Rowley: Atlas zur Bibel. Wuppertal 1965. © R. Brockhaus Verlag Wuppertal.

S. 35 Marc Chagall: Der brennende Dornbusch (2. Mose 3,1–15). © VG Bild-Kunst, Bonn 1998.

S. 46 Oskar Kokoschka: Der gekreuzigte Christus hilft den Kindern. © VG Bild-Kunst, Bonn 1998.

S. 59 Rembrandt Harmensz van Rijn: Jesus predigt (Radierung um 1652).
© Kunstsammlungen der Veste Coburg.

S. 83 Walter Habdank: Emmaus. © VG Bild-Kunst, Bonn 1998.

S. 112 Lukas Cranach d. Ä., Werkstatt (um 1526/29): Luther im Gelehrtentalar.
© Westfälisches Landesmuseum für Kunst und Kulturgeschichte, Münster.

S. 119 Cranach-Werkstatt: Gesetz und Gnade (um 1535).
© Germanisches Nationalmuseum, Nürnberg.

S. 128 Immanuel Kant. © Werner Neumeister, München.

S. 143 Michel Ciry: Saint Sébastian (Radierung, 1950). © VG Bild-Kunst, Bonn 1998.

S. 153 Ludwig Feuerbach. © Bildarchiv Preußischer Kulturbesitz, Berlin.

S. 157 Sigmund Freud. © Bildarchiv Preußischer Kulturbesitz, Berlin.

S. 171 Glaube – find your world: Stuyvesant-Werbung.

S. 172 Ernst Kretschmer: Körperbau und Charakter. © Springer-Verlag Heidelberg.

S. 174 Teilnehmer-Typen. © Fritz Oser, Fribourg.

S. 174 Karikatur. Aus: Tomi Ungerer: Adam & Eva. © 1974 by Diogenes Verlag AG Zürich.

S. 180 Albrecht Dürer: Selbstporträt (1500). © ARTOTHEK, Peissenberg.

S. 194 H. Merian: Die Plünderung in der „Judengasse" in Frankfurt am Main im Jahr 1614 (Kupferstich 1642). © Fritz Oser, Fribourg.

S. 211 Rolf Escher: Das verlorene Gesicht (Ausschnitt; Steindruck 1988).
© VG Bild-Kunst, Bonn 1998.

S. 221 Wie erreicht der Mensch das Ziel seines Lebens? (Quelle unbekannt)

S. 241 Paul A. Weber: Melancholie (Lithografie 1970). © VG Bild-Kunst, Bonn 1998.

S. 251 Tobias Weiß (1840 Krottenbach – 1929 Nürnberg): Ein moderner Totentanz – Der Tod als Weichensteller (Radierung 1895). © Arbeitsgemeinschaft Friedhof und Denkmal e. V., Kassel.

S. 279 Olaf Gulbransson: „Der Mensch denkt – Gott lenkt". © VG Bild-Kunst, Bonn 1998.

Wir danken allen Rechtinhabern für die Abdruckerlaubnis.
Der Verlag war bemüht, die Urheber der abgedruckten Bilder und Texte ausfindig zu machen. Wo dies nicht gelungen ist, bitten wir diese, sich ggf. an den Verlag zu wenden.